내가 쓰고 싶은 말이 다 있는
한자일기
표현사전

한자일기 표현사전

지은이 넥서스사전편찬위원회
펴낸이 임준현
펴낸곳 도서출판 넥서스

초판 1쇄 인쇄 2013년 1월 20일
초판 1쇄 발행 2013년 1월 25일

출판신고 2001년 12월 5일 제313-2005-000004호
121-840 서울시 마포구 서교동 394-2
Tel (02)330-5500 Fax (02)330-5555

ISBN 978-89-5795-234-4 13700

저자와 출판사의 허락 없이 내용의 일부를
인용하거나 발췌하는 것을 금합니다.

가격은 뒤표지에 있습니다.
잘못 만들어진 책은 구입처에서 바꾸어 드립니다.

www.nexusbook.com

넥서스ACADEMY는 (주)넥서스의 한자·수험서 전문 브랜드입니다.

내가 쓰고 싶은 말이 다 있는

한자일기
표현사전

넥서스사전편찬위원회 편저

넥서스ACADEMY

머리말

한자어는 우리말에서 70%를 차지하고 있을 정도로 큰 비중을 차지하고 있습니다. 하지만 예전에 비해 한자를 접할 기회는 줄어들었고, 막상 한자 공부를 시작하려고 해도 다양한 획으로 이루어진 한자는 글자라기보다 따라 그려야 하는 그림처럼 느껴져 쉽지 않습니다. 그러나 우리말의 대다수가 한자어로 이루어진 만큼 한자를 알면 언어의 활용 폭이 넓어지고 이해도 또한 높아지는 것은 당연한 사실입니다. 그래서 다양한 분야(대학 수시, 입사 면접, 취업, 승진 등)에서 한자검정 자격을 높게 평가하고 있습니다.

한자능력검정시험을 준비하면서 어느 정도 실력을 쌓았다 하더라도, 한자처럼 조합으로 이루어진 글자는 막상 직접 쓰려고 하면 글자의 일부만 생각나고 전체적인 모양은 떠오르지 않거나, 단어 중 유독 어느 한 글자만 생각나지 않는 경우도 많이 있습니다. 또한 수천 글자를 익히다 보니 지치고 한계에 부딪힐 때도 있습니다.

한자 학습은 특정 한자를 외우고 그에 해당하는 읽기한자와 쓰기한자를 익히는 방법도 좋지만, 막상 내가 쓰려고 하는 한자어의 쓰임이 맞는지, 유의어를 잘못 사용하고 있지는 않은지를 점검하는 것이 중요합니다. 그래서 일상생활에서 활용도가 높은 한자를 기준으로 문장을 통해 배우는 '한자 일기'를 구성해 보았습니다. 4급~특급 수준의 한자를 기준으로 21개의 테마로 다양한 예문 속 한자어를 익힐 수 있도록 하였습니다.

우리가 흔히 쓰는 문장 속에 쓰이는 한자어, 사자성어를 눈으로 익히고 그 문장을 활용해 본다면 자연스럽게 한자어를 습득할 수 있을 것입니다. 또한 주변에서 일어나는 일들을 한자어로 직접 문장을 만들어 작문해 본다면 더욱 효과적일 것입니다. 〈한자일기 표현사전〉이 한자 학습에 잠시 지쳐 있거나, 시작하기 망설이고 있는 학습자에게 큰 도움이 되기를 바랍니다.

_넥서스사전편찬위원회

이 책의 구성

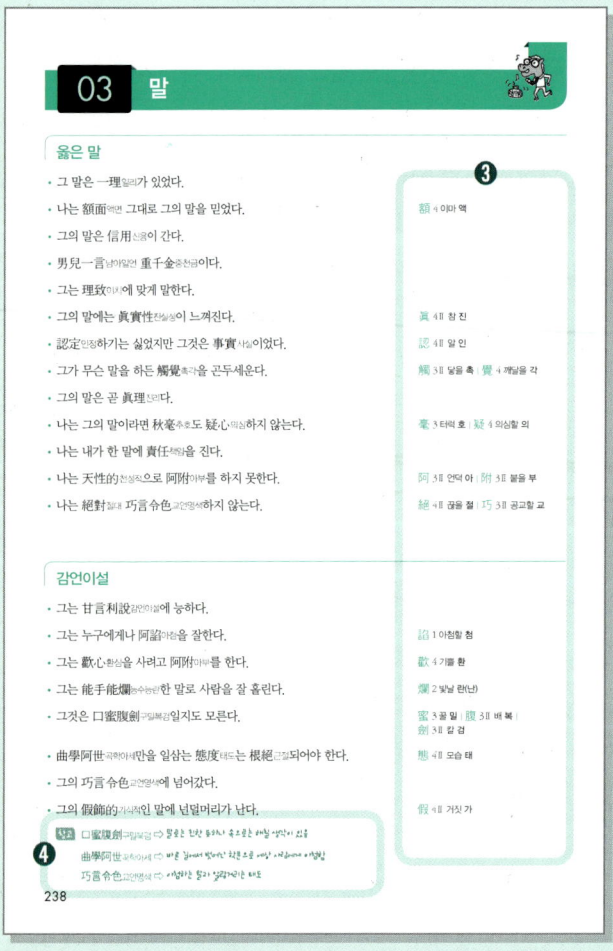

❶ 한자어로 일기를 쓴다!

한자능력검정시험의 배정 한자는 특급이 5,978개, 1급이 3,500개, 그리고 2급이 2,355개입니다.
한자능력검정시험을 준비하는 분들은 '이 많은 한자들을 언제 다 외울까?' 그리고 '외운 한자들을 까먹지 않으려면 어떻게 해야 하나?' 하는 고민을 공통적으로 하실 것입니다. 외운 한자들을 잊어버리지 않으면서 많은 한자들을 익히려면, 한자어 사용을 일상화하는 습관을 들여야 합니다.
'한자어로 일기 쓰기'는 많은 한자들을 가장 빨리 체득할 수 있는 가장 효과적인 학습 방법입니다. 한자어로 일기를 쓰면서 한자를 익히면 자신이 표현하고 싶은 한자어를 적은 것이므로 더욱 기억에 오래 남습니다.

❷ 일상생활에서 자주 쓰는 한자어

이 책은 한자어로 일기를 쓰는 데 참고할 수 있도록 한자어 표현들을 정리하였습니다. 우리 주변에서 쉽게 접할 수 있는 상황들을 크게 21개의 테마(CHAPTER)로 나누었고, 또한 각 CHAPTER 안에서는 3~18개의 작은 테마들로 나누었습니다. 일상생활에서 자주 쓰는 표현들을 한자어를 넣어 쓰는 연습을 하면 한자의 쓰임을 제대로 알 수 있고, 아울러 어휘력도 풍부해질 것입니다.

❸ 4급~특급 수준의 한자 표기

예문에 있는 한자 중 '한자능력검정시험'의 공인 급수 4급~특급에 해당하는 한자는 한자의 음과 훈, 공인 급수를 예문 바로 옆에 정리해 주었습니다. 한자의 공인 급수 표기는 '한국한자능력검정회' 주관 '한자능력검정시험'의 배정 급수를 기준으로 했습니다. 한자의 급수는 특/특Ⅱ/1/2/3Ⅱ/4/4Ⅱ로 표기하였습니다. (상위 급수의 한자는 하위 급수의 한자를 포함하고 있습니다.)

	읽기 급수	쓰기 급수	읽기한자 수	쓰기한자 수
특급	8급 ~ 특급	8급 ~ 1급	5,978	3,500
특급Ⅱ	8급 ~ 특급Ⅱ	8급 ~ 2급	4,918	2,355
1급	8급 ~ 1급	8급 ~ 2급	3,500	2,005
2급	8급 ~ 2급	8급 ~ 3급	2,355	1,817
3급	8급 ~ 3급	8급 ~ 4급	1,817	1,000
3급Ⅱ	8급 ~ 3급Ⅱ	8급 ~ 4급Ⅱ	1,500	750
4급	8급 ~ 4급	8급 ~ 5급	1,000	500
4급Ⅱ	8급 ~ 4급Ⅱ	8급 ~ 5급Ⅱ	750	400

❹ 덤으로 사자성어까지!

사자성어는 한자 학습의 기본! 어려운 사자성어의 뜻풀이를 곁들여 사자성어 학습도 같이 할 수 있습니다. 일상생활에서 자연스럽게 사자성어를 익히고 활용해 봅시다.

❺ Diary

각 CHAPTER가 끝날 때마다 앞서 배운 한자어들을 바탕으로 한 장문의 일기가 있습니다. 한글로 된 일기를 먼저 읽고 각 번호에 해당하는 단어들을 한자어로 직접 써 보며 자신의 한자 실력을 체크해 보는 코너입니다. 뒷 페이지에는 자신이 적은 한자어들이 맞는지 확인해 볼 수 있도록 한자어를 한자로 표기한 일기를 실었습니다

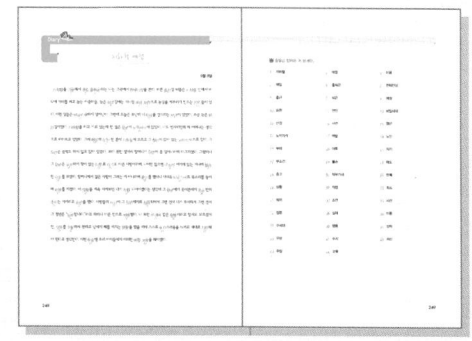

목차

CHAPTER 01 날씨·계절
- 01. 날씨 … 12
- 02. 봄 … 15
- 03. 여름 … 18
- 04. 가을 … 28
- 05. 겨울 … 30
- ✚ Diary … 36

CHAPTER 02 하루 일과
- 01. 아침 … 40
- 02. 점심 … 45
- 03. 저녁 … 47
- 04. 하루의 정리 … 53
- 05. 기분·감정 … 56
- ✚ Diary … 68

CHAPTER 03 가족
- 01. 우리 가족 … 72
- 02. 조부모 … 73
- 03. 부모 … 75
- 04. 형제자매 … 77
- 05. 친척 … 79
- 06. 장래 희망 … 80
- 07. 종교 … 82
- ✚ Diary … 86

CHAPTER 04 집안일
- 01. 청소 … 90
- 02. 세탁 … 92
- 03. 부엌일 … 94
- 04. 정원 관리 … 95
- 05. 집 꾸미기 … 97
- 06. 집수리 … 98
- 07. 기타 집안일 … 100
- ✚ Diary … 102

CHAPTER 05 일상생활
- 01. 일상생활 … 106
- 02. 생리 현상 … 108
- 03. 놀이 … 110
- 04. 교통 … 112
- 05. 통신 … 123
- 06. 은행 … 128
- 07. 절약 … 135
- 08. 봉사 활동 … 136
- 09. 실수·잘못 … 139
- 10. 사건·사고 … 142
- ✚ Diary … 146

CHAPTER 06 집안 행사
- 01. 설 … 150
- 02. 추석 … 152
- 03. 생일 … 154
- 04. 기념일 … 156
- 05. 파티 … 160
- 06. 크리스마스 … 164
- 07. 연말 행사 … 165
- ✚ Diary … 166

CHAPTER 07 식생활
- 01. 식성 … 170
- 02. 요리 … 173
- 03. 맛 … 175
- 04. 식사 전 … 176
- 05. 식사 후 … 178
- 06. 외식 … 179
- 07. 배달 음식 … 182
- ✚ Diary … 184

CHAPTER 08 의생활

01. 옷차림	188
02. 액세서리	190
03. 유행	191
04. 옷 수선	193
+ Diary	194

CHAPTER 09 외모

01. 외모	198
02. 얼굴	200
03. 머리	203
04. 체형	204
05. 화장	205
06. 머리 손질	206
07. 비만	208
08. 다이어트	210
+ Diary	212

CHAPTER 10 성격

01. 성격	216
02. 긍정적인 성격	218
03. 부정적인 성격	221
04. 습관 · 버릇	226
05. 좋아하기	227
06. 싫어하기	228
+ Diary	230

CHAPTER 11 언행

01. 예절	234
02. 행동	236
03. 말	237
04. 조언 · 충고	243
05. 위로	244
06. 격려 · 축하	245
07. 기원	247
+ Diary	248

CHAPTER 12 건강

01. 건강	252
02. 건강 검진	256
03. 발병	258
04. 발열	259
05. 두통	260
06. 감기	261
07. 복통	262
08. 피부	265
09. 근육통	268
10. 골절	269
11. 치아 관리	270
12. 시력	273
13. 눈병	275
14. 귓병	276
15. 응급 치료	277
16. 진찰	278
17. 병원 치료	280
18. 약	282
+ Diary	284

CHAPTER 13 학교생활

01. 학교	288
02. 수업	291
03. 공부	296
04. 시험	297
05. 성적	300
06. 선생님	302
07. 외국어	303
08. 숙제	307
09. 학원 · 과외	309
10. 방학	310
11. 대학 입시	312
12. 대학 생활	314
+ Diary	320

CHAPTER 14 학교 행사

- 01. 입학 — 324
- 02. 체육 대회 — 325
- 03. 학교 축제 — 326
- 04. 동아리 — 328
- 05. 야영 — 329
- 06. 소풍 — 330
- 07. 수학여행 — 331
- 08. 졸업 — 332
- ✦ Diary — 334

CHAPTER 15 친구

- 01. 친구 사귀기 — 338
- 02. 좋은 친구 — 339
- 03. 사이가 나쁜 친구 — 340
- 04. 친구와의 다툼 — 342
- 05. 옛 친구 — 344
- ✦ Diary — 346

CHAPTER 16 사랑

- 01. 미팅 — 350
- 02. 사랑 — 352
- 03. 연애 — 354
- 04. 이별 — 355
- 05. 결혼 — 357
- ✦ Diary — 360

CHAPTER 17 취미 활동

- 01. 취미 — 364
- 02. 등산 — 365
- 03. 독서 — 366
- 04. 음악 — 369
- 05. 악기 — 371
- 06. 노래 — 371
- 07. 춤 — 372
- 08. 그림 — 373
- 09. 사진 — 374
- 10. 애완동물 — 376
- 11. 연예 — 378
- 12. 수집 — 379
- 13. 재봉·자수 — 380
- ✦ Diary — 382

CHAPTER 18 운동

- 01. 운동 — 386
- 02. 축구 — 388
- 03. 야구 — 390
- 04. 수영 — 392
- 05. 탁구 — 393
- 06. 테니스 — 393
- 07. 승패 — 394
- ✦ Diary — 396

CHAPTER 19 쇼핑

- 01. 쇼핑 — 400
- 02. 장보기 — 404
- 03. 가격 — 406
- ✦ Diary — 408

CHAPTER 20 여가 활동

- 01. 문화생활 — 412
- 02. 음악회 — 413
- 03. 연극 — 415
- 04. 영화 — 417
- 05. 공원 — 420
- 06. 동물원 — 422
- 07. 식물원 — 423
- 08. 여행 — 424
- 09. 해외여행 — 426
- ✦ Diary — 430

CHAPTER 21 직장 생활

- 01. 직업 — 434
- 02. 취업 — 435
- 03. 직장 생활 — 437
- 04. 사업 — 441
- ✦ Diary — 444

CHAPTER 01

날씨·계절

- 01. 날씨
- 02. 봄
- 03. 여름
- 04. 가을
- 05. 겨울
- Diary

01 날씨

좋은 날씨

- 和暢화창한 날씨였다.
- 淸明청명한 날씨였다.
- 爽快상쾌한 날씨였다.
- 快適쾌적한 날씨였다.
- 溫和온화한 날씨였다.
- 雲霧운무가 없는 날씨였다.
- 理想的이상적인 날씨였다.
- 幻想的환상적인 날씨였다.
- 最高최고의 날씨였다.
- 太陽태양이 비치고 있었다.
- 구름 한 점 없는 空豁공활한 하늘이었다.
- 날씨가 漸漸점점 좋아지고 있었다.
- 晴天청천을 보니 마음까지 餘裕여유로워진다.
- 비가 갠 뒤 좋은 날이 繼續계속되고 있다.
- 날씨가 한마디로 藝術예술이었다.
- 날씨가 좋아서 인지 驛馬煞역마살이 도졌다.
- 오늘은 散策산책하기에 아주 適當적당한 날씨였다.
- 오늘은 運動운동하기에도 遜色손색이 없는 날씨였다.

暢 3 화창할 창

爽 1 시원할 상 | 快 4Ⅱ 쾌할 쾌
適 4 맞을 적

霧 3 안개 무
想 4Ⅱ 생각 상
幻 2 헛보일 환

豁 특Ⅱ 넓을 활
漸 3Ⅱ 점점 점
晴 3 갤 청 | 餘 4Ⅱ 남을 여 |
裕 3Ⅱ 넉넉할 유
繼 4 이을 계 | 續 4Ⅱ 이을 속
藝 4Ⅱ 재주 예
驛 3Ⅱ 역 역 | 煞 1 죽일 살
散 4 흩을 산 | 策 3Ⅱ 꾀 책
遜 1 겸손할 손

흐린 날씨

- 風雲풍운이 同伴동반된 날씨였다.
- 날씨가 陰鬱음울했다.
- 날씨가 暗鬱암울했다.
- 暗黑암흑과 같은 날씨였다.

伴 3 짝 반
陰 4Ⅱ 그늘 음 | 鬱 2 답답할 울
暗 4Ⅱ 어두울 암

- 陰散음산한 날씨였다.　　　　　　　　　　　　　　散 4 흩을 산
- 天色천색이 黑色흑색이었다.
- 部分的부분적으로 흐린 날씨였다.
- 全體的전체적으로 흐린 날씨였다.
- 終日종일 흐렸다.
- 午前오전 내내 흐렸다.
- 天鼓천고가 칠 것 같은 날씨였다.　　　　　　　　鼓 3Ⅱ 북 고
- 曇天담천을 보니 마음까지 錯雜착잡했다.　　　　曇 1 흐릴 담 | 錯 3Ⅱ 어긋날 착 |
　　　　　　　　　　　　　　　　　　　　　　　　雜 4 섞일 잡
- 날씨가 흐리니 氣分기분도 低調저조했다.
- 날씨가 좋지 않아 心狀심상도 憂鬱우울했다.　　　狀 4Ⅱ 형상 상, 문서 장 |
　　　　　　　　　　　　　　　　　　　　　　　　憂 3Ⅱ 근심 우
- 구름이 끼는 것을 보니 今方금방 降雨강우할 것 같았다.　降 4 내릴 강, 항복할 항

변덕스러운 날씨

- 날씨가 變德변덕스러웠다.
- 날씨가 不安定불안정했다.
- 날씨를 豫測예측할 수가 없었다.　　　　　　　　豫 4 미리 예 | 測 4Ⅱ 헤아릴 측
- 近者근자에는 날씨를 豫測예측하기가 容易용이하지 않다.　容 4Ⅱ 얼굴 용 | 易 4 쉬울 이, 바꿀 역
- 따뜻하다가 瞥眼間별안간 추워졌다.　　　　　　　瞥 1 눈깜짝할 별 | 眼 4Ⅱ 눈 안
- 曉晨효신에는 白雨백우가 오락가락했다.　　　　　曉 3 새벽 효 | 晨 3 새벽 신
- 날씨가 漸次점차로 갤 것 같았다.　　　　　　　　漸 3Ⅱ 점점 점 | 次 4Ⅱ 버금 차
- 햇빛이 나다가 突然돌연 暴雨폭우가 쏟아졌다.　　突 3Ⅱ 갑자기 돌 |
　　　　　　　　　　　　　　　　　　　　　　　　暴 4Ⅱ 사나울 폭, 모질 포
- 狐雨호우가 내렸다.　　　　　　　　　　　　　　狐 1 여우 호
- 變德변덕스러운 날씨가 持續지속되지 않기를 바란다.　持 4 가질 지 | 續 4Ⅱ 이을 속

일기 예보

- 나는 起床기상하면 于先우선 日氣일기 豫報예보를 傾聽경청한다. 　　起 4Ⅱ 일어날 기 | 床 4Ⅱ 상 상 |
　　豫 4 미리 예 | 報 4Ⅱ 갚을·알릴 보 |
　　傾 4 기울 경 | 聽 4 들을 청

- 日氣일기 豫報예보를 確認확인했다. 　　確 4Ⅱ 굳을 확 | 認 4Ⅱ 알 인

- 日氣일기 豫報예보에서 黑雲흑운이 낀다고 했다.

- 日氣일기 豫報예보에 따르면 날씨가 卽時즉시 좋아질 것이라고 한다. 　　卽 3Ⅱ 곧 즉

- 日氣일기 豫報예보에 의하면 來日내일은 하늘이 混濁혼탁할 것이라고 한다. 　　混 4 섞을 혼 | 濁 3 흐릴 탁

- 日氣일기 豫報예보에서 午後오후 天動천동을 同伴동반한 極甚극심한 暴雨폭우가 내릴 것이라고 했다. 　　伴 3 짝 반 | 極 4Ⅱ 다할·극진할 극 |
　　甚 3Ⅱ 심할 심 |
　　暴 4Ⅱ 사나울 폭, 모질 포

- 日氣일기 豫報예보에 따르면 暴雪폭설이 내린다고 한다.

- 日氣일기 豫報예보에서 今週금주에는 날씨가 맑을 것이라고 豫報예보했다.

- 今日금일 氣象기상 特報특보를 전했다. 　　象 4 코끼리 상

- 氣象廳기상청은 中部중부 地方지방에 大雪대설 注意報주의보를 發令발령했다. 　　廳 4 관청 청

- 西海岸서해안에 海溢해일 注意報주의보가 내렸다. 　　岸 4Ⅱ 언덕 안 | 溢 1 넘칠 일

- 오늘의 日氣일기 豫報예보가 適中적중했다. 　　適 4 맞을 적

- 前年度전년도에 對比대비하여 氣溫기온이 많이 떨어졌다.

- 昨週작주의 日氣일기 豫報예보는 適中率적중률이 八十팔십 퍼센트였다. 　　率 3Ⅱ 비율 률(율), 거느릴 솔

- 種種종종 日氣일기 豫報예보를 疑心의심하기도 한다. 　　疑 4 의심할 의

- 氣象廳기상청의 體育체육 大會대회 날, 비가 왔다.

기온

- 오늘 氣溫기온은 零上영상 5度도였다. 　　零 4 떨어질·영(0) 영(령)

- 오늘 氣溫기온은 零下영하 5度도였다.

- 溫度計온도계는 25度도로 表示표시되어 있다.

- 氣溫기온이 瞬息間순식간에 上昇상승했다. 　　瞬 3Ⅱ 눈깜짝일 순 | 息 4Ⅱ 쉴 식 |
　　昇 3Ⅱ 오를 승

- 氣溫기온이 突然돌연 下落하락했다. 　　突 3Ⅱ 갑자기 돌

- 오늘 오후 最高최고 氣溫기온은 30度도가 될 것으로 豫想예상되었다. 　　豫 4 미리 예 | 想 4Ⅱ 생각 상

- 오늘 最低최저 氣溫기온은 10度도 內外내외가 될 것이다.

- 體感체감 氣溫기온은 더욱 下落하락할 것으로 展望전망된다.

- 오늘은 平均평균 氣溫기온을 超過초과하면서 더웠다.
- 地球지구 溫暖化온난화로 異常이상 氣溫기온 現象현상이 생겼다.

均 4 고를 균 | 超 3Ⅱ 뛰어넘을 초
暖 4Ⅱ 따뜻할 난 | 異 4 다를 이(리) |
象 4 코끼리 상

02 봄

봄맞이

- 春節춘절이 빨리 왔으면 좋겠다.
- 陽春佳節양춘가절이 오고 있다.
- 이제 春雲춘운을 볼 수 있다.
- 春陽춘양이 溫暖온난하다.
- 봄은 1年년 中중 第一제일 좋아하는 季節계절이다.
- 나는 四季節사계절 중에서 봄을 第一제일 選好선호한다.
- 봄에는 黃沙황사 現象현상이 頻繁번번하게 생긴다.

- 봄에는 나무들이 萌芽맹아를 틔운다.
- 봄이 되니 草木초목이 돋아난다.
- 봉오리진 花草화초를 보니 봄이 왔음이 實感실감난다.
- 나는 봄이 되면 口味구미를 당기는 飮食음식이 없어진다.
- 날씨가 溫和온화해져서 두꺼운 外套외투를 벗었다.
- 봄과 調和조화로운 斷髮단발머리를 하고 싶다.
- 따뜻한 날씨의 影響영향으로 懶怠나태해졌다.
- 나는 봄나물을 採取채취하기 위해 野外야외로 나섰다.

佳 3Ⅱ 아름다울 가

暖 4Ⅱ 따뜻할 난
季 4 계절 계
好 4Ⅱ 좋을 호
沙 3Ⅱ 모래 사 | 象 4 코끼리 상 |
頻 3 자주 빈 | 繁 3Ⅱ 번성할 번 |
擊 4 칠 격
萌 1 움 맹 | 芽 3Ⅱ 싹 아

味 4Ⅱ 맛 미
套 1 씌울 투
斷 4Ⅱ 끊을 단 | 髮 4 터럭 발
影 3Ⅱ 그림자 영 | 響 3Ⅱ 울릴 향 |
懶 1 게으를 나(라) | 怠 3 게으를 태
採 4 캘 채 | 取 4Ⅱ 가질 취

봄 날씨

- 날씨가 和暢화창하다.   暢 3 화창할 창
- 今日금일은 東風동풍이 불어 따뜻하다.
- 날씨가 좋아 登山등산을 갔었는데 春風춘풍이 매우 따뜻했다.
- 날씨가 매우 따뜻해서 정말 幸福행복했다.
- 逍風소풍 가기에 딱 좋은 날씨였다.   逍 1 노닐 소
- 날씨가 좋아서 郊外교외로 드라이브를 갔다.   郊 3 들 교
- 草原초원에 누워서 하늘을 바라보니 天弓천궁이 떠 있었다.   弓 3Ⅱ 활 궁
- 黃砂황사 바람이 불었다.   砂 특Ⅱ 모래 사
- 黃砂황사 塵埃진애 때문에 하늘이 濃霧농무가 낀 것 같았다.   塵 2 티끌 진 | 埃 1Ⅱ 티끌 애 |
                                                      濃 2 짙을 농 | 霧 3 안개 무
- 和暢화창한 날씨 德分덕분에 氣分기분이 羊毛양모처럼 가벼웠다. 羊 4Ⅱ 양 양 | 毛 4Ⅱ 터럭 모

꽃샘추위

- 今日금일 冬節동절의 막바지 酷寒혹한이 있었다.   酷 2 심할 혹
- 今週금주에 花妬娟화투연이 豫想예상된다.   妬 1 샘낼 투 | 娟 특Ⅱ 예쁠 연 |
                                                    豫 4 미리 예 | 想 4Ⅱ 생각 상
- 開花개화하는 季節계절인데 花妬娟화투연이 氣勝기승을 부린다. 季 4 계절 계
- 봄을 嫉妬질투하는 추위가 아직도 如前여전하다.   嫉 1 미워할 질 | 如 4Ⅱ 같을 여
- 花妬娟화투연 때문에 아침에 毛織모직 코트를 입었다.   毛 4Ⅱ 터럭 모 | 織 4 짤 직

안개

- 早朝조조에 안개가 꼈다.   早 4Ⅱ 이를 조
- 大霧대무였다.   霧 3 안개 무
- 大霧대무로 인해 咫尺지척의 自動車자동차도 보이지 않았다.   咫 1 여덟치 지 | 尺 3Ⅱ 자 척
- 안개가 稀微희미하게 꼈다.   稀 3Ⅱ 드물 희 | 微 3Ⅱ 작을 미
- 안개가 四方사방의 視野시야를 가렸다.   視 4Ⅱ 볼 시
- 江邊강변에 水煙수연이 자욱했다.   邊 4Ⅱ 가 변 | 煙 4Ⅱ 연기 연
- 안개가 걷히고 周圍주위가 鮮明선명해졌다.   周 4 두루 주 | 圍 4 에워쌀 위

봄 음식

- 市場시장에 여러 봄나물이 나와 있었다.
- 우리는 艾糕애고를 만들었다.   艾 1Ⅱ 쑥 애
- 나는 쑥의 香氣향기를 매우 좋아한다.   香 4Ⅱ 향기 향
- 나는 薺湯제탕이 먹고 싶었다.   薺 특Ⅱ 냉이 제 | 湯 3Ⅱ 끓을 탕
- 野蒜야산 무침이 나의 食慾식욕을 돋우었다.   蒜 특Ⅱ 마늘 산 | 慾 3Ⅱ 욕심 욕
- 나는 苦菜고채는 쓴 맛이 강해서 싫어한다.   菜 3Ⅱ 나물 채
- 딸기가 한창 當節당절이라 아주 甘味감미가 돈다.   甘 4 달 감 | 味 4Ⅱ 맛 미
- 나는 봄에는 딸기와 菜蔬채소를 넣은 샐러드를 頻繁빈번하게 먹는다.   蔬 3 나물 소 | 頻 3 자주 빈 | 繁 3Ⅱ 번성할 번
- 冬節동절에 먹으려고 딸기를 冷凍室냉동실에 얼려 두었다.   凍 3Ⅱ 얼 동

봄 꽃

- 꽃이 滿開만개하는 季節계절이다.   滿 4Ⅱ 찰 만 | 季 4 계절 계
- 望春망춘이 到處도처에 開花개화했다.   處 4Ⅱ 곳 처
- 連翹花연교화는 봄의 象徵상징이다.   連 4Ⅱ 이을 연(련) | 翹 특Ⅱ 우뚝할 교 | 象 4 코끼리 상 | 徵 3Ⅱ 부를 징
- 노란 개나리꽃들로 洞里동리가 밝아졌다.
- 杜鵑花두견화를 보러 산에 가고 싶었다.   杜 2 막을 두 | 鵑 1 두견새 견
- 진달래를 利用이용해서 花煎화전을 만들었다.   煎 1 달일 전
- 나는 진달래 몇 송이를 꺾어서 花瓶화병에 꽂아 두었다.   瓶 1 병 병
- 봄에 꽃이 필 때쯤이면 記憶기억나는 男子남자가 있다.   憶 3Ⅱ 생각할 억
- 봄이면 路上노상에 花粉화분이 많이 날렸다.   粉 4 가루 분
- 나는 봄이 되면 꽃가루 拒否거부 反應반응을 일으킨다.   拒 4 막을 거 | 否 4 아닐 부 | 應 4Ⅱ 응할 응
- 一世일세가 百花백화로 뒤덮인 것 같다.
- 나는 永遠영원히 落花낙화하는 일이 없었으면 좋겠다.

꽃구경

- 樺木화목에 꽃이 피기 始作시작했다. 樺 2 벚나무·자작나무 화
- 訪花방화하러 갔다. 訪 4Ⅱ 찾을 방
- 今年금년에는 벚꽃이 早發조발하였다. 早 4Ⅱ 이를 조
- 벚꽃이 絕頂절정에 달해 있었다. 絕 4Ⅱ 끊을 절 | 頂 3Ⅱ 정수리 정
- 只今지금 ○○에는 벚꽃이 滿發만발해 있다. 滿 4Ⅱ 찰 만
- ○○(은)는 벚꽃으로 有名유명하다.
- 우리는 團體단체로 벚꽃을 觀覽관람했다. 覽 4 볼 람
- 우리 家族가족은 벚꽃을 보기 위해 ○○(으)로 旅行여행을 다녀왔다.
- 꽃香氣향기가 充滿충만했다. 香 4Ⅱ 향기 향
- 開謝개사하는 것을 보니 서글펐다. 謝 4Ⅱ 사례할 사
- 이제 春盡춘진하였다. 盡 4 다할 진

03 여름

여름 맞이

- 春去춘거하면 來夏내하가 있다.
- 夏節하절이 왔다.
- 立夏입하로 여름의 始作시작을 알린다.
- 올 여름을 어떻게 克服극복할 것인지 苦悶고민이다. 克 3Ⅱ 이길 극 | 悶 1 답답할 민
- 올 여름은 昨年작년보다 淸涼청량했으면 좋겠다. 涼 특Ⅱ 서늘할 량(양)
- 나는 粘液質점액질이 過多과다 分泌분비되는 여름을 정말 嫌惡혐오한다. 粘 1 붙을 점 | 液 4Ⅱ 진 액 | 泌 1Ⅱ 분비할 비, 스며흐를 필 | 嫌 3 싫어할 혐
- 나는 여름이면 外出외출조차도 싫다.
- 나는 여름에 더욱 活潑활발하고 活動的활동적이다. 潑 1 물뿌릴 발

18

- 여름은 野外야외 活動활동을 하기 便利편리하기 때문에 좋아하는 季節계절이다.　　季 4 계절 계

여름 날씨

- 날씨가 漸次점차 더워진다.　　漸 3Ⅱ 점점 점 | 次 4Ⅱ 버금 차
- 오늘 酷暑혹서를 느꼈다.　　酷 2 심할 혹 | 暑 3 더울 서
- 찌는 듯한 三伏삼복더위였다.　　伏 4 엎드릴 복
- 타는 듯한 暴炎폭염으로 너무 힘들었다.　　暴 4Ⅱ 사나울 폭, 모질 포 | 炎 3Ⅱ 불꽃 염
- 찜통더위에 濕度습도까지 높았다.　　濕 3Ⅱ 젖을 습
- 오늘 날씨는 特別특별히 무더웠다.
- 무더운 날씨로 逆情역정이 났다.　　逆 4Ⅱ 거스릴 역
- 熱風열풍에 濕氣습기도 많았다.
- 今年금년 여름은 昨年작년 여름보다 若干약간 더 시원한 것 같다.　　若 3Ⅱ 같을 약, 반야 야 | 干 4 방패 간
- 連日연일 繼續계속되는 가마솥더위로 冷房病냉방병에 걸렸다.　　連 4Ⅱ 이을 연(련) | 繼 4 이을 계 | 續 4Ⅱ 이을 속 | 房 4Ⅱ 방 방

비

- 分明분명 來日내일 비가 올 것이다.
- 하늘에 雲雨운우가 잔뜩 꼈다.
- 細雨세우가 내리기 始作시작했다.　　細 4Ⅱ 가늘 세
- 그냥 暫時잠시 내리는 驟雨취우일 뿐이었다.　　暫 3Ⅱ 잠깐 잠 | 驟 특Ⅱ 빠를 취
- 微雨미우가 왔다.　　微 3Ⅱ 작을 미
- 비가 와서 殘暑잔서가 가셨다.　　殘 4 남을 잔 | 暑 3 더울 서
- 今夜금야 以後이후로 비는 오지 않을 것 같다.

비에 젖다

- 옷이 비에 全部전부 젖었다.
- 雨傘우산이 없어서 背囊배낭까지 다 젖었다.　　　傘 2 우산 산 | 背 4Ⅱ 등 배 | 囊 1 주머니 낭
- 나는 可能가능하면 迅速신속하게 옷을 交替교체하고 싶었다.　　迅 1 빠를 신 | 替 3 바꿀 체
- 手巾수건으로 물기를 닦았다.　　巾 1 수건 건
- 感氣감기에 걸릴 것 같았다.
- 運動靴운동화가 온통 泥土이토 범벅이 되었다.　　靴 2 신 화 | 泥 3Ⅱ 진흙 이(니)
- 젖은 옷을 着用착용한 채로 歸家귀가했다.　　歸 4 돌아갈 귀
- 檐下첨하에서 비를 피했다.
- 茂盛무성한 나무 밑으로 비를 피해 多幸다행이었다.　　茂 3Ⅱ 무성할 무 | 盛 4Ⅱ 성할 성
- 비가 들어오지 않도록 窓門창문을 닫았다.

비 오는 날

- 비는 恒常항상 나를 憂鬱우울하게 한다.　　恒 3Ⅱ 항상 항 | 常 4Ⅱ 떳떳할 상 | 憂 3Ⅱ 근심 우 | 鬱 2 답답할 울
- 비가 오면 나는 思索사색에 잠긴다.　　索 3Ⅱ 찾을 색, 노[새끼줄] 삭
- 갑자기 비가 와서 心亂심란했다.　　亂 4 어지러울 란(난)
- 빗속을 걸으며 孤獨고독을 즐기고 싶었다.　　孤 4 외로울 고
- 내리는 비를 보며 感想감상에 젖었다.　　想 4Ⅱ 생각 상
- 나는 비가 오면 綠豆녹두 부침개가 懇切간절히 생각난다.　　豆 4Ⅱ 콩 두
- 나는 비가 오면 蟄居칩거하면서 漫畫冊만화책이나 읽고 싶다.　　蟄 1 숨을 칩 | 居 4 살 거 | 漫 3 흩어질 만 | 冊 4 책 책
- 나는 창가에 서서 내리는 비를 凝視응시하며 窮狀궁상을 떨었다.　　凝 3 엉길 응 | 視 4Ⅱ 볼 시 | 窮 4 다할·궁할 궁 | 狀 4Ⅱ 형상 상, 문서 장
- 비가 올 때 나는 悲愴비창 交響曲교향곡을 듣는다.　　悲 4Ⅱ 슬플 비 | 愴 1 슬플 창 | 響 3Ⅱ 울릴 향

우산

- 나는 비가 올 것을 感知감지하고 雨傘우산을 가지고 왔다. 傘 2 우산 산
- 萬一만일의 境遇경우를 對備대비해서 雨傘우산과 雨備우비를 가지고 갔다. 境 4Ⅱ 지경 경 | 遇 4 만날 우 | 備 4Ⅱ 갖출 비
- 나는 多幸다행히 雨傘우산을 所持소지하고 있었다. 持 4 가질 지
- 雨傘우산을 줬는데 何必하필 故障고장 난 것을 주었다. 何 3Ⅱ 어찌 하 | 故 4Ⅱ 연고 고 | 障 4Ⅱ 막을 장
- 雨傘우산에 큰 구멍이 나서 無用之物무용지물이었다.
- 雨傘우산을 購入구입하려 했으나 品切품절되었다. 購 2 살 구
- 나는 或是혹시 누군가가 雨傘우산을 가져다주지 않을까 하고 期待기대했다. 或 4 혹 혹 | 是 4Ⅱ 이·옳을 시
- 나는 親舊친구와 雨傘우산을 共有공유했다.
- 나는 모르는 行人행인에게 雨傘우산을 씌워 주었다.
- 나는 몹시 예쁜 淑女숙녀에게 雨傘우산을 讓步양보했다. 淑 3Ⅱ 맑을 숙 | 讓 3Ⅱ 사양할 양 | 步 4Ⅱ 걸음 보
- 强風강풍 때문에 雨傘우산을 써도 所用소용이 없었다. 强 특Ⅱ 강할[強] 강
- 내 雨傘우산은 三段삼단 自動자동이다. 段 4 층계 단
- 孤獨고독을 全身전신으로 느끼며 빗속을 闊步활보했다. 孤 4 외로울 고

폭우

- 暴風雨폭풍우가 휘몰아칠 것 같은 雰圍氣분위기였다. 暴 4Ⅱ 사나울 폭, 모질 포 | 雰 1 눈날릴 분 | 圍 4 에워쌀 위
- 비가 미친 듯이 下雨하우했다.
- 비가 宏壯굉장히 많이 내렸다. 宏 1 클 굉 | 壯 4 장할 장
- 豪雨호우가 내렸다. 豪 3Ⅱ 호걸 호
- 雨雹우박을 同伴동반한 폭우가 쉬지 않고 내렸다. 雹 특Ⅱ 우박 박 | 伴 3 짝 반
- 暴雨폭우로 休校令휴교령이 내려졌다.
- 暴雨폭우로 인해 그와의 데이트가 霧散무산되었다. 霧 3 안개 무 | 散 4 흩을 산
- 暴雨폭우로 野球야구 競技경기가 取消취소되었다. 取 4Ⅱ 가질 취
- 이렇게 비가 많이 온 적은 未曾有미증유하다. 未 4Ⅱ 아닐 미 | 曾 3Ⅱ 일찍 증

홍수

- 비가 連續연속해서 내리고 있다.   連 4Ⅱ 이을 연(련) | 續 4Ⅱ 이을 속
- 雨脚우각이 굵어지고 있다.   脚 3Ⅱ 다리 각
- 비가 그치기를 忘却망각한 듯 終日종일 내렸다.   忘 3 잊을 망 | 却 3 물리칠 각
- 이렇게 비가 深刻심각하게 올 거라고는 誰何수하도 몰랐다.   深 4Ⅱ 깊을 심 | 刻 4 새길 각 | 誰 3 누구 수 | 何 3Ⅱ 어찌 하
- 이젠 비가 더 이상 오지 않기를 祈願기원했다.   祈 3Ⅱ 빌 기
- 長期間장기간 내린 비로 마을이 沈水침수되었다.   沈 3Ⅱ 잠길 침, 성 심
- 비가 過度과도하게 많이 내려 강물이 汎濫범람했다.   汎 1 넘칠 범 | 濫 3 넘칠 람
- 今朝금조에 洪水홍수 警報경보가 發令발령되었다.   洪 3Ⅱ 넓을 홍 | 警 4Ⅱ 깨우칠 경 | 報 4Ⅱ 갚을·알릴 보
- 人道인도에 물이 넘쳤다.
- 洪水홍수로 인해 水害수해를 입었다.
- 飮食음식, 生水생수, 醫藥品의약품 등의 不足부족으로 苦痛고통을 받았다.   痛 4 아플 통

장마

- 積霖적림이 始作시작되었다.   積 4 쌓을 적 | 霖 특Ⅱ 장마 림
- 모든 物件물건이 다 눅눅한 것 같다.
- 장마로 인한 被害피해가 續出속출하고 있다.   被 3Ⅱ 입을 피 | 續 4Ⅱ 이을 속
- 不快指數불쾌지수가 上昇상승하면서 離別이별하는 男女남녀가 늘어났다.   快 4Ⅱ 쾌할 쾌 | 指 4Ⅱ 가리킬 지 | 昇 3Ⅱ 오를 승 | 離 4 떠날 이(리)
- 장마가 길어지면서 本意본의 아니게 테니스 授業수업에 不參불참하고 있다.   授 4Ⅱ 줄 수
- 모든 所持品소지품을 바싹 乾燥건조시키고 싶다.   持 4 가질 지 | 乾 3Ⅱ 하늘·마를 건 | 燥 3 마를 조
- 深夜심야에 번개가 치고 天動천동 소리가 搖亂요란하여 食怯식겁했다.   深 4Ⅱ 깊을 심 | 搖 3 흔들 요 | 亂 4 어지러울 란(난) | 怯 1 겁낼 겁
- 結局결국 비가 그쳤다.
- 드디어 장마라는 名稱명칭의 여름비는 大團圓대단원의 幕막을 내렸다.   稱 4 일컬을 칭 | 圓 4Ⅱ 둥글 원 | 幕 3Ⅱ 장막 막

바람

- 바람 한 점 없이 潛潛잠잠했다.
- 바람이 强力강력하게 불었다.
- 强風강풍의 影響영향으로 颱風태풍이 불 것 같았다.

- 颱風태풍이 北上북상 중이었다.
- 颱風태풍이 南部남부 地域지역을 强打강타했다.
- 林野임야에 있는 큰 나무들의 根幹근간이 모두 뽑혀 망가졌다.
- 暴風雨폭풍우로 農作物농작물을 망쳤다.
- 暴風폭풍 때문에 琉璃窓유리창 몇 개가 깨졌다.
- 바람에 치마가 뒤집어져 亡身망신을 당했다.
- 강한 바람 때문에 步行보행도 힘들다.
- 바람과 抱擁포옹하며 걸어가는 氣分기분이다.
- 바람으로 인해 머리가 散髮산발이 되었다.
- 바람이 漸漸점점 潛潛잠잠해지고 微弱미약해졌다.
- 바람이 멈추고 平和평화가 찾아왔다.

潛 3Ⅱ 잠길 잠
强 특Ⅱ 강할[強] 강
影 3Ⅱ 그림자 영 | 響 3Ⅱ 울릴 향 |
颱 2 태풍 태

域 4 지경 역
幹 3Ⅱ 줄기 간
暴 4Ⅱ 사나울 폭, 모질 포
琉 1 유리 유(류) | 璃 특Ⅱ 유리 리(이)

步 4Ⅱ 걸음 보
抱 3 안을 포 | 擁 3 낄 옹
散 4 흩을 산 | 髮 4 터럭 발
漸 3Ⅱ 점점 점 | 微 3Ⅱ 작을 미

가뭄

- 비가 相當상당히 오랫동안 내리지 않았다.
- 乾燥건조 注意報주의보가 發令발령되었다.
- 數個月수개월 동안 비 消息소식이 없었다.
- 비가 오랫동안 내리지 않아 今年금년은 旱氣한기가 들었다.
- 가뭄으로 땅이 瘠薄척박해졌다.
- 가뭄으로 土壤토양이 갈라지고 田畓전답의 農作物농작물은 모두 시들었다.
- 農夫농부들의 心慮심려가 크다.
- 우물은 진작에 枯渴고갈되었다.
- 곧 비가 내리기를 希望희망할 뿐이다.
- 食水식수도 不足부족한 實情실정이다.

乾 3Ⅱ 하늘·마를 건 | 燥 3 마를 조 |
報 4Ⅱ 갚을·알릴 보
個 4Ⅱ 낱 개 | 息 4Ⅱ 쉴 식
旱 3 가물 한
瘠 1 여윌 척 | 薄 3Ⅱ 엷을 박
壤 3Ⅱ 흙덩이 양 | 畓 3 논 답
慮 4 생각할 려(여)
枯 3 마를 고 | 渴 3 목마를 갈
希 4Ⅱ 바랄 희

더위

- 나는 先天的선천적으로 더위를 잘 탄다.
- 나는 飮暑음서에 시달렸다.　　　　　　　　　暑 3 더울 서
- 정말 堪耐감내하기 힘든 더위였다.　　　　　堪 1 견딜 감 | 耐 3Ⅱ 견딜 내
- 너무 더워서 疲困피곤하고 渴症갈증이 났다.　疲 4 피곤할 피 | 困 4 곤할 곤 |
　　　　　　　　　　　　　　　　　　　　　渴 3 목마를 갈 | 症 3Ⅱ 증세 증
- 暴炎폭염으로 집에서 杜門不出두문불출했다.　暴 4Ⅱ 사나울 폭, 모질 포 |
　　　　　　　　　　　　　　　　　　　　　炎 3Ⅱ 불꽃 염 | 杜 1Ⅱ 막을 두
- 今日금일 不快指數불쾌지수가 最高潮최고조에 달한 날이었다.　快 4Ⅱ 쾌할 쾌 | 指 4Ⅱ 가리킬 지 |
　　　　　　　　　　　　　　　　　　　　　潮 4 밀물·조수 조
- 萬事만사에 怒氣衝天노기충천했다.　　　　　怒 4Ⅱ 성낼 노(로) | 衝 3Ⅱ 찌를 충
- 누가 나에게 對話대화만 試圖시도해도 짜증이 솟구쳤다.　試 4Ⅱ 시험 시
- 나는 이렇게 더운 날씨에는 無氣力무기력해진다.
- 酷暑혹서가 9月월까지 이어질 展望전망이라고 한다.　酷 2 심할 혹
- 나는 더위 때문에 苦生고생을 하고 있다.
- 나는 熱帶夜열대야로 인해 不眠불면의 밤을 보내고 있다.　帶 4Ⅱ 띠 대 | 眠 3Ⅱ 잘 면
- 暴炎폭염으로 日射病일사병에 걸리는 사람들이 增加증가하고 있다.　射 4 쏠 사 | 增 4Ⅱ 더할 증

더위 쫓기

- 여름에 부채는 必需品필수품이다.　　　　　需 3Ⅱ 쓰일·쓸 수
- 더위를 참을 수 없어서 結局결국 에어컨을 稼動가동시켰다.　稼 1 심을 가
- 더위가 가셔서 扇風機선풍기를 껐다.　　　扇 1 부채 선 | 機 4 틀 기
- 비라도 와서 熱氣열기를 식혀 주었으면 所願소원이 없겠다.
- 더위를 쫓기 위해 시원한 淸凉飮料청량음료 一杯일배를 마셨다.　凉 특Ⅱ 서늘할 량(양) | 杯 3 잔 배
- 이렇게 더울 때는 氷菓빙과를 입에 달고 산다.　菓 2 과자·실과 과
- 나는 팥 氷水빙수를 좋아한다.
- 冷水냉수로 洗手세수를 했다.
- 冷水摩擦냉수마찰은 健康건강과, 더위 쫓기의 一石二鳥일석이조의 效果효과가 있다.　摩 2 문지를 마 | 擦 1 문지를 찰 |
　　　　　　　　　　　　　　　　　　　　　康 4Ⅱ 편안 강
- 너무 더워서 그에게 등목을 付託부탁했는데 그는 死色사색이 되어 逃亡도망갔다.　付 3Ⅱ 부칠 부 | 託 2 부탁할 탁 |
　　　　　　　　　　　　　　　　　　　　　逃 4 도망할 도

- 外出외출을 할 때에는 皮膚피부를 保護보호하기 위해 紫外線자외선 遮斷劑차단제를 꼭 바른다.

  皮 3Ⅱ 가죽 피 | 膚 2 살갗 부 |
  保 4Ⅱ 지킬 보 | 護 4Ⅱ 도울 호 |
  紫 3Ⅱ 자줏빛 자 | 遮 2 가릴 차 |
  斷 4Ⅱ 끊을 단 | 劑 2 약제 제

- 뜨거운 太陽태양을 피하기 위해 陽傘양산을 썼다.

  傘 2 우산 산

땀

- 나는 땀 過多症과다증이 있다.

  症 3Ⅱ 증세 증

- 조금만 움직여도 땀으로 沐浴목욕을 할 程度정도이다.

  沐 2 머리감을 목 | 程 4Ⅱ 한도·길 정

- 땀 때문에 化粧화장도 今方금방 지워진다.

  粧 3Ⅱ 단장할 장

- 계속 흐르는 땀이 너무 野俗야속하다.

  俗 4Ⅱ 풍속 속

- 親舊친구들은 내가 땀을 흘리면 肉水육수라는 表現표현을 쓴다.

  肉 4Ⅱ 고기 육

- 땀 냄새 때문에 對人대인 關係관계가 圓滿원만하지 못하다.

  係 4Ⅱ 맬 계 | 圓 4Ⅱ 둥글 원 |
  滿 4Ⅱ 찰 만

- 땀을 닦는 내 손手巾수건은 生必品생필품처럼 貴重귀중하다.

  巾 1 수건 건

- 땀으로 흠뻑 젖은 上衣상의를 보니 정말 嫌惡혐오스럽다.

  嫌 3 싫어할 혐

- 땀 냄새 除去劑제거제를 샀다.

  除 4Ⅱ 덜 제 | 劑 2 약제 제

- 나는 餘他여타의 사람들과 달리 땀이 잘 分泌분비되지 않는다.

  餘 4Ⅱ 남을 여 |
  泌 1Ⅱ 분비할 비, 스며흐를 필

피서

- 나는 野外야외에서 水泳수영을 할 수 있는 여름이 좋다.

  泳 3 헤엄칠 영

- 어디로 避暑피서를 가야 할지 아직 決定결정하지 못했다.

  避 4 피할 피 | 暑 3 더울 서

- 더위를 피하기 위한 手段수단으로 水泳수영을 選擇선택했다.

  段 4 층계 단 | 擇 4 가릴 택

- 워터파크에서 傾斜度경사도가 매우 큰 미끄럼틀을 타려고 줄을 서는 瞬間순간부터 焦燥초조해지기 始作시작했다.

  傾 4 기울 경 | 斜 3Ⅱ 비낄 사 |
  瞬 3Ⅱ 눈깜짝일 순 | 焦 2 탈 초 |
  燥 3 마를 조

- 每年매년 여름 休暇휴가철이 되면 우리 家族가족은 休養地휴양지로 떠난다.

  暇 4 틈·겨를 가 | 季 4 계절 계

- 地方지방에 別莊별장이 있어서 우리 家族가족은 여름마다 그곳에서 지낸다.

  莊 3Ⅱ 씩씩할 장

- 今年금년 休暇휴가는 閑寂한적한 別莊별장에서 머물 計劃계획이다.

  閑 4 한가할 한 | 寂 3Ⅱ 고요할 적 |
  劃 3Ⅱ 그을 획

- 우리 家族가족은 溪谷계곡으로 野營야영을 떠났다.

  溪 3Ⅱ 시내 계 | 谷 3Ⅱ 골 곡 |
  營 4 경영할 영

- 溪谷계곡에서 발을 담그고 있으니 地上樂園지상낙원이 따로 없었다.
- 우리는 溪谷계곡에서 冷水냉수로 足浴족욕을 즐겼다.

여름 바다

- 여름 放學방학에 海水浴해수욕을 하기로 했다.
- 海岸해안 道路도로를 따라 運轉운전을 하며 景致경치를 보았다.   岸 3Ⅱ 언덕 안 | 轉 4 구를 전
- 海邊해변에서 출렁이는 波濤파도를 바라보았다.   邊 4Ⅱ 가 변 | 波 4Ⅱ 물결 파 | 濤 1 물결 도
- 더위를 식히기 위해 바다를 향해 入水입수를 試圖시도했다.   試 4Ⅱ 시험 시
- 튜브에 空氣공기를 가득 넣고 바다로 뛰어들었다.
- 바다에 短艇단정을 띄워 놓고 놀았다.   艇 2 배 정
- 동생과 水中戰수중전을 벌였다.
- 白沙場백사장을 거닐며 놀았다.   沙 3Ⅱ 모래 사
- 海邊해변에서 親舊친구들과 신나게 놀았더니 皮膚피부가 검게 그을렸다.   皮 3Ⅱ 가죽 피 | 膚 2 살갗 부
- 海邊해변에서 男女남녀 混合혼합으로 足球족구를 했다.   混 4 섞을 혼
- 물에 빠졌다가 九死一生구사일생하였다.
- 물에 빠져 意識의식을 잃었을 때 黃泉황천을 經驗경험했다.   泉 4 샘 천 | 經 4Ⅱ 지날·글 경
- 바닷가에서 溺死익사 事故사고가 있었다.   溺 2 빠질 익(닉) | 故 4Ⅱ 연고 고

일광욕

- 海邊해변에서 日光浴일광욕을 했다.   邊 4Ⅱ 가 변
- 皮膚피부가 타지 않도록 注意주의했다.   皮 3Ⅱ 가죽 피 | 膚 2 살갗 부
- 昨年작년에 선탠을 잘못해서 副作用부작용으로 老化노화가 왔다.   副 4Ⅱ 버금 부
- 햇볕에 너무 많이 露出노출되어 表皮표피가 벗겨질 地境지경이다.   露 3Ⅱ 이슬 노(로) | 境 4Ⅱ 지경 경
- 뜨거운 太陽태양 아래에서 長時間장시간 놀았더니 가벼운 火傷화상을 입었다.   傷 4 다칠 상
- 火傷화상 때문에 皮膚피부 組織조직에 痛症통증이 있다.   組 4 짤 조 | 織 4 짤 직 | 痛 4 아플 통 | 症 3Ⅱ 증세 증

모기

- 睡眠수면 不足부족의 原因원인은 바로 모기의 攻擊공격이다.

  睡 3 졸음 수 | 眠 3Ⅱ 잘 면 |
  攻 4 칠 공 | 擊 4 칠 격

- 吸血흡혈 중인 모기를 殺生살생했다.

  吸 4Ⅱ 마실 흡 | 血 4Ⅱ 피 혈 |
  殺 4Ⅱ 죽일 살, 감할·빠를 쇄

- 땀 냄새로 모기를 誘引유인한 후, 모기약을 撒布살포했다.

  誘 3Ⅱ 꾈 유 | 引 4Ⅱ 끌 인 |
  撒 1 뿌릴 살 |
  布 4Ⅱ 베·펼 포, 보시 보

- 非夢似夢비몽사몽 중에 모기를 잡았다.

  非 4Ⅱ 아닐 비 | 夢 3Ⅱ 꿈 몽 |
  似 3 닮을 사

- 앵앵거리는 모기 소리 때문에 잠을 잘 수가 없어 苦痛고통스럽다.

  痛 4 아플 통

- 모기 때문에 神經質신경질이 났다.

  經 4Ⅱ 지날·글 경

- 여름 모기는 眞實진실로 귀찮은 存在존재다.

  眞 4Ⅱ 참 진 | 存 4 있을 존

- 蚊帳문장을 쳤다.

  帳 4 장막 장

- 모기에게 獻血헌혈했다.

  獻 3Ⅱ 드릴 헌

- 모기에게 復讐복수하기 위해 殺蚊香살문향을 피웠다.

  復 4Ⅱ 회복할 복, 다시 부 |
  香 4Ⅱ 향기 향

- 모기 물린 痕迹흔적을 보니 갑자기 가려웠다.

  痕 1 흔적 흔 | 迹 1 자취 적

- 모기 물린 곳을 박박 긁어 皮膚피부가 損傷손상되었다.

  皮 3Ⅱ 가죽 피 | 膚 2 살갗 부 |
  損 4 덜 손 | 傷 4 다칠 상

04 가을

가을 맞이

- 秋節추절이 始作시작되었다.
- 가을 하늘은 淸明청명하고 韻致운치 있다.   　　韻 3Ⅱ 운 운
- 가을은 天高馬肥천고마비의 季節계절이라고 한다.   　肥 3Ⅱ 살찔 비 | 季 4 계절 계
- 가을은 工夫공부를 하기에도 適當적당한 季節계절이다.   適 4 맞을 적
- 가을이 되어 讀書독서 三昧境삼매경에 빠져 보기로 했다.   昧 1 어두울 매 | 境 4Ⅱ 지경 경
- 가을은 서늘하여 燈火可親등화가친할 만하다.   　　燈 4Ⅱ 등 등
- 가을은 讀書독서의 季節계절이다.
- 나는 가을 女子여자로 變身변신을 準備준비 중이다.   準 4Ⅱ 준할 준 | 備 4Ⅱ 갖출 비
- 가을은 食慾식욕이 旺盛왕성해지는 季節계절이다.   慾 3Ⅱ 욕심 욕 | 旺 1Ⅱ 왕성할 왕 | 盛 4Ⅱ 성할 성
- 秋風落葉추풍낙엽을 보니 매우 空虛공허해졌다.   虛 4Ⅱ 빌 허
- 가을이 되니 日沒일몰도 漸漸점점 빨라진다.   沒 3Ⅱ 빠질 몰 | 漸 3Ⅱ 점점 점
- 나는 누군가에게 便紙편지를 쓰고 싶어졌다.
- 落葉낙엽이 지는 것은 가을이 온다는 信號신호인 것 같다.
- 가을은 秋收추수의 季節계절이다.   收 4Ⅱ 거둘 수
- 晩秋만추의 景致경치를 보니 아련한 追憶추억이 떠오른다.   晩 3Ⅱ 늦을 만 | 追 3Ⅱ 쫓을·따를 추 | 憶 3Ⅱ 생각할 억
- 果樹園과수원에는 沙果사과가 익었다.   沙 3Ⅱ 모래 사
- 農夫농부들은 穀食곡식을 秋收추수하느라 奔走분주하다.   穀 4 곡식 곡 | 奔 3Ⅱ 달릴 분 | 走 4Ⅱ 달릴 주
- 今年금년은 豊年풍년이다.   豊 특 풍년 풍
- 今年금년은 凶作흉작이다.
- 扇風機선풍기는 이제 秋風扇추풍선이 되었다.   扇 1 부채 선 | 機 4 틀 기
- 換節期환절기라 感氣감기에 걸리기 쉬운 때다.   換 3Ⅱ 바꿀 환
- 나는 秋收추수 感謝節감사절 禮拜예배에 參席참석했다.   謝 4Ⅱ 사례할 사 | 拜 4Ⅱ 절 배
- 가을은 民族민족 最大최대의 名節명절인 秋夕추석이 있다.

가을 날씨

- 爽快상쾌한 바람이 肯定的긍정적인 힘을 준다. 　　爽 1 시원할 상 | 快 4Ⅱ 쾌할 쾌 | 肯 3 즐길 긍
- 벌써 寒氣한기가 느껴진다.
- 荒漠황막한 가을 날씨다. 　　荒 3Ⅱ 거칠 황 | 漠 3Ⅱ 넓을 막
- 陰散음산한 날씨였다. 　　陰 4Ⅱ 그늘 음 | 散 4 흩을 산
- 秋風추풍이 索莫삭막하게 불어왔다. 　　索 3Ⅱ 노[새끼줄] 삭, 찾을 색 | 莫 3Ⅱ 없을 막
- 가을 하늘이 높고 空豁공활하다. 　　豁 특Ⅱ 넓을 활
- 秋夜추야의 달은 惟獨유독 밝다. 　　惟 3 생각할 유

단풍놀이

- 가을이 되면 산은 形形色色형형색색으로 물든다.
- 나무들이 丹楓단풍이 들었다. 　　丹 3Ⅱ 붉을 단 | 楓 3Ⅱ 단풍 풍
- 뒷산은 가을 丹楓단풍이 絶頂절정을 이루었다. 　　絶 4Ⅱ 끊을 절 | 頂 3Ⅱ 정수리 정
- 今週금주 週末주말에 丹楓단풍놀이를 간다.
- 산 周邊주변은 丹楓단풍을 보러 온 사람들로 人山人海인산인해를 이루었다. 　　周 4 두루 주 | 邊 4Ⅱ 가 변
- 知人지인에게 丹楓단풍놀이 場所장소를 推薦추천받았다. 　　推 4 밀 추 | 薦 3 천거할 천
- 흐드러진 落葉낙엽이 絶景절경을 이루었다.
- 丹楓단풍놀이 旅行여행 商品상품이 意外의외로 많았다.
- 庭園정원의 落葉낙엽을 燒却소각했다. 　　却 3 물리칠 각
- 가을 落葉낙엽으로 책갈피를 만들어 親舊친구에게 膳物선물했다. 　　膳 1 선물·반찬 선

05 겨울

겨울 날씨

- 며칠 동안 酷寒혹한이 繼續계속되고 있다. 酷 2 심할 혹 | 繼 4 이을 계 | 續 4Ⅱ 이을 속
- 날씨가 本格的본격적으로 추워졌다.
- 酷毒혹독한 추위였다. 毒 4Ⅱ 독 독
- 極寒극한의 날씨였다. 極 4Ⅱ 다할·극진할 극
- 우리나라 겨울 날씨의 特徵특징은 寒冷한랭 乾燥건조한 것이다. 徵 3Ⅱ 부를 징 | 乾 3Ⅱ 하늘·마를 건 | 燥 3 마를 조
- 오늘 아침 날씨가 零下圈영하권으로 下落하락했다. 零 4 떨어질·영(0) 영(령) | 圈 2 우리 권
- 今週금주 내내 最强최강 추위가 持續지속된다고 하였다. 强 특Ⅱ 강할[强] 강 | 持 4 가질 지
- 全國的전국적으로 體感체감 氣溫기온이 뚝 떨어졌다.

추위

- 越冬월동 準備준비를 해야겠다. 越 3Ⅱ 넘을 월 | 準 4Ⅱ 준할 준 | 備 4Ⅱ 갖출 비
- 너무 추워서 凍死동사하는 줄 알았다. 凍 3Ⅱ 얼 동
- 정말 뼛속까지 浸透침투하는 추위였다. 浸 3Ⅱ 잠길 침 | 透 3Ⅱ 사무칠 투
- 추워서 寒粟한속까지 들었다. 粟 3 조 속
- 裂傷열상을 입은 것처럼 매서운 추위였다. 裂 3Ⅱ 찢어질 열(렬) | 傷 4 다칠 상
- 嚴冬雪寒엄동설한에 너무 힘들었다. 嚴 4 엄할 엄
- 冬將軍동장군의 威力위력이 느껴지는 하루였다. 將 4Ⅱ 장수 장 | 威 4 위엄 위
- 맹추위로 凍傷동상에 걸렸다.
- 겨울바람 때문에 손발에 龜裂균열이 생겼다. 龜 3 터질 균, 거북 구, 거북 귀
- 겨울 추위에 日較差일교차까지 極甚극심해서 疾病질병 發生발생이 憂慮우려되었다. 較 3Ⅱ 견줄·비교할 교 | 差 4 다를 차 | 極 4Ⅱ 다할·극진할 극 | 甚 3Ⅱ 심할 심 | 疾 3Ⅱ 병 질 | 憂 3Ⅱ 근심 우 | 慮 4 생각할 려(여)
- 추운 겨울에는 水道수도가 凍破동파되지 않도록 注意주의해야 한다. 破 4Ⅱ 깨뜨릴 파

추위 이기기

- 추운 날씨에 對備대비하여 外套외투를 購入구입했다. 備 4Ⅱ 갖출 비 | 套 1 씌울 투 | 購 2 살 구
- 이제는 防寒用방한용 內衣내의를 입어야겠다. 防 4Ⅱ 막을 방
- 옷을 二重이중 三重삼중 껴입었다.
- 防寒방한 帽子모자를 썼다. 帽 2 모자 모
- 人造인조 毛皮모피 코트를 샀다. 造 4Ⅱ 지을 조 | 毛 4Ⅱ 터럭 모 | 皮 3Ⅱ 가죽 피
- 겨울용 부츠를 사러 賣場매장에 가서 着靴感착화감을 느껴 보았다. 靴 2 신 화
- 電氣壯版전기장판을 마련했다. 壯 4 장할 장 | 版 3Ⅱ 판목 판
- 兎毛토모로 만든 掌匣장갑은 猛烈맹렬한 추위로 完販완판되었다. 兎 3Ⅱ 토끼 토 | 掌 3Ⅱ 손바닥 장 | 匣 1 갑 갑 | 猛 3Ⅱ 사나울 맹 | 烈 4 매울 렬(열) | 販 3 팔 판
- 나는 外出외출할 때마다 携帶用휴대용 손煖爐난로를 가지고 다녔다. 携 3 이끌 휴 | 帶 4Ⅱ 띠 대 | 煖 1 더울 난 | 爐 3Ⅱ 화로 로
- 너무 추워서 溫風器온풍기를 켰다. 器 4Ⅱ 그릇 기
- 추위를 잊기 위해 溫湯온탕에서 몸을 녹였다. 湯 3Ⅱ 끓을 탕
- 뜨끈한 十全大補湯십전대보탕으로 추위를 이겨냈다. 補 3Ⅱ 기울 보
- 나는 恒常항상 保溫瓶보온병에 뜨거운 차를 넣어서 가지고 다닌다. 恒 3Ⅱ 항상 항 | 常 4Ⅱ 떳떳할 상 | 保 4Ⅱ 지킬 보 | 甁 1 병 병
- 몸의 열을 發散발산하기 위해 늘 人蔘인삼을 먹는다. 散 4 흩을 산 | 蔘 2 삼 삼
- 酷寒혹한의 추위에도 끄떡없는 一體型일체형 防寒服방한복을 샀다. 酷 2 심할 혹 | 型 2 모형 형
- 추위가 한풀 꺾이고 平年평년 氣溫기온을 되찾았다.

첫눈

- 첫눈이 오기를 寤寐不忘오매불망 기다리고 있다. 寤 1 잠깰 오 | 寐 1 잘 매 | 忘 3 잊을 망
- 첫눈을 鶴首苦待학수고대하고 있다. 鶴 3Ⅱ 학 학
- 大韓民國대한민국의 靑年청년들은 첫눈 오는 날 約束약속이 있을 것이다.
- 첫눈 오는 날 나는 옛사랑과 遭遇조우하고 싶다. 遭 1 만날 조 | 遇 4 만날 우
- 今日금일 初雪초설이 내렸다.
- 첫눈을 보니 感懷감회가 새로웠다. 懷 3Ⅱ 품을 회

- 첫눈을 보니 옛 追憶추억이 떠올랐다.　　　　　　　　　　追 3Ⅱ 쫓을·따를 추 | 憶 3Ⅱ 생각할 억

- 첫눈이 와서 愛人애인에게 電話전화를 걸었다.

- 첫 눈 消息소식에 疏遠소원하던 親舊친구들까지 떠올랐다.　　息 4Ⅱ 쉴 식 | 疏 3Ⅱ 소통할 소

- 첫눈이 왔으니 氣溫기온이 크게 떨어질 것이다.

눈

- 夜間야간에 降雪강설이 있었다.　　　　　　　　　　　　降 4 내릴 강, 항복할 항

- 눈이 若干약간 내렸다.　　　　　　　　　　　　　　　若 3Ⅱ 같을 약, 반야 야 | 干 4 방패 간

- 雪異설이가 내렸다.　　　　　　　　　　　　　　　　異 4 다를 이(리)

- 細雪세설이 내렸다.　　　　　　　　　　　　　　　　細 4Ⅱ 가늘 세

- 今年금년은 例年예년보다 降雪量강설량이 적었다.

- 눈을 맞으며 雪景설경을 즐겼다.

- 家家戶戶가가호호 屋蓋옥개에 눈이 쌓였다.　　　　　　　　戶 4Ⅱ 집 호 | 蓋 3Ⅱ 덮을 개

- 온 世上세상이 白雪백설로 흩날렸다.

- 함박눈 德分덕분에 山雪산설의 아름다움을 느낄 수 있었다.

- 黃砂황사가 섞인 탓인지 오늘은 紅雪홍설이 내렸다.　　　砂 특Ⅱ 모래 사 | 紅 4 붉을 홍

폭설

- 暴雪폭설이 내렸다.　　　　　　　　　　　　　　　　暴 4Ⅱ 사나울 폭, 모질 포

- 一週日일주일 내내 눈이 내렸다.

- 道路도로에 積雪적설이 매우 많았다.　　　　　　　　　積 4 쌓을 적

- 갑작스러운 暴雪폭설로 孤立고립되었다.　　　　　　　　孤 4 외로울 고

- 눈이 내려 杜門不出두문불출했다.　　　　　　　　　　杜 1Ⅱ 막을 두

- 온 世上세상이 玉雪옥설로 뒤덮였다.　　　　　　　　　玉 4Ⅱ 구슬 옥

- 暴雪폭설로 인해 學校학교가 休校휴교했다.

- 나는 宿雪숙설이 끝까지 남아 있길 바란다.

- 暴風雪폭풍설로 交通교통이 痲痺마비되었다.　　　　　　　痲 2 저릴 마 | 痺 1 저릴 비

- 暴雪폭설로 出退勤출퇴근 時間시간의 러시아워가 더욱 심해졌다.　退 4Ⅱ 물러날 퇴 | 勤 4 부지런할 근

눈 치우기

- 尺雪척설로 인해 淸掃청소가 너무 힘들었다.   尺 3Ⅱ 자 척 | 掃 4Ⅱ 쓸 소
- 除雪車제설차가 道路도로의 눈을 치웠다.   除 4Ⅱ 덜 제
- 鹽化염화칼슘을 뿌려 주었다.   鹽 3Ⅱ 소금 염
- 曉雪효설로 눈이 얼어 치우기가 어려웠다.   曉 3 새벽 효
- 紛紛雪분분설이라 치울 必要필요가 없었다.   紛 3Ⅱ 어지러울 분
- 오늘은 殘雪잔설을 치우는 作業작업을 했다.   殘 4 남을 잔

눈싸움 · 눈사람

- 雪戰설전을 했다.
- 親舊친구들과의 雪戰설전이 몹시 期待기대된다.
- 相對便상대편에게 눈을 던지자 雪戰설전이 始作시작되었다.
- 雪戰설전은 興味津津흥미진진했다.   興 4Ⅱ 일 흥 | 味 4Ⅱ 맛 미 | 津 2 나루 진
- 우리의 눈싸움으로 周圍주위는 阿修羅場아수라장이 되었다.   周 4 두루 주 | 圍 4 에워쌀 위 | 阿 3Ⅱ 언덕 아 | 修 4Ⅱ 닦을 수 | 羅 4Ⅱ 벌릴 라(나)
- 우리는 雪上설상에서 抱擁포옹을 한 채로 뒹굴었다.   抱 3 안을 포 | 擁 3 낄 옹
- 우리는 最大최대한 사람과 恰似흡사하게 눈사람을 만들었다.   恰 1 흡사할 흡 | 似 3 닮을 사
- 우리는 男女老少남녀노소를 따지지 않고 一旦일단 만들었다.   旦 3Ⅱ 아침 단
- 눈사람의 耳目口鼻이목구비를 만들어 주었다.
- 우리는 小型소형 눈사람도 만들었다.   型 2 모형 형
- 눈사람과 記念기념 撮影촬영을 했다.   撮 1 모을·사진찍을 촬 | 影 3Ⅱ 그림자 영
- 親舊친구들과 만든 눈사람을 寫眞사진으로 永遠영원히 간직할 것이다.   眞 4Ⅱ 참 진

겨울 스포츠

- 나는 冬季동계 스포츠 種目종목을 좋아한다. 季 4 계절 계
- 겨울에는 여름보다 할 만한 스포츠가 多樣다양하다. 樣 4 모양 양
- 나는 스키에 各別각별한 愛情애정을 가지고 있다.
- 今年금년 季節계절에는 스노우보드 講習강습을 받을 것이다. 講 4Ⅱ 욀 강
- 나는 氷板빙판에서 타는 썰매를 좋아한다.
- 겨울이 되면 놀이 公園공원에 눈썰매장이 開場개장된다.
- 썰매를 타고 내려와서 다시 들고 移動이동하는 것이 第一제일 勘當감당하기 힘들었다. 移 4Ⅱ 옮길 이 | 勘 1 헤아릴 감
- 他人타인의 썰매와 부딪치는 安全事故안전사고를 막으려면 注意주의해야 한다. 故 4Ⅱ 연고 고
- 어제 親舊친구들과 室內실내 스케이트장에 갔었다.
- 盛需期성수기라서 그런지 스케이트장은 滿員만원이었다. 盛 4Ⅱ 성할 성 | 需 3Ⅱ 쓰일·쓸 수 | 滿 4Ⅱ 찰 만 | 員 4Ⅱ 인원 원
- 나는 넘어지기를 反復반복하다가 閉場폐장할 때 쯤 제 實力실력을 發揮발휘했다. 復 4Ⅱ 회복할 복, 다시 부 | 閉 4 닫을 폐 | 揮 4 휘두를 휘

스키

- 나는 스키를 狂的광적으로 좋아한다. 狂 3Ⅱ 미칠 광
- 눈이 오면 于先우선 裝備장비부터 챙긴다. 于 3 어조사 우 | 裝 4 꾸밀 장 | 備 4Ⅱ 갖출 비
- 나는 스키장이 開場개장하기만을 渴望갈망했다. 渴 3 목마를 갈
- 每年매년 겨울이면 나는 스키장에서 宿食숙식을 하며 즐긴다.
- 스키 裝備장비를 貸與대여했다. 貸 3Ⅱ 빌릴·뀔 대 | 與 4 더불·줄 여
- 夜間야간 스키는 정말 藝術예술이라고 생각한다. 藝 4Ⅱ 재주 예
- 輕微경미한 事故사고를 막기 위해 安全안전 規則규칙을 銘心명심해야 한다. 輕 4Ⅱ 지날·글 경 | 微 3Ⅱ 작을 미 | 故 4Ⅱ 연고 고 | 銘 3Ⅱ 새길 명
- 스키를 初步초보 코스부터 始作시작했다. 步 4Ⅱ 걸음 보
- 下降하강할 때 速度속도 調節조절이 若干약간 어려웠다. 降 4 내릴 강, 항복할 항 | 若 3Ⅱ 같을 약, 반야 야 | 干 4 방패 간
- 初步초보 코스를 通過통과하고 中級중급 코스로 내려왔다.

- 나는 一對一일대일로 專門家전문가 等級등급 講習강습을 받았다.
- 講習강습 難易度난이도에 따라 實力실력 差異차이가 많이 났다.
- 進路진로에서 離脫이탈하지 않으려고 努力노력했다.
- 間或간혹 氷板빙판이 있을 수 있으니 注意주의해야 한다.
- 슬로프를 거의 다 내려와 넘어지자, 安全안전 要員요원이 도와주었다.
- 스키를 타고 내려와 空腹공복에 먹은 間食간식은 정말 꿀맛이었다.
- 스키를 타는 동안 瞬息間순식간에 몇 時間시간이 흘렀다.

專 4 오로지 전 | 講 4Ⅱ 욀 강
易 4 쉬울 이, 바꿀 역 | 差 4 다를 차 |
異 4 다를 이(리)
離 4 떠날 이(리) | 脫 4 벗을 탈 |
努 4Ⅱ 힘쓸 노
或 4 혹 혹
員 4Ⅱ 인원 원
腹 3Ⅱ 배 복
瞬 3Ⅱ 눈깜짝일 순 | 息 4Ⅱ 쉴 식

Diary

폭염
1

8월 17일

불쾌지수 최고의 날이다. 연일 계속되는 가마솥더위로 하루하루가 힘들다. 비라도 내리면 좋을 텐데 잠시 내리는 비 외에는 더 이상 소식이 없다. 이러다가 일사병에 걸리는 건 아닌지. 사람들은 필수품처럼 부채를 가지고 다니고 슈퍼에는 빙과류가 품절되는 현상이 나타났다. 이런 폭염은 열대야로 이어져 불면의 밤을 보내는 사람도 부쩍 늘었다고 한다. 나는 땀 과다증이 있어서 매일 땀으로 목욕을 하다시피 하고 있다. 친구들은 육수라는 표현을 써서 나를 놀리기도 한다. 그럴 때면 어찌나 야속한지……. 내가 흘리고 싶어서 흘리는 것도 아니고……. 너무 더워서 청량음료를 과다 섭취했더니 복통까지 왔다. 그래서 더위를 쫓는 나만의 방법을 생각해 냈다. 우선 편안한 상태로 누워서 눈을 감고 야외에서 수영을 하는 상상을 한다. 그리고 팥 빙수를 먹으며 시원한 계곡에 발을 담그고 냉수로 족욕을 하는 상상까지. 캬~ 더운 열기가 조금은 식혀지는 것 같았다. 내친 김에 해변의 출렁이는 파도로 입수하여 신나게 노는 상상을 하고 밤이 되면 해변 백사장에 모닥불을 피워 놓고 노래를 부르며 피서를 즐기는 나를 떠올린다. 좋다! 좋아! 아차, 그러나 생각하지 못했던 것이 있네. 앵앵거리는 모기에게 헌혈은 필수라는 것을…….

■ 알맞은 한자로 써 보세요.

1. 폭염 _____
2. 불쾌지수 _____
3. 최고 _____
4. 연일 _____
5. 계속 _____
6. 잠시 _____
7. 소식 _____
8. 일사병 _____
9. 필수품 _____
10. 빙과류 _____
11. 품절 _____
12. 현상 _____
13. 열대야 _____
14. 불면 _____
15. 과다증 _____
16. 매일 _____
17. 목욕 _____
18. 친구 _____
19. 육수 _____
20. 표현 _____
21. 야속 _____
22. 청량음료 _____
23. 과다 _____
24. 섭취 _____
25. 복통 _____
26. 방법 _____
27. 우선 _____
28. 편안 _____
29. 상태 _____
30. 야외 _____
31. 수영 _____
32. 상상 _____
33. 빙수 _____
34. 계곡 _____
35. 냉수 _____
36. 족욕 _____
37. 상상 _____
38. 열기 _____
39. 해변 _____
40. 파도 _____
41. 입수 _____
42. 백사장 _____
43. 피서 _____
44. 헌혈 _____
45. 필수 _____

01. 날씨·계절

暴炎

八月 十七日

不快指數 最高의 날이다. 連日 繼續되는 가마솥더위로 하루하루가 힘들다. 비라도 나리면 좋을 텐데 暫時 나리는 비 외에는 더 이상 消息이 없다. 이러다가 日射病에 걸리는 건 아닌지. 사람들은 必需品처럼 부채를 가지고 다니고 슈퍼에는 氷菓類가 品切되는 現象이 나타났다. 이런 暴炎은 熱帶夜로 이어져 不眠의 밤을 보내는 사람도 부쩍 늘었다고 한다. 나는 땀 過多症이 있어서 每日 땀으로 沐浴을 하다시피 하고 있다. 親舊들은 肉水라는 表現을 써서 나를 놀리기도 한다. 그럴 때면 어찌나 野俗한지…… 내가 흘리고 싶어서 흘리는 것도 아니고…… 너무 더워서 淸凉飮料를 過多 攝取했더니 腹痛까지 왔다. 그래서 더위를 쫓는 나만의 方法을 생각해 봤다. 于先 便安한 狀態로 누워서 눈을 감고 野外에서 水泳을 하는 想像을 한다. 그리고 팥 氷水를 먹으며 시원한 溪谷에 발을 담그고 冷水로 足浴을 하는 想像까지. 캬~ 더운 熱氣가 조금은 식혀지는 것 같았다. 내친 김에 海邊의 출렁이는 波濤로 入水하여 신나게 노는 想像을 하고 밤이 되면 海邊 白沙場에 모닥불을 피워 놓고 노래를 부르며 避暑를 즐기는 나를 떠올린다. 좋다! 좋아! 아차, 그러나 생각하지 못했던 것이 있네. 앵앵거리는 모기에게 獻血은 必須라는 것을……

CHAPTER 02

하루 일과

- 01. 아침
- 02. 점심
- 03. 저녁
- 04. 하루의 정리
- 05. 기분 · 감정
- + Diary

01 아침

잠 깨기

- 日出_{일출}이 始作_{시작}됐다.
- 居室_{거실}에 햇살이 비치고 있었다.   居 4 살 거
- 또다시 새로운 週日_{주일}이 始作_{시작}되었다.
- 나는 普通_{보통} 午前_{오전} 6시에 起牀_{기상}한다.   普 4 넓을 보 | 起 4Ⅱ 일어날 기 | 牀 4Ⅱ 형상 상, 문서 장
- 時計_{시계}를 보니 일어날 時間_{시간}이었다.
- 自鳴鐘_{자명종}이 울리지 않았다.   鳴 4 울 명 | 鐘 4 쇠북 종
- 自鳴鐘_{자명종}이 故障_{고장} 나는 바람에 일어나지 못했다.   故 4Ⅱ 연고 고 | 障 4Ⅱ 막을 장
- 나는 寢臺_{침대} 속에서 나오지 않았다.   寢 4 잘 침 | 臺 3Ⅱ 대 대
- 잠을 깨기 위해 音樂_{음악}을 틀었다.
- 나는 잠을 깨기 위해 아침마다 戰爭_{전쟁}을 한다.
- 窓門_{창문}을 열고 新鮮_{신선}한 空氣_{공기}를 마시니 잠이 깨었다.
- 나의 잠을 깨우기 위해 아침마다 온 家族_{가족}이 動員_{동원}된다.   員 4Ⅱ 인원 원
- 아침에 잠에서 깰 때마다 恒常_{항상} 疲困_{피곤}하다.   恒 3Ⅱ 항상 항 | 常 4Ⅱ 떳떳할 상 | 疲 4 피곤할 피 | 困 4 곤할 곤
- 내가 잠에서 깨기 直前_{직전}에 형이 먼저 일어난다.

일찍 일어나기

- 내가 第一_{제일} 嫌惡_{혐오}하는 것이 아침에 일찍 일어나는 일이다.   嫌 3 싫어할 혐
- 나는 어떤 狀況_{상황}이건 간에 아침에 일찍 일어나야 한다.   狀 4Ⅱ 형상 상, 문서 장 | 況 4 상황 황
- 나는 平常時_{평상시}보다 일찍 일어났다.
- 일어나자마자 體操_{체조}를 했다.
- 奔走_{분주}히 일어나 寢臺_{침대}를 整頓_{정돈}했다.   奔 3Ⅱ 달릴 분 | 走 4Ⅱ 달릴 주 | 整 4 가지런할 정 | 頓 2 조아릴 돈
- 일찍 일어나면 아침이 餘裕_{여유}롭다.   餘 4Ⅱ 남을 여 | 裕 3Ⅱ 넉넉할 유
- 일찍 일어나는 習慣_{습관}을 가지려고 努力_{노력}하고 있다.   慣 3Ⅱ 익숙할 관

- 나는 일찍 일어나는 것이 日常일상이 되었다.
- 아침형 人間인간이 되기 위해 일찍 일어나려 한다.
- 나는 아침마다 散策산책을 한다.   散 4 흩을 산 | 策 3Ⅱ 꾀 책
- 나는 일찍 일어나기로 決心결심했다.
- 일찍 자고 일찍 일어나는 것은 健康건강, 富부, 智慧지혜의 根本근본이다.   康 4Ⅱ 편안 강 | 富 4Ⅱ 부자 부 | 智 4 슬기·지혜 지 | 慧 3Ⅱ 슬기로울 혜
- 오늘부터 일찍 일어나기 訓練훈련을 하기로 했다.
- 새벽 6시 起牀기상을 目標목표로 일찍 잠자리에 들었다.   起 4Ⅱ 일어날 기 | 標 4 표할 표
- 每日매일 遲刻지각하는 習慣습관을 고치기 위해서라도 일찍 일어나야 한다.   遲 3 더딜·늦을 지 | 刻 4 새길 각

늦잠

- 나는 恒常항상 해가 中天중천에 떠 있을 때까지 잔다.
- 나는 每日매일 늦잠을 잔다.
- 午睡오수를 즐기는 趣味취미 때문인지 언제나 늦잠을 잔다.   睡 3 졸음 수 | 趣 4 뜻 취
- 어제 試驗시험 工夫공부를 子正자정까지 하는 바람에 늦잠을 잤다.   試 4Ⅱ 시험 시 | 驗 4Ⅱ 시험 험
- 어제 동생에게 일찍 깨워 달라고 付託부탁했었다.   付 3Ⅱ 부칠 부 | 託 2 부탁할 탁
- 늦잠을 자서 約束약속 時間시간에 늦었다.
- 會社회사에서 나는 늦잠꾸러기로 所聞소문났다.
- 늦잠 때문에 遲刻지각한 벌로 化粧室화장실 淸掃청소를 했다.   粧 3Ⅱ 단장할 장 | 掃 4Ⅱ 쓸 소
- 土曜日토요일은 마음 놓고 늦잠을 잘 수 있다.
- 나는 每日매일 늦잠을 자서 아침 食事식사를 못 먹는다.
- 日曜日일요일의 늦잠이 月曜病월요병의 主犯주범이라고 생각한다.   犯 4 범할 범
- 늦잠을 잔 理由이유는 어제 늦게까지 映畫영화를 봤기 때문이다.   映 4 비칠 영

욕실 사용하기

- 일어나자마자 浴室욕실에 갔다.
- 浴室욕실을 使用사용한 후에는 整理정리를 해야 한다.
- 便器변기의 물 내리는 것을 잊었다.   器 4Ⅱ 그릇 기
- 化粧室화장실에서 惡臭악취가 났다.   臭 3 냄새 취

- 난 큰 볼일을 보며 新聞신문을 읽는다.
- 아침에는 洗手세수만 한다.
- 오늘은 아침 食事식사 전에 洗手세수를 했다.
- 아침부터 沐浴목욕을 했다.   沐 2 머리감을 목
- 浴室욕실에는 恒常항상 濕氣습기가 차 있다.   濕 3Ⅱ 젖을 습
- 얼굴에 保濕劑보습제를 발랐다.   保 4Ⅱ 지킬 보 | 劑 2 약제 제

양치질

- 나는 食事식사를 하고 나면 꼭 養齒양치를 한다.   齒 4Ⅱ 이 치
- 칫솔 위에 齒藥치약을 짰다.
- 나는 電動전동 칫솔을 쓴다.
- 養齒양치는 規則규칙적으로 해야 한다.
- 口臭구취의 原因원인은 養齒양치를 소홀히 해서이다.
- 養齒양치를 제대로 안 해서 齒石치석이 생겼다.
- 洗面臺세면대에 물을 뱉었다.

아침 신문

- 나는 時代시대에 뒤떨어지지 않기 위해 每日매일 아침 新聞신문을 읽는다.
- 나는 ○○新聞신문을 購讀구독한다.   購 2 살 구
- 나는 學生用학생용 英字영자 新聞신문을 購讀구독한다.
- 아침에는 新聞신문 全體전체 內容내용을 다 읽을 수 없다.   容 4Ⅱ 얼굴 용
- 나는 新聞신문에서 주로 社會面사회면을 본다.
- 나는 오늘의 運勢운세를 第一제일 좋아한다.
- 新聞신문을 볼 때 日氣일기 豫報예보는 꼭 본다.   豫 4 미리 예 | 報 4Ⅱ 갚을·알릴 보
- 나는 運動운동 競技경기에 대한 內容내용을 다루는 스포츠면만 읽는다.
- 나는 거의 社說사설을 읽지 않는다.
- 오늘 新聞신문에 特種특종 記事기사가 있었다.
- 知人지인이 新聞신문에 나왔다.

- 내 趣味취미에 關聯관련된 좋은 記事기사가 있어 오려서 保管보관해 두었다.   聯 3Ⅱ 연이을 련(연) | 保 4Ⅱ 지킬 보 | 管 4 대롱·주관할 관

아침 식사

- 아침 食事식사를 할 時間시간이었다.
- 아침은 簡單간단하게 빵을 먹었다.   簡 4 대쪽·간략할 간 | 單 4Ⅱ 홑 단
- 씻고 나오니 아침 食事식사가 벌써 準備준비되어 있었다.   準 4Ⅱ 준할 준 | 備 4Ⅱ 갖출 비
- 餘裕여유롭게 食事식사를 했다.
- 늦잠을 자서 빠른 速度속도로 아침을 먹었다.
- 나는 牛乳우유와 시리얼을 먹었다.   乳 4 젖 유
- 나는 아침 食事식사를 과일로 代身대신했다.
- 오늘 아침으로 빵과 鷄卵계란 프라이를 먹었다.   鷄 4 닭 계 | 卵 4 알 란(난)
- 나는 普通보통 아침은 韓食한식으로 먹는다.   普 4 넓을 보
- 아침에는 가볍게 菜蔬채소를 먹는다.   菜 3Ⅱ 나물 채 | 蔬 3 나물 소
- 아침부터 肉食육식으로 배를 채웠다.
- 아침 食事식사는 過食과식하지 않으려고 하는 편이다.
- 아침에는 입맛이 없어서 空腹공복 狀態상태로 登校등교한다.   腹 3Ⅱ 배 복 | 態 4Ⅱ 모습 태
- 난 호텔의 朝食조식 뷔페를 좋아한다.
- 오늘 아침 食事식사는 省略생략했다.   略 4 간략할·약할 략(약)

옷 입기

- 寢衣침의를 벗었다.
- 內衣내의를 갈아입었다.
- 脫衣탈의했다.   脫 4 벗을 탈
- 어떤 옷을 입을지 決定결정하기가 難堪난감했다.   難 4Ⅱ 어려울 난(란) | 堪 1 견딜 감
- 欌籠장롱에서 옷을 꺼냈다.   欌 특Ⅱ 장롱 장 | 籠 2 대바구니 롱(농)
- 오늘 줄무늬 南方남방을 입었다.
- 옷이 작아서 修繕수선을 맡겼다.   修 4Ⅱ 닦을 수 | 繕 2 기울 선
- 나는 伸縮性신축성이 있는 바지를 좋아한다.   伸 3 펼 신 | 縮 4 줄일 축

- 벗은 옷을 그대로 放置방치해 두었다.   置 4Ⅱ 둘 치
- 送年會송년회에 입고 갈 옷을 購入구입했다.   送 4Ⅱ 보낼 송

엄마의 당부

- 先生선생님 말씀 잘 들어야 해.
- 先生선생님을 尊敬존경해라.   尊 4Ⅱ 높을 존
- 親舊친구들과의 友情우정을 重要중요하게 생각해라.
- 學生학생다운 行動행동을 해야 한다.
- 橫斷步道횡단보도에서 操心조심해라.   橫 3Ⅱ 가로 횡 | 斷 4Ⅱ 끊을 단 | 步 4Ⅱ 걸음 보
- 不良불량한 親舊친구들과 어울리면 안 된다.
- 學校학교에서 工夫공부 熱心열심히 하고 와.
- 授業수업 時間시간에 잠자지 마라.   授 4Ⅱ 줄 수
- 學校학교에서 無斷離脫무단이탈하지 마라.   離 4 떠날 이(리)
- 下校하교 후 집으로 곧장 올 거지?
- 初面초면인 사람을 操心조심해야 한다.
- 손을 恒常항상 淸潔청결히 씻어야 해.   恒 3Ⅱ 항상 항 | 常 4Ⅱ 떳떳할 상 | 潔 4Ⅱ 깨끗할 결
- 하루의 計劃계획을 세워 實踐실천하는 게 좋아.   劃 3Ⅱ 그을 획 | 踐 3Ⅱ 밟을 천
- 讀書독서를 많이 해라.
- 營養價영양가 있는 飮食음식을 먹고 適當적당한 運動운동을 해라.   營 4 경영할 영 | 適 4 맞을 적

집 나서기

- 우리 父母부모님은 아침마다 奔走분주하게 나를 다그치신다.   奔 3Ⅱ 달릴 분
- 빨리 準備준비해야 했다.   備 4 갖출 비
- 必要필요한 所持品소지품을 챙겼다.   持 4 가질 지
- 서둘러 外出외출했다.
- 늦어서 머리를 乾燥건조시키지 못하고 나왔다.   乾 3Ⅱ 마를·하늘 건 | 燥 3 마를 조
- 집을 나서기 直前직전에 電話전화가 왔다.

- 너무 늦어서 아버지가 自家用자가용으로 데려다 주셨다.
- 너무 서두르는 바람에 紙匣지갑을 놓고 갔다. 匣 1 갑 갑
- 집을 나서면서 洗濯所세탁소에 洗濯物세탁물을 맡겼다. 濯 3 씻을 탁

02 점심

도시락

- 나는 每日매일 밥과 飯饌반찬을 담은 도시락을 싸 가지고 다닌다. 飯 3Ⅱ 밥 반 | 饌 1 반찬 찬
- 엄마가 精誠정성을 담아 도시락을 싸 주셨다. 精 4Ⅱ 정할 정 | 誠 4Ⅱ 정성 성
- 도시락을 가지고 다니는 것이 不便불편하다.
- 團體단체로 도시락을 注文주문했다.
- 배탈로 腹痛복통이 심한 나를 위해 엄마가 感動감동의 도시락을 싸 주셨다. 腹 3Ⅱ 배 복 | 痛 4 아플 통
- 도시락 專門店전문점에서 配達배달을 시켰다. 專 4 오로지 전 | 配 4Ⅱ 나눌·짝 배 | 達 4Ⅱ 통달할 달
- 밥 위에 콩으로 하트 模樣모양을 裝飾장식했다. 模 4 본뜰 모 | 樣 4 모양 양 | 裝 4 꾸밀 장 | 飾 3Ⅱ 꾸밀 식
- 나에겐 사 먹는 飮食음식보다 도시락이 適格적격이다. 適 4 맞을 적

학교 급식

- 우리 學校학교에서는 점심 時間시간에 給食급식을 한다.
- 우리는 점심 때 食券식권을 利用이용해야 한다. 券 4 문서 권
- 우리 학교 給食급식은 後食후식이 맛있다.
- 食堂식당에서 그 飮食음식 좀 그만 나왔으면 좋겠다.
- 오늘 飯饌반찬 중 糖水肉탕수육이 있었다. 糖 3Ⅱ 엿·사탕 당 | 肉 4Ⅱ 고기 육
- 점심에 菜蔬채소를 많이 먹어 飽滿感포만감이 느껴졌다. 菜 3Ⅱ 나물 채 | 蔬 3 나물 소 | 飽 3 배부를 포 | 滿 4Ⅱ 찰 만

- 점심을 너무 빨리 먹어 急滯급체했다. 滯 3II 막힐 체
- 점심으로 冷麵냉면을 먹었다. 麵 특II 국수 면
- 난 점심은 小食소식하는 편이다.
- 周邊주변 學校학교 중에 우리 學校학교 給食급식이 斷然단연 最高최고이다. 周 4 두루 주 | 邊 4II 가 변 | 斷 4II 끊을 단

점심 시간

- 正午정오에 점심 時間시간이 1時間시간 있다.
- 점심 時間시간에 放送部員방송부원들이 音樂음악을 틀어 주었다. 送 4II 보낼 송 | 員 4II 인원 원
- 밥을 먹고 午睡오수를 즐긴다. 睡 3 졸음 수
- 構內食堂구내식당에서 밥을 먹고 커피 專門店전문점으로 갔다. 構 4 얽을 구
- 점심 時間시간에는 自由자유롭게 나만의 時間시간을 갖는다.
- 점심 時間시간에 不足부족한 科目과목을 補充보충한다. 補 3II 기울 보
- 짧은 점심 時間시간에 親舊친구들과 蹴球축구를 했다. 蹴 2 찰 축
- 점심을 먹고 난 후 書店서점에 들렀다.
- 점심 時間시간을 利用이용해서 銀行은행 業務업무를 보았다. 務 4II 힘쓸 무
- 짧은 점심 時間시간이 좀 더 延長연장되길 바란다. 延 4 늘일 연

군것질

- 나는 間食간식을 즐긴다.
- 間食간식으로 牛乳우유를 마신다. 乳 4 젖 유
- 밤만 되면 군것질의 誘惑유혹을 떨칠 수가 없다. 誘 3II 꾈 유
- 군것질을 자주 했더니 體重체중이 增加증가했다. 增 4II 더할 증
- 學校학교 周邊주변에는 惟獨유독 군것질 거리가 많다. 惟 3 생각할 유
- 追憶추억의 不良불량 食品식품을 사 먹었다. 追 3II 쫓을·따를 추 | 憶 3II 생각할 억

03 저녁

저녁 활동

- 저녁 8시 以後이후에는 大概대개 집에 있다.
- 오늘 저녁은 집에서 冊欌책장 整理정리를 했다.

- 오늘 저녁에 親舊친구들과 約束약속이 있었다.
- 오늘 저녁은 閑暇한가하게 보낼 수 있었다.
- 저녁을 먹은 후 散策산책을 했다.
- 밤이 늦어 서둘러 歸家귀가했다.
- 저녁을 먹고 심심하고 無聊무료해서 친구네 집에 갔다.
- 半身浴반신욕을 하며 오늘의 疲勞피로를 풀었다.
- 잠자기 전에 來日내일의 할 일을 點檢점검했다.
- 나는 잠자리에 들기 전에 하루를 反省반성하는 日記일기를 쓴다.
- 나는 잠자기 전에 祈禱기도를 한다.

概 3Ⅱ 대개 개

冊 4 책 책 | 欌 특Ⅱ 장롱 장 |
整 4 가지런할 정

閑 4 한가할 한 | 暇 4 틈·겨를 가
散 4 흩을 산 | 策 3Ⅱ 꾀 책
歸 4 돌아갈 귀
聊 1 애오라지 료(요)
疲 4 피곤할 피
點 4 점 점 | 檢 4Ⅱ 검사할 검

祈 3Ⅱ 빌 기 | 禱 1 빌 도

통금

- 우리 집 通禁통금 時間시간은 밤 10시이다.
- 늦어도 저녁 10시까지는 집에 到着도착해야 한다.
- 어머니께 電話전화를 걸어 좀 늦을 거라고 諒解양해를 구했다.
- 父母부모님은 週末주말에는 늦게 들어오는 것을 許諾허락해 주신다.
- 내가 집에 늦게 들어와도 父母부모님께서 좀 더 理解이해해 주셨으면 좋겠다.
- 通禁통금 時間시간을 지키지 못해 용돈이 差減차감됐다.

禁 4Ⅱ 금할 금

諒 3 살펴알·믿을 양(량) | 解 4Ⅱ 풀 해
諾 3Ⅱ 허락할 락(낙)

差 4 다를 차 | 減 4Ⅱ 덜 감

씻기

- 簡單간단히 샤워를 했다.
- 疲困피곤해서 뜨거운 물을 채운 浴槽욕조 안에서 休息휴식을 취했다.
- 沐浴목욕을 하고 나니 氣分기분이 爽快상쾌했다.
- 健康건강을 위해 足浴족욕을 했다.
- 汗蒸幕한증막에서 땀을 뺐다.
- 沐浴목욕 管理使관리사가 때를 밀어 주었다.
- 나는 清潔청결하게 씻기를 좋아한다.
- 몸을 씻으니 不純物불순물이 除去제거되는 氣分기분이었다.

簡 4 대쪽·간략할 간 | 單 4Ⅱ 홑 단
困 4 곤할 곤 | 槽 1 구유 조 | 息 4Ⅱ 쉴 식
沐 2 머리감을 목 | 爽 1 시원할 상 | 快 4Ⅱ 쾌할 쾌
康 4Ⅱ 편안 강
汗 3Ⅱ 땀 한 | 蒸 3Ⅱ 찔 증 | 幕 3Ⅱ 장막 막
管 4 대롱·주관할 관
潔 4Ⅱ 깨끗할 결
純 4Ⅱ 순수할 순 | 除 4Ⅱ 덜 제

저녁 식사

- 終日종일 아무것도 攝取섭취하지 못했다.
- 저녁 料理요리를 準備준비했다.
- 오늘은 特別특별히 집에서 저녁을 먹었다.
- 저녁은 恒常항상 菜食채식 爲主위주로 한다.
- 저녁 食事식사 중에는 日常일상적인 이야기를 주로 한다.
- 아빠는 항상 退勤퇴근이 늦으셔서 함께 食事식사하는 일이 별로 없다.
- 家族가족 모두가 職場직장, 夜勤야근, 學院학원 등의 理由이유로 저녁 食事식사를 함께하지 못했다.
- 저녁을 먹으며 즐거운 對話대화를 나누었다.
- 맛있는 저녁을 먹으니 힘이 充電충전되는 느낌이었다.
- 오늘 저녁에 外國人외국인 親舊친구를 招請초청했다.
- 오늘 저녁은 나가서 外食외식을 하고 싶었다.
- 저녁으로 韓牛한우 갈비를 먹었다.
- 저녁에 泰國태국 飮食음식을 먹었다.

攝 3 다스릴·잡을 섭 | 取 4Ⅱ 가질 취
準 4Ⅱ 준할 준 | 備 4Ⅱ 갖출 비

恒 3Ⅱ 항상 항 | 常 4Ⅱ 떳떳할 상 | 菜 3Ⅱ 나물 채 | 爲 4Ⅱ 하·할 위

退 4Ⅱ 물러날 퇴 | 勤 4 부지런할 근
職 4Ⅱ 직분 직

招 4 부를 초 | 請 4Ⅱ 청할 청

泰 3Ⅱ 클 태

텔레비전 시청

- 食事식사 후 바로 텔레비전을 視聽시청했다.   視 4Ⅱ 볼 시 | 聽 4 들을 청
- 나는 텔레비전 보는 것이 趣味취미이다.   趣 4 뜻 취 | 味 4Ⅱ 맛 미
- 나는 텔레비전에 中毒중독된 것 같다.   毒 4Ⅱ 독 독
- 나는 텔레비전을 볼 때 畫面화면에 너무 近接근접해서 본다.   接 4Ⅱ 이을 접
- 엄마는 텔레비전 視聽시청을 禁止금지했다.   禁 4Ⅱ 금할 금
- 텔레비전 視聽시청 時間시간이 增加증가하여 學業학업에 問題문제가 생겼다.   增 4Ⅱ 더할 증
- 저녁에는 손에 리모콘을 항상 附着부착하고 있다.   附 3Ⅱ 붙을 부
- 저녁마다 텔레비전을 보는 習慣습관이 있다.   慣 3Ⅱ 익숙할 관
- 형은 텔레비전을 보는 態度태도가 좋지 않다.   態 4Ⅱ 모습 태
- 父母부모님이 텔레비전 視聽시청 制限제한 裝置장치를 하셨다.   制 4Ⅱ 절제할 제 | 限 4Ⅱ 한할 한 | 裝 4 꾸밀 장 | 置 4Ⅱ 둘 치
- 저녁 食事식사 후 居室거실에서 텔레비전을 보았다.   居 4 살 거
- 每日매일 9시 뉴스를 視聽시청한다.
- 내가 가장 좋아하는 프로그램은 歌謠가요 프로그램이다.   謠 4Ⅱ 노래 요
- 그 쇼 프로그램은 每週매주 月曜日월요일마다 放映방영된다.   映 4 비칠 영
- 오늘은 諷刺풍자와 諧謔해학이 있는 코미디 프로그램을 하는 날이다.   諷 1 풍자할 풍 | 刺 3Ⅱ 찌를 자, 찌를 척 | 諧 1 화할 해 | 謔 1 희롱할 학
- 單幕劇단막극이 再放送재방송되었다.   單 4Ⅱ 홑 단 | 劇 4 심할 극
- 나는 連續劇연속극이라면 窒塞질색이다.   窒 2 막힐 질 | 塞 3Ⅱ 막힐 색, 변방 새
- 우리 家族가족은 人間劇場인간극장을 꼭 본다.
- 나는 텔레비전 廣告광고가 참 재미있다.
- 다른 放送社방송사의 프로그램이 더 나은 것 같다.
- 부모님께서는 나에게 敎育교육 放送방송을 보라고 强要강요하였다.   强 특Ⅱ 강할[强] 강
- 그 討論토론 프로그램은 나에게 매우 지루했다.   討 4 칠 토 | 論 4Ⅱ 논할 론(논)
- 텔레비전 보는 時間시간을 短縮단축해야 한다.   縮 4 줄일 축
- 對話대화를 위한 時間시간을 더 많이 갖도록 하기 위해서 居室거실 텔레비전을 없앴다.
- 長時間장시간 텔레비전을 봤더니 視力시력이 떨어졌다.

라디오 · DVD

- 나는 저녁에 텔레비전 代身대신 라디오를 聽取청취한다.
- 나는 라디오를 들으며 工夫공부를 하거나 讀書독서를 한다.
- 방에서 라디오 소리가 안 나면 왠지 不安불안하다.
- 내 방 라디오 周波數주파수는 恒常항상 固定고정되어 있다. 　周 4 두루 주 | 波 4Ⅱ 물결 파
- 나는 라디오를 들어야 熟眠숙면을 취할 수 있다. 　熟 3Ⅱ 익을 숙 | 眠 3Ⅱ 잘 면
- 나는 DVD 플레이어로 映畵영화를 보고 싶다.
- DVD를 貸與대여했다. 　貸 3Ⅱ 빌릴·뀔 대 | 與 4 더불·줄 여
- 休暇휴가 基間기간 동안 DVD 플레이어로 終日종일 映畵영화만 봤다. 　暇 4 틈·겨를 가
- 아주 興味흥미롭고 驚異경이적인 內容내용의 DVD였다. 　興 4Ⅱ 일 흥 | 驚 4 놀랄 경 | 異 4 다를 이(리) | 容 4Ⅱ 얼굴 용
- 내가 가장 選好선호하는 餘暇여가 活動활동은 집에서 DVD를 보는 것이다. 　好 4Ⅱ 좋을 호 | 餘 4Ⅱ 남을 여

잠잘 준비하기

- 來日내일은 늦잠을 자고 싶다.
- 자기 전에 밤참으로 饅頭만두를 먹었다. 　饅 1 만두 만
- 일찍 就寢취침해야 겠다. 　就 4 나아갈 취 | 寢 4 잘 침
- 父母부모님께 안녕히 주무시라는 人事인사를 했다.
- 就寢用취침용 옷으로 갈아입었다.
- 나는 잠자기 전에 꼭 養齒양치와 洗手세수를 한다. 　齒 4Ⅱ 이 치
- 來日내일 會議회의에 늦지 않으려면 일찍 자야 한다. 　議 4Ⅱ 의논할 의
- 自鳴鐘자명종을 맞추어 놓았다. 　鳴 4 울 명 | 鐘 4 쇠북 종
- 잠자리에서 暫時잠시 讀書독서를 했다. 　暫 3Ⅱ 잠깐 잠
- 내가 어릴 때 父母부모님은 잠들기 전 童話冊동화책을 읽어 주시곤 했다.
- 잠자리에 들기 전에 虛氣허기가 져서 뭔가 먹고 싶었다. 　虛 4Ⅱ 빌 허
- 눈꺼풀이 무겁고 疲勞피로했다. 　疲 4 피곤할 피
- 나는 문이 다 잠겼는지 確認확인을 한 후 잠자리에 든다. 　確 4Ⅱ 굳을 확 | 認 4Ⅱ 알 인

잠자기

- 내 所願소원은 熟眠숙면을 취하는 것이다. 熟 3Ⅱ 익을 숙 | 眠 4 잘 면
- 音樂음악을 들으며 잠에 들었다.
- 너무 疲困피곤해서 今方금방 잠이 들 것 같다. 困 4 곤할 곤
- 오늘 밤에는 幸福행복한 꿈을 꾸고 싶다.
- 寢臺침대에 눕자마자 잠이 들었다. 臺 3Ⅱ 대 대
- 저녁을 禁食금식하고 잠자리에 들었다. 禁 4Ⅱ 금할 금
- 子正자정이 넘어서야 잠자리에 들었다.
- 밖의 騷音소음으로 밤새 뒤척였다. 騷 3 떠들 소
- 蟲齒충치로 인한 苦痛고통 때문에 잠자리에 들 수 있을지 모르겠다. 蟲 4Ⅱ 벌레 충 | 痛 4 아플 통
- 언제나 充分충분히 잘 잔다.
- 熟眠숙면은 健康건강에 매우 重要중요하다.
- 나는 누가 업어 가도 모를 程度정도로 精神정신없이 잠을 잔다. 程 4Ⅱ 한도·길 정 | 精 4Ⅱ 정할 정

잠버릇

- 나는 잠을 잘 때 폭신한 人形인형을 안고 자는 것을 좋아한다.
- 나는 부드러운 베개보다는 딱딱한 木枕목침이 더 좋다. 枕 3 베개 침
- 나는 엎드려 자는 것이 便安편안하다.
- 내 동생은 잠버릇이 獨特독특하다.
- 가끔 나는 夢遊病몽유병이 아닐까 생각한다. 夢 3Ⅱ 꿈 몽 | 遊 4 놀 유
- 나는 이를 가는 잠버릇 때문에 苦悶고민이다. 悶 1 답답할 민
- 아빠는 藥酒약주를 드시고 주무실 때 코를 심하게 곤다. 酒 4 술 주
- 나는 밤에 化粧室화장실을 자주 간다. 粧 3Ⅱ 단장할 장
- 나는 자다가 九九段구구단을 暗記암기하는 버릇이 있다. 段 4 층계 단 | 暗 4Ⅱ 어두울 암
- 나는 就寢취침 時間시간이 좀 늦은 편이다.

꿈

- 나는 잠을 자면서 連續연속해서 꿈을 꾼다.
- 오늘 밤에는 내가 좋아하는 演藝人연예인 꿈을 꾸고 싶다. 　　演 4Ⅱ 펼 연 | 藝 4Ⅱ 재주 예
- 나는 가끔 惡夢악몽 때문에 悲鳴비명을 지르고 깬다. 　　悲 4Ⅱ 슬플 비
- 나는 恐怖공포 映畫영화를 보면 惡夢악몽을 꿀까 봐 두렵다. 　　恐 3Ⅱ 두려울 공 | 怖 2 두려워할 포
- 어젯밤에는 異常이상한 꿈을 꾸었다.
- 怪漢괴한에게 쫓기는 꿈을 꾸었다. 　　怪 3Ⅱ 괴이할 괴
- 高層고층에서 떨어지는 꿈을 꾸었다. 　　層 4 층 층
- 惡夢악몽을 꾼 후 깼더니 全身전신이 식은땀 범벅이 되어 있었다.
- 한 蹴球축구 選手선수의 꿈을 꾸었다. 　　蹴 2 찰 축
- 꿈속에서 돌아가신 祖母조모를 보았다.
- 꿈이 너무 恍惚황홀해서 잠에서 깨기 싫었다. 　　恍 1 황홀할 황 | 惚 1 황홀할 홀
- 꿈속에서 본 사람을 現實현실에서 만났다.

불면증

- 나는 不眠症불면증에 시달리고 있다. 　　症 3Ⅱ 증세 증
- 나는 밤에 세 번 以上이상 잠에서 깬다.
- 그 問題문제가 걱정되어 밤에 잠을 잘 못 잤다.
- 不眠症불면증으로 病院병원 治療치료 중이다. 　　治 4Ⅱ 다스릴 치 | 療 2 병고칠 료(요)
- 나는 잠귀가 銳敏예민한 편이다. 　　銳 3 날카로울 예 | 敏 3 민첩할 민
- 不眠불면의 밤은 정말 苦痛고통스럽다.
- 따뜻한 牛乳우유를 마시면 잠이 잘 온다. 　　乳 4 젖 유
- 잠이 오지 않을 때는 半身浴반신욕이 特效특효이다.
- 結局결국 睡眠수면 誘導劑유도제를 먹었다. 　　睡 3 졸음 수 | 誘 3Ⅱ 꾈 유 | 導 4Ⅱ 인도할 도 | 劑 2 약제 제
- 不眠症불면증으로 精神科정신과 相談상담을 받았다.

04 하루의 정리

즐거운 하루

- 하루를 無事무사히 마쳤다.
- 모든 일이 잘 處理처리되었다.   處 4Ⅱ 곳 처
- 오늘은 意味의미 있는 날이었다.   味 4Ⅱ 맛 미
- 愉快유쾌한 하루를 보냈다.   愉 1 즐거울 유 | 快 4Ⅱ 쾌할 쾌
- 活氣활기찬 하루를 보냈다.
- 정말 所重소중한 하루였다.
- 좋은 經驗경험을 한 날이었다.   經 4Ⅱ 지날·글 경 | 驗 4Ⅱ 시험 험
- 오늘은 平生평생 記憶기억에 남을 것 같다.   憶 3Ⅱ 생각할 억
- 오늘은 日辰일진이 좋은 날이었다.   辰 3Ⅱ 별 진, 때 신

바쁜 하루

- 오늘은 課題과제가 너무 많은 하루였다.
- 過重과중한 業務업무로 힘들었다.   務 4Ⅱ 힘쓸 무
- 暫時잠시도 쉴 틈이 없었다.   暫 3Ⅱ 잠깐 잠
- 늘 바쁜 日常일상이 지겹다.   常 4Ⅱ 떳떳할 상
- 名節명절 飮食음식 準備준비로 바쁜 하루를 보냈다.   準 4Ⅱ 준할 준 | 備 4Ⅱ 갖출 비
- 時間시간이 어떻게 가는 줄도 모른 채 精神정신이 없었다.   精 4Ⅱ 정할 정
- 空然공연히 하는 일 없이 바빴다.
- 너무 바빠서 去來處거래처에 電話전화도 못했다.
- 너무 바쁜 나머지 睡眠수면 不足부족으로 病院병원 身世신세를 졌다.   睡 3 졸음 수 | 眠 3Ⅱ 잘 면
- 終日종일 굶었더니 胃痛위통이 생겼다.   胃 3Ⅱ 밥통 위 | 痛 4 아플 통

힘겨운 하루

- 일에 시달렸더니 氣盡脈盡기진맥진하여 넋이 나갔다.   盡 4 다할 진 | 脈 4Ⅱ 줄기 맥
- 오늘 너무 羞恥수치스러웠다.   羞 1 부끄러울 수 | 恥 3Ⅱ 부끄러울 치
- 오늘은 時間시간이 至毒지독히도 안 갔다.   至 4Ⅱ 이를 지 | 毒 4Ⅱ 독 독
- 힘들어 쉬고 싶은 마음이 懇切간절했다.   懇 3Ⅱ 간절할 간
- 終日종일 體力체력을 다 消盡소진하여 녹초가 되었다.
- 정말 몹시 지쳐 滿身瘡痍만신창이가 된 몸으로 털썩 주저앉았다.   滿 4Ⅱ 찰 만 | 瘡 1 부스럼 창 | 痍 1 상처 이
- 힘겨운 하루였지만 有終유종의 美미를 거두었다.
- 정말 힘겨운 死鬪사투였다.   鬪 4 싸움 투

우울한 하루

- 오늘은 氣分기분이 鬱寂울적했다.   鬱 2 답답할 울 | 寂 3Ⅱ 고요할 적
- 오늘 내가 저지른 失手실수가 걱정된다.
- 깊은 苦悶고민으로 아무것도 먹지 못했다.   悶 1 답답할 민
- 아무런 意慾의욕이 없었다.   慾 3Ⅱ 욕심 욕
- 오늘 나의 計劃계획이 虛事허사로 돌아갔다.   劃 3Ⅱ 그을 획 | 虛 4Ⅱ 빌 허
- 萬事만사가 귀찮고 憂鬱우울하다.   憂 3Ⅱ 근심 우
- 나의 計劃계획이 水泡수포로 돌아갔다.   泡 1 거품 포
- 結局결국에는 計劃계획이 挫折좌절되었다.   挫 1 꺾을 좌 | 折 4 꺾을 절
- 그 일은 失敗실패로 끝났다.
- 敗北者패배자가 되었다.
- 終日종일 意氣銷沈의기소침해 있었다.   銷 특Ⅱ 쇠녹일 소 | 沈 3Ⅱ 잠길 침, 성 심
- 憂鬱症우울증에 걸린 氣分기분이다.   症 3Ⅱ 증세 증
- 世上세상에 나 혼자라는 생각 때문에 孤獨고독하다.   孤 4 외로울 고

지루한 하루

- 陳腐진부한 日常일상이 지겹다.   陳 3Ⅱ 베풀·묵을 진 | 腐 3Ⅱ 썩을 부
- 오늘이나 어제나 每日매일 같은 날의 反復반복이다.   復 4Ⅱ 회복할 복, 다시 부

- 每日매일 無爲徒食무위도식하고 있다. 爲 4Ⅱ 하·할 위 | 徒 4 무리 도
- 이렇게 지루한 나날들에 厭症염증이 난다. 厭 2 싫어할 염
- 無味乾燥무미건조한 日常일상에 신물이 난다. 乾 3Ⅱ 하늘·마를 건 | 燥 3 마를 조
- 變化변화가 必要필요하다.
- 지루한 日常일상을 脫皮탈피하고 싶다. 脫 4 벗을 탈 | 皮 3Ⅱ 가죽 피

내일의 계획

- 나는 恒常항상 미리 計劃계획을 세운다. 恒 3Ⅱ 항상 항 | 常 4Ⅱ 떳떳할 상
- 來日내일에 대해 苦悶고민해 볼 時間시간이다.
- 나는 오늘 일을 來日내일로 미루는 短點단점이 있다. 點 4 점 점
- 將來장래의 꿈까지 設計설계해 봐야겠다. 將 4Ⅱ 장수 장 | 設 4Ⅱ 베풀 설
- 來日내일 꼭 處理처리해야 하는 重要중요한 일이 있다.
- 來日내일 日程일정을 確認확인해 보았다. 程 4Ⅱ 한도·길 정 | 確 4Ⅱ 굳을 확 | 認 4Ⅱ 알 인
- 來日내일 氣象기상에 따라 일을 할지 안 할지 決定결정해야겠다. 象 4 코끼리 상
- 그 計劃계획은 成功성공할 것 같지 않다.
- 來日내일을 위해 지금부터라도 祕藏비장한 覺悟각오로 임해야겠다. 祕 4 숨길 비 | 藏 3Ⅱ 감출 장 | 覺 4 깨달을 각 | 悟 3Ⅱ 깨달을 오
- 계획대로 來日내일 自轉車자전거 旅行여행을 갈 것이다. 轉 4 구를 전

굳은 다짐

- 나의 責任책임을 남에게 轉嫁전가하지 않으려고 한다. 嫁 1 시집갈 가
- 그 計劃계획이 龍頭蛇尾용두사미가 되지 않도록 해야겠다. 龍 4 용 용(룡) | 蛇 3Ⅱ 긴뱀 사 | 尾 3Ⅱ 꼬리 미
- 特異특이한 事項사항이 없는 한 計劃계획을 變更변경하지 않을 것이다. 異 4 다를 이(리) | 項 3Ⅱ 항목 항 | 更 4 고칠 경, 다시 갱
- 計劃계획이 霧散무산되지 않도록 努力노력해야겠다. 霧 3 안개 무 | 散 4 흩을 산 | 努 4Ⅱ 힘쓸 노
- 新年신년에는 時間시간 管理관리를 徹底철저히 하겠다는 굳은 다짐을 했다. 管 4 대롱·주관할 관 | 徹 3Ⅱ 통할 철 | 底 4 밑 저
- 오늘 할 일을 來日내일로 延期연기하지 마라. 延 4 늘일 연
- 來日내일이란 없다는 굳은 決意결의를 다졌다.

05 기분 · 감정

감정 조절하기

- 人間인간은 感情감정의 動物동물이다.
- 나는 感情감정이 顔面안면에 그대로 드러난다.   顔 3Ⅱ 낯 안
- 다른 사람의 感情감정을 無視무시하는 것은 좋지 않다.   視 4Ⅱ 볼 시
- 感情감정을 抑制억제하는 법을 알아야만 한다.   抑 3Ⅱ 누를 억 | 制 4Ⅱ 절제할 제
- 나는 氣分기분에 쉽게 影響영향을 받는다.   影 3Ⅱ 그림자 영 | 響 3Ⅱ 울릴 향
- 나는 氣分기분에 따라 行動행동하는 傾向경향이 있다.   傾 4 기울 경
- 나는 感情감정이 豊富풍부하다.   豊 4Ⅱ 풍년 풍 | 富 4Ⅱ 부자 부
- 나는 憤怒분노를 調節조절하기 힘들다.   憤 4 분할 분 | 怒 4Ⅱ 성낼 노(로)
- 때로는 事理分別사리분별에 感情감정이 앞선다.

좋은 기분

- 아침에 氣分기분이 良好양호했다.   好 4Ⅱ 좋을 호
- 나는 最上최상의 氣分기분으로 집을 나섰다.
- 아침 空氣공기가 爽快상쾌해서 그런지 氣分기분이 좋았다.   爽 1 시원할 상 | 快 4Ⅱ 쾌할 쾌
- 길에서 偶然우연히 初等學校초등학교 同窓동창을 만나서 참 좋았다.   偶 3Ⅱ 짝 우
- 氣分기분이 좋아서 微笑미소가 절로 지어졌다.   微 3Ⅱ 작을 미 | 笑 4Ⅱ 웃음 소
- 너무 즐거워 拍掌大笑박장대소하였다.   拍 4 칠 박 | 掌 3Ⅱ 손바닥 장 | 笑 4Ⅱ 웃음 소
- 오늘 새 옷을 購入구입해서 氣分기분이 좋았다.   購 2 살 구
- 새 옷에 대한 稱讚칭찬을 들어서 氣分기분이 좋았다.   稱 4 일컬을 칭 | 讚 4 기릴 찬
- 그 사람의 情感정감 있는 語套어투가 氣分기분 좋게 만들었다.   套 1 씌울 투
- 世上세상을 全部전부 가진 氣分기분이었다.

나쁜 기분

- 오늘은 氣分기분이 異常이상했다.　　　　　　　　　　　異 4 다를 이(리) | 常 4Ⅱ 떳떳할 상
- 아침부터 몸 狀態상태가 좋지 않았다.　　　　　　　　狀 4Ⅱ 형상 상, 문서 장 | 態 4Ⅱ 모습 태
- 先生선생님께 指摘지적을 받아서 오늘 氣分기분이 별로였다.　指 4Ⅱ 가리킬 지 | 摘 3Ⅱ 딸 적
- 그 사람과의 關係관계가 더 疏遠소원해진 듯한 氣分기분이었다.　係 4Ⅱ 맬 계 | 疏 3Ⅱ 소통할 소
- 몹시 不快불쾌했다.
- 이 일은 내 神經신경을 건드렸다.　　　　　　　　　　經 4Ⅱ 지날·글 경
- 抑鬱억울한 마음에 화가 치밀었다.　　　　　　　　　鬱 2 답답할 울
- 感情감정을 統制통제하기가 어려웠다.　　　　　　　　統 4Ⅱ 거느릴 통
- 스트레스로 暴發폭발하기 一步일보 直前직전이었다.　　暴 4Ⅱ 사나울 폭, 모질 포 |
　　　　　　　　　　　　　　　　　　　　　　　　　　步 4Ⅱ 걸음 보
- 上司상사에게 핀잔을 들어 意氣銷沈의기소침해 있었다.　司 3Ⅱ 맡을 사 | 銷 특Ⅱ 쇠녹일 소 |
　　　　　　　　　　　　　　　　　　　　　　　　　　沈 3Ⅱ 잠길 침, 성 심
- 氣分기분 轉換전환을 하고 싶었다.　　　　　　　　　　轉 4 구를 전 | 換 3Ⅱ 바꿀 환

기쁨·즐거움

- 나는 幸福행복했다.
- 너무 기뻐 歡呼환호했다.　　　　　　　　　　　　　　歡 4 기쁠 환 | 呼 4Ⅱ 부를 호
- 宏壯굉장히 기뻤다.　　　　　　　　　　　　　　　　宏 1 클 굉 | 壯 4 장할 장
- 그 消息소식을 듣고 기뻤다.　　　　　　　　　　　　息 4Ⅱ 쉴 식
- 事實사실이라고 믿기 어려울 程度정도로 기뻤다.　　　程 4Ⅱ 한도·길 정
- 매우 幻想的환상적인 消息소식이었다.　　　　　　　　幻 2 헛보일 환 | 想 4Ⅱ 생각 상
- 感動감동의 連續연속이었다.　　　　　　　　　　　　連 4Ⅱ 이을 연(련) | 續 4Ⅱ 이을 속
- 福券복권에 當籤당첨되어서 하늘을 날듯이 기뻤다.　　券 4 문서 권 | 籤 1 제비(점대) 첨
- 이 世上세상 누구보다 幸福행복하다.
- 내 生涯생애 가장 驚異적인 瞬間순간이었다.　　　　　涯 3 물가 애 | 瞬 3Ⅱ 눈깜짝일 순
- 형의 大學대학 合格합격 消息소식에 온 家族가족이 기뻐했다.
- 人生인생의 伴侶者반려자를 만나 너무 幸福행복하다.　伴 3 짝 반 | 侶 1 짝 려
- 사람들의 喊聲함성과 함께 勝利승리의 氣分기분을 滿喫만끽했다.　喊 1 소리칠 함 | 聲 4Ⅱ 소리 성 |
　　　　　　　　　　　　　　　　　　　　　　　　　　喫 1 먹을 끽

- 그가 回復회복되었다는 말에 기쁨의 눈물이 흘렀다. 回 4Ⅱ 돌아올 회 | 復 4Ⅱ 회복할 복, 다시 부
- 너무 기뻐서 좀처럼 鎭靜진정되질 않았다. 鎭 3Ⅱ 진압할 진 | 靜 4 고요할 정
- 그 消息소식을 들었을 땐 마치 꿈이 實現실현된 것 같았다.
- 竹馬故友죽마고우를 만나니 무척이나 기뻤다. 故 4Ⅱ 연고 고
- 즐거움에 얼굴이 上氣상기되어 있었다.
- 내 自身자신에게 洽足흡족했다. 洽 1 흡족할 흡
- 男便남편은 나를 언제나 기쁘게 한다.
- 기쁨은 나누면 두 倍배가 되고 슬픔을 나누면 折半절반이 된다. 折 4 꺾을 절
- 努力노력한 만큼의 成果성과를 거두어 더할 나위 없이 기뻤다. 努 4Ⅱ 힘쓸 노
- 나는 기쁨을 親舊친구들과 共有공유하고 싶었다.

우울함

- 나는 憂鬱우울했다.
- 나는 士氣사기가 低下저하되어 있다. 低 4Ⅱ 낮을 저
- 그는 沈鬱침울해 보였다.
- 그의 얼굴은 愁心수심으로 가득 차 있었다. 愁 3Ⅱ 근심 수
- 試驗시험에 落第낙제하여 憂鬱우울했다. 試 4Ⅱ 시험 시 | 驗 4Ⅱ 시험 험
- 試驗시험에 떨어져 落膽낙담했다.
- 그와 離別이별을 한 후에 한동안 鬱寂울적했다. 離 4 떠날 이(리) | 寂 3Ⅱ 고요할 적
- 나는 弄談농담할 氣分기분이 아니었다. 弄 3Ⅱ 희롱할 농(롱)
- 집에서 隱遁은둔하기 始作시작했다. 隱 4 숨을 은 | 遁 1 숨을 둔
- 神經衰弱신경쇠약에 걸린 것 같다. 衰 3Ⅱ 쇠할 쇠
- 憂鬱우울한 마음에 過飮과음을 했다.
- 理由이유 없는 憂鬱우울함에 힘들다.
- 이 憂鬱우울함을 克服극복하고 싶었다. 克 3Ⅱ 이길 극
- 그는 終日종일 憂鬱우울한 表情표정을 하고 있었다.
- 憂鬱우울함을 털어 내도록 肯定的긍정적으로 생각해야겠다. 肯 3 즐길 긍

슬픔

- 너무 슬퍼 大聲痛哭대성통곡했다. 痛 4 아플 통 | 哭 3Ⅱ 울 곡
- 悲歎비탄에 잠겨 있었다. 歎 4 탄식할 탄
- 傷心상심했다.
- 가슴 아픈 傷處상처로 남았다. 傷 4 다칠 상 | 處 4Ⅱ 곳 처
- 슬픈 光景광경을 보았다.
- 슬픈 場面장면을 보고 목이 메었다.
- 그가 試驗시험에 落榜낙방한 것은 참 안된 일이다. 榜 1 방붙일 방
- 그의 不幸불행에 슬펐다.
- 내가 그의 立場입장이라면 나도 같은 方法방법을 택을 것이다.
- 그것이 내 人生인생의 轉換點전환점이 되었다. 點 4 점 점
- 그는 오늘 더욱 瘦瘠수척해 보였다. 瘦 1 여윌 수 | 瘠 1 여윌 척
- 그의 過去과거를 알고 나니 참 惻隱측은해 보였다. 惻 1 슬플 측
- 눈물 없이 볼 수 없는 催淚性최루성 映畫영화였다. 催 3Ⅱ 재촉할 최 | 淚 3 눈물 루(누) | 映 4 비칠 영
- 失戀실연의 아픔으로 슬픔에 잠겼다. 戀 3Ⅱ 그리워할·그릴 연(련)
- 喜悲희비가 엇갈렸다. 喜 4 기쁠 희
- 時間시간이 지나면 슬픔은 治癒치유될 것이다. 治 4Ⅱ 다스릴 치 | 癒 1 병나을 유
- 祖父母조부모의 祭祀제사가 돌아오니 슬픔이 밀려온다. 祭 4Ⅱ 제사 제 | 祀 3Ⅱ 제사 사
- 先生선생님의 死亡사망 消息소식에 衝擊충격과 슬픔으로 울부짖었다. 衝 3Ⅱ 찌를 충 | 擊 4 칠 격
- 그의 事故사고 消息소식에 億丈억장이 무너져 내렸다. 丈 3Ⅱ 어른 장
- 내가 所重소중하게 여기던 愛玩犬애완견이 죽어서 몹시 슬펐다. 玩 1 즐길 완

괴로움

- 마음이 不安불안했다.
- 괴로운 마음에 暴飮폭음을 했다.
- 苦惱고뇌와 煩悶번민으로 소리를 질렀다. 煩 3 번거로울 번
- 나는 지금 힘든 時期시기를 經驗경험하고 있다.
- 解決해결되는 일이 하나도 없다. 解 4Ⅱ 풀 해
- 複雜복잡한 일은 모두 잊고 싶었다. 複 4 겹칠 복 | 雜 4 섞일 잡

- 괴로움과 喪失感상실감에 모두 잊고 싶었다.　　　　　　　　喪 3Ⅱ 잃을 상
- 頭痛두통으로 괴로웠다.
- 忍苦인고의 歲月세월을 보내기가 참으로 힘겹다.　　　　　忍 3Ⅱ 참을 인
- 그는 生活苦생활고를 겪고 있다.
- 絶望절망적인 瞬間순간이었다.　　　　　　　　　　　　　　絶 4Ⅱ 끊을 절
- 이루어질 수 없는 사랑은 빨리 諦念체념하는 게 낫다.
- 그 사람의 苦痛고통이 나에게도 傳達전달되었다.　　　　　達 4Ⅱ 통달할 달
- 나는 難處난처한 立場입장에 놓였다.　　　　　　　　　　　難 4Ⅱ 어려울 난(란)
- 지난 일을 回想회상하며 잊으려고 努力노력했다.
- 그만하기 多幸다행이다.
- 酷寒期혹한기에 일찍 일어나기가 괴로웠다.　　　　　　　酷 2 심할 혹
- 世上세상에 完全완전한 幸福행복이란 없다.
- 苦盡甘來고진감래라는 말이 있긴 한가 보다.　　　　　　　盡 4 다할 진
- 苦痛고통 없이는 얻는 것도 없다.

화

- 憤怒분노가 치밀었다.　　　　　　　　　　　　　　　　　憤 4 분할 분
- 鬱火울화가 터졌다.　　　　　　　　　　　　　　　　　　鬱 2 답답할 울
- 나는 憤慨분개했다.
- 화가 머리끝까지 치밀어 調節조절을 할 수 없었다.
- 憤痛분통이 터져 高喊고함을 질렀다.　　　　　　　　　　　痛 4 아플 통
- 어제 火病화병으로 入院입원했다.
- 그가 내 心氣심기를 건드렸다.
- 화를 참지 못하고 發惡발악했다.
- 그의 行動행동은 해도 너무했다.
- 화가 鎭靜진정이 되지 않았다.
- 거의 理性이성을 잃을 뻔했다.
- 그의 無禮무례함에 恒常항상 화가 난다.　　　　　　　　　恒 3Ⅱ 항상 항 | 常 4Ⅱ 떳떳할 상
- 나는 激昂격앙된 목소리로 소리를 질렀다.　　　　　　　　激 4 격할 격 | 昂 1 높을 앙

- 그의 表情표정을 보니 화가 난 것이 틀림없었다.
- 그는 如前여전히 화가 나 있었다. 　　　　　　　如 4Ⅱ 같을 여
- 그가 나에게 화를 내는 것도 當然당연한 일이었다.
- 나는 易地思之역지사지로 생각해 보았다. 　　　　易 4 바꿀 역, 쉬울 이 | 之 3Ⅱ 갈 지
- 나는 些少시소한 일에 화를 내지 않을 것이다. 　　些 1 적을 사
- 그것은 화낼 價値가치조차 없는 일이었다. 　　　　値 3Ⅱ 값 치
- 萬若만약 그가 이 일을 알게 될 境遇경우 分明분명 화를 낼 것이다. 　若 3Ⅱ 같을 약, 반야 야 |
　境 4Ⅱ 지경 경 | 遇 4 만날 우
- 그가 一方的일방적으로 約束약속을 지키지 않아 화가 났다.
- 너무 화가 나서 器物기물을 破損파손했다. 　　　　器 4Ⅱ 그릇 기 | 破 4Ⅱ 깨뜨릴 파 |
損 4 덜 손
- 너무 화가 나서 默言묵언으로 一貫일관했다. 　　　默 3Ⅱ 잠잠할 묵 | 貫 3Ⅱ 꿸 관
- 누군가에게 분풀이라도 해서 解消해소하고 싶은 마음이었다.
- 雪上加霜설상가상으로 遲刻지각까지 했다. 　　　　遲 3 더딜·늦을 지 | 刻 4 새길 각
- 呼吸호흡을 가다듬고 마음을 가라앉혔다. 　　　　吸 4Ⅱ 마실 흡

짜증

- 짜증이 나서 辱說욕설을 퍼부었다. 　　　　　　　辱 3Ⅱ 욕될 욕
- 그의 言行언행은 나를 짜증 나게 한다.
- 그의 卑劣비열한 行動행동에 정말 짜증이 났다. 　卑 3Ⅱ 낮을 비 | 劣 3 못할 열(렬)
- 存在존재 自體자체가 짜증 난다. 　　　　　　　　存 4 있을 존
- 그는 不滿불만과 짜증 섞인 語套어투로 나를 불렀다. 套 1 씌울 투
- 일의 進行진행 過程과정에서 열 받는 일이 생겼다. 　進 4Ⅱ 나아갈 진
- 그에게 神經質신경질이 났다.
- 그 사람은 사람을 화나게 하는 技術기술을 가진 것 같다.
- 그 일은 困惑곤혹스러웠다.

실망 · 낙담

- 그 消息소식은 나를 失望실망시켰다.
- 내 成績성적을 보고 父母부모님은 매우 失望실망했다. 　　　績 4 길쌈 적
- 아무도 生日생일을 알아주지 않아 失望실망했다.
- 悲慘비참한 생각이 들었다. 　　　慘 3 참혹할 참
- 나는 落膽낙담했다.
- 그는 學校학교를 卒業졸업하지 못해서 挫折좌절했다. 　　　挫 1 꺾을 좌
- 그가 그렇게 했다니 참으로 遺憾유감이었다. 　　　遺 4 남길 유 | 憾 2 섭섭할 감
- 다른 사람 같았으면 벌써 抛棄포기했을 것이다. 　　　抛 2 던질 포 | 棄 3 버릴 기
- 侮蔑感모멸감으로 落膽낙담하고 있었다. 　　　侮 3 업신여길 모 | 蔑 2 업신여길 멸
- 열에 한 번 있을 법한 機會기회를 놓치고 말았다. 　　　機 4 틀 기
- 十中八九십중팔구 失敗실패했다.
- 나는 絶壁절벽에 서 있는 것 같았다. 　　　壁 4Ⅱ 벽 벽
- 好機호기를 놓쳐서 아쉽다.
- 그는 父母부모님의 事故死사고사 이후로 繼續계속 落心낙심해 있다. 　　　繼 4 이을 계
- 그와 對面대면할 수 없어 苦痛고통스럽다.
- 愛人애인이 訣別결별을 要求요구해 落膽낙담했다. 　　　訣 3Ⅱ 이별할 결
- 안타깝게도 그는 電話전화 連絡연락도 없었다. 　　　連 4Ⅱ 이을 연(련) | 絡 3Ⅱ 이을 · 얽을 락(낙)
- 너무 荒唐황당한 일이라 어이가 없었다. 　　　荒 3Ⅱ 거칠 황 | 唐 3Ⅱ 당나라 · 당황할 당
- 七顚八起칠전팔기했으나 失敗실패에 失敗실패를 거듭했다. 　　　顚 1 엎드러질 · 이마 전 | 起 4Ⅱ 일어날 기

체념

- 나는 極甚극심한 슬럼프에 빠졌다. 　　　極 4Ⅱ 다할 · 극진할 극 | 甚 3Ⅱ 심할 심
- 어쩔 수 없는 狀況상황에 빠졌다. 　　　況 4 상황 황
- 그런 行動행동을 하지 말았어야 했다.
- 年輪연륜이 있는 사람은 어쩔 수 없다. 　　　輪 4 바퀴 륜(윤)
- 나는 어떠한 權限권한도 없다. 　　　權 4Ⅱ 권세 권 | 限 4Ⅱ 한할 한

- 이미 終了종료되었다.   了 3 마칠 료
- 諦念체념에 빠졌다.
- 忍耐인내의 限界한계를 느꼈다.   耐 3Ⅱ 견딜 내
- 그는 나를 斷念단념하게 만든다.   斷 4Ⅱ 끊을 단
- 鷄卵계란으로 바위치기였다.   鷄 4 닭 계 | 卵 4 알 란(난)
- 決勝결승 地點지점이 보이지 않았다.
- 拋棄포기하고 싶은 마음이 懇切간절했다.   懇 3Ⅱ 간절할 간
- 나는 降伏항복하고 싶었다.   降 4 항복할 항, 내릴 강 | 伏 4 엎드릴 복
- 무슨 일이 일어나든 關心관심 없다.
- 내 삶의 希望희망이 보이지 않는다.
- 내 能力능력 안에서 할 수 있는 일은 全部전부 했다.
- 어떤 努力노력을 해도 所用소용없었다.   努 4Ⅱ 힘쓸 노
- 畫中之餅화중지병이다.   餅 1 떡 병

놀람

- 나는 그 消息소식에 失笑실소를 금치 못했다.
- 그 消息소식을 듣고 너무 唐慌당황했다.   唐 4Ⅱ 당나라·당황할 당
- 그에게 그 消息소식을 듣고 驚愕경악했다.
- 그 消息소식은 정말 新鮮신선한 衝擊충격이었다.
- 그가 弄談농담하는 것이길 바랐다.
- 新聞신문에 大書特筆대서특필되었다.
- 認定인정하고 싶지 않은 消息소식이었다.   認 4Ⅱ 알 인
- 놀란 가슴이 鎭靜진정되질 않았다.
- 너무 놀라 不動姿勢부동자세로 한참을 있었다.
- 깜짝 놀라 얼굴이 蒼白창백해졌다.   蒼 3Ⅱ 푸를 창
- 너무 놀라 硬直경직되었다.   硬 3Ⅱ 굳을 경
- 갑작스러운 死亡사망 消息소식에 어안이 벙벙했다.
- 큰 衝擊충격으로 病院병원 身世신세를 졌다.

- 그런 일이 發生발생하리라고는 斟酌짐작도 못했다.   斟 1 짐작할 짐 | 酌 3 술부을·잔질할 작
- 나는 그 光景광경에 깜짝 놀랐다.
- 親舊친구의 意外의외의 모습에 깜짝 놀랐다.
- 그가 내 心臟심장을 뛰게 했다.   臟 3Ⅱ 오장 장
- 繼續계속되는 騷音소음에 깜짝 놀랐다.   騷 3 떠들 소
- 나는 놀라 悲鳴비명을 질렀다.   鳴 4 울 명
- 너무 놀라 語訥어눌해졌다.   訥 1 말더듬거릴 눌
- 어머니가 다쳤다는 電話전화를 받고 食怯식겁했다.   怯 1 겁낼 겁
- 그 消息소식을 듣고 怒發大發노발대발했다.
- 衝擊충격으로 恐慌공황 狀態상태에 빠졌다.   慌 1 어리둥절할 황
- 너무 놀라 眩氣症현기증이 일어났다.   眩 1 어지러울 현 | 症 3Ⅱ 증세 증
- 十年減壽십년감수했다.   減 4Ⅱ 덜 감 | 壽 3Ⅱ 목숨 수
- 安堵안도의 한숨을 쉬었다.
- 나는 카드를 紛失분실한 것을 알고 逆情역정을 냈다.   紛 3Ⅱ 어지러울 분 | 逆 4Ⅱ 거스릴 역
- 나는 멋진 景致경치에 感歎감탄했다.
- 興奮흥분을 가라앉히기 위해 深呼吸심호흡을 했다.   深 4Ⅱ 깊을 심

창피함 · 당혹감

- 나는 그 消息소식을 듣고 너무나 羞恥수치스러웠다.
- 그의 安否안부를 듣고 混亂혼란스러웠다.   否 4 아닐 부
- 그 所聞소문을 듣고 唐慌당황한 氣色기색이 歷歷역력했다.
- 그가 갑자기 憤怒분노하여 어찌할 바를 몰랐다.
- 그 狀況상황에 어떻게 對處대처해야 할지를 몰랐다.
- 갑자기 不美불미스러운 일이 나에게 일어났다.
- 너무 唐慌당황해서 그 자리에서 逃亡도망치고 싶었다.   逃 4 도망할 도
- 冷情냉정해지려고 音樂음악을 들었다.
- 매우 焦燥초조하고 緊張긴장되었다.   焦 2 탈 초 | 燥 3 마를 조
- 나의 失手실수에 慊然겸연쩍었다.   慊 특Ⅱ 앙심먹을 겸, 족할 협
- 너무 猖披창피해서 제 精神정신이 아니었다.   猖 1 미쳐날뛸 창 | 披 1 헤칠 피

- 그가 나를 困難곤란하게 만들었다.
- 나는 紙匣지갑을 盜難도난 당해서 매우 唐慌당황했다.　　　匣 1갑 갑 | 盜 4도둑 도
- 初有초유의 事態사태로 모두 緊張긴장했다.
- 갑자기 停電정전되는 바람에 唐慌당황했다.
- 어떤 對話대화를 해야 할지 難堪난감했다.　　　堪 1견딜 감
- 나는 困境곤경에 처해 있었다.
- 나는 難解난해한 일에 부딪혔다.
- 내가 判斷판단을 잘못했다.　　　判 4판단할 판
- 進退兩難진퇴양난의 狀況상황이었다.　　　退 4Ⅱ 물러날 퇴
- 唐慌당황하지 않으려 沈默침묵을 지켰다.　　　默 3Ⅱ 잠잠할 묵
- 羞恥수치스러움에 얼굴이 上氣상기되었다.
- 나는 戰戰兢兢전전긍긍하고 있다.　　　兢 2떨릴 긍
- 不安불안한 얼굴을 감추기 위해 눈을 감았다.
- 九死一生구사일생이었다.
- 그로 인해 緊張긴장이 緩和완화되었다.　　　緩 3Ⅱ 느릴 완
- 嗚呼痛哉오호통재라!　　　哉 3어조사 재

후회

- 나는 아무런 後悔후회가 없다.
- 나는 未練미련이 남는다.　　　未 4Ⅱ 아닐 미
- 내가 한 言行언행이 몹시 後悔후회된다.
- 工夫공부를 熱心열심히 하지 않은 것이 千秋천추의 恨한으로 남는다.　　　恨 4한 한
- 最善최선을 다해 일하지 않은 것이 遺憾유감이다.
- 모두 나의 不察불찰이다.　　　察 4Ⅱ 살필 찰
- 나는 전혀 그럴 意圖의도가 아니었다.
- 誠實성실하게 處身처신하지 않았던 것이 後悔후회된다.　　　處 4Ⅱ 곳 처
- 좀 더 愼重신중을 기했어야 했다.　　　愼 3Ⅱ 삼갈 신
- 그의 助言조언을 따랐어야 했다.　　　助 4Ⅱ 도울 조
- 그의 忠告충고를 傾聽경청하지 않은 것이 정말 後悔후회된다.　　　忠 4Ⅱ 충성 충 | 聽 4들을 청

- 後悔후회한다고 해서 問題문제가 解決해결되지는 않는다.　　　　解 4Ⅱ 풀 해
- 나의 懶怠나태함이 後悔후회된다.　　　　懶 1 게으를 나(라) | 怠 3 게으를 태
- 閑良한량처럼 빈둥거린 것이 後悔후회된다.　　　　閑 4 한가할 한
- 뒤늦게 後悔후회해도 所用소용없다.
- 失手실수를 挽回만회하기엔 너무 늦었다.　　　　挽 1 당길 만
- 分明분명 나중에 後悔후회할 것이다.
- 나중에 後悔후회하지 않도록 每매 瞬間순간 最善최선을 다해야겠다.
- 나는 後悔후회 없는 人生인생을 살고 싶다.

걱정

- 내 成績성적이 걱정된다.　　　　績 4 길쌈 적
- 그 問題문제가 憂慮우려된다.　　　　慮 4 생각할 려(여)
- 나는 너무 걱정이 되어 寢食침식도 잊었다.　　　　寢 4 잘 침
- 나는 가끔 杞憂기우하는 傾向경향이 있다.　　　　杞 1 구기자 기
- 걱정과 苦悶고민으로 핼쑥해졌다.
- 回避회피하고 싶을 정도로 걱정된다.　　　　避 4 피할 피
- 나는 健康건강은 걱정하지 않는다.　　　　康 4Ⅱ 편안 강
- 父母부모님께 念慮염려를 끼치지 않으려고 努力노력한다.　　　　努 4Ⅱ 힘쓸 노

고민

- 나는 여러 걱정거리로 苦悶고민하고 있다.　　　　悶 1 답답할 민
- 나는 요즘 神經신경 쓸 일이 많다.
- 萬事만사가 걱정이다.
- 親舊친구가 異性이성 문제로 苦悶고민하고 있었다.　　　　異 4Ⅱ 다를 이(리)
- 그 問題문제의 斷面단면만을 考慮고려한 것 같다.　　　　慮 4 생각 려(여)
- 充分충분히 苦悶고민해 봐야 할 일이 생겼다.
- 내 人生인생의 轉換點전환점이 될 만큼 重要중요한 問題문제였다.　　　　轉 4Ⅱ 구를 전 | 換 3Ⅱ 바꿀 환
- 實際실제로는 關心관심 밖의 일이었다.　　　　際 4Ⅱ 즈음·가 제

- 여러 가지로 머리가 複雜복잡했다.
- 終日종일 애肝腸간장 졸이고 있었다.   肝 3Ⅱ 간 간 | 腸 4 창자 장
- 잠이 오질 않아 睡眠劑수면제를 服用복용했다.   睡 3 졸음 수 | 眠 3Ⅱ 잘 면 | 劑 2 약제 제
- 보는 것처럼 單純단순한 일이 아니다.   單 4Ⅱ 홑 단 | 純 4Ⅱ 순수할 순
- 解決策해결책을 摸索모색 중이다.   解 4Ⅱ 풀 해 | 策 3Ⅱ 꾀 책 | 摸 1 더듬을 모 | 索 3Ⅱ 찾을 색, 노[새끼줄] 삭
- 苦悶고민으로 食慾식욕이 떨어졌다.   慾 3Ⅱ 욕심 욕
- 問題點문제점을 分析분석해서 原因원인을 알아봐야겠다.   析 3 쪼갤 석
- 苦悶고민을 잊기 위해 飮酒음주를 했다.   酒 4 술 주
- 그 生死생사의 岐路기로에 서게 되었다.   岐 2 갈림길 기
- 그 問題문제로 食飮식음을 全廢전폐했다.   廢 3Ⅱ 폐할·버릴 폐

기분·감정을 나타내는 한자어

한자어	뜻	풀이	한자어	뜻	풀이
樂觀的	낙관적		失望	실망	
悲觀的	비관적	悲 4Ⅱ 슬플 비	悔改	회개	悔 3Ⅱ 뉘우칠 회
疲困	피곤	疲 4 피곤할 피	困 4 곤할 곤	苦悶	고민	悶 1 답답할 민
憤怒	분노		憤慨	분개	慨 3 슬퍼할 개
憂鬱	우울	憂 3Ⅱ 근심 우	鬱 2 답답할 울	羞恥	수치	羞 1 부끄러울 수	恥 3Ⅱ 부끄러울 치
滿足	만족	滿 4Ⅱ 찰 만	驚愕	경악	驚 4 놀랄 경	愕 1 놀랄 악
希望的	희망적	希 4Ⅱ 바랄 희	陰鬱	음울	陰 4Ⅱ 그늘 음
興奮	흥분	興 4Ⅱ 일 흥	奮 3Ⅱ 떨칠 분	嫉妬	질투	嫉 1 미워할 질	妬 1 샘낼 투
安堵	안도	堵 1 담 도	寬大	관대	寬 3Ⅱ 너그러울 관
樂天的	낙천적		混亂	혼란	混 4 섞을 혼	亂 4 어지러울 란(난)
冷情	냉정		諦念	체념	諦 1 살필 체
恐怖	공포	恐 3Ⅱ 두려울 공	怖 2 두려워할 포	當惑	당혹	惑 3Ⅱ 미혹할 혹
緊張	긴장	緊 3Ⅱ 긴할 긴	張 4 베풀 장	後悔	후회	
無關心	무관심		落膽	낙담	膽 2 쓸개 담

Diary

생활 계획표

3월 6일

 새 학기가 시작되었다. 이제 고등학생도 되었으니 하루 일과를 규칙적으로 보내야겠다는 생각이 들어서 계획표를 짜기로 했다. 일단 평상시보다 일찍 일어나 아침형 인간이 되기로 했다. 새벽 6시 기상을 목표로 정했다. 일어나자마자 신문을 읽고 사설을 스크랩하여 학교 공부에 도움이 되도록 할 것이다. 전보다 여유롭게 아침 식사와 등교 준비를 하고 학교로 출발~. 집을 나서기 직전 늘 선생님 말씀 잘 들어라, 불량한 친구들과 어울리지 말라는 등 엄마의 당부 말씀이 끊이지 않는다. 학교에 도착하면 수업에 열중하고 쉬는 시간도 효율적으로 활용할 것이다. 점심에는 학교 식당에서 급식을 먹고, 남은 시간에는 체력 보충을 위해 친구들과 축구를 하거나 가벼운 스트레칭을 할 것이다. 하교 길에 항상 먹던 길거리 군것질도 해로운 성분이 많으므로 앞으로 먹지 않기로 했다. 집에 돌아와 저녁을 먹은 후에는 수업 시간에 배운 내용을 복습하고 내일 배울 내용을 예습하기로 했다. 혹시라도 친구들과 약속이 있는 날은 통금 시간 9시를 꼭 지키도록 할 것이다. 조금은 걱정스러운 나의 하루 일과를 잘 지킬 수 있을까? 내일부터, 아니 지금 이 시간부터 비장한 각오로 임해야겠다. 아직 실천하지도 않았는데 벌써부터 피곤한 느낌이다. 반신욕으로 피로를 풀고 잠을 청해야겠다.

● 알맞은 한자로 써 보세요.

1. 생활
2. 계획표
3. 학기
4. 시작
5. 고등학생
6. 일과
7. 규칙적
8. 일단
9. 평상시
10. 인간
11. 기상
12. 목표
13. 신문
14. 사설
15. 학교
16. 공부
17. 여유
18. 식사
19. 등교
20. 준비
21. 출발
22. 직전
23. 선생
24. 불량
25. 친구
26. 당부
27. 도착
28. 수업
29. 열중
30. 시간
31. 효율적
32. 활용
33. 식당
34. 급식
35. 체력
36. 보충
37. 축구
38. 하교
39. 항상
40. 성분
41. 내용
42. 복습
43. 내일
44. 예습
45. 혹시
46. 약속
47. 통금
48. 지금
49. 비장
50. 각오
51. 실천
52. 피곤
53. 반신욕
54. 피로

生活 計劃表

三月 六日

새 學期가 始作되었다. 이제 高等學生도 되었으니 하루 日課를 規則的으로 보내야겠다는 생각이 들어서 計劃表를 짜기로 했다. 一旦 平常時보다 일찍 일어나 아침형 人間이 되기로 했다. 새벽 6시 起牀을 目標로 정했다. 일어나자마자 新聞을 읽고 社說을 스크랩하여 學校 工夫에 도움이 되도록 할 것이다. 전보다 餘裕롭게 아침 食事와 登校 準備를 하고 學校로 出發~. 집을 나서기 直前 늘 先生님 말씀 잘 들어라, 不良한 親舊들과 어울리지 말라는 등 엄마의 當付 말씀이 끊이지 않는다. 學校에 到着하면 授業에 熱中하고 쉬는 時間도 效率的으로 活用할 것이다. 점심에는 學校 食堂에서 給食을 먹고, 남은 時間에는 體力 補充을 위해 親舊들과 蹴球를 하거나 가벼운 스트레칭을 할 것이다. 下校 길에 恒常 먹던 길거리 군것질도 해로운 性分이 많으므로 앞으로 먹지 않기로 했다. 집에 돌아와 저녁을 먹은 후에는 授業 時間에 배운 內容을 復習하고 來日 배울 內容을 豫習하기로 했다. 或是라도 親舊들과 約束이 있는 날은 通禁 時間 9시를 꼭 지키도록 할 것이다. 조금은 걱정스러운 나의 하루 日課를 잘 지킬 수 있을까? 來日부터, 아니 只今 이 時間부터 悲壯한 覺悟로 임해야겠다. 아직 實踐하지도 않았는데 벌써부터 疲困한 느낌이다. 半身浴으로 疲勞를 풀고 잠을 청해야겠다.

CHAPTER 03

가족

- 01. 우리 가족
- 02. 조부모
- 03. 부모
- 04. 형제자매
- 05. 친척
- 06. 장래 희망
- 07. 종교
+ Diary

01 우리 가족

가족 구성원

- 우리 家族가족은 大家族대가족이다.
- 우리 家族가족은 食口식구가 많다.
- 우리는 核家族핵가족이다.   核 4 씨 핵
- 우리 家族가족 모두 旅行여행을 떠난다.
- 우리 家族가족은 肉食육식을 좋아한다.   肉 4Ⅱ 고기 육
- 우리 家族가족은 菜食채식을 좋아한다.   菜 3Ⅱ 나물 채
- 우리 家族가족은 엄마, 아빠, 三寸삼촌, 그리고 나다.
- 우리 家族가족은 엄마, 아빠, 姑母고모, 그리고 나다.   姑 3Ⅱ 시어미 고
- 우리 姉妹자매는 함께 留學유학을 가게 되었다.   姉 4 손윗누이 자 | 妹 4 누이 매

출생

- 나는 서울 出身출신이다.
- 나는 어린 時節시절을 不遇불우하게 지냈다.   遇 4 만날 우
- 나는 가난한 집안에서 태어나 貧困빈곤한 生活생활을 했다.   貧 4Ⅱ 가난할 빈 | 困 4 곤할 곤
- 나는 富者부자 父母부모님에게서 태어났다.   富 4Ⅱ 부자 부
- 나는 大田대전에서 태어났지만, 서울에서 자랐다.   田 4Ⅱ 밭 전
- 나는 서울에서 태어나서 어린 時節시절을 보냈다.
- 나는 大家族대가족 속에서 자랐다.

행복한 가족

- 우리 家族가족은 함께 幸福행복하게 산다.
- 우리는 富裕부유하지는 않지만 幸福행복하다.   裕 3Ⅱ 넉넉할 유
- 우리는 비록 가난하지만 언제나 함께 幸福행복한 時間시간을 보낸다.
- 나는 幸福행복하고 和睦화목한 家庭가정에서 살고 싶다.   睦 3Ⅱ 화목할 목

- 富者부자라고 해서 반드시 幸福행복한 것은 아니다.
- 우리 家族가족은 幸福행복으로 가득 찬 家庭가정을 만들고자 努力노력한다. 努 4Ⅱ 힘쓸 노
- 나에게 가장 重要중요한 것은 所重소중한 家族가족이다.
- 家庭가정의 平和평화만큼 좋은 것이 없다.

가족 관계

父母	부모 (아버지, 어머니)	妻弟	처제 (아내의 여자 동생)
子女	자녀 (아들, 딸)	叔妹	숙매 (시누이, 남편의 누나나 여동생)
祖母	조모 (할머니)	妻男	처남 (아내의 손위 남자, 또는 손아래 남자 형제)
祖父	조부 (할아버지)	妹兄	매형 (손위 누이의 남편)
曾祖父	증조부 (증조할아버지)	丈母	장모 (아내의 어머니)
曾祖母	증조모 (증조할머니)	丈人	장인 (아내의 아버지)
三寸	삼촌 (아버지의 결혼하지 않은 남자 형제)	孫女	손녀 (아들의 딸, 또는 딸의 딸)
姑母	고모 (아버지의 누이)	孫子	손자 (아들의 아들, 또는 딸의 아들)
叔母	숙모 (작은어머니)	曾孫子	증손자 (손자의 아들, 또는 아들의 손자)
四寸	사촌 (아버지의 친형제자매의 아들이나 딸)	堂叔	당숙 (아버지의 사촌 형제로 오촌이 되는 관계)

02 조부모

할아버지

- 그는 나의 祖父조부이시다.
- 그는 外祖父외조부이시다.
- 우리 家族가족은 祖父母조부모님과 함께 산다.
- 할아버지는 七十歲칠십세지만 여전히 健康건강하시다. 康 4Ⅱ 편안 강
- 할아버지의 古稀宴고희연에 많은 親舊친구분이 오셨다. 稀 3Ⅱ 드물 희 | 宴 3Ⅱ 잔치 연
- 할아버지는 언제나 나를 後援후원하신다. 援 4 도울 원

- 할아버지는 都市도시 生活생활보다 田園生活전원생활을 더 좋아하신다.　　田 4Ⅱ 밭 전
- 할아버지는 65歲세에 退職퇴직하셨다.　　退 4Ⅱ 물러날 퇴 | 職 4Ⅱ 직분 직
- 할아버지는 庭園정원을 가꾸는 것을 좋아하신다.
- 할아버지는 癡呆치매를 앓고 계신다.　　癡 1 어리석을 치 | 呆 1 어리석을 매

할머니

- 엄마가 어릴 때 돌아가셔서 나는 할머니 膝下슬하에서 자랐다.　　膝 1 무릎 슬
- 할머니는 精誠정성을 다해 우리를 키워 주셨다.　　精 4Ⅱ 정할 정 | 誠 4Ⅱ 정성 성
- 할머니는 恒常항상 우리에게 多情다정한 微笑미소를 지어 주신다.　　恒 3Ⅱ 항상 항 | 常 4Ⅱ 떳떳할 상 | 微 3Ⅱ 작을 미 | 笑 4Ⅱ 웃음 소
- 할머니의 마음은 太平洋태평양처럼 아주 넓으시다.
- 할머니는 가난한 사람들을 위해 奉仕봉사를 많이 하셨다.
- 할머니는 當身당신의 도움이 必要필요하면 恒常항상 아낌없이 베푸신다.
- 할머니는 낡은 衣服의복을 모아서 必要필요한 사람들에게 보내신다.
- 할머니는 편찮으신 以後이후로 奉仕봉사 活動활동을 그만두셔야 했다.
- 할머니는 健康건강이 좋지 않으시다.　　康 4Ⅱ 편안 강
- 할머니가 편찮으실 때 내가 看護간호를 했다.　　看 4 볼 간 | 護 4Ⅱ 도울 호
- 할머니는 昨年작년에 돌아가셨다.

03 부모

부모님

- 우리 父母부모님은 맞벌이를 하신다.
- 엄마, 아빠는 琴瑟금슬이 좋으시다.　　琴 3Ⅱ 거문고 금 | 瑟 2 큰거문고 슬
- 父母부모님은 잉꼬夫婦부부다.　　婦 4Ⅱ 며느리 부

- 父母부모님은 恒常항상 新婚신혼 같다.   恒 3Ⅱ 항상 항 | 常 4Ⅱ 떳떳할 상
- 父母부모님은 結婚결혼하신 지 十五年십오년이 되었다.   婚 4 혼인할 혼
- 父母부모님이 尊敬존경스럽다.   尊 4Ⅱ 높을 존
- 나는 父母부모님이 해 주시는 助言조언을 잘 듣는다.   助 4Ⅱ 도울 조
- 父母부모님은 내가 더 좋은 사람이 되어야 한다고 생각하신다.   息 4Ⅱ 쉴 식
- 父母부모님은 우리에게 條件조건 없는 사랑을 주신다.   條 4 가지 조
- 나는 내 일을 스스로 處理처리할 만한 나이가 되었다.   處 4Ⅱ 곳 처
- 내가 아무리 熱心열심히 努力노력해도 우리 父母부모님은 絶對절대 滿足만족하지 않으신다.   努 4Ⅱ 힘쓸 노 | 絶 4Ⅱ 끊을 절 | 滿 4Ⅱ 찰 만
- 父母부모님은 내게 너무 많은 것을 企待기대하신다.   企 3Ⅱ 꾀할 기
- 父母부모님은 가끔 내가 하는 일마다 干涉간섭을 하신다.   干 4 방패 간 | 涉 3 건널 섭
- 父母부모님은 내가 非行비행 靑少年청소년이 되지 않기를 바라신다.   非 4Ⅱ 아닐 비
- 父母부모님은 別居별거 중이다.   居 4 살 거
- 父母부모님은 離婚이혼하셨다.   離 4 떠날 이(리)
- 父母부모님이 離婚이혼하신 以後이후로 난 엄마와 郊外교외의 한 마을에서 살고 있다.   郊 3 들 교
- 이제는 父母부모님께 孝道효도하며 살고 싶다.

아빠

- 아빠는 매우 嚴格엄격하시다.   嚴 4 엄할 엄
- 아빠는 會社회사 任務임무를 熱心열심히 遂行수행하시는 분이다.   務 4Ⅱ 힘쓸 무 | 遂 3 드디어 수
- 아빠는 食堂식당을 하시느라 終日종일 바쁘시다.
- 아빠는 너무 바쁘셔서 休暇휴가뿐 아니라 나와 보낼 時間시간도 없으시다.   暇 4 틈·겨를 가
- 아빠와 나는 世代세대 差異차이를 느끼지 못한다.   差 4 다를 차 | 異 4 다를 이(리)
- 나는 어릴 때 아빠와 逍風소풍하는 것을 좋아했다.   逍 1 노닐 소
- 내가 어릴 때 아빠는 每日매일 童話冊동화책을 읽어 주셨다.   冊 4 책 책
- 아빠는 가끔 엄마의 廚房주방 일을 도와주신다.   廚 1 부엌 주 | 房 4Ⅱ 방 방
- 아빠는 退勤퇴근 후 곧장 歸家귀가하신다.   退 4Ⅱ 물러날 퇴 | 勤 4 부지런할 근 | 歸 4 돌아갈 귀
- 아빠는 엄마에게 理想的이상적인 男便남편이시다.   想 4Ⅱ 생각 상

- 아빠는 職場직장에서 돌아오실 때 맛있는 間食간식거리를 사 오신다.　　職 4Ⅱ 직분 직
- 아빠는 엄마가 料理요리하실 때 補助보조 役割역할을 해 주신다.　　補 3Ⅱ 기울 보 | 役 3Ⅱ 부릴 역 | 割 3Ⅱ 벨 할

엄마

- 엄마는 專業主婦전업주부이시다.　　婦 4Ⅱ 며느리 부
- 엄마는 普通보통 집에 계시면서 살림을 하신다.　　普 4 넓을 보
- 엄마는 세 아이를 돌보느라 餘念여념이 없으시다.　　餘 4Ⅱ 남을 여
- 엄마는 店鋪점포에 일하러 다니신다.　　鋪 2 펼·가게 포
- 엄마는 學校학교에서 일하신다.
- 엄마는 나를 매우 貴重귀중하게 생각하신다.
- 엄마는 아빠를 위해 內助내조를 아끼지 않으신다.
- 엄마의 各別각별한 訓育훈육 德分덕분에 只今지금의 내가 되었다.　　只 3 다만 지
- 엄마는 집안의 大小事대소사를 모두 責任책임지신다.
- 엄마의 職業직업은 中學校중학교 漢文한문 先生선생님이다.　　職 4Ⅱ 직분 직
- 엄마는 저녁마다 빨랫감을 洗濯機세탁기에 넣고 돌리신다.　　濯 3 씻을 탁 | 機 4 틀 기
- 우리 엄마는 能力능력 있는 커리어우먼이다.
- 엄마는 가끔 사랑이 담긴 便紙편지를 나에게 주신다.
- 나는 뭔가 必要필요한 게 있으면 엄마를 찾는다.
- 나의 큰 잘못에 엄마는 訓戒훈계를 하셨다.　　戒 4 경계할 계
- 엄마는 冷麵냉면을 좋아하신다.　　麵 특Ⅱ 국수 면

04 형제자매

형제 관계

- 나는 無男獨女무남독녀로 兄弟형제가 없다.
- 나는 우리 집안의 三代獨子삼대독자이다.
- 나는 二男이남 一女일녀 중 長男장남이다.
- 나는 次男차남이다. 　　　　　　　　　　　　　　次 4Ⅱ 버금 차
- 우리는 三兄弟삼형제이다.
- 우리는 五男妹오남매이다 　　　　　　　　　　　妹 4 누이 매
- 나는 兄형이 두 명 있는 三男삼남이다.
- 나는 우리 집의 唯一유일한 希望희망이다. 　　　唯 3 오직 유 | 希 4Ⅱ 바랄 희
- 동생과 나는 二卵性이란성 쌍둥이다. 　　　　　　卵 4 알 란(난)
- 우리는 쌍둥이지만 性品성품은 確然확연하게 다르다. 確 4Ⅱ 굳을 확
- 우리는 一卵性일란성 쌍둥이여서 區別구별하기가 매우 어렵다.

동생

- 나는 동생과 매우 恰似흡사하다. 　　　　　　　　恰 1 흡사할 흡 | 似 3 닮을 사
- 우리는 性格성격마저 닮았다.
- 사람들은 나와 동생을 錯覺착각하기도 한다. 　　錯 3Ⅱ 어긋날 착 | 覺 4 깨달을 각
- 사람들은 나와 동생을 많이 混同혼동한다. 　　　 混 4 섞을 혼
- 나는 동생과 共通點공통점이 많다. 　　　　　　　點 4 점 점
- 나는 동생과 每番매번 싸운다.
- 동생은 나보다 三年삼년 年下연하이다.
- 나는 동생보다 三年삼년 年上연상이다.
- 동생은 나보다 身長신장이 크다.
- 나는 동생과 比較비교해 볼 때 수줍음을 잘 탄다. 較 3Ⅱ 견줄·비교할 교
- 나는 동생과 共通點공통점이 無數무수히 많다.
- 나는 讀書독서를 싫어하는 反面반면 동생은 讀書독서를 좋아한다.

- 나는 달리기로는 동생을 凌駕능가하지 못한다.   凌 1 업신여길 능(릉) | 駕 1 멍에 가

- 나는 동생에 대한 愛情애정이 깊다.
- 동생은 習作습작 實力실력이 特出특출나다.
- 동생은 惡夢악몽을 꾸면 寢臺침대에 오줌을 싼다.   夢 3Ⅱ 꿈 몽 | 寢 4 잘 침 | 臺 3Ⅱ 대 대
- 동생은 우리 家族가족 사이에서 惡童악동으로 통한다.
- 동생은 學院학원에서 말썽을 피우기로는 一等일등이다.
- 동생은 자주 날 模倣모방하는 傾向경향이 있다.   模 4 본뜰 모 | 倣 3 본뜰 방 | 傾 4 기울 경
- 동생은 恒常항상 不平불평만 늘어놓는다.   恒 3Ⅱ 항상 항 | 常 4Ⅱ 떳떳할 상
- 동생의 生日생일날 膳物선물로 鉛筆연필을 사 주었다.   膳 1 선물·반찬 선 | 鉛 4 납 연
- 동생은 思春期사춘기다.
- 동생은 只今지금 成人성인이 다 된 것 같다.

형 · 오빠 · 누나 · 언니

- 형은 나를 잘 理解이해해 주고, 相對상대해 준다.
- 나는 형의 物件물건이 더 좋아 보인다.
- 나는 형의 行動행동을 다 따라 한다.
- 형은 내 생각을 看破간파하고 있다.   看 4 볼 간 | 破 4Ⅱ 깨뜨릴 파
- 형은 萬能만능 스포츠맨이다.
- 형은 유머 感覺감각이 꽤 豊富풍부하다.   豊 4Ⅱ 풍년 풍 | 富 4Ⅱ 부자 부
- 형은 天文學천문학에 興味흥미를 가지고 있다.   興 4Ⅱ 일 흥 | 味 4Ⅱ 맛 미
- 형은 나에게 依支의지가 되는 사람이다.   依 4 의지할 의 | 支 4Ⅱ 지탱할 지
- 형은 나와는 다르게 貴公子귀공자다운 面貌면모를 풍기는 사람이다.   貌 3Ⅱ 모양 모
- 형은 가끔 내 練習帳연습장을 마음대로 쓴다.   帳 4 장막 장
- 가끔 형이 나를 때릴 때는 氣分기분이 나쁘다.
- 형은 若干약간 괴짜다.   若 3Ⅱ 같을 약, 반야 야 | 干 4 방패 간
- 형은 大入대입 試驗시험 때문에 每日매일 늦게까지 工夫공부한다.   試 4Ⅱ 시험 시 | 驗 4Ⅱ 시험 험
- 큰형은 只今지금 한창 戀愛연애 중이다.   戀 3Ⅱ 그리워할·그릴 연(련)

05 친척

친척 관계

- 서울에 몇 분의 親戚친척이 계신다.　　　　　　　　　　戚 3Ⅱ 친척 척
- 나는 親戚친척들과 같은 都市도시에서 자랐다.
- 나는 그와 親密친밀한 親戚친척이다.　　　　　　　　　　密 4Ⅱ 빽빽할 밀
- 나는 그와 疏遠소원한 親戚친척이다.　　　　　　　　　　疏 3Ⅱ 소통할 소
- 그는 우리 親家친가 쪽 親戚친척이다.
- 그는 우리 外家외가 쪽 親戚친척이다.
- 우리는 親戚친척들과 友愛우애가 敦篤돈독하다.　　　　　敦 3 도타울 돈 ｜ 篤 3 도타울 독
- 三寸삼촌은 翌月익월에 軍隊군대에 가야 한다.　　　　　翌 1 다음날 익 ｜ 隊 4Ⅱ 무리 대
- 三寸삼촌은 來年내년에 結婚결혼을 한다.　　　　　　　　婚 4 혼인할 혼
- 姨母이모는 結婚결혼해서 두 姉妹자매를 낳았다.　　　　姨 1 이모 이 ｜ 姉 4 손윗누이 자
　　　　　　　　　　　　　　　　　　　　　　　　　　　妹 4 누이 매

친척간의 왕래

- 親戚친척들이 全部전부 멀리 있어 자주 만날 機會기회가 없다.　機 4 틀 기
- 最近최근에 四寸사촌의 消息소식을 듣지 못했다.　　　　息 4Ⅱ 쉴 식
- 外國외국에서 留學유학하다 보니 오랫동안 四寸사촌을 만나지 못했다.　留 4Ⅱ 머무를 유(류)
- 그의 雰圍氣분위기가 너무 많이 변해서 알아보지 못할 뻔했다.　雰 1 눈날릴 분 ｜ 圍 4 에워쌀 위
- 그는 나와 同甲동갑이다.　　　　　　　　　　　　　　甲 4Ⅱ 갑옷 갑
- 秋夕추석 名節명절에는 親戚친척들을 만난다.
- 앞으로 親戚친척집을 자주 訪問방문해야겠다.　　　　　訪 4Ⅱ 찾을 방
- 나는 親戚친척들과 定期的정기적으로 만나고 있다.

06 장래 희망

나의 미래

- 내 將來장래에 대해서 深刻심각하게 생각해 보았다.   將 4Ⅱ 장수 장 | 深 4Ⅱ 깊을 심 | 刻 4 새길 각

- 나는 幼年유년 時節시절부터 간직해 온 꿈이 있다.   幼 3Ⅱ 어릴 유

- 우리는 모두 未來미래에 대한 希望희망을 가지고 있다.   未 4Ⅱ 아닐 미 | 希 4Ⅱ 바랄 희

- 나는 내가 演藝人연예인이 될 才能재능을 가지고 있다고 생각한다.   演 4Ⅱ 펼 연 | 藝 4Ⅱ 재주 예

- 나는 내 숨은 끼를 發揮발휘하고 싶다.   揮 4 휘두를 휘

- 辯護士변호사가 되는 것이 將來性장래성이 있다고 생각한다.   辯 4 말씀 변 | 護 4Ⅱ 도울 호

- 나는 將來장래가 有望유망하다고 생각한다.

- 나의 將來장래는 蒼蒼창창하다.   蒼 3Ⅱ 푸를 창

- 前途전도가 洋洋양양하다.   途 3Ⅱ 길 도

- 나는 앞으로 할 일이 無數무수히 많은 靑年청년이다.

- 나는 커서 무엇을 할지 苦悶고민이다.   悶 1 답답할 민

- 將來장래가 漠漠막막하다.

- 나에겐 潛在잠재된 才能재능이 없는 것 같다.   潛 3Ⅱ 잠길 잠

- 나의 꿈을 이루려면 計劃계획을 變更변경해야 할 것 같다.   劃 3Ⅱ 그을 획 | 更 4 고칠 경, 다시 갱

- 親舊친구들에게 내가 가진 抱負포부를 자랑스럽게 말했다.   抱 3 안을 포 | 負 4 질 부

- 成功성공하기 위해서는 未來미래를 愼重신중하게 設計설계해야 한다.   愼 3Ⅱ 삼갈 신 | 設 4Ⅱ 베풀 설

- 먼 將來장래를 생각하며 最善최선을 다해 工夫공부해야 한다.

- 꿈을 위해 人生觀인생관을 바꾸어야겠다.

- 于先우선 내 꿈을 實現실현시키기 위해 텔레비전을 抛棄포기하겠다.   于 3 어조사 우 | 抛 2 던질 포 | 棄 3 버릴 기

- 最高최고보다는 最善최선을 다하는 사람이 되고 싶다.

부모님의 기대

- 엄마는 내가 將來_{장래}에 敎師_{교사}가 되기를 바라신다.   師 4Ⅱ 스승 사
- 나의 適性_{적성}은 會社員_{회사원}이 되기에 딱 알맞은 것 같다.   適 4 맞을 적 | 員 4Ⅱ 인원 원
- 엄마는 내가 檢事_{검사}가 되길 바라신다.   檢 4Ⅱ 검사할 검
- 父母_{부모}님은 내가 醫師_{의사}가 되어 불쌍한 사람들을 救濟_{구제}하기를 원하신다.   濟 4Ⅱ 건널 제
- 父母_{부모}님은 내가 되고 싶은 것을 위해 渾身_{혼신}의 힘을 쏟으라고 말씀하셨다.   渾 1 흐릴 혼
- 父母_{부모}님을 失望_{실망}시켜 드리지 않기 위해 每_매瞬間_{순간} 努力_{노력}할 것이다.   瞬 3Ⅱ 눈깜짝일 순 | 努 4Ⅱ 힘쓸 노
- 우리 家族_{가족}은 내 將來_{장래}에 無限_{무한}한 可能性_{가능성}이 있다고 勇氣_{용기}를 준다.   限 4Ⅱ 한할 한
- 父母_{부모}님은 내가 꿈을 實現_{실현}할 수 있도록 全幅的_{전폭적}인 支持_{지지}를 아끼지 않으신다.   幅 3 폭 폭 | 支 4Ⅱ 지탱할 지 | 持 4 가질 지

장래 희망

- 나는 커서 辯護士_{변호사}가 되고 싶다.
- 나는 將來_{장래}에 훌륭한 科學者_{과학자}가 되기로 決心_{결심}했다.
- 나는 돈을 많이 벌어서 百萬長者_{백만장자}가 되고 싶다.
- 나는 우리 엄마처럼 賢母良妻_{현모양처}가 되고 싶다.   賢 4Ⅱ 어질 현 | 妻 3Ⅱ 아내 처
- 나는 政治家_{정치가}가 되어 우리나라를 더 繁昌_{번창}하게 만들 것이다.   政 4Ⅱ 정사 정 | 治 4Ⅱ 다스릴 치 | 繁 3Ⅱ 번성할 번 | 昌 3Ⅱ 창성할 창
- 나는 消防官_{소방관}이 되어 迅速_{신속}하게 火災_{화재}를 鎭壓_{진압}할 것이다.   防 4Ⅱ 막을 방 | 官 4Ⅱ 벼슬 관 | 迅 1 빠를 신 | 鎭 3Ⅱ 진압할 진 | 壓 4Ⅱ 누를 압
- 내 꿈은 노벨 平和賞_{평화상}을 受賞_{수상}하는 것이다.   受 4Ⅱ 받을 수
- 내 將來_{장래} 希望_{희망}은 에베레스트 山_산을 征服_{정복}하는 山岳人_{산악인}이다.   征 3Ⅱ 칠 정 | 岳 3 큰산 악
- 내 꿈은 背囊_{배낭}을 매고 全_전 世界_{세계}를 遊覽_{유람}하는 것이다.   背 4Ⅱ 등 배 | 囊 1 주머니 낭 | 遊 4 놀 유 | 覽 4 볼 람
- 判事_{판사}가 되는 것이 내가 第一_{제일} 바라는 꿈이다.   判 4 판단할 판
- 나는 囑望_{촉망} 받는 專門醫_{전문의}가 되고 싶다.   囑 1 부탁할 촉 | 專 4 오로지 전
- 나는 커서 理想型_{이상형}의 男子_{남자}를 만나 百年偕老_{백년해로}하고 싶다.   想 4Ⅱ 생각 상 | 型 2 모형 형 | 偕 1 함께 해

직업의 종류

看護師	간호사	公認 仲介士	공인 중개사
醫師	의사	矯導官	교도관
建築技士	건축기사	記者	기자
檢事	검사	歌手	가수
警察官	경찰관	敎授	교수
警護員	경호원	通譯士	통역사
公認 會計士	공인 회계사	漫畫家	만화가

07 종교

종교

- 나는 宗敎종교가 없다.
- 나는 無神論者무신론자다.
- 나는 特定특정한 宗敎종교를 가지고 있지 않다.
- 나는 神신의 存在존재를 疑心의심해 왔다.
- 지나치게 宗敎종교에 依存의존하는 것은 좋지 않다.
- 나는 狂信者광신자가 되는 것은 옳지 않다고 생각한다.
- 宗敎종교를 無條件적으로 盲信맹신하는 것도 좋지 않다.
- 宗敎종교는 信仰신앙이 基本기본이 된다.
- 사람들은 宗敎종교에서 安息處안식처를 구하려 한다.
- 많은 사람들이 宗敎종교에서 慰安위안을 찾는다.
- 우리는 宗敎종교의 自由자유가 있다.

宗 4Ⅱ 마루 종

論 4Ⅱ 논할 론(논)

存 4 있을 존 | 疑 4 의심할 의

狂 3Ⅱ 미칠 광

條 4 가지 조 | 盲 3Ⅱ 소경·눈멀 맹

仰 3Ⅱ 우러를 앙

息 4Ⅱ 쉴 식 | 處 4Ⅱ 곳 처

慰 4 위로할 위

기독교

- 나는 어렸을 때 基督教기독교 信者신자가 되었다. 督 4Ⅱ 감독할 독
- 우리 家族가족은 信仰生活신앙생활을 한다.
- 나는 佛敎불교에서 基督敎기독교로 改宗개종했다. 佛 4Ⅱ 부처 불
- 나는 篤實독실한 基督敎人기독교인이다. 篤 3 도타울 독
- 나는 믿음이 信實신실한 편이다.
- 나는 믿음이 약한 傾向경향이 있다. 傾 4 기울 경
- 나는 眞正진정한 믿음을 가지고 있지 않은 似而非사이비 基督敎人기독교인이다. 眞 4Ⅱ 참 진 | 似 3 닮을 사 | 而 3 말이을 이 | 非 4Ⅱ 아닐 비
- 나는 每日매일 아침 한 시간씩 聖經성경을 읽는다. 聖 4Ⅱ 성인 성 | 經 4Ⅱ 지날·글 경
- 敎會교회에 가면 便安편안하다.
- 나는 日曜日일요일마다 敎會교회에 간다.
- 가끔은 禮拜예배에 參席참석하지 않을 때도 있다. 拜 4Ⅱ 절 배
- 敎會교회에서 禮拜예배를 드린 후 꼭 靑年部청년부 모임에 간다.
- 牧師목사님께서 禮拜예배 祈禱기도를 하셨다. 牧 4Ⅱ 칠 목 | 師 4Ⅱ 스승 사 | 祈 3Ⅱ 빌 기 | 禱 1 빌 도
- 牧師목사님께서 오늘은 聖經성경에 나오는 山上垂訓산상수훈에 대해 說敎설교하셨다. 垂 3Ⅱ 드리울 수
- 나는 敎會교회 聖歌隊員성가대원이다. 隊 4Ⅱ 무리 대 | 員 4Ⅱ 인원 원
- 동생과 즐겁게 讚頌찬송을 불렀다. 讚 4 기릴 찬 | 頌 4 기릴·칭송할 송
- 나는 어렸을 때 幼兒유아 洗禮세례를 받았다.
- 우리는 禮拜예배 때마다 讚頌歌찬송가를 부른다.
- 禮拜예배 時間시간에 獻金헌금을 했다. 獻 3Ⅱ 드릴 헌
- 牧師목사님은 聖經성경 말씀의 眞理진리를 우리에게 傳達전달해 주신다. 達 4Ⅱ 통달할 달
- 牧師목사님께서 모든 敎人교인들에게 祝福축복 祈禱기도를 해 주셨다.
- 信徒신도가 된 것을 證明증명하기 위해 牧師목사님이 浸禮침례를 하여 祝福축복해 주셨다. 徒 4 무리 도 | 證 4 증거 증 | 浸 3Ⅱ 잠길 침
- 祈禱會기도회에 參席참석했다.
- 恩惠은혜를 베풀어 달라고 하나님께 엎드려 懇切간절히 祈禱기도를 드렸다. 恩 4Ⅱ 은혜 은 | 惠 4Ⅱ 은혜 혜 | 懇 3Ⅱ 간절할 간
- 傳道師전도사님과 祈禱院기도원에 가서 禁食금식 祈禱기도를 드렸다. 禁 4Ⅱ 금할 금

- 祈禱기도할 때 할머니의 病患병환을 고쳐 달라고 通聲통성 祈禱기도를 하였다. 聲 4Ⅱ 소리 성
- 하나님께 우리 家族가족에게 恩寵은총을 내려 달라고 祈禱기도했다. 寵 1 사랑할 총
- 하나님께 나의 죄를 容恕용서해 달라고 祈禱기도했다. 容 4Ⅱ 얼굴 용 | 恕 3Ⅱ 용서할 서
- 聖誕節성탄절과 復活節부활절은 敎會교회에서 가장 큰 祝祭축제다. 誕 3Ⅱ 낳을·거짓 탄 | 復 4Ⅱ 다시 부, 회복할 복 | 祭 4Ⅱ 제사 제
- 오늘 엄마가 敎會교회에서 執事집사 職分직분을 받으셨다. 執 3Ⅱ 잡을 집 | 職 4Ⅱ 직분 직
- 復活節부활절 行事행사로 삶은 鷄卵계란을 나누어 주었다. 鷄 4 닭 계 | 卵 4 알 란(난)
- 復活節부활절 紀念行事기념행사를 始作시작했다. 紀 4 벼리 기
- 우리는 聖餐式성찬식을 가짐으로써 예수 그리스도를 紀念기념했다. 餐 2 밥 찬
- 復活節부활절 紀念기념 膳物선물을 贈呈증정했다. 膳 1 선물·반찬 선 | 贈 3 줄 증 | 呈 2 드릴 정
- 나는 每週매주 土曜日토요일마다 親舊친구들과 傳道전도를 한다.
- 나는 宣敎師선교사가 되어 福音복음을 전하고 싶다. 宣 4 베풀 선
- 여름 放學방학이 되면 敎會교회에서 修練會수련회를 간다. 修 4Ⅱ 닦을 수
- 十二月12월 三十一日31일 子正자정에 送舊迎新송구영신 禮拜예배를 드린다. 送 4Ⅱ 보낼 송 | 迎 4 맞을 영

가톨릭

- 우리 家族가족은 日曜日일요일마다 彌撒미사를 드린다. 彌 2 미륵·오랠 미 | 撒 1 뿌릴 살
- 彌撒미사에 參席참석하기 위해 서둘러 差備차비를 했다. 差 4 다를 차 | 備 4Ⅱ 갖출 비
- 나의 病병을 治療치료받기 위해 聖水성수를 묻혔다. 治 4Ⅱ 다스릴 치 | 療 2 병고칠 료(요)
- 神父신부님께 어제 領洗영세를 받았다.
- 神父신부님은 聖水성수를 내 이마에 묻히고 나를 위해 祝福축복의 祈禱기도를 해 주셨다.
- 나의 洗禮名세례명을 마리아라고 지었다.
- 神父신부님과 葡萄酒포도주를 마셨다. 葡 2 포도 포 | 萄 1 포도 도 | 酒 4 술 주
- 가슴에 十字십자를 그리며 默想묵상 祈禱기도를 했다. 默 3Ⅱ 잠잠할 묵
- 우리 姑母고모는 聖堂성당에서 奉仕봉사 活動활동을 많이 한다. 姑 3Ⅱ 시어미 고
- 聖母성모 마리아의 이름으로 祈禱기도 드리고 感謝감사 奉獻봉헌을 했다. 謝 4Ⅱ 사례할 사
- 나는 告解聖事고해성사를 했다. 解 4Ⅱ 풀 해

- 나는 修女_{수녀}가 되고 싶다.
- 神父_{신부}님의 講論_{강론}을 듣고 彌撒_{미사} 禮物_{예물}을 드렸다.

불교

- 나는 佛敎_{불교}를 믿는다.
- 佛敎_{불교}는 釋迦牟尼_{석가모니}의 가르침을 전한다.

釋 3Ⅱ 풀 석 | 迦 2 부처이름 가 |
牟 2 성·보리 모 | 尼 2 여승 니(이)

- 우리 家族_{가족}들은 佛敎_{불교} 信者_{신자}다.
- 우리 家族_{가족}은 佛敎_{불교}의 天台宗_{천태종} 所屬_{소속}인 寺刹_{사찰}에 다닌다.

台 2 별 태 | 屬 4 붙일 속 |
寺 4Ⅱ 절 사 | 刹 2 절 찰

- 나는 佛敎_{불교}의 曹溪宗派_{조계종파}에 속해 있다.

曹 1 무리 조 | 溪 3Ⅱ 시내 계 |
派 4 갈래 파

- 그는 佛敎_{불교}의 敎理_{교리}를 體得_{체득}한 것 같다.
- 절에 佛供_{불공}을 드리러 갔다.

供 3Ⅱ 이바지할 공

- 머리를 숙이고 중얼중얼 念佛_{염불}을 하였다.
- 念珠_{염주}를 세며 冥想_{명상}을 했다.

珠 3Ⅱ 구슬 주 | 冥 3 어두울 명

- 時間_{시간}이 날 때마다 寺刹_{사찰}에 찾아가 致誠_{치성}을 드렸다.

誠 4Ⅱ 정성 성

- 寺刹_{사찰}에서 童子僧_{동자승}을 보았다.

僧 3Ⅱ 중 승

- 부처님께 供養_{공양}을 올렸다.
- 절에는 佛像_{불상}이 威嚴_{위엄} 있게 서 있다.

像 3Ⅱ 모양 상 | 威 4 위엄 위 |
嚴 4 엄할 엄

- 高等學校_{고등학교} 後輩_{후배} 중 한 명이 女僧_{여승}이 되었다.

輩 3Ⅱ 무리 배

- 親舊_{친구} 중에 比丘尼_{비구니}가 있다.

丘 3Ⅱ 언덕 구

- 나는 菩薩_{보살}이 될 수 있으리라는 믿음을 가지고 修行_{수행}했다.

菩 1 보살 보 | 薩 1 보살 살

- 사람은 누구나 百八_{백팔} 煩惱_{번뇌}를 가지고 있다.

煩 3 번거로울 번 | 惱 3 번뇌할 뇌

Diary

성탄절

12월 24일

성탄절 기념으로 우리 가족은 외식을 하러 나갔다. 내가 고등학교에 입학한 후 백년 만에 있는 일이었다. 언제 다시 올지 모르는 이 기회를 절대 흐지부지 보내지 않겠노라 결심했다.

우리 가족의 외식 장소는 백화점이었다. 처음엔 무슨 외식을 백화점에서 하냐고 불평을 했는데 곰곰이 생각해 보니 어쩌면 오늘 님도 보고 뽕도 따는 일석이조의 효과를 기대해도 좋을 거라는 즐거운 예감이 뇌리를 스쳤다. 부모님과 나, 그리고 동생이 백화점 1층에 도착해서 식당이 모여 있는 8층으로 향하려던 순간, '전화 왔습니다, 전화 받으세요~' 하고 아빠의 휴대 전화가 울리는 것이 아닌가!

"여보세요? 네 어머님! 아 정말요? 그럼 당연히 찾아 봬야죠. 예, 예 지금 곧 가겠습니다."

우리 외조부님과 외조모님은 지금 서울에 사시지만 외삼촌은 아직 광주에 계시는데 모처럼 서울에 오셨다고 아빠한테 전화를 하신 것이다. 하늘도 무심하시지 간만에 님도 보고 뽕도 따려 했건만……. 동생은 이미 통곡하듯 울고 있었다. 허탈한 마음에 발길을 돌리며 엄마를 보았는데 엄마의 표정이 너무 행복해 보였다. 생각해 보니 외조부님, 외조모님을 뵌 지도 오래되었고 외삼촌에 외숙모까지 오셨다니. 그동안 엄마는 얼마나 그리우셨을까? 울고 있는 동생을 토닥이고 기쁜 마음으로 외가댁에 갔다. 비록 화려하고 비싼 백화점 음식은 못 먹었지만 시골에서 외숙모께서 직접 만들어 오신 잡채며, 부침개 등을 먹고 외삼촌에게 어리광을 부리는 엄마를 보니 왠지 모를 훈훈함이 느껴졌다. 성탄절 외식은 이렇게 마무리가 되었고 뽕은 못 땄으나 내 주머니 속에 있는 외삼촌이 주신 지폐가 날 든든하게 해 주었다.

■ 알맞은 한자로 써 보세요.

1. 성탄절 _____
2. 기념 _____
3. 가족 _____

4. 외식 _____
5. 고등학교 _____
6. 입학 _____

7. 백년 _____
8. 기회 _____
9. 절대 _____

10. 결심 _____
11. 장소 _____
12. 불평 _____

13. 일석이조 _____
14. 효과 _____
15. 기대 _____

16. 예감 _____
17. 뇌리 _____
18. 부모 _____

19. 1층 _____
20. 도착 _____
21. 식당 _____

22. 8층 _____
23. 순간 _____
24. 전화 _____

25. 휴대 _____
26. 당연 _____
27. 지금 _____

28. 외조부 _____
29. 외조모 _____
30. 외삼촌 _____

31. 무심 _____
32. 통곡 _____
33. 허탈 _____

34. 표정 _____
35. 행복 _____
36. 외숙모 _____

37. 화려 _____

03. 가족

聖誕節

十二月 二十四日

聖誕節 紀念으로 우리 家族은 外食을 하러 나갔다. 내가 高等學校에 入學한 후 百年 만에 있는 일이었다. 언제 다시 올지 모르는 이 機會를 絶對 흐지부지 보내지 않겠노라 決心했다.

우리 家族의 外食 場所는 百貨店이었다. 처음엔 무슨 外食을 百貨店에서 하냐고 不平을 했는데 곰곰이 생각해 보니 어쩌면 오늘 님도 보고 뽕도 따는 一石二鳥의 效果를 企待해도 좋을 거라는 즐거운 豫感이 腦裏를 스쳤다. 父母님과 나, 그리고 동생이 百貨店 一層에 到着해서 食堂이 모여 있는 八層으로 향하려던 瞬間, '電話 왔습니다, 電話 받으세요~' 하고 아빠의 携帶 電話가 울리는 것이 아닌가!

"여보세요? 네 어머님! 아 정말요? 그럼 當然히 찾아 봬야죠. 예, 예 只今 곧 가겠습니다."

우리 外祖父님과 外祖母님은 只今 서울에 사시지만 外三寸은 아직 光州에 계시는데 모처럼 서울에 오셨다고 아빠한테 電話를 하신 것이다. 하늘도 無心하시지 간만에 님도 보고 뽕도 따려 했건만…… 동생은 이미 痛哭하듯 울고 있었다. 虛脫한 마음에 발길을 돌리며 엄마를 보았는데 엄마의 表情이 너무 幸福해 보였다. 생각해 보니 外祖父님, 外祖母님을 뵌 지도 오래되었고 外三寸에 外叔母까지 오셨다니. 그동안 엄마는 얼마나 그리우셨을까? 울고 있는 동생을 토닥이고 기쁜 마음으로 외가댁에 갔다. 비록 華麗하고 비싼 百貨店 飮食은 못 먹었지만 시골에서 外叔母께서 直接 만들어 오신 雜菜며, 부침개 등을 먹고 外三寸에게 어리광을 부리는 엄마를 보니 왠지 모를 薰薰함이 느껴졌다. 聖誕節 外食은 이렇게 마무리가 되었고 뽕은 못 땄으나 내 주머니 속에 있는 外三寸이 주신 紙幣가 날 든든하게 해 주었다.

CHAPTER 04

집안일

01. 청소   02. 세탁   03. 부엌일
04. 정원 관리   05. 집 꾸미기   06. 집수리
07. 기타 집안일
Diary

01 청소

지저분한 방

- 방이 整頓정돈되어 있지 않고 지저분했다.
- 방이 全部전부 어질러져 있었다.
- 며칠 동안 淸掃청소를 못 했더니 먼지가 쌓여 있었다.
- 집안일을 더 이상 延期연기할 수 없었다.
- 自己자기 방은 自己자기가 淸掃청소해야 했다.
- 방에 떨어진 休紙휴지 조각들을 치워야겠다.
- 방을 구석구석 細密세밀하게 淸掃청소해야겠다.

整 4 가지런할 정 | 頓 2 조아릴 돈

掃 4Ⅱ 쓸 소

延 4 늘일 연

細 4Ⅱ 가늘 세 | 密 4Ⅱ 빽빽할 밀

정리 정돈

- 지저분한 것을 말끔히 整理정리했다.
- 必要필요 없는 것들을 치웠다.
- 玄關현관을 整頓정돈했다.
- 흩어져 있는 專攻전공 書籍서적들을 整理정리했다.
- 책들을 冊欌책장에 꽂았다.
- 조카가 가지고 놀던 玩具완구를 整理정리했다.
- 더러운 옷들은 洗濯세탁 바구니에 넣었다.

玄 3Ⅱ 검을 현

專 4 오로지 전 | 攻 4 칠 공 | 籍 4 문서 적

冊 4 책 책 | 欌 특Ⅱ 장롱 장

玩 1 즐길 완

濯 3 씻을 탁

방 청소

- 于先우선 換氣환기를 위해 窓門창문을 열었다.
- 家具가구의 먼지를 닦았다.
- 眞空淸掃器진공청소기를 使用사용했다.
- 낡은 手巾수건으로 걸레를 만들어 바닥을 닦았다.
- 玄關현관은 거품 洗淨劑세정제로 닦았다.

于 3 어조사 우 | 換 3Ⅱ 바꿀 환

眞 4Ⅱ 참 진 | 器 4Ⅱ 그릇 기

巾 1 수건 건

淨 3Ⅱ 깨끗할 정 | 劑 2 약제 제

- 淸掃청소는 내가 하겠다고 豪言壯談호언장담했다. 豪 3Ⅱ 호걸 호 | 壯 4 장할 장
- 窓門창문은 淸掃청소 業體업체 사람을 불러서 닦았다.
- 쓰레기는 休紙桶휴지통에 넣었다. 桶 1 통 통
- 쓰레기는 燒却場소각장에서 燒却소각했다. 却 3 물리칠 각
- 쓰레기 分離收去분리수거를 했다. 離 4 떠날 리(이) | 收 4Ⅱ 거둘 수
- 再活用재활용 쓰레기는 따로 모아 놓았다.
- 飮食物음식물 쓰레기는 꼭 專用전용 封套봉투에 담아서 버려야 한다. 封 3Ⅱ 봉할 봉 | 套 1 씌울 투

욕실 청소

- 浴槽욕조를 닦았다. 槽 1 구유 조
- 便器변기의 물을 내렸다.
- 便器변기 專用전용 洗淨劑세정제로 닦았다.
- 浴室욕실의 물기를 닦고 乾燥건조시켰다. 乾 3Ⅱ 하늘·마를 건 | 燥 3 마를 조
- 칫솔과 齒藥치약을 새것으로 바꾸었다. 齒 4Ⅱ 이 치
- 便器변기 위의 新聞紙신문지와 雜紙잡지를 치웠다. 雜 4 섞일 잡
- 浴室욕실의 惡臭악취를 除去제거했다. 臭 3 냄새 취 | 除 4Ⅱ 덜 제
- 洗面臺세면대를 깨끗이 닦았다. 臺 3Ⅱ 대 대
- 面刀器면도기를 새것으로 바꾸었다.
- 浴室욕실에 換風機환풍기를 設置설치했다. 換 3Ⅱ 바꿀 환 | 機 4 틀 기 | 設 4Ⅱ 베풀 설 | 置 4Ⅱ 둘 치
- 浴室욕실 補修보수 工事공사를 했다. 補 3Ⅱ 기울 보 | 修 4Ⅱ 닦을 수

02 세탁

빨래하기

- 洗濯物세탁물이 쌓여 있었다. 濯 3 씻을 탁
- 食口식구들에게 빨랫감을 洗濯세탁 바구니에 넣어 달라고 말했다.
- 빨래 바구니를 洗濯室세탁실로 가지고 갔다.
- 洗濯機세탁기로 빨 수 있는 옷들을 分離분리했다. 機 4 틀 기 | 離 4 떠날 리(이)
- 빨래를 色相別색상별로 區分구분했다.
- 옷들의 주머니를 確認확인했다. 確 4Ⅱ 굳을 확 | 認 4Ⅱ 알 인
- 洗濯機세탁기에 運動服운동복을 넣었다.
- 洗濯機세탁기에 洗劑세제를 適當적당히 넣었다. 劑 2 약제 제 | 適 4 맞을 적
- 洗濯機세탁기의 電源전원을 켰다. 源 4 근원 원
- 洗濯機세탁기를 作動작동시켰다.
- 마지막 헹굼 以前이전에 纖維섬유 柔軟劑유연제를 넣었다. 纖 2 가늘 섬 | 維 3Ⅱ 벼리 유 | 柔 3Ⅱ 부드러울 유 | 軟 3Ⅱ 연할 연
- 빨래를 脫水탈수시키는 소리를 들었다. 脫 4 벗을 탈
- 洗濯세탁이 完了완료되었다는 소리가 났다. 了 3 마칠 료
- 빨래를 洗濯機세탁기에서 꺼내어 乾燥건조시켰다. 乾 3Ⅱ 하늘·마를 건 | 燥 3 마를 조

세탁물 문제

- 잘못 빨았더니 옷이 縮小축소되었다. 縮 4 줄일 축
- 옷이 脫色탈색되었다.
- 다른 빨래까지 染色염색되었다. 染 3Ⅱ 물들 염
- 洗濯所세탁소에 맡겨야 할 옷이었다.
- 그 옷은 直接직접 손으로 빨아야 했다. 接 4Ⅱ 이을 접
- 漂白劑표백제를 넣어서 옷을 망쳤다. 漂 3 떠다닐 표
- 天然천연 洗劑세제로 옷을 빨았더니 누레졌다.
- 카펫은 大型대형 빨래 專門전문 業體업체에 맡겨야 했다. 型 2 모형 형 | 專 4 오로지 전

얼룩 없애기

- 셔츠에 斑點반점이 졌다.
- 카펫에 色素색소가 든 飮料水음료수를 엎질러서 얼룩이 졌다.
- 漂白劑표백제로 脫色탈색을 하고 나니 얼룩의 殘在잔재가 보이지 않았다.
- 소금을 利用이용하여 그 얼룩을 除去제거해 보려고 했다.
- 잉크 얼룩을 빼기 위해 여러 方法방법을 摸索모색했으나 失敗실패했다.
- 얼룩이 完璧완벽하게 빠지지 않았다.
- 얼룩 除去제거가 不可能불가능했다.
- 얼룩을 빼기 위해 漂白劑표백제를 썼다.
- 빨래 삶는 容器용기에 담아서 삶았다.

斑 1 아롱질 반 | 點 4 점 점
素 4Ⅱ 본디·흴 소
殘 4 남을 잔
除 4Ⅱ 덜 제
摸 1 더듬을 모 |
索 3Ⅱ 찾을 색, 노[새끼줄] 삭
璧 1 구슬 벽

器 4Ⅱ 그릇 기

빨래 말리기 · 빨래 정리하기

- 빨래를 乾燥臺건조대에 널었다.
- 몇 가지 옷은 볕이 들지 않는 陰地음지에 널어야 한다.
- 濕度습도가 있어서 빨래 마르는 時間시간이 遲延지연될 것 같다.

- 햇빛이 잘 들어 빨래가 今方금방 말랐다.
- 洗濯物세탁물 乾燥機건조기가 있어서 빨래를 널 必要필요가 없다.
- 洗濯物세탁물 乾燥機건조기는 빨래를 加熱가열하고 回轉회전시켜 말린다.
- 옷이 如前여전히 눅눅하다.
- 옷에 아직 濕氣습기가 있어서 걷지 못했다.
- 옷을 개서 欌籠장롱에 넣었다.
- 옷을 種類別종류별로 나눠서 서랍에 넣었다.

臺 3Ⅱ 대 대
陰 4Ⅱ 그늘 음
濕 3Ⅱ 젖을 습 | 遲 3 더딜·늦을 지 |
延 4 늘일 연

轉 4 구를 전

欌 특Ⅱ 장롱 장 | 籠 2 대바구니 롱(농)

세탁소

- 그 紳士服신사복은 드라이클리닝을 해야 한다. 　　　　紳 2 띠 신
- 찢어진 바지를 洗濯所세탁소에 맡겨 修繕수선하도록 했다. 　修 4II 닦을 수 | 繕 2 기울 선
- 洗濯所세탁소에 正裝정장 한 벌을 드라이클리닝과 다림질을 맡겼다. 　裝 4 꾸밀 장
- 洗濯所세탁소에 韓服한복을 맡겼다.
- 洗濯所세탁소 社長사장님께 直接직접 옷을 맡겼다.
- 엄마의 겨울 外套외투와 내 校服교복을 드라이클리닝하도록 맡겼다. 　套 1 씌울 투

03 부엌일

식사 준비하기

- 나는 廚房주방에서 엄마 일을 거드는 것을 좋아한다. 　廚 1 부엌 주 | 房 4II 방 방
- 엄마가 저녁을 準備준비하시는 것을 輔助보조해 드렸다. 　準 4II 준할 준 | 備 4II 갖출 비 | 補 3II 기울 보 | 助 4II 도울 조
- 食卓식탁 위에 食卓褓식탁보를 폈다.
- 엄마는 飮食음식을 準備준비하셨다.
- 食卓식탁 위에 飯饌반찬을 놓았다. 　飯 3II 밥 반 | 饌 1 반찬 찬
- 밥空器공기에 밥을 담았다. 　器 4II 그릇 기
- 食卓식탁에 匙箸시저를 놓았다. 　匙 1 숟가락 시 | 箸 1 젓가락 저
- 나는 食前식전 感謝감사 祈禱기도를 했다. 　謝 4II 사례할 사 | 祈 3II 빌 기 | 禱 1 빌 도

　참고 匙箸시저 ⇨ 수저

설거지

- 食事식사 後후에 食卓식탁 위를 整理정리했다. 　整 4 가지런할 정
- 더러워진 容器용기들을 수세미로 닦았다.

- 自動자동 食器洗滌器식기세척기를 샀다. 　　　　　　　滌 1 씻을 척
- 오늘 설거지 當番당번은 나였다.
- 설거지를 하다가 琉璃유리컵을 깼다. 　　　　　琉 1 유리 유(류) | 璃 특Ⅱ 유리 리(이)
- 沙器사기 접시를 깨뜨렸다. 　　　　　　　　　　沙 3Ⅱ 모래 사
- 飮食物음식물이 넘쳐흐른 냄비 周邊주변은 닦기 어려웠다. 　周 4 두루 주 | 邊 4Ⅱ 가 변

부엌 정리하기

- 饌欌찬장에 그릇을 넣었다. 　　　　　　　饌 1 반찬 찬 | 欌 특Ⅱ 장롱 장
- 廚房用品주방용품들을 整理정리했다.
- 琉璃유리 그릇이 깨지지 않도록 操心조심했다.
- 설거지가 힘들어 싱크대에 몸을 支撐지탱하고 있었다. 　支 4Ⅱ 지탱할 지 | 撐 1 버틸 탱
- 남은 飮食음식들을 飯饌桶반찬통에 넣었다. 　　桶 1 통 통
- 變質변질된 飮食음식은 버렸다.
- 행주의 細菌세균을 없애기 위해 냄비에 넣고 삶았다. 細 4Ⅱ 가늘 세 | 菌 3Ⅱ 버섯 균
- 飮食物음식물 脫水機탈수기를 整理정리했다. 　脫 4 벗을 탈 | 機 4 틀 기
- 冷藏庫냉장고를 깨끗이 整理정리했다. 　　藏 3Ⅱ 감출 장 | 庫 4 곳집 고

04 정원 관리

꽃 가꾸기

- 나는 花盆화분 모으기를 좋아한다. 　　　　盆 1 동이 분
- 나는 蘭草난초 키우는 것을 좋아한다. 　　蘭 3Ⅱ 난초 난(란)
- 봄비가 내린 후 庭園정원에 몇 가지 꽃씨를 뿌렸다.
- 苗木묘목도 몇 개 심었다. 　　　　　　　　苗 3 모 묘

- 鳳仙花봉선화 꽃을 조금 땄다.　　　　　　　　　　　　鳳 3Ⅱ 봉새 봉
- 花壇화단을 예쁘게 꾸몄다.
- 꽃에 물을 充分충분히 주었다.
- 꽃 市場시장에서 珍貴진귀한 花卉화훼를 사 왔다.　　珍 4 보배 진 | 卉 1 풀 훼

정원 가꾸기

- 새로 꾸민 庭園정원은 造景조경에 가장 神經신경을 썼다.　造 4Ⅱ 지을 조 | 經 4Ⅱ 지날·글 경
- 나는 庭園정원 管理관리에 素質소질이 있다.　　　　　管 4 대롱·주관할 관 | 素 4Ⅱ 본디·흴 소
- 나는 園藝원예에 才能재능이 있다.
- 庭園정원에 雜草잡초가 많았다.　　　　　　　　　　雜 4 섞일 잡
- 잔디 깎는 機械기계로 잔디를 다듬었다.　　　　　　機 4 틀 기 | 械 3Ⅱ 기계 계
- 비가 온 뒤 庭園정원이 더 茂盛무성해졌다.　　　　　茂 3Ⅱ 무성할 무 | 盛 4Ⅱ 성할 성
- 庭園정원의 나무들을 交替교체했다.　　　　　　　　替 3 바꿀 체
- 不必要불필요한 잎들을 가위로 切斷절단했다.　　　　斷 4Ⅱ 끊을 단
- 落葉낙엽들을 갈퀴로 긁어모았다.
- 恒常항상 庭園정원의 淸潔청결을 維持유지하고 있다.　潔 4Ⅱ 깨끗할 결 | 維 3Ⅱ 벼리 유 |
　　　　　　　　　　　　　　　　　　　　　　　　　持 4 가질 지
- 植物식물들이 잘 成長성장하도록 肥料비료를 주었다.　肥 3Ⅱ 살찔 비
- 害蟲해충이 있는지 살펴보았다.　　　　　　　　　　蟲 4Ⅱ 벌레 충
- 나무의 벌레들을 없애기 위해 殺蟲劑살충제를 뿌렸다.　殺 4Ⅱ 죽일 살, 감할·빠를 쇄 |
　　　　　　　　　　　　　　　　　　　　　　　　　劑 2 약제 제
- 昆蟲곤충으로부터 나무를 保護보호하기 위해 나무 周圍주위를 새끼줄로 감았다.　昆 1 맏 곤 | 保 4Ⅱ 지킬 보 |
　　　　　　　　　　　　　　　　　　　　　　　　　護 4Ⅱ 도울 호 | 周 4 두루 주 |
　　　　　　　　　　　　　　　　　　　　　　　　　圍 4 에워쌀 위

05 집 꾸미기

- 방 안을 裝飾장식했다. 　　　　　　　　　　　　　裝 4 꾸밀 장 | 飾 3Ⅱ 꾸밀 식
- 家具가구를 再配置재배치했다. 　　　　　　　　　　配 4Ⅱ 나눌·짝 배 | 置 4Ⅱ 둘 치
- 집 안을 花草화초로 裝飾장식했다.
- 꽃을 花瓶화병에 꽂았다. 　　　　　　　　　　　　瓶 1 병 병
- 新商品신상품으로 나온 食卓褓식탁보를 샀다. 　　　　褓 특Ⅱ 포대기 보
- 額子액자를 걸기 위해 벽에 못을 박았다. 　　　　　額 4 이마 액
- 멋진 寫眞사진을 居室거실 벽에 걸었다. 　　　　　　眞 4Ⅱ 참 진
- 壁紙벽지와 壯版장판을 좀 더 밝은 色색으로 바꾸었다. 　壁 4Ⅱ 벽 벽 | 壯 4 장할 장 |
　　　　　　　　　　　　　　　　　　　　　　　　版 3Ⅱ 판목 판
- 安樂안락한 소파를 購入구입해서 居室거실에 놓았다. 　購 2 살 구
- 아주 魅力的매력적인 古家具고가구 한 점을 居室거실 한구석에 놓았다. 　魅 2 매혹할 매
- 우리는 집을 改造개조했다. 　　　　　　　　　　　造 4Ⅱ 지을 조
- 우리는 집 壁面벽면을 白色백색으로 色漆색칠했다. 　　漆 3Ⅱ 옻 칠
- 居室거실 벽을 粉紅色분홍색으로 칠했더니 한결 華奢화사해졌다. 　粉 4 가루 분 | 華 4 빛날 화 |
　　　　　　　　　　　　　　　　　　　　　　　　奢 1 사치할 사

📺 집안 가구 및 소품

櫳籠	장롱	欌 특Ⅱ 장롱 장 | 籠 2 대바구니 롱(농)	額子	액자	額 4 이마 액
化粧臺	화장대	粧 3Ⅱ 단장할 장 | 臺 3Ⅱ 대 대	壁時計	벽시계	壁 4Ⅱ 벽 벽
卓子	탁자		招人鐘	초인종	招 4 부를 초 | 鐘 특Ⅱ 쇠북 종
食卓	식탁		加濕器	가습기	濕 3Ⅱ 젖을 습 | 器 4Ⅱ 그릇 기
裝飾欌	장식장	裝 4 꾸밀 장 | 飾 3Ⅱ 꾸밀 식	食卓褓	식탁보	
冊欌	책장	冊 4 책 책	眞空淸掃機	진공청소기	掃 4Ⅱ 쓸 소 | 機 4 틀 기
寢臺	침대	寢 4 잘 침 | 臺 3Ⅱ 대 대	室內靴	실내화	靴 2 신 화
椅子	의자	椅 1 의자 의	白熱燈	백열등	燈 4Ⅱ 등 등
寢臺褓	침대보		螢光燈	형광등	

06 집 수리

누수

- 水道수도꼭지에서 물이 새고 있다.
- 漏水누수로 사람을 불렀다.   漏 3Ⅱ 샐 누(루)
- 便器변기가 漏水누수되는 것 같았다.   器 4Ⅱ 그릇 기
- 위層층의 浴室욕실 工事공사로 우리 化粧室화장실 天障천장에서 물이 새고 層 4 층 층 | 粧 3Ⅱ 단장할 장 |
  있다.   障 4Ⅱ 막을 장
- 上下水道상하수도 專門家전문가를 불렀다.   專 4 오로지 전

막힘

- 洗面臺세면대가 막혔다.   臺 3Ⅱ 대 대
- 廚房주방의 下水溝하수구가 막혔다.   廚 1 부엌 주 | 房 4Ⅱ 방 방 |
   溝 1 도랑 구
- 便器변기가 막혀 故障고장 났다.   故 4Ⅱ 연고 고
- 변기 뚫는 器具기구를 使用사용해 보았지만 所用소용이 없었다.
- 配管工배관공을 불렀다.   配 4Ⅱ 나눌·짝 배 |
   管 4 대롱·주관할 관

고장

- DVD가 故障고장 나서 中間중간에 멈췄다.
- 보일러가 作動작동이 안 되었다.
- 내가 좋아하는 프로그램을 視聽시청하는 途中도중에 텔레비전이 故障고장   視 4Ⅱ 볼 시 | 聽 4 들을 청 |
  났다.   途 3Ⅱ 길 도
- 텔레비전 畫面화면이 異常이상하게 나왔다.   異 4 다를 이(리) | 常 4Ⅱ 떳떳할 상
- 텔레비전이 黑白흑백으로 나왔다.
- 텔레비전 電線전선이 끊어졌다.
- 텔레비전에서 雜音잡음이 났다.   雜 4 섞일 잡

- 洗濯機세탁기에서 轟音굉음이 울리며 作動작동이 멈췄다.   濯 3 씻을 탁 | 機 4 틀 기 | 轟 1 울릴·수레소리 굉
- 冷藏庫냉장고가 故障고장 났다.   藏 3Ⅱ 감출 장 | 庫 4 곳집 고
- 冷凍室냉동실만 안 되고 있다.   凍 3Ⅱ 얼 동
- 다리미의 自動자동 溫度온도 調節器조절기가 故障고장 났다.
- 電球전구의 불빛이 밝지가 않았다.
- 乾電池건전지가 다 달아서 時計시계가 멈추었다.   乾 3Ⅱ 마를·하늘 건 | 池 3Ⅱ 못 지
- 故障고장 난 時計시계를 修理수리센터에 맡겼다.   修 4Ⅱ 닦을 수

수리 의뢰하기

- 서비스 센터에 電話전화해서 修理수리 內容내용을 接受접수했다.   接 4Ⅱ 이을 접 | 受 4Ⅱ 받을 수
- 會社회사의 受信者수신자 負擔부담 番號번호로 電話전화했다.   負 4 질 부 | 擔 4Ⅱ 멜 담
- 修理수리해 주는 사람이 故障고장을 迅速신속하게 處理처리해 주었다.   迅 1 빠를 신 | 處 4Ⅱ 곳 처
- 保證보증 期間기간 중이어서 修理수리 料金요금이 無料무료였다.   保 4Ⅱ 지킬 보 | 證 4 증거 증

전기 문제

- 電源전원 스위치가 作動작동되지 않았다.   源 4 근원 원
- 볼트를 잘못 使用사용해서 機械기계가 誤作動오작동되었다.   械 3Ⅱ 기계 계 | 誤 4Ⅱ 그르칠 오
- 白熱백열 電球전구가 깜빡거렸다.
- 餘分여분의 電球전구가 있어서 불이 나간 電球전구를 交替교체했다.   餘 4Ⅱ 남을 여 | 替 3 바꿀 체
- 停電정전이 되었다.
- 微細미세한 불빛으로는 아무것도 볼 수가 없다.   微 3Ⅱ 작을 미 | 細 4Ⅱ 가늘 세
- 물기가 있는 손으로 電線전선을 만졌다가 感電감전될 뻔했다.
- 급작스러운 停電정전으로 街路燈가로등의 點燈점등조차 안 되었다.   街 4Ⅱ 거리 가 | 點 4 점 점 | 燈 4Ⅱ 등 등

해충

- 우리 집에는 害蟲해충이 많다.
- 바퀴벌레는 귀찮은 存在존재이다.
- 바퀴벌레들을 撲滅박멸하기란 참 어렵다.
- 殺蟲劑살충제를 샀다.
- 空氣공기 중에 噴射분사하는 藥약을 샀다.
- 바퀴벌레를 없애기 위해 집을 恒常항상 淸潔청결하게 하려고 한다.
- 害蟲해충의 汚物오물로 인해 皮膚病피부병이 생길 수 있다.
- 害蟲해충 退治퇴치 專門전문 會社회사에 依賴의뢰했다.

蟲 4II 벌레 충
存 4 있을 존
撲 1 칠 박 | 滅 3II 꺼질·멸할 멸
殺 4II 죽일 살, 감할·빠를 쇄 | 劑 2 약제 제
噴 1 뿜을 분 | 射 4 쏠 사
恒 3II 항상 항 | 常 4II 떳떳할 상 | 潔 4II 깨끗할 결
汚 3 더러울 오 | 皮 3II 가죽 피 | 膚 2 살갗 부
退 4II 물러날 퇴 | 治 4II 다스릴 치 | 依 4 의지할 의 | 賴 3II 의뢰할 뢰

기타 문제

- 玄關門현관문의 자물쇠가 故障고장 났다.
- 大門대문이 꼼짝도 안 한다.
- 屋上옥상 門문의 손잡이가 빠졌다.
- 强力강력 接着劑접착제를 使用사용하여 그것을 붙였다.
- 壁紙벽지가 지저분해서 페인트 施工시공을 했다.

玄 3II 검을 현

强 특II 강할[强] 강

壁 4II 벽 벽 | 施 4II 베풀 시

07 기타 집안일

- 飮食음식 材料재료를 사러 食料品店식료품점에 갔다.
- 엄마를 위해 直接직접 市場시장에서 장을 보았다.
- 抗菌항균 作用작용을 위해 이불을 햇빛에 내다 널고 乾燥건조시켰다.
- 洗車세차를 했다.

接 4II 이을 접

抗 4 겨룰 항 | 菌 3II 버섯 균 | 乾 3II 마를·하늘 건 | 燥 3 마를 조

- 電氣전기 節約절약을 위해 家電製品가전제품의 플러그를 빼 놓았다.
- 집안일이 意外의외로 많다.
- 淸掃청소하고 食事식사 準備준비를 하다 보면 個人개인 時間시간이 없다.
- 집안일은 平生평생 繼續계속된다.
- 家政婦가정부를 雇用고용해야 할 것 같다.
- 家族가족 모두가 家事가사를 分擔분담해야 한다.
- 집안일에 子女자녀 敎育교육까지 정말 苦衷고충이다.
- 우리 엄마는 專業主婦전업주부로 하루히루 바쁘게 지내신다.

製 4Ⅱ 지을 제

掃 4Ⅱ 쓸 소 | 準 4Ⅱ 준할 준 |
備 4Ⅱ 갖출 비 | 個 4Ⅱ 낱 개

繼 4 이을 계 | 續 4Ⅱ 이을 속

政 4Ⅱ 정사 정 | 婦 4Ⅱ 며느리 부 |
雇 2 품팔 고

擔 4Ⅱ 멜 담

衷 2 속마음 충

專 4 오로지 전

Diary

대청소
1

4월 11일

분주한 아침, 남편과 아이들을 보내고 나면 나만의 시간이 생긴다. 커피도 한잔 하면서 음악을 듣기도 하는데 오늘은 대청소를 하기로 마음먹었다. 집안 구석구석 정돈되어 있지 않은 것들이 눈에 확 띄었다. 먼저 환기를 위해 창문을 열었다. 필요 없는 것들을 치우고 진공청소기를 돌렸다. 걸레를 빨아서 가구의 먼지를 닦고 현관은 거품 세정제로 닦았다. 곧바로 베란다로 가서 쓰레기 분리수거를 하고 재활용 쓰레기는 따로 모아 놓았다. 그러나 역시 주부 본능은 어쩔 수가 없나 보다. 욕실과 이불 빨래도 하기로 결정했다. 욕실의 욕조를 닦고 변기를 전용 세정제로 닦았다. 세면대는 가족의 청결을 생각해서 특별히 신경 써서 깨끗이 닦았다. 마지막으로 칫솔과 치약을 새것으로 바꾸어 놓았다. 점심을 먹고 나면 몸이 늘어질 것 같아서 빨래까지 모두 마치고 점심을 해결하기로 했다. 식구들이 세탁 바구니에 넣어 둔 빨랫감부터 돌리고 그 사이 이불 홑청을 뜯어냈다. 세제를 풀어서 이불을 담그고 발로 밟아 이불 때를 뺐다. 세탁실에서는 세탁이 완료되었다는 소리가 났다. 이불을 밟다 말고 세탁기에 옷을 꺼내려고 갔다. 그런데 이게 웬일, 남편이 아끼던 실크 소재의 셔츠가 축소되어 버렸다. 너무 정신없이 빨래를 돌리느라 세탁기로 빨아야 할 것과 빨지 말아야 할 것을 분리하지 않은 것이다. 이건 정말 주부 17년차로서의 굴욕이다. 무작정 시치미를 떼는 수밖에 없다. 이불 빨래를 마저 마치고 상쾌한 기분으로 소파에 앉아서 쉬고 있었다. 그러다 바라본 주방, 뜨악~ 설거지가 산더미였다. 이건 정말 네버엔딩 대청소였다. 주방 청소는 점심을 먹고 나서 냉장고 정리와 함께 해치워 버렸다. 주부의 길은 멀고도 험하다! 그나저나 줄어든 남편의 셔츠는 어찌해야 할꼬?

● 알맞은 한자로 써 보세요.

1. 대청소 _____
2. 분주 _____
3. 남편 _____
4. 시간 _____
5. 음악 _____
6. 정돈 _____
7. 환기 _____
8. 창문 _____
9. 필요 _____
10. 진공청소기 _____
11. 가구 _____
12. 현관 _____
13. 세정제 _____
14. 분리수거 _____
15. 재활용 _____
16. 역시 _____
17. 주부 _____
18. 본능 _____
19. 욕실 _____
20. 결정 _____
21. 욕조 _____
22. 변기 _____
23. 전용 _____
24. 세면대 _____
25. 가족 _____
26. 청결 _____
27. 특별 _____
28. 신경 _____
29. 치약 _____
30. 해결 _____
31. 식구 _____
32. 세탁 _____
33. 세제 _____
34. 세탁실 _____
35. 완료 _____
36. 세탁기 _____
37. 소재 _____
38. 축소 _____
39. 정신 _____
40. 분리 _____
41. 상쾌 _____
42. 기분 _____
43. 주방 _____
44. 냉장고 _____
45. 정리 _____

大淸掃

四月 十一日

奔走한 아침, 男便과 아이들을 보내고 나면 나만의 時間이 생긴다. 커피도 한잔 하면서 音樂을 듣기도 하는데 오늘은 大淸掃를 하기로 마음먹었다. 집안 구석구석 整頓되어 있지 않은 것들이 눈에 확 띄었다. 먼저 換氣를 위해 窓門을 열었다. 必要 없는 것들을 치우고 眞空淸掃機를 돌렸다. 걸레를 빨아서 家具의 먼지를 닦고 玄關은 거품 洗淨劑로 닦았다. 곧바로 베란다로 가서 쓰레기 分離收去를 하고 再活用 쓰레기는 따로 모아 놓았다. 그러나 亦是 主婦 本能은 어쩔 수가 없나 보다. 浴室과 이불 빨래도 하기로 決定했다. 浴室의 浴槽를 닦고 便器를 專用 洗淨劑로 닦았다. 洗面臺는 家族의 淸潔을 생각해서 特別히 神經 써서 깨끗이 닦았다. 마지막으로 칫솔과 齒藥을 새것으로 바꾸어 놓았다. 점심을 먹고 나면 몸이 늘어질 것 같아서 빨래까지 모두 마치고 점심을 解決하기로 했다. 食口들이 洗濯 바구니에 넣어 둔 빨랫감부터 돌리고 그 사이 이불 홑청을 뜯었다. 洗劑를 풀어서 이불을 담그고 발로 밟아 이불 때를 뺐다. 洗濯室에서는 洗濯이 完了되었다는 소리가 났다. 이불을 밟다 말고 洗濯機에 옷을 꺼내려고 갔다. 그런데 이게 웬일, 男便이 아끼던 실크 素材의 셔츠가 縮小되어 버렸다. 너무 精神없이 빨래를 돌리느라 洗濯機로 빨아야 할 것과 빨지 말아야 할 것을 分離하지 않은 것이다. 이건 정말 主婦 17년차로서의 屈辱이다. 無酌定 시치미를 뗄수는 수밖에 없다. 이불 빨래를 마저 마치고 爽快한 氣分으로 소파에 앉아서 쉬고 있었다. 그러다 바라본 廚房, 뜨악~ 설거지가 산더미였다. 이건 정말 네버엔딩 大淸掃였다. 廚房 淸掃는 점심을 먹고 나서 冷藏庫 整理와 함께 해치워 버렸다. 主婦의 길은 멀고도 험하다! 그나저나 줄어든 男便의 셔츠는 어찌해야 할꼬?

104

일상생활

- 01. 일상생활
- 02. 생리 현상
- 03. 놀이
- 04. 교통
- 05. 통신
- 06. 은행
- 07. 절약
- 08. 봉사 활동
- 09. 실수 · 잘못
- 10. 사건 · 사고
+ Diary

01 일상생활

오전

- 우리 家族가족의 日常일상은 午前오전 6시에 始作시작된다.
- 나는 6시에 起狀기상해서 이불을 整理정리한다.

常 4Ⅱ 떳떳할 상

起 4Ⅱ 일어날 기 | 狀 4Ⅱ 형상 상, 문서 장 | 整 4 가지런할 정

- 엄마는 食口식구들 중 第一제일 먼저 일어나서 아침을 지으신다.
- 나는 아침에 簡單간단히 沐浴목욕을 한다.

簡 4 대쪽·간략할 간 | 單 4Ⅱ 홑 단 | 沐 2 머리감을 목

- 아침을 먹고 校服교복을 입는다.
- 아침 食事식사 후 아빠가 出勤출근하시고 나와 동생이 登校등교를 한다.
- 엄마가 玄關현관에서 우리를 배웅해 주신다.
- 동생은 徒步도보로 學校학교에 다닌다.
- 나는 通學통학 버스로 學校학교에 간다.

勤 4 부지런할 근

玄 3Ⅱ 검을 현

徒 4 무리 도 | 步 4Ⅱ 걸음 보

오후

- 授業수업이 끝나면 집으로 돌아온다.
- 가끔은 放課방과 후에 피시방으로 直行직행할 때도 있다.
- 放課방과 후에 나는 英語영어 學院학원에 간다.
- 放課방과 후에 나는 跆拳道태권도 道場도장에 간다.
- 집에 오자마자 間食간식을 먹는다.
- 컴퓨터를 利用이용하여 宿題숙제를 한다.
- 月曜日월요일, 水曜日수요일, 金曜日금요일은 數學수학 課外과외를 받는다.
- 우리는 普通보통 午後오후 7시에 저녁을 먹는다.
- 잠자리에 들기 전에 하루를 反省반성하며 日記일기를 쓴다.
- 10시쯤 就寢취침한다.

授 4Ⅱ 줄 수

跆 1 밟을 태 | 拳 3Ⅱ 주먹 권

普 4 넓을 보

就 4 나아갈 취 | 寢 4 잘 침

휴일

- 오늘은 休日휴일이다.
- 餘暇여가를 잘 利用이용하는 것이 重要중요하다.   餘 4Ⅱ 남을 여 | 暇 4 틈·겨를 가
- 요즘 餘暇여가 時間시간이 줄었다.
- 餘暇여가 活動활동을 즐길 餘力여력도 없다.
- 나는 틈이 나면 讀書독서하는 習慣습관이 있다.   慣 3Ⅱ 익숙할 관
- 나는 休日휴일에 音樂음악을 들으며 思索사색하는 것을 좋아한다.   索 3Ⅱ 찾을 색, 노[새끼줄] 삭
- 이번 夏季하계 休暇휴가에는 讀書狂독서광처럼 책만 읽었다.   季 4 계절 계 | 狂 3Ⅱ 미칠 광
- 나는 이번 連休연휴에는 特別특별한 計劃계획이 없다.   連 4Ⅱ 이을 연(련) | 劃 3Ⅱ 그을 획
- 終日종일 집에서 懶怠나태하게 빈둥거렸다.   懶 1 게으를 나(라) | 怠 3 게으를 태
- 休日휴일에는 無條件무조건 집에서 뒹굴며 지내는 것이 最高최고다.   條 4 가지 조
- 이번 休暇휴가엔 라식 手術수술을 받을 豫定예정이다.   豫 4 미리 예
- 나는 休日휴일에 種種종종 沐浴湯목욕탕에 간다.   湯 3Ⅱ 끓을 탕
- 休日휴일에 액션 映畫영화를 모조리 涉獵섭렵했다.   映 4 비칠 영 | 涉 3 건널 섭 | 獵 3 사냥 렵(엽)
- 나는 餘暇여가 時間시간에 漫畫冊만화책과 煮醬麵자장면을 먹으며 보낼 것이다.   漫 3 흩어질 만 | 冊 4 책 책 | 煮 1 삶을 자 | 醬 1 장 장 | 麵 특Ⅱ 국수 면
- 公私多忙공사다망한 나는 別途별도의 時間시간이 없다.   私 4 사사 사 | 忙 3 바쁠 망 | 途 3Ⅱ 길 도
- 나는 時間시간이 나면 親舊친구들과 東大門동대문으로 쇼핑을 간다.
- 公園공원에서 自轉車자전거를 탔다.   轉 4 구를 전
- 오늘은 餘裕여유롭게 百貨店백화점에서 쇼핑을 했다.   裕 3Ⅱ 넉넉할 유 | 貨 4Ⅱ 재물 화
- 나는 種種종종 게임을 하러 娛樂室오락실에 간다.   娛 3 즐길 오
- 쉬는 날엔 終日종일 인터넷 서핑 三昧境삼매경에 빠진다.   昧 1 어두울 매 | 境 4Ⅱ 지경 경
- 쉬는 날에는 音樂음악도 듣고 樂器악기도 演奏연주한다.   器 4Ⅱ 그릇 기 | 演 4Ⅱ 펼 연 | 奏 3Ⅱ 아뢸 주
- 特別특별한 일이 없어서, 親舊친구들에게 便紙편지를 보냈다.
- 休日휴일에 食道樂家식도락가들과 만나서 맛있기로 所聞소문난 가게를 探訪탐방할 것이다.   探 4 찾을 탐 | 訪 4Ⅱ 찾을 방
- 休日휴일에 故鄕고향에 내려갈 것이다.   故 4Ⅱ 연고 고 | 鄕 4Ⅱ 시골 향
- 이번 여름 休暇휴가 때는 건강건강 檢診검진을 받을 것이다.   康 4Ⅱ 편안 강 | 檢 4Ⅱ 검사할 검 | 診 2 진찰할 진
- 休暇휴가 때 室內실내 인테리어 工事공사를 할 것이다.

02 생리 현상

입·목

- 食事식사를 하다가 재채기가 나와서 無顏무안했다. 顏 3Ⅱ 낯 안
- 콜라를 마시자마자 바로 트림 反應반응이 왔다. 應 4Ⅱ 응할 응
- 新生兒신생아에게 牛乳우유를 먹인 후, 등을 두드려 트림을 誘導유도했다. 乳 4 젖 유 | 誘 3Ⅱ 꾈 유 | 導 4Ⅱ 인도할 도
- 滯氣체기 때문인지 딸꾹질이 났다. 滯 3Ⅱ 막힐 체
- 疲困피곤해서 하품을 했다. 疲 4 피곤할 피 | 困 4 곤할 곤
- 食困症식곤증 때문에 苦生고생했다. 症 3Ⅱ 증세 증
- 한 사람이 하품을 하면 다른 사람도 連續的연속적으로 하는 것 같다. 連 4Ⅱ 이을 연(련) | 續 4Ⅱ 이을 속
- 방 안에 담배 煙氣연기가 자욱해서 기침이 멈추질 않았다. 煙 4Ⅱ 연기 연
- 喉頭후두에 炎症염증이 생겼는지 목소리가 안 나온다. 喉 2 목구멍 후 | 炎 3Ⅱ 불꽃 염
- 深呼吸심호흡을 했다. 深 4Ⅱ 깊을 심 | 呼 4Ⅱ 부를 호 | 吸 4Ⅱ 마실 흡
- 그는 平素평소 자주 한숨을 쉰다. 素 4Ⅱ 본디·흴 소
- 그 歌手가수는 聲帶성대 結節결절에 걸렸다. 聲 4Ⅱ 소리 성 | 帶 4Ⅱ 띠 대

코

- 鼻炎비염 때문에 콧물이 자주 난다.
- 코가 꽉 막혀 耳鼻咽喉科이비인후과에 갔다. 咽 1 목구멍 인, 목멜 열, 삼킬 연
- 蓄膿症축농증 때문에 잠잘 때 코를 곤다. 蓄 4Ⅱ 모을 축 | 膿 1 고름 농
- 코가 근질거리는 症狀증상으로 病院병원에 갔었다. 狀 4Ⅱ 형상 상, 문서 장

눈

- 眼球안구 乾燥症건조증으로 人工인공 눈물을 갖고 다닌다. 眼 4Ⅱ 눈 안 | 乾 3Ⅱ 마를·하늘 건 | 燥 3 마를 조
- 눈에 무언가가 들어가 無意識的무의식적으로 눈을 비볐다.
- 感動감동을 받아 눈물이 났다.

- 休紙휴지로 눈물을 닦았다.
- 그녀의 갑작스러운 死亡사망 消息소식에 눈물이 흘렀다.   息 4Ⅱ 쉴 식
- 催淚性최루성 映畫영화를 보면서 눈물을 참았다.   催 3Ⅱ 재촉할 최 | 淚 3 눈물 루(누) | 映 4 비칠 영

귀

- 누가 내 險談험담을 하는지 귀가 간지럽다.   險 4 험할 험
- 심한 다이어트로 耳鳴이명 症狀증상이 왔다.   鳴 4 울 명
- 그 소리는 매우 情感정감 가는 소리였다.
- 綿棒면봉으로 귀를 팠다.   綿 3Ⅱ 솜 면 | 棒 1 막대 봉
- 그는 잠결에도 소리를 잘 듣는 感覺감각을 지녔다.   覺 4 깨달을 각

얼굴 · 머리

- 나는 猖披창피하면 얼굴이 붉어진다.   猖 1 미쳐날뛸 창 | 披 1 헤칠 피
- 나는 놀라서 얼굴이 蒼白창백해졌다.   蒼 3Ⅱ 푸를 창
- 近來근래에 머리카락이 빠진다.
- 이러다간 白髮백발이 될지도 모르겠다.   髮 4 터럭 발
- 나는 머리가 빨리 자라 美容室미용실에 자주 간다.   容 4Ⅱ 얼굴 용
- 머리가 잘 자라지 않아 發毛劑발모제를 발랐다.   劑 2 약제 제
- 머리에 비듬이 있어서 비듬 治療劑치료제를 샀다.   治 4Ⅱ 다스릴 치 | 療 2 병고칠 료(요)

팔 · 다리

- 커피를 많이 마시면 手顫症수전증이 온다.   顫 1 떨 전
- 다리에 쥐가 나서 筋肉근육을 움직일 수가 없었다.   筋 4 힘줄 근 | 肉 4Ⅱ 고기 육
- 다리 筋肉근육이 收縮수축되어 뻣뻣해졌다.   收 4Ⅱ 거둘 수 | 縮 4 줄일 축
- 발이 저려 感覺감각이 전혀 없었다.
- 神經痛신경통 때문에 恒常항상 팔이 아프다.   經 4Ⅱ 지날·글 경 | 痛 4 아플 통 | 恒 3Ⅱ 항상 항 | 常 4Ⅱ 떳떳할 상
- 어머니가 五十肩오십견으로 苦痛고통스러워 하신다.   肩 3 어깨 견

소변·대변

- 小便소변이 마렵다.
- 用便용변을 보았다.
- 大便대변이 마려웠다.
- 宿便숙변을 보았다.
- 泄瀉설사가 난다.
- 泄瀉설사가 심해 一週日일주일을 苦生고생했다.

泄 1 샐 설 | 瀉 1 쏟을 사

기타 생리 현상

- 배가 고픈지 배에서 꼬르륵 하고 信號신호를 보낸다.
- 運動운동을 하면 짭짤한 液體액체인 땀이 난다.
- 그의 방귀는 無色무색의 氣體기체였지만 무척 구린내가 났다.
- 방귀 냄새가 至毒지독했다.
- 그의 방귀는 惡臭악취에 가까웠다.
- 密閉밀폐된 空間공간에서 방귀를 뀌었다.

液 4Ⅱ 진 액

至 4Ⅱ 이를 지 | 毒 4Ⅱ 독 독
臭 3 냄새 취
密 4Ⅱ 빽빽할 밀 | 閉 4 닫을 폐

03 놀이

집 안에서

- 여동생은 人形인형을 가지고 노는 것을 좋아한다.
- 집에서 愛玩動物애완동물과 놀았다.
- 동생과 圖畫紙도화지에 그림을 그리고 놀았다.
- 家族가족들과 花鬪화투를 했다.
- 兄형과 함께 서로 問題문제를 내고 正答정답을 맞추는 게임을 했다.

玩 1 즐길 완

鬪 4 싸움 투

- 將棋장기를 두었다.
- 동생과 電子전자 娛樂機오락기를 가지고 놀았다.
- 언니, 오빠와 요즘 流行유행하는 福不福복불복 게임을 했다.
- 어린 동생과 自動車자동차 組立조립을 했다.
- 家族가족들과 輪唱윤창을 하며 和音화음을 맞추었다.
- 동생과 食堂식당 놀이를 했는데 내가 料理師요리사였다.
- 親戚친척 동생들과 장난감 拳銃권총 놀이를 했다.

將 4Ⅱ 장수 장 | 棋 2 바둑 기
娛 3 즐길 오 | 機 4 틀 기

組 4 짤 조
輪 4 바퀴 윤(륜)
師 4Ⅱ 스승 사
戚 3Ⅱ 친척 척 | 拳 3Ⅱ 주먹 권
銃 4Ⅱ 총 총

참고 輪唱윤창 ⇨ 돌림 노래

운동장에서

- 딱지를 쳐서 넘기면 勝利승리하는 게임을 했다.
- 동생과 運動場운동장에서 뛰어놀았다.
- 親舊친구들과 繼走계주 競技경기를 했다.
- 銅錢동전을 던져 누가 술래를 할지 정했다.
- 우리들은 海賊해적 놀이를 했다.
- 戰爭전쟁 놀이를 했다.
- 班반 對抗대항 蹴球축구 試合시합을 했다.
- 鐵棒철봉에서 오래 매달리기를 했다.
- 親舊친구들과 傳說전설적인 놀이인 땅따먹기를 했다.
- 다른 班반 親舊친구들과 騎馬戰기마전 놀이를 했다.
- 避球피구를 했다.
- 女學生여학생들은 발野球야구를 했다.

繼 4 이을 계 | 走 4Ⅱ 달릴 주
銅 4Ⅱ 구리 동 | 錢 4 돈 전
賊 4 도둑 적

抗 4 겨룰 항 | 蹴 2 찰 축
試 4Ⅱ 시험 시
棒 1 막대 봉

騎 3Ⅱ 말탈 기
避 4 피할 피

놀이터에서

- 놀이터에 있는 시소, 미끄럼틀 등의 各種각종 器具기구를 탔다.
- 그네를 타다가 떨어져 무릎에 傷處상처가 났다.
- 정글짐 빨리 脫出탈출하기 놀이를 했다.
- 우리는 盜賊도적 잡기 놀이를 했다.

器 4Ⅱ 그릇 기
傷 4 다칠 상 | 處 4Ⅱ 곳 처
脫 4 벗을 탈
盜 4 도둑 도

- 요즘은 室內실내 놀이터가 생겨서 雨天우천 時시에도 갈 수 있다.
- 놀이터 한쪽에서 '無窮花무궁화 꽃이 피었습니다' 놀이를 했다.　　　窮 4 다할·궁할 궁
- 땅에 줄을 긋고 碑石비석 치기 놀이를 했다.　　　碑 4 비석 비
- 우리 동네 놀이터 모래에는 琉璃유리 조각이 없어 安全안전하다.　　　琉 1 유리 유(류) | 璃 특Ⅱ 유리 리(이)

명절놀이

- 名節명절의 代表的대표적 놀이인 제기차기를 했다.
- 家族가족 親知친지들과 모두 모여 윷놀이를 했다.
- 親舊친구들과 모여 投壺투호를 했다.　　　投 4 던질 투 | 壺 특Ⅱ 병 호
- 그 해의 災厄재액을 멀리 보낸다는 意味의미로 鳶연을 날렸다.　　　鳶 1 솔개 연 | 厄 3 액 액 | 味 4Ⅱ 맛 미
- 陰曆음력 正月정월 대보름날 地神지신밟기 놀이를 했다.　　　陰 4Ⅱ 그늘 음 | 曆 3Ⅱ 책력 력(역)
- 강강술래는 秋夕추석 名節명절의 民俗민속 놀이 중 하나이다.　　　俗 4Ⅱ 풍속 속

04 교통

택시

- 汽車기차 時間시간에 맞추어야 했다.
- 어떤 交通手段교통수단을 타야 할지 몰랐다.　　　段 4 층계 단
- 景況경황이 없어 택시를 타야 했다.　　　況 4 상황 황
- 택시로 그 場所장소까지 가려면 三十分삼십분이 걸린다.
- 너무 荒涼황량하고 寂寞적막해서 택시조차 없었다.　　　荒 3Ⅱ 거칠 황 | 涼 3Ⅱ 서늘할 량(양) | 寂 3Ⅱ 고요할 적 | 寞 1 고요할 막
- 택시 停留場정류장이 어디인지 몰랐다.　　　留 4Ⅱ 머무를 류(유)
- 택시 昇降場승강장에서 택시가 오기만을 기다렸다.　　　昇 3Ⅱ 오를 승 | 降 4 내릴 강, 항복할 항
- 택시를 合乘합승했더니 한참을 돌아갔다.

112

- 다른 乘客승객과의 合乘합승을 拒絕거절했다. 乘 3Ⅱ 탈 승 | 拒 4 막을 거 | 絕 4Ⅱ 끊을 절
- 택시 運轉技士운전기사에게 그 住所주소로 데려다 달라고 付託부탁했다. 轉 4 구를 전 | 付 3Ⅱ 부칠 부 | 託 2 부탁할 탁
- 택시를 타고 가면서 運轉技士운전기사에게 目的地목적지로 가는 方向방향을 案內안내했다.
- 運轉技士운전기사에게 近處근처 汽車驛기차역으로 가자고 했다. 處 4Ⅱ 곳 처 | 驛 3Ⅱ 역 역
- 運轉技士운전기사에게 그 建物건물에서 左回轉좌회전을 해 달라고 要求요구했다. 回 4Ⅱ 돌아올 회
- 運轉技士운전기사가 매우 親切친절했다.
- 運轉技士운전기사에게 料金요금을 냈다.
- 夜間야간 割增할증이 붙어서 料金요금이 너무 많이 나왔다. 割 3Ⅱ 벨 할 | 增 4Ⅱ 더할 증
- 총알택시는 過速과속을 하기 때문에 危險위험하다. 危 4 위태할 위 | 險 4 험할 험
- 罷業파업으로 거리에 택시가 없었다. 罷 3 마칠 파
- 運轉技士운전기사에게 制限제한 速度속도로 가 달라고 付託부탁했다. 制 4Ⅱ 절제할 제 | 限 4Ⅱ 한할 한
- 運轉技士운전기사가 速度違反속도위반을 해서 交通警察교통경찰이 따라왔다. 違 3 어긋날 위 | 警 4Ⅱ 깨우칠 경 | 察 4Ⅱ 살필 찰

지하철

- 사람이 集中的집중적으로 몰리는 러시아워일 때 나는 地下鐵지하철을 탄다.
- 地下鐵지하철이 버스보다 便利편리하다.
- 나는 自家用자가용이 있지만 出勤출근할 때는 地下鐵지하철을 탄다. 勤 4 부지런할 근
- 가장 가까운 地下鐵驛지하철역에 到着도착했다.
- 票표를 사기 위해 賣票口매표구 앞에서 줄을 섰다. 票 4Ⅱ 표 표
- 나는 티켓 自動販賣機자동판매기에서 票표를 購入구입했다. 販 3 팔 판 | 機 4 틀 기 | 購 2 살 구
- 나는 電鐵전철 定額券정액권을 利用이용한다. 額 4 이마 액 | 券 4 문서 권
- 나는 電鐵전철 專用전용 交通교통 카드를 使用사용한다. 專 4 오로지 전
- 地下鐵지하철이 올 때는 安全線안전선 뒤로 물러서 있어야 한다.
- 나는 地下鐵지하철에서 小說冊소설책이나 新聞신문을 읽는다. 冊 4 책 책
- 地下鐵지하철에 서 있을 때는 어디에 視線시선을 두어야 할지 모르겠다. 視 4Ⅱ 볼 시
- 反對便반대편으로 가는 地下鐵지하철을 탔다.

- 換乘驛환승역이라 사람들이 무척 많았다.   換 3Ⅱ 바꿀 환
- 地下鐵지하철에서 다른 사람에게 不快感불쾌감을 주는 行動행동을 해서는 안 된다.   快 4Ⅱ 쾌할 쾌
- 힘겹게 階段계단을 오르시는 할머니를 도와드렸다.   階 4 섬돌 계
- 老弱者席노약자석이나 障礙人席장애인석에 앉으면 마음이 不便불편하다.   障 4Ⅱ 막을 장 | 礙 2 거리낄 애
- 요즘 젊은이들은 자리를 讓步양보하지 않는 傾向경향이 있다.   讓 3Ⅱ 사양할 양 | 步 4Ⅱ 걸음 보 | 傾 4 기울 경
- 가끔은 어느 出口출구로 나가야 하는지 헷갈린다.
- 때때로 案內안내 放送방송이 안 들릴 때도 있다.   送 4Ⅱ 보낼 송
- 나는 每日매일 循環線순환선인 6호선을 利用이용한다.   循 3 돌 순 | 環 4 고리 환
- 다른 路線노선으로 갈아탔다.
- 자리에 앉아 졸다가 한 停車場정거장을 지나쳤다.
- 요즘 地下鐵지하철의 한 區間구간 料金요금이 얼마인지 모르겠다.
- 地下鐵지하철 안에서 物件물건을 파는 사람에게 果刀과도를 샀다.
- 地下鐵지하철에서 求乞구걸하는 사람을 보았다.   乞 3 빌 걸

버스

- 버스 停留場정류장에 사람들이 次例차례로 줄을 서 있었다.   次 4Ⅱ 버금 차
- 百貨店백화점으로 가는 버스를 타기 위해 기다리고 있었다.   貨 4Ⅱ 재물 화
- 어떤 男子남자가 새치기를 했다.
- 내 눈앞에서 버스가 出發출발해 떠나 버렸다.
- 그곳에 가기 위해 市外시외버스를 탔다.
- 改札口개찰구를 通過통과해 市外시외버스를 탔다.   札 2 편지 찰
- 그곳에 가는 直行직행 버스가 없었다.
- 專貰전세 버스로 거기에 갔다.   貰 2 세놓을 세
- 나는 通學통학 버스를 탄다.
- 나는 通勤통근 버스를 타고 다닌다.
- 그 버스는 20분 間隔간격으로 運行운행된다.   隔 3Ⅱ 사이뜰 격
- 나는 버스 配車배차 間隔간격이 너무 길다고 생각했다.   配 4Ⅱ 나눌·짝 배
- 交通교통 滯症체증 때문에 버스가 오지 않았다.   滯 3Ⅱ 막힐 체 | 症 3Ⅱ 증세 증

- 나는 버스 路線노선 案內圖안내도를 찾아보았다.
- 나는 携帶휴대 電話전화로 버스 料金요금을 낸다. 　　　　　携 3이끌 휴 | 帶 4II 띠 대
- 그 公園공원까지의 버스 料金요금은 1000원이다.
- 버스 停留場정류장에 到着도착하자마자 버스가 왔다.
- 버스에 乘車승차하자마자 버스 카드를 機械기계에 댔다. 　　　械 3II 기계 계
- 敬老席경로석은 비워 두었다.
- 年歲연세가 많으신 분께 자리를 讓步양보했다.
- 버스에서 잠이 들어 終點종점까지 갔다. 　　　　　　　　　點 4 점 점
- 버스는 乘客승객들로 가득 차 있었다.
- 사람들을 밀치고 滿員만원 버스를 간신히 탔다. 　　　　　滿 4II 찰 만 | 員 4II 인원 원
- 運轉技士운전기사가 不親切불친절했다.
- 버스 카드가 없어서 紙幣지폐를 냈다. 　　　　　　　　　幣 3 화폐 폐
- 버스가 滿員만원이어서 目的地목적지까지 서서 갔다.
- 버스 專用전용 車道차로가 생겼다.
- 버스에서 下車하차하기 위해 벨을 눌렀다.
- 高速고속버스 터미널에 가려면 어디에서 내려야 하는지 運轉技士운전기사에게 물었다.
- 버스가 換乘환승 割引할인이 되면서 利用客이용객들이 많아졌다. 　引 4II 끌 인
- 高速고속버스 乘車場승차장에서 버스를 기다렸다. 　　　　　乘 3II 탈 승
- 버스 路線노선이 헷갈려 다른 方向방향으로 갔다.
- 그 버스가 區廳구청을 가는지 물어보았다. 　　　　　　　廳 4 관청 청
- 버스가 갑자기 急停車급정거를 했다.
- 버스에 있는 不便불편 事項사항 카드에 運轉技士운전기사의 不親切불친절함을 적었다. 　項 3II 항목 항
- 버스 타이어에 펑크가 나서 事故사고로 이어질 뻔한 危機위기 狀況상황을 謀免모면했다. 　故 4II 연고 고 | 狀 4II 형상 상, 문서 장 | 謀 3II 꾀 모 | 免 3II 면할 면
- 막차를 놓쳐서 結局결국 집까지 걸어갔다.

기차

- 汽車기차는 自動車자동차처럼 멀미가 나지 않는다.
- 大田대전으로 가는 座席좌석을 豫買예매했다.   座 4 자리 좌 | 豫 4 미리 예
- 이번엔 高速고속 列車열차인 KTX로 가고 싶었다.
- 片道편도 티켓 한 장을 샀다.   片 3Ⅱ 조각 편
- 往復票왕복표 한 장을 샀다.   復 4Ⅱ 회복할 복, 다시 부
- 아빠가 汽車驛기차역까지 태워다 주셨다.
- 汽車기차 出發출발 十分십분 전에 改札口개찰구를 通過통과했다.
- 내가 탈 汽車기차가 三十分삼십분 延着연착되었다.   延 4 늘일 연
- 汽車기차가 또 延着연착이 되어서 짜증나기 一步일보 直前직전이었다.
- 汽車기차를 타기 전에 釜山行부산행 汽車기차인지 確認확인했다.   釜 2 가마 부 | 確 4Ⅱ 굳을 확 | 認 4Ⅱ 알 인
- 汽車票기차표에 적힌 座席좌석 番號번호의 자리를 찾았다.
- 窓門창문쪽 자리에 앉아서 景致경치를 보며 갔다.
- 汽車기차 안에서 삶은 鷄卵계란을 사 먹었다.   鷄 4 닭 계 | 卵 4 알 란(난)

교통수단

車輛	차량	輛 2 수레 량	自家用	자가용	
自動車	자동차		自轉車	자전거	轉 4 구를 전
觀光버스	관광버스		飛行機	비행기	機 4 틀 기
空港버스	공항버스	港 4Ⅱ 항구 항	船舶	선박	舶 2 배 박
通學 버스	통학 버스		汽車	기차	
高速버스	고속버스		急行列車	급행열차	
市外버스	시외버스		緩行列車	완행열차	緩 3Ⅱ 느릴 완
循環 버스	순환 버스	巡 3Ⅱ 돌·순행할 순	地下鐵	지하철	

자가용

- 나는 自家用자가용이 있다.
- 내 車차는 旅行여행할 때 使用사용하기 매우 便利편리한 밴이다.
- 나는 車차를 살 때 最高최고 仕樣사양을 選擇선택했다.　　　　　　　　　　樣 4 모양 양 | 擇 4 가릴 택
- 나는 小型車소형차를 타고 다닌다.　　　　　　　　　　　　　　　　　　型 2 모형 형
- 내 車차는 中型車중형차다.
- 小型車소형차의 長點장점은 駐車주차하기 쉽다는 點점이다.　　　　　　　　駐 2 머무를 주
- 내 車차는 小型車소형차라서 輕車경차 割引할인 惠澤혜택을 받는다.　　　　 經 4Ⅱ 지날·글 경 | 惠 4Ⅱ 은혜 혜 | 澤 3Ⅱ 못 택
- 내 車차는 四輪驅動사륜구동이다.　　　　　　　　　　　　　　　　　　輪 4 바퀴 륜(윤) | 驅 3 몰 구
- 나는 中古車중고차를 샀다.
- 나는 지붕이 열리는 外製車외제차를 갖고 싶다.　　　　　　　　　　　　製 4Ⅱ 지을 제
- 내 車차는 燃費연비가 좋다.　　　　　　　　　　　　　　　　　　　　燃 4 탈 연
- 내 車차는 燃料연료가 많이 든다.
- 차 維持費유지비가 많이 들어간다.　　　　　　　　　　　　　　　　　維 3Ⅱ 벼리 유 | 持 4 가질 지
- 나는 普通보통 地下지하 駐車場주차장에 駐車주차한다.　　　　　　　　　普 4 넓을 보
- 나는 한 달에 두 번 洗車세차를 한다.
- 自動車자동차 用品용품 百貨店백화점에 갔었다.
- 長距離장거리 運轉운전을 하기 전에 카센터에서 點檢점검을 받았다.　　　距 3Ⅱ 상거할 거 | 離 4 떠날 리(이) | 檢 4Ⅱ 검사할 검
- 接觸접촉 事故사고가 나서 保險보험 處理처리를 했다.　　　　　　　　　接 4Ⅱ 이을 접 | 觸 3Ⅱ 닿을 촉 | 保 4Ⅱ 지킬 보
- 燃料연료가 떨어져 注油所주유소에 갔다.

자동차 정비

- 나는 恒常항상 車차를 꼼꼼하게 管理관리한다.　　　　　　　　　　　　恒 3Ⅱ 항상 항 | 常 4Ⅱ 떳떳할 상 | 管 4 대롱·주관할 관
- 一年일년에 두 번 自動車자동차 點檢점검을 받으러 간다.
- 나는 六個月육개월마다 車차의 엔진을 整備정비한다.　　　　　　　　　個 4Ⅱ 낱 개 | 整 4 가지런할 정 | 備 4Ⅱ 갖출 비
- 브레이크 오일을 넣기 위해 修理工수리공을 불러야 했다.　　　　　　　修 4Ⅱ 닦을 수
- 安全안전벨트가 빠지지 않았다.

- 始動시동이 걸리지 않았다.
- 車차에 뭔가 問題문제가 發生발생했다.
- 車차의 狀態상태가 不良불량했다. 態 4Ⅱ 모습 태
- 브레이크에 問題문제가 있는 것임이 分明분명했다.
- 高速道路고속도로 한가운데서 차가 故障고장 났다.
- 엔진이 過熱과열되었다.
- 아무런 理由이유 없이 엔진이 作動작동되지 않았다.
- 車차에 問題문제가 있는 것이 確實확실하다. 確 4Ⅱ 굳을 확
- 燃料연료가 充分충분하지 않았다.
- 배터리를 充電충전시켰다.
- 타이어를 交替교체해 달라고 했다. 替 3 바꿀 체
- 나는 再生재생 타이어를 使用사용하지 않는다.
- 타이어 空氣壓공기압을 點檢점검해 달라고 했다. 壓 4Ⅱ 누를 압
- 타이어의 펑크 난 곳을 整備所정비소에 가서 땜질한 후 再使用재사용했다.
- 洗車세차를 하고 왁스를 칠하니 潤氣윤기가 났다. 潤 3Ⅱ 불을 윤
- 車차의 窓門창문이 故障고장 나서 手動수동으로 내려야 했다.
- 冷却水냉각수가 不足부족해서 더 넣었다. 却 3 물리칠 각
- 修理費수리비 見積견적 內譯내역을 받고 보니 料金요금이 너무 많이 請求청구된 것 같다. 積 4 쌓을 적 | 譯 3Ⅱ 번역할 역 | 請 4Ⅱ 청할 청
- 餘分여분의 열쇠를 가지고 있지 않았다. 餘 4Ⅱ 남을 여
- 緊急긴급 自動車자동차 서비스에 電話전화를 해서 도움을 要請요청했다. 緊 3Ⅱ 긴할 긴

운전 실력

- 나는 初步초보 運轉者운전자다.
- 나는 아직 運轉운전이 未熟미숙하다. 未 4Ⅱ 아닐 미 | 熟 3Ⅱ 익을 숙
- 恒常항상 安全안전 運轉운전을 原則원칙으로 한다.
- 나는 後進후진 駐車주차를 잘 못한다. 進 4Ⅱ 나아갈 진
- 나는 一列일렬 駐車주차를 잘 못한다.
- 나는 絕對절대 亂暴난폭 運轉운전을 하지 않는다. 亂 4 어지러울 난(란) | 暴 4Ⅱ 사나울 폭, 모질 포

- 나는 젖은 道路도로에서의 運轉운전은 辭讓사양하고 싶다.   辭 4 말씀 사
- 나는 이제껏 過速과속 運轉운전을 한 적이 없다.
- 深夜심야 運轉운전을 잘 못한다.   深 4Ⅱ 깊을 심
- 나는 無事故무사고 運轉者운전자다.
- 나는 한 번도 交通교통 法規법규를 違反위반해서 過怠料과태료를 낸 적이   怠 3 게으를 태
  없다.
- 나의 運轉운전 經歷경력은 十年십년이다.
- 나의 運轉운전 實力실력은 斷然단연 最高최고이다.   斷 4Ⅱ 끊을 단

운전

- 車차의 始動시동을 걸었다.
- 速度속도를 높였다.
- 앞차를 追越추월했다.   追 3Ⅱ 쫓을·따를 추 | 越 3Ⅱ 넘을 월
- 車線차선을 잘못 들어 매우 唐慌당황했다.   唐 3Ⅱ 당나라·당황할 당 | 慌 1 어리둥절할 황
- 左回轉좌회전했어야 했다.
- 一方通行일방통행이었다.
- 禁止금지 區域구역으로 갔다.   禁 4Ⅱ 금할 금 | 域 4 지경 역
- 國道국도를 탔다.
- 우리는 交代교대로 運轉운전했다.
- 無煙무연 揮發油휘발유로 가득 채웠다.   煙 4Ⅱ 연기 연 | 揮 4 휘두를 휘
- 赤信號적신호마다 다 걸렸다.
- 非鋪裝道路비포장도로여서 運轉운전하기 困難곤란했다.   非 4Ⅱ 아닐 비 | 鋪 2 펼·가게 포 | 裝 4 꾸밀 장 | 困 4 곤할 곤 | 難 4Ⅱ 어려울 란(난)
- 無斷무단 橫斷횡단하는 사람 때문에 깜짝 놀랐다.   橫 3Ⅱ 가로 횡

안전 운전

- 車차를 타면 安全안전벨트는 꼭 着用착용해야 한다.
- 安全안전벨트는 事故사고가 날 境遇경우 死亡사망이나 負傷부상의 危險위험을 줄여 준다.   遇 4 만날 우 | 負 4 질 부 | 傷 4 다칠 상
- 運轉者운전자가 安全안전벨트를 매는 것은 義務의무이다.   義 4Ⅱ 옳을 의 | 務 4Ⅱ 힘쓸 무
- 安全안전벨트는 生命생명의 끈이라고 생각한다.
- 運轉운전을 할 때는 運轉운전에만 集中집중해야 한다.
- 졸음運轉운전이나 過速과속 運轉운전은 우리의 生命생명을 短縮단축시키는 行動행동이다.   縮 4 줄일 축
- 運轉운전 중에 携帶휴대 電話전화를 使用사용하는 것은 큰 事故사고를 招來초래할 수 있다.   招 4 부를 초
- 交叉路교차로에서는 恒常항상 操心조심해야 한다.   叉 1 갈래 차 | 恒 3Ⅱ 항상 항 | 常 4Ⅱ 떳떳할 상
- 車線차선 變更변경을 할 때는 꼭 信號신호를 해 줘야 한다.   更 4 고칠 경, 다시 갱
- 飮酒運轉음주운전은 事故사고의 지름길이다.   酒 4 술 주
- 나는 술을 마시면 代理運轉대리운전을 시킨다.

교통 규칙 위반

- 너무 급해서 交通교통 法規법규를 違反위반하고 말았다.
- 나는 過速과속으로 警察官경찰관에게 잡혔다.
- 나는 制限제한 速度속도를 넘었다.
- 制限제한 速度속도가 時速시속 八十팔십 킬로미터였다.
- 내 車차의 速度속도가 速度속도 測程器측정기에 체크되었다.   測 4Ⅱ 헤아릴 측 | 程 4Ⅱ 한도·길 정 | 器 4Ⅱ 그릇 기
- 그는 내게 運轉免許證운전면허증을 提示제시하라고 했다.   證 4 증거 증 | 提 4Ⅱ 끌 제
- 過速과속으로 罰金벌금이 賦課부과되었다.   罰 4Ⅱ 벌할 벌 | 賦 3Ⅱ 부세 부
- 길에 駐車주차를 해서 車차가 牽引견인되었다.   牽 3 이끌·끌 견
- 그곳은 駐車주차 禁止금지 區域구역이었다.   禁 4Ⅱ 금할 금
- 牽引견인된 車차를 牽引견인 車輛차량 保管所보관소에서 찾았다.
- 駐車주차 違反위반으로 過怠料과태료가 賦課부과되었다.

- 나는 赤信號적신호를 無視무시하고 疾走질주했다. 疾 3Ⅱ 병 질 | 走 4Ⅱ 달릴 주
- 警察官경찰관이 飮酒運轉음주운전 團束단속을 하고 있었다.
- 飮酒음주 測程器측정기에 대고 입김을 불었다.
- 血中혈중 알코올 濃度농도가 基準値기준치를 넘었다. 血 4Ⅱ 피 혈 | 濃 2 짙을 농 |
  準 4Ⅱ 준할 준 | 値 3Ⅱ 값 치
- 三十日삼십일간 免許면허 停止정지를 당했다.
- 免許면허가 取消취소되었다. 取 4Ⅱ 가질 취

교통 규칙

- 交通교통 規則규칙을 違反위반하지 않아야 한다.
- 橫斷步道횡단보도를 건널 때는 꼭 信號신호를 지켜야 한다.
- 靑色청색 불이 켜져 있을 때만 길을 건너야 한다.
- 無斷橫斷무단횡단을 하면 안 된다.
- 陸橋육교 아래로 길을 건너면 안 된다.
- 步行者보행자들은 普通보통 右側우측 通行통행을 한다. 側 3Ⅱ 곁 측
- 길을 건널 때는 前後左右전후좌우를 잘 살펴야 한다.

도로 상황

- 交通교통이 圓滑원활했다. 圓 4Ⅱ 둥글 원 |
  滑 2 미끄러울 활, 익살스러울 골
- 道路도로 狀況상황이 良好양호했다. 好 4Ⅱ 좋을 호
- 出勤출근길 停滯정체가 始作시작되었다.
- 交通교통이 매우 混雜혼잡하다. 混 4 섞을 혼 | 雜 4 섞일 잡
- 車차가 많아서 道路도로 疏通소통이 더뎠다. 疏 3Ⅱ 소통할 소
- 道路도로 事情사정이 漸漸점점 나빠지고 있다. 漸 3Ⅱ 점점 점
- 道路도로가 閉鎖폐쇄되었다. 閉 4 닫을 폐 | 鎖 3Ⅱ 쇠사슬 쇄
- 登校등교 길에 交通교통 滯症체증이 심했다.
- 交通교통 停滯정체로 痲痺마비가 되었다. 痲 2 저릴 마 | 痺 1 저릴 비
- 最惡최악의 交通교통 停滯정체다.

- 道路도로 作業작업 때문에 車차들이 徐行서행하고 있다.   徐 3Ⅱ 천천할 서
- 앞에 交通事故교통사고가 있었다.
- 車차들이 停滯정체되어 있어서 여기저기 시끄럽게 警笛경적이 울렸다.   笛 3Ⅱ 피리 적
- 나는 迂廻우회해서 갔다.   迂 1 에돌 우 | 廻 2 돌 회
- 나는 다른 方向방향을 選擇선택했다.
- 市內시내로 들어가는 交通量교통량이 늘어나고 있다.
- 交通警察교통경찰들이 統制통제했지만 별 도움이 되지 않았다.   統 4Ⅱ 거느릴 통
- 나는 더 많은 사람들이 大衆交通대중교통을 利用이용해야 한다고 생각한다.   衆 4Ⅱ 무리 중

편지 · 펜팔

- 나는 내 또래의 少女소녀와 便紙편지 往來왕래를 하고 있다.
- 나 같은 初步者초보자들은 漢字語한자어로 便紙편지 쓰는 것이 쉽지 않다.
- 우리는 서로에게 安否안부 便紙편지를 썼다.   否 4 아닐 부
- 처음에는 簡單간단한 單語단어도 漢字語한자어로 表現표현하기 어려웠다.   簡 4 대쪽·간략할 간 | 單 4Ⅱ 홑 단
- 나는 便紙편지에 주로 學校生活학교생활에 대해 썼다.
- 學校학교에서 돌아와 보니 郵便函우편함에 그의 便紙편지가 있었다.   郵 4 우편 우 | 函 1 함 함
- 나는 오늘 親舊친구에게 答狀답장을 받았다.   狀 4Ⅱ 문서 장, 형상 상
- 그는 長文장문의 便紙편지를 좋아한다.
- 내가 豫想예상했던 것보다 일찍 그의 消息소식을 들을 수 있어서 기뻤다.   想 4Ⅱ 생각 상 | 息 4Ⅱ 쉴 식
- 그의 便紙편지를 速讀속독했다.
- 나는 卽時즉시 答狀답장을 보냈다.   卽 3Ⅱ 곧 즉
- 數日수일 동안 答狀답장을 못했다.
- 일찍 答狀답장을 못한 事緣사연이 있었다.   緣 4 인연 연
- 오랫동안 便紙편지를 못 써서 未安미안했다.
- 會社회사 業務업무가 많아서 便紙편지를 못 썼다.
- 片紙편지를 獨特독특하게 접었다.
- 便紙편지와 함께 寫眞사진 몇 장을 同封동봉했다.   眞 4Ⅱ 참 진
- 郵票우표에 침을 발라 封套봉투에 붙였다.   封 3Ⅱ 봉할 봉 | 套 1 씌울 투
- 封套봉투 가운데에 그의 住所주소를 적었다.
- 發信者발신자 住所주소는 左側좌측 上端상단에 적었다.   端 4Ⅱ 끝 단

- 最近최근에 그의 便紙편지를 받지 못했다.
- 나는 그의 다음 便紙편지를 苦待고대하고 있다.
- 우리는 오래 전에 連絡연락이 끊겼다.

連 4Ⅱ 이을 연(련) | 絡 3Ⅱ 이을·얽을 락(낙)

- 無消息무소식이 喜消息희소식이다.

喜 4 기쁠 희

- 便紙편지가 返送반송되었다.

返 3 돌이킬 반

- 國家국가 考試고시를 準備준비하는 동안은 便紙편지 보내는 것을 暫時잠시 中斷중단해야겠다.

試 4Ⅱ 시험 시 | 暫 3Ⅱ 잠깐 잠

05 통신

우체국

- 小包소포를 부치러 郵遞局우체국에 갔다.

包 4Ⅱ 쌀 포 | 郵 4 우편 우 | 遞 3 갈릴 체

- 郵票우표를 샀다.

票 4Ⅱ 표 표

- 紀念郵票기념우표를 샀다.

紀 4 벼리 기

- 便紙편지를 郵遞筒우체통에 넣었다.

筒 1 통 통

- 便紙편지를 速達속달로 보냈다.

達 4Ⅱ 통달할 달

- 電報전보를 보냈다.

報 4Ⅱ 갚을·알릴 보

- 航空항공 郵便우편으로 보냈다.

航 4Ⅱ 배 항

- 便紙편지를 登記등기로 보냈다.
- 冊책 몇 권을 郵遞局우체국 宅配택배로 보내 주었다.

配 4Ⅱ 나눌·짝 배

- 小包소포의 內容物내용물이 깨지기 쉬운 것이어서 '取扱취급 注意주의' 라고 標示표시했다.

容 4Ⅱ 얼굴 용 | 取 4Ⅱ 가질 취 | 扱 1 거둘 급, 꽂을 삽 | 標 4 표할 표

- 그들은 航空便항공편으로 一週日일주일 후에 到着도착할 거라고 했다.
- 郵便換우편환을 그에게 보내 주었다.

換 3Ⅱ 바꿀 환

- 小包소포를 부치는 費用비용은 重量중량이 얼마 되느냐에 따라 다르다.
- 國際국제 特級특급 郵便우편으로 物件물건을 보냈다.

際 4Ⅱ 즈음·가 제

이메일 친구

- 이메일을 통해 우리는 서로에 대해, 또는 서로의 文化문화에 대해 알 수 있다.
- 이메일을 씀으로써 親舊친구와의 交際교제는 물론, 語學어학 實力실력도 向上향상시킬 수 있다.
- 나는 中國人중국인 이메일 親舊친구가 있다.
- 나는 外國人외국인 이메일 親舊친구와 二年이년 동안 메일을 주고받았다.
- 우리는 每日매일 인터넷으로 連絡연락을 주고받는다.   連 4Ⅱ 이을 연(련) | 絡 3Ⅱ 이을·얽을 락(낙)
- 때때로 인터넷에서 그와 對話대화를 하기도 한다.
- 外國人외국인 親舊친구가 있다는 것은 매우 興味흥미로운 일인 것 같다.   興 4Ⅱ 일 흥 | 味 4Ⅱ 맛 미
- 아침마다 이메일을 確認확인하는 習慣습관이 생겼다.   確 4Ⅱ 굳을 확 | 認 4Ⅱ 알 인 | 慣 3Ⅱ 익숙할 관
- 내 이메일 親舊친구는 自身자신의 學校生活학교생활이나 價値觀가치관 등의 多樣다양한 이야기를 많이 쓴다.   値 3Ⅱ 값 치 | 樣 4 모양 양
- 이메일 親舊친구에게 膳物선물을 보내 주었다.   膳 1 선물·반찬 선
- 學校학교 宿題숙제로 너무 바빠서 答狀답장을 보내지 못했다.   狀 4Ⅱ 문서 장, 형상 상
- 그의 消息소식을 鶴首苦待학수고대하고 있다.   息 4Ⅱ 쉴 식 | 鶴 3Ⅱ 학 학
- 그에게 最近최근 나의 生活생활과 未來미래에 대해서 적어 보냈다.   未 4Ⅱ 아닐 미

휴대 전화

- 現代현대 社會사회에서 携帶휴대 電話전화는 必需品필수품이 된 것 같다.   携 3 이끌 휴 | 帶 4Ⅱ 띠 대 | 需 3Ⅱ 쓰일·쓸 수
- 내가 奬學金장학금을 타면 父母부모님께서 携帶휴대 電話전화를 사 주신다고 하신다.   奬 4 장려할 장
- 내 携帶휴대 電話전화는 舊型구형이어서 新型신형 携帶휴대 電話전화로 바꾸고 싶다.   型 2 모형 형
- 내 携帶휴대 電話전화는 最新최신 機種기종이다.   機 4 틀 기
- 多技能다기능 携帶휴대 電話전화를 갖고 싶다.
- 나는 重要중요한 電話전화가 많이 오기 때문에 恒常항상 携帶휴대 電話전화를 가지고 다닌다.   恒 3Ⅱ 항상 항 | 常 4Ⅱ 떳떳할 상

- 携帶휴대 電話전화를 利用이용해서 娛樂오락이나 스케줄 管理관리 등과 같은 일들도 한다. 娛 3 즐길 오 | 管 4 대롱·주관할 관
- 내 携帶휴대 電話전화는 無線무선 인터넷이 可能가능하다.
- 나는 發信者발신자 確認확인 서비스를 받는다.
- 나는 着信착신 轉換전환 서비스를 받는다. 轉 4 구를 전
- 내 携帶휴대 電話전화로 寫眞사진과 動映像동영상을 찍을 수 있다. 眞 4Ⅱ 참 진 | 映 4 비칠 영 | 像 3Ⅱ 모양 상
- 내 携帶휴대 電話전화는 受信수신만 된다. 受 4Ⅱ 받을 수
- 基本料金기본요금에서 많은 金額금액이 超過초과되었다. 額 4 이마 액 | 超 3Ⅱ 뛰어넘을 초
- 親舊친구들에게 携帶휴대 電話전화로 文字문자 메시지를 보냈다.
- 授業수업 中중이라 振動진동 모드로 轉換전환해 놓았다. 振 3Ⅱ 떨칠 진
- 電話전화가 通話통화 中중이었다.
- 通話통화 品質품질이 좋지 않았다.
- 携帶휴대 電話전화로 銀行은행 業務업무 및 各種각종 金融금융 去來거래도 可能가능하다. 務 4Ⅱ 힘쓸 무 | 融 2 녹을 융
- 그의 携帶휴대 電話전화에 音聲음성 메시지를 남겼다. 聲 4Ⅱ 소리 성
- 携帶휴대 電話전화의 電話番號簿전화번호부가 削除삭제되어 그에게 連絡연락을 할 수가 없다. 簿 3Ⅱ 문서 부 | 削 3Ⅱ 깎을 삭 | 除 4Ⅱ 덜 제
- 携帶휴대 電話전화에 貯藏저장된 그녀의 寫眞사진을 보았다. 藏 3Ⅱ 감출 장
- 電話番號전화번호를 잘못 눌러 아무 相關상관도 없는 사람에게 電話전화를 걸었다.
- 罪悚죄송하다고 말하고 電話전화를 끊었다. 悚 1 두려울 송
- 그와 通話통화가 連結연결될 때까지 繼續계속 電話전화를 걸었다. 繼 4 이을 계 | 續 4Ⅱ 이을 속

휴대 전화 문제

- 雜音잡음이 많이 났다. 雜 4 섞일 잡
- 배터리 充電충전이 必要필요했다.
- 배터리가 다 消盡소진되었다. 盡 4 다할 진
- 배터리 用量용량이 너무 작았다.
- 餘分여분의 배터리를 미리 체크했어야 했다. 餘 4Ⅱ 남을 여
- 電話전화가 混線혼선되었다. 混 4 섞을 혼

- 電話機전화기를 떨어트려서 液晶액정이 망가졌다.　　　　機 4 틀 기 | 液 4Ⅱ 진 액 |
　　　　　　　　　　　　　　　　　　　　　　　　　　　　晶 2 맑을 정
- 電話機전화기를 떨어트려서 通話통화 機能기능에 問題문제가 생겼다.

컴퓨터

- 요즘은 컴퓨터를 다루는 能力능력은 必須필수적이다.　　　　須 3 모름지기 수
- 나는 時代시대의 흐름에 뒤처지지 않기 위해 컴퓨터 使用法사용법을 배웠다.
- 컴퓨터로 하는 學習학습이 더 재밌고 理解이해도 빠르다.　　解 4Ⅱ 풀 해
- 나는 將來장래에 웹 디자이너가 되고 싶다.　　　　　　　將 4Ⅱ 장수 장
- 大學대학에서 컴퓨터를 專攻전공하고 싶다.　　　　　　專 4 오로지 전 | 攻 4 칠 공
- 컴퓨터를 使用사용함으로써 우리는 銀行은행에 直接직접 갈 必要필요가 없어　接 4Ⅱ 이을 접
  졌다.
- 컴퓨터로 資金자금 移替이체도 可能가능하다.　　　　　　資 4 재물 자 | 移 4Ⅱ 옮길 이 |
　　　　　　　　　　　　　　　　　　　　　　　　　　　替 3 바꿀 체
- 인터넷으로 情報정보를 檢索검색하고 쇼핑을 하는 등 많은 일을 할 수　檢 4Ⅱ 검사할 검 |
  있다.　　　　　　　　　　　　　　　　　　　　　　　索 3Ⅱ 찾을 색, 노[새끼줄] 삭
- 그는 周邊주변 器機기기까지 모두 사느라 많은 돈을 支拂지불했다.　周 4 두루 주 | 邊 4Ⅱ 가 변 |
　　　　　　　　　　　　　　　　　　　　　　　　　　　器 4Ⅱ 그릇 기 | 支 4Ⅱ 지탱할 지 |
　　　　　　　　　　　　　　　　　　　　　　　　　　　佛 4Ⅱ 부처 불
- 컴퓨터를 使用사용할 때 銘心명심해야 할 몇 가지가 있다.　　銘 3Ⅱ 새길 명
- 液體액체로 된 것은 컴퓨터로부터 멀리 둬야 한다.　　　　液 4Ⅱ 진 액
- 恒常항상 一定일정한 間隔간격으로 作業작업한 것을 貯藏저장해야 한다.　隔 3Ⅱ 사이뜰 격 | 藏 3Ⅱ 감출 장
- 作業작업한 것은 移動式이동식 디스크나 다른 貯藏저장 媒體매체에 백업해　媒 3Ⅱ 중매 매
  두는 것이 좋다.
- 어떤 케이블은 連結연결 또는 分離분리하기 전에 電源전원을 꺼야 한다.　離 4 떠날 리(이) | 源 4 근원 원
- 電源전원을 끄기 전에 시스템 終了종료 命令명령을 내리는 것이 좋다.　了 3 마칠 료
- 컴퓨터에 새로운 프로그램을 設置설치했다.　　　　　　　設 4Ⅱ 베풀 설 | 置 4Ⅱ 둘 치
- 내가 必要필요한 情報정보를 出力출력해 두었다.

컴퓨터광

- 나는 컴퓨터에 狂的광적으로 中毒중독된 것 같다.　　　　　狂 3Ⅱ 미칠 광 | 毒 4Ⅱ 독 독
- 나는 컴퓨터를 愛人애인처럼 생각한다.

- 나는 컴퓨터에 대해서는 博識박식하다. 博 4Ⅱ 넓을 박
- 컴퓨터에 관해서는 내가 一人者일인자다.
- 나는 컴퓨터에 關聯관련된 것을 開發개발하고 싶다. 聯 3Ⅱ 연이을 련(연)
- 컴퓨터 게임은 致命的치명적인 中毒性중독성이 있는 것 같다.
- 나는 컴퓨터에 能熟능숙하다. 熟 3Ⅱ 익을 숙
- 나는 진짜 컴퓨터 道士도사다.
- 나는 컴퓨터의 暗號암호도 풀 수 있다. 暗 4Ⅱ 어두울 암
- 컴퓨터는 내 人生인생의 全部전부다.
- 컴퓨터를 하는 時間시간만큼은 누구에게도 妨害방해받고 싶지 않다. 妨 4 방해할 방
- 컴퓨터 게임을 하느라 너무 많은 時間시간을 浪費낭비했다. 浪 3Ⅱ 물결 낭(랑)
- 컴퓨터를 하는 時間시간이 하루 중 折半절반을 차지한다. 折 4 꺾을 절
- 컴퓨터 앞에 너무 오래 앉아 있어서 腰痛요통이 왔다. 腰 3 허리 요 | 痛 4 아플 통
- 終日종일 컴퓨터에 앉아 있으면 姿勢자세도 나빠진다. 姿 4 모양 자 | 勢 4Ⅱ 형세 세
- 나는 컴맹 脫出탈출을 위해 學院학원에 登錄등록했다. 脫 4 벗을 탈 | 錄 4Ⅱ 기록할 록(녹)

인터넷

- 나는 인터넷 接續접속을 자주 한다.
- 인터넷에서 無料무료 映畫영화를 다운받았다.
- 廣告광고 메일을 遮斷차단하는 프로그램을 設置설치했다. 遮 2 가릴 차 | 斷 4Ⅱ 끊을 단
- 나는 인터넷 專用線전용선을 使用사용해서 速度속도가 매우 빠르다.
- 인터넷 接續접속이 圓滑원활하지 못했다. 圓 4Ⅱ 둥글 원 | 滑 2 미끄러울 활, 익살스러울 골
- 아이디와 祕密番號비밀번호를 잊어버렸다. 祕 4 숨길 비 | 密 4Ⅱ 빽빽할 밀
- 아이디와 暗號암호를 入力입력하고 로그인을 했다.
- 열어본 페이지를 닫고 終了종료를 위해 로그아웃을 했다.
- 나는 揭示板게시판에 글 올리기를 좋아한다. 揭 2 높이들·걸 게
- 나는 個人개인 홈페이지가 있다. 個 4Ⅱ 낱 개
- 나는 인터넷 同好會동호회에 加入가입했다. 好 4Ⅱ 좋을 호
- 나는 인터넷으로 大部分대부분의 生必品생필품을 購入구입한다. 購 2 살 구

컴퓨터 고장

- 컴퓨터에 갑자기 誤謬오류 畫面화면이 떴다.   　　　　　　　誤 4Ⅱ 그르칠 오 | 謬 2 그르칠 류(유)
- 마우스가 都統도통 作動작동되지 않는다.   　　　　　　　　統 4Ⅱ 거느릴 통
- 컴퓨터 畫面화면이 停止정지되었다.
- 시스템 體系체계에 問題문제가 있는 것 같았다.   　　　　　　系 4 이어맬 계
- 내 컴퓨터가 惡性악성 바이러스에 感染감염되었다.   　　　　染 3Ⅱ 물들 염
- 백신 프로그램을 作動작동시켜 損傷손상된 디스크를 復舊복구했다.   損 4 덜 손 | 傷 4 다칠 상 |
  　　　　　　　　　　　　　　　　　　　　　　　　　　　　復 4Ⅱ 회복할 복, 다시 부
- 바이러스가 모든 文書문서들을 지워 버렸다.
- 컴퓨터는 有用유용하지만 때때로 애肝腸간장을 태우기도 한다.   肝 3Ⅱ 간 간 | 腸 4 창자 장
- 서비스 센터에 問議문의 電話전화를 했다.   　　　　　　　　議 4Ⅱ 의논할 의
- 컴퓨터 字板자판의 키가 눌러지지 않는다.
- 컴퓨터의 附屬品부속품을 交替교체했다.   　　　　　　　　　附 3Ⅱ 붙을 부 | 屬 4 붙일 속
- 컴퓨터 프로그램을 다시 設定설정하여 깔았다.
- 프린터에 用紙용지가 걸렸다.

06 은행

돈

- 돈이면 뭐든 다 解決해결된다.   　　　　　　　　　　　　　解 4Ⅱ 풀 해
- 나는 돈을 많이 벌어 富者부자가 되고 싶다.   　　　　　　　富 4Ⅱ 부자 부
- 돈이 없으면 生活생활하기가 不便불편하다.
- 나는 浪費낭비를 심하게 하는 사람이 되지 않도록 努力노력하고 있다.   浪 3Ⅱ 물결 낭(랑) | 努 4Ⅱ 힘쓸 노
- 돈을 智慧지혜롭게 쓰는 것이 重要중요하다.   　　　　　　　智 4 슬기·지혜 지 |
  　　　　　　　　　　　　　　　　　　　　　　　　　　　　慧 3Ⅱ 슬기로울 혜
- 나는 家計가계의 收入수입과 支出지출을 맞추려고 努力노력한다.   收 4Ⅱ 거둘 수 | 支 4Ⅱ 지탱할 지

128

- 幸福행복은 꼭 돈과 함께 오는 것은 아니다.

용돈

- 나는 용돈을 月給월급처럼 받는다.
- 父母부모님은 週給주급으로 용돈을 주신다.
- 내 용돈은 한 달 平均평균 二十萬이십만 원이다.   均 4 고를 균
- 나는 食堂식당 서빙 아르바이트를 해서 용돈을 번다.
- 용돈을 받기 위해 엄마의 廚房주방 일을 도와드렸다.   廚 1 부엌 주 | 房 4Ⅱ 방 방
- 每日매일 아침 新聞신문 配達배달을 해서 용돈을 번다.   配 4Ⅱ 나눌·짝 배 | 達 4Ⅱ 통달할 달
- 나는 父母부모님께 용돈이 너무 적다고 不平불평을 했다.
- 父母부모님께 용돈을 假拂가불해 달라고 付託부탁드렸다.   假 4Ⅱ 거짓 가 | 拂 3Ⅱ 떨칠 불 | 付 3Ⅱ 부칠 부 | 託 2 부탁할 탁
- 용돈을 모아서 貯蓄저축했다.   蓄 4Ⅱ 모을 축

돈이 부족하다

- 나는 奢侈사치스러운 편이다.   奢 1 사치할 사 | 侈 1 사치할 치
- 나는 돈의 奴隷노예가 되어 가고 있다.   奴 3Ⅱ 종 노 | 隷 3 종 예(례)
- 나는 주머니 事情사정이 좋지 않다.
- 돈을 融通융통할 때가 없다.   融 2 녹을 융
- 現金현금이 모자라다.
- 우리 집은 形便형편이 넉넉하지 않다.
- 우리 집은 그리 富裕부유하지 않다.   裕 3Ⅱ 넉넉할 유
- 生活費생활비가 漸次점차 오르고 있다.   漸 3Ⅱ 점점 점 | 次 4Ⅱ 버금 차
- 우리 집은 漸漸점점 家勢가세가 기울고 있다.   勢 4Ⅱ 형세 세
- 公課金공과금을 낼 돈이 必要필요했다.
- 돈이 없어서 좋아하는 것을 살 수 없었을 때 悲慘비참했다.   悲 4Ⅱ 슬플 비 | 慘 3 참혹할 참
- 親舊친구에게 詐欺사기쳐서 돈을 빼앗고 싶지는 않았다.   詐 3 속일 사 | 欺 3 속일 기
- 그는 나에게 巧言令色교언영색으로 꾀어 돈을 빼앗아 갔다.   巧 3Ⅱ 공교할 교
- 나는 不正부정한 方法방법으로 돈을 벌고 싶지는 않다.
- 分數분수에 맞는 生活생활을 할 것이다.

파산하다

- 난 돈 한 푼도 없이 破産파산했다.
- 法律법률 事務所사무소에 가서 個人개인 破産파산 申請신청을 했다.
- 남은 金錢금전 債務채무를 다 處理처리했더니 한 푼도 남지 않았다.
- 連續연속된 事業사업 失敗실패로 알거지가 되었다.

破 4Ⅱ 깨뜨릴 파
律 4Ⅱ 법칙 률(율) | 務 4Ⅱ 힘쓸 무 |
個 4Ⅱ 낱 개 | 申 4Ⅱ 납 신 |
請 4Ⅱ 청할 청
錢 4 돈 전 | 債 3Ⅱ 빚 채 |
處 4Ⅱ 곳 처
連 4Ⅱ 이을 연(련) | 續 4Ⅱ 이을 속

돈 빌리기

- 親舊친구에게 若干약간의 돈을 빌렸다.
- 갚겠다는 借用차용 證書증서를 받고 그에게 돈을 빌려 주었다.
- 一週日일주일 以內이내로 되돌려 주겠다는 條件조건으로 돈을 빌려 주었다.
- 나는 可能가능한 한 빨리 빚을 淸算청산하려고 한다.
- 다시는 保證보증을 서서 돈을 빌리게 하지 않을 것이다.

若 3Ⅱ 같을 약, 반야 야 | 干 4 방패 간
借 3Ⅱ 빌·빌릴 차 | 證 4 증거 증
條 4 가지 조

保 4Ⅱ 지킬 보

돈이 많다

- 어려서부터 裕福유복하게 자랐다.
- 나는 競馬경마에 돈을 걸어 돈을 많이 땄다.
- 나는 慈善자선 團體단체에 돈을 아낌없이 寄附기부했다.
- 나는 高價고가의 物件물건을 사는 데 돈을 썼다.
- 그는 莫大막대한 財産재산을 가지고 있다.
- 그는 自身자신의 財産재산을 誇示과시하려는 傾向경향이 있다.
- 그는 平生평생 好衣好食호의호식할 만큼의 돈이 있다.

慈 3Ⅱ 사랑 자 | 寄 4 부칠 기 |
附 3Ⅱ 붙을 부

莫 3Ⅱ 없을 막
誇 3Ⅱ 자랑할 과 | 傾 4 기울 경
好 4Ⅱ 좋을 호

저축

- 每月매월 積金적금을 들었다.
- 收入수입 중 많은 部分부분을 貯蓄저축한다.

積 4 쌓을 적

- 나는 勤勉근면하게 生活생활하며 貯蓄저축한다. 勤 4 부지런할 근 | 勉 4 힘쓸 면
- 나는 非常金비상금까지도 貯蓄저축한다. 非 4Ⅱ 아닐 비 | 常 4Ⅱ 떳떳할 상
- 收入수입 중 鳥足之血조족지혈만큼 貯蓄저축한다. 鳥 4Ⅱ 새 조
- 住宅주택 請約청약 貯蓄저축을 들었다.
- 生活생활도 하기 힘들어 貯蓄저축은 焉敢生心언감생심 꿈도 안 꾼다. 焉 3 어찌 언 | 敢 4 감히·구태여 감

저축의 필요성

- 老後노후를 위해 貯蓄저축을 해야 한다.
- 未來미래를 위해 貯蓄저축해야 한다. 未 4Ⅱ 아닐 미
- 萬一만일을 對備대비하여 貯蓄저축을 해야 한다. 備 4Ⅱ 갖출 비
- 나는 貯蓄저축하는 것은 앞으로 있을 財政的재정적인 어려움에 對備대비하는 것이라고 생각한다. 政 4Ⅱ 정사 정
- 나는 유럽 背囊배낭 旅行여행을 하기 위해 돈을 貯蓄저축했다. 背 4Ⅱ 등 배 | 囊 1 주머니 낭

저축 계획

- 勤儉근검 節約절약하고 貯蓄저축하며 살아야 한다.
- 萬一만일을 對備대비해서 용돈의 一部分일부분이라도 따로 떼어 貯蓄저축할 것이다.
- 豫算예산 내에서 쓰도록 할 것이다. 豫 4 미리 예
- 나는 月給월급의 10%는 꼭 貯蓄저축 計座계좌에 預金예금해 둘 것이다. 座 4 자리 좌 | 預 4 미리 예
- 計劃계획하지 않은 돈은 쓰지 않도록 自制자제할 것이다. 劃 3Ⅱ 그을 획 | 制 4Ⅱ 절제할 제
- 遊興費유흥비로 돈을 浪費낭비하지 않을 것이다. 遊 4 놀 유 | 興 4Ⅱ 일 흥

계좌 만들기

- 銀行은행은 午前오전 9시 30분에 開店개점한다.
- 銀行은행에 사람이 많아서 待機대기 番號票번호표를 뽑았다. 　　機 4 틀 기 | 票 4Ⅱ 표 표
- 銀行員은행원이 새 通帳통장을 만들기 위한 몇 가지 樣式양식을 作成작성 　　員 4Ⅱ 인원 원 | 帳 4 장막 장 |
  하라고 했다. 　　樣 4 모양 양
- 銀行員은행원이 내 身分證신분증을 보여 달라고 했다.
- 나는 오늘 銀行은행에 計座계좌를 開設개설했다. 　　設 4Ⅱ 베풀 설
- 銀行員은행원에게 어느 것이 利律이율이 가장 높은지 問議문의했다. 　　議 4Ⅱ 의논할 의

예금

- 銀行은행에 돈을 預金예금했다.
- 收入수입이 생길 때마다 預金예금을 한다.
- 預金예금 用紙용지를 作成작성했다.
- 計座番號계좌번호와 預金예금할 金額금액을 적었다. 　　額 4 이마 액
- 銀行員은행원에게 預金예금을 信託신탁했다.

출금

- 引出인출 用紙용지를 썼다.
- 銀行은행에서 手標수표로 引出인출했다. 　　標 4 표할 표
- 그것을 사기 위해 巨額거액을 出金출금했다. 　　額 4 이마 액
- 通帳통장에 殘金잔금이 없었다. 　　殘 4 남을 잔
- 父母부모님 生辰생신 膳物선물을 위해 貯蓄저축해 둔 돈이 若干약간 있었다. 　　辰 3Ⅱ 때 신, 별 진 | 膳 1 선물·반찬 선
- 通帳통장 殘額잔액이 하나도 없다.
- 이번 달은 豫算예산 超過초과다. 　　超 3Ⅱ 뛰어넘을 초
- 이번 달은 赤字적자다.
- 이번 달은 黑字흑자다.

현금 자동 입출금기

- 돈을 出金출금하려고 現金현금 自動자동 入出金機입출금기를 利用이용했다.
- 現金현금 引出機인출기의 電源전원이 꺼진 狀態상태였다.
  引 4Ⅱ 끌 인 | 狀 4Ⅱ 형상 상, 문서 장 | 態 4Ⅱ 모습 태
- 現金현금 自動자동 引出機인출기에 카드를 通過통과시켰다.
- 必要필요한 金額금액을 記入기입했다.
  額 4 이마 액
- 手數料수수료가 붙었다.
- 現金현금 自動자동 入出金機입출금기에서 通帳통장 整理정리를 했다.
  整 4 가지런할 정

송금

- 父母부모님께 돈을 送金송금했다.
  送 4Ⅱ 보낼 송
- 送金송금 出處출처를 追跡추적했다.
  追 3Ⅱ 쫓을·따를 추 | 跡 3Ⅱ 발자취 적
- 登錄金등록금을 送金송금했다.
  錄 4Ⅱ 기록할 록
- 送金송금 確認書확인서를 받았다.
  確 4Ⅱ 굳을 확 | 認 4Ⅱ 알 인

은행 업무

- 銀行은행 窓口창구에서 請求書청구서의 金額금액을 냈다.
- 銀行員은행원에게 換錢환전을 付託부탁했다.
  換 3Ⅱ 바꿀 환
- 通帳통장 紛失분실 申告신고를 했다.
  紛 3Ⅱ 어지러울 분
- 計座계좌를 解止해지했다.
- 폰뱅킹, 인터넷뱅킹 申請書신청서를 作成작성하고 使用사용 方法방법을 배웠다.
  置 4Ⅱ 둘 치
- 銅錢동전을 紙幣지폐로 交換교환했다.
  銅 4Ⅱ 구리 동 | 幣 3 화폐 폐
- 밀린 公課金공과금을 受納수납했다.
  納 4 들일 납

신용 카드

- 信用신용 카드를 發給발급 받았다.
- 그 카드는 年會費연회비가 비싸다.

- 나의 信用신용 等級등급은 높은 편이다.
- 나는 物件물건을 살 때 주로 카드로 決濟결제한다.   濟 4Ⅱ 건널 제
- 그 카드는 有效유효하지 않다.
- 利用이용 限度한도까지 이미 다 써 버렸다.   限 4Ⅱ 한할 한
- 使用사용 限度한도를 超過초과했다.
- 어떤 商店상점은 카드 決濟결제가 不可불가하다.
- 카드 값 支拂지불도 延滯연체되어 있다.   拂 3Ⅱ 떨칠 불 | 延 4 늘일 연 |
  滯 3Ⅱ 막힐 체
- 카드 割賦할부 手數料수수료가 만만치 않다.   割 3Ⅱ 벨 할 | 賦 3Ⅱ 부세 부
- 信用신용 카드를 無分別무분별하게 쓰지 말아야 한다.
- 過度과도한 信用신용 카드 使用사용으로 信用신용 不良者불량자가 될지도 모른다.
- 信用신용 카드 中央중앙을 가로로 切斷절단했다.   央 3Ⅱ 가운데 앙 | 斷 4Ⅱ 끊을 단

대출

- 貸出대출을 받기 위해 擔當담당 職員직원과 相談상담했다.   貸 3Ⅱ 빌릴·꿀 대 | 擔 4Ⅱ 멜 담 |
  職 4Ⅱ 직분 직
- 貸出대출 申請書신청서를 提出제출했다.   提 4Ⅱ 끌 제
- 貸出대출을 받기 위해 保證人보증인이 必要필요했다.
- 三寸삼촌이 保證보증을 서 주었다.
- 貸出대출 申請신청 承認승인이 났다.   承 4Ⅱ 이을 승
- 銀行은행 融資융자로 집을 샀다.   資 4 재물 자
- 집을 擔保담보로 돈을 貸出대출 받았다.
- 貸出대출 利子이자가 年間연간 7%였다.

07 절약

근검한 생활

- 우리 父母부모님은 勤儉근검하신 분이다.
- 엄마의 節約절약 精神정신 德分덕분에 우리 家族가족이 이렇게 生活생활할 수 있다고 생각한다.
- 나는 透徹투철한 節約절약 精神정신으로 산다.
- 우리 家族가족은 매우 儉素검소한 生活생활을 한다.
- 우리는 時間시간과 돈을 包含포함한 모든 것을 愼重신중하게 使用사용하려고 努力노력한다.

勤 4 부지런할 근 | 儉 4 검소할 검
精 4Ⅱ 정할 정
透 3Ⅱ 사무칠 투 | 徹 3Ⅱ 통할 철
素 4Ⅱ 본디·흴 소
包 4Ⅱ 쌀 포 | 含 3Ⅱ 머금을 함 |
愼 3Ⅱ 삼갈 신 | 努 4Ⅱ 힘쓸 노

절약 방법

- 우리 家族가족은 家庭가정에서의 에너지 節約절약을 위해 多樣다양한 方法방법을 생각했다.
- 白熱燈백열등은 螢光燈형광등으로 交替교체했다.
- 一般일반 電球전구를 節電절전 電球전구로 바꾸었다.
- 未使用미사용 電燈전등은 恒常항상 消燈소등한다.
- 우리는 節電절전이 되는 家電製品가전제품을 使用사용한다.
- 텔레비전 視聽시청 時間시간도 平素평소보다 短縮단축시켰다.
- 冷藏庫냉장고에 飮食物음식물을 가득 채우지 않는다.
- 養齒양치할 때 물을 틀어 놓고 하지 않는다.
- 運轉운전을 할 때 過速과속하지 않는다.
- 衝動購買충동구매를 自制자제한다.
- 一回用品일회용품을 쓰지 않는다.
- 外食외식을 줄인다.

樣 4 모양 양
燈 4Ⅱ 등 등 | 螢 3 반딧불 형 |
替 3 바꿀 체
未 4Ⅱ 아닐 미 | 恒 3Ⅱ 항상 항 |
常 4Ⅱ 떳떳할 상
製 4Ⅱ 지을 제
視 4Ⅱ 볼 시 | 聽 4 들을 청 |
縮 4 줄일 축
藏 3Ⅱ 감출 장 | 庫 4 곳집 고
齒 4Ⅱ 이 치
轉 4 구를 전
衝 3Ⅱ 찌를 충 | 購 2 살 구 |
制 4Ⅱ 절제할 제
回 4Ⅱ 돌아올 회

재활용

- 종이는 裏面紙이면지로 活用활용한다.   裏 3Ⅱ 속 이(리)
- 쓰레기를 分離收去분리수거한다.   離 4 떠날 리(이) | 收 4Ⅱ 거둘 수
- 지난 新聞신문들을 再活用재활용하기 위해 모은다.
- 아파트 入口입구에 琉璃瓶유리병 收去函수거함, 캔 收去函수거함 등이   琉 1 유리 유(류) | 璃 특Ⅱ 유리 리(이) | 恒常항상 配置배치되어 있다.   瓶 1 병 병 | 函 1 함 함
     配 4Ⅱ 나눌·짝 배 | 置 4Ⅱ 둘 치
- 나는 日曜日일요일마다 分離收去분리수거 活動활동에 參與참여한다.   與 4 더불·줄 여
- 再活用재활용은 環境환경 保護보호를 위해 꼭 必要필요한 일이다.   環 4 고리 환 | 境 4Ⅱ 지경 경 |
     保 4Ⅱ 지킬 보 | 護 4Ⅱ 도울 호
- 再活用재활용은 地球지구를 푸르게 하기 위해 우리가 해야 할 課題과제
중 하나다.
- 廢休紙폐휴지를 再生紙재생지로 再活用재활용했다.   廢 3Ⅱ 폐할·버릴 폐
- 廢品폐품을 收集수집해서 再活用재활용한다.
- 티끌 모아 泰山태산이다.   泰 3Ⅱ 클 태
- 一回用일회용보다는 다시 쓸 수 있는 製品제품을 써야 한다.

08 봉사 활동

자원봉사

- 나는 自願奉仕자원봉사에 參與참여하고 싶다.   與 4 더불·줄 여
- 나는 定期的정기적으로 敎會교회 團體단체에서 奉仕봉사 活動활동을 한다.
- 아픈 사람들이나 事故사고로 苦痛고통 받는 사람들처럼 다른 사람의 도움   故 4Ⅱ 연고 고 | 痛 4 아플 통
을 必要필요로 하는 사람들이 많다.
- 나는 社會奉仕사회봉사 프로그램에 參與참여하기로 했다.
- 奉仕봉사 活動활동을 하고 나면 成就感성취감을 느낀다.   就 4 나아갈 취
- 도움이 懇切간절한 사람들을 돕고 나면 滿足感만족감을 느낀다.   懇 3Ⅱ 간절할 간 | 滿 4Ⅱ 찰 만

- 나는 많은 사람들이 奉仕봉사 活動활동에 더욱 積極的적극적으로 參與참여하기를 바란다.

  積 4 쌓을 적 | 極 4Ⅱ 다할·극진할 극

- 奉仕봉사 活動활동을 통해 眞正진정한 삶의 姿勢자세를 배운다.

  眞 4Ⅱ 참 진 | 姿 4 모양 자 |
  勢 4Ⅱ 형세 세

양로원에서

- 養老院양로원에는 외로운 老人노인 분들이 많다.
- 老人노인 분들을 도우러 養老院양로원에 週期的주기적으로 간다.
- 淸掃청소나 沐浴목욕을 시켜 드리고 飮食음식을 해 드리기도 한다.

  掃 4Ⅱ 쓸 소 | 沐 2 머리감을 목

- 老人노인 분들과 茶菓다과를 놓고 談笑담소를 나누거나 재미있는 이야기도 해 드린다.

  茶 3Ⅱ 차 다, 차 차 |
  菓 2 과자 과, 실과 과 | 笑 4Ⅱ 웃음 소

- 그분들의 아픈 다리나 어깨를 按摩안마해 드렸다.

  按 1 누를 안 | 摩 2 문지를 마

- 그들은 우리의 訪問방문을 언제나 반갑게 歡迎환영해 주신다.

  訪 4Ⅱ 찾을 방 | 歡 4 기쁠 환 |
  迎 4 맞을 영

고아원에서

- 孤兒院고아원 아이들의 工夫공부를 도와주었다.

  孤 4 외로울 고

- 그 아이들은 血肉혈육의 情정을 몹시 그리워했다.

  血 4Ⅱ 피 혈 | 肉 4Ⅱ 고기 육

- 그 아이들은 비록 父母부모와 함께 살진 않지만 正直정직하고 바르게 잘 지내고 있었다.
- 아이들은 내가 오는 날을 一日如三秋일일여삼추로 기다린다.

  如 4Ⅱ 같을 여

- 孤兒院고아원에 敎科書교과서를 비롯한 많은 책들을 寄贈기증했다.

  寄 4 부칠 기 | 贈 3 줄 증

장애인 시설에서

- 每週매주 日曜日일요일 障礙人장애인 療養요양 施設시설에 간다.

  障 4Ⅱ 막을 장 | 礙 2 거리낄 애 |
  療 2 병고칠 요(료) | 施 4Ⅱ 베풀 시 |
  設 4Ⅱ 베풀 설

- 거기에는 혼자서 食事식사를 解決해결하지 못하는 障礙人장애인도 있다.

  解 4Ⅱ 풀 해

- 나는 終日종일 그들의 一擧手一投足일거수일투족을 보며 도와주었다.

  投 4 던질 투

- 나는 그들이 可憐가련하게 느껴졌다.

  憐 3 불쌍히여길 련(연)

- 그 障礙人장애인 施設시설은 너무 劣惡열악했다.   劣 3 못할 열(렬)
- 나는 그들에게 可能가능한 한 많은 希望희망을 주고 싶다.   希 4Ⅱ 바랄 희
- 나는 그들의 相談士상담사 役割역할을 擔當담당했다.   役 3Ⅱ 부릴 역 | 割 3Ⅱ 벨 할 |
  擔 4Ⅱ 멜 담

공원에서

- 우리는 露宿者노숙자들에게 無料무료로 飮食음식을 提供제공할 計劃계획을 세웠다.   露 3Ⅱ 이슬 노(로) | 提 4Ⅱ 끌 제 |
  供 3Ⅱ 이바지할 공 | 劃 3Ⅱ 그을 획
- 露宿者노숙자들에게 점심 給食급식을 配食배식해 주었다.   配 4Ⅱ 나눌·짝 배
- 公園공원에서 쓰레기 및 汚物오물을 치웠다.   汚 3 더러울 오
- 公園공원을 깨끗이 整備정비하고 나니 氣分기분이 좋았다.   整 4 가지런할 정 | 備 4Ⅱ 갖출 비
- 쓰레기를 아무 데나 버리는 非良心的비양심적인 行動행동을 해서는 안 된다.   非 4Ⅱ 아닐 비
- 나는 公衆道德공중도덕을 잘 지키는 사람이 되겠다고 다짐했다.   衆 4Ⅱ 무리 중

자선 장터

- 어려운 사람들은 物質的물질적인 도움도 必要필요로 한다.
- 우리는 慈善자선 活動활동을 支援지원하기 위한 基金기금 募金모금 行事행사를 할 것이다.   支 4Ⅱ 지탱할 지 | 援 4 도울 원 |
  募 3 모을·뽑을 모
- 나는 少年少女소년소녀 家長가장 돕기 募金모금을 위해 慈善자선 장터를 열 것이다.   慈 3Ⅱ 사랑 자
- 나는 입지 않는 衣服의복들을 모아서 팔자고 提案제안했다.   提 4Ⅱ 끌 제
- 많은 사람들이 慈善자선 장터에 와서 物件물건을 사고 寄附金기부금을 냈다.
- 慈善자선 장터 競賣경매를 통해 많은 基金기금을 募金모금했다.
- 모든 收益金수익금을 慈善자선 施設시설에 寄附기부했다.   收 4Ⅱ 거둘 수 | 益 4Ⅱ 더할 익 |
  施 4Ⅱ 베풀 시 | 設 4Ⅱ 베풀 설

09 실수 · 잘못

실수

- 나는 失手실수를 자주 한다.
- 내가 操心性조심성이 없어 그런 것이라고 생각한다.
- 그것은 내 輕率경솔함 때문이었다. 　　　　　　　　率 3Ⅱ 거느릴 솔, 비율 률(율)
- 失手실수로 花盆화분을 깨고 말았다. 　　　　　　　盆 1 동이 분
- 좀 더 愼重신중했어야 했다. 　　　　　　　　　　　愼 3Ⅱ 삼갈 신
- 때때로 나는 제精神정신이 아닌 狀態상태에서 失手실수를 한다. 　　精 4Ⅱ 정할 정 | 狀 4Ⅱ 형상 상, 문서 장 | 態 4Ⅱ 모습 태
- 처음엔 무엇이 잘못된 것인지 認知인지하지 못했다. 　　　認 4Ⅱ 알 인
- 다른 사람들의 말을 誤解오해해서 失手실수할 때도 있다. 　　誤 4Ⅱ 그르칠 오 | 解 4Ⅱ 풀 해
- 어처구니없는 失手실수로 무척 羞恥수치스러웠다. 　　　羞 1 부끄러울 수 | 恥 3Ⅱ 부끄러울 치
- 내 失手실수로 그가 困難곤란해졌다. 　　　　　　　困 4 곤할 곤 | 難 4Ⅱ 어려울 란(난)
- 失手실수를 反復반복하자 그가 逆情역정을 냈다. 　　　復 4Ⅱ 회복할 복, 다시 부 | 逆 4Ⅱ 거스릴 역
- 그의 失手실수에 憤怒분노가 치밀었다. 　　　　　　憤 4 분할 분 | 怒 4Ⅱ 성낼 노(로)
- 나는 그에게 鄭重정중하게 謝過사과했어야 했다. 　　鄭 2 나라 정 | 謝 4Ⅱ 사례할 사
- 그는 그것이 누구의 失手실수였는지 明確명확히 밝히자고 提案제안했다. 　　確 4Ⅱ 굳을 확 | 提 4Ⅱ 끌 제
- 작은 失手실수가 큰 災殃재앙을 惹起야기할 수도 있다. 　　殃 3 재앙 앙 | 惹 2 이끌 야 | 起 4Ⅱ 일어날 기
- 내가 災難재난을 先導선도한 사람 같다는 생각이 든다. 　　導 4Ⅱ 인도할 도
- 그는 恒常항상 내 失手실수를 指摘지적한다. 　　　　恒 3Ⅱ 항상 항 | 常 4Ⅱ 떳떳할 상 | 指 4Ⅱ 가리킬 지 | 摘 3Ⅱ 딸 적
- 다음 失手실수는 容納용납하지 않겠다. 　　　　　　容 4Ⅱ 얼굴 용 | 納 4 들일 납
- 於此彼어차피 벌어진 일이다. 　　　　　　　　　　於 3 어조사 어, 탄식할 오 | 此 3Ⅱ 이 차 | 彼 3Ⅱ 저 피
- 아무리 賢明현명한 사람도 失手실수는 하는 법이다. 　　賢 4Ⅱ 어질 현
- 賢明현명한 사람은 失手실수를 成功성공으로 挽回만회하기 위해 더욱 努力노력한다. 　　挽 1 당길 만 | 回 4Ⅱ 돌아올 회

부주의

- 거의 모든 事故사고는 不注意부주의 때문에 일어난다.
- 相對方상대방을 탓할 必要필요 없이 우리의 失手실수로 인한 것이었다.
- 不注意부주의한 失手실수가 때로는 深刻심각한 結果결과를 招來초래하기도 한다.
- 내 短點단점은 若干약간 不注意부주의하다는 것이다.

故 4Ⅱ 연고 고

深 4Ⅱ 깊을 심 | 刻 4 새길 각 | 招 4 부를 초

點 4 점 점 | 若 3Ⅱ 같을 약, 반야 야 | 干 4 방패 간

건망증

- 나는 健忘症건망증이 있다.
- 나의 健忘症건망증은 患者환자 水準수준이다.
- 나는 物件물건을 잘 紛失분실한다.
- 貴重귀중한 物件물건들을 어다다 두었는지 생각나지 않았다.
- 重要중요한 것을 祕密비밀 場所장소에 두고 記憶기억을 하지 못해 結局결국 찾지 못했다.
- 모든 記憶기억이 混同혼동되었다.
- 집 안을 全部전부 뒤졌지만 發見발견하지 못했다.
- 記憶力기억력이 정말 形便형편없다.
- 나는 健忘症건망증 때문에 사람들을 자주 混亂혼란에 빠뜨린다.
- 奔走분주하게 出勤출근 準備준비를 할 때 꼭 무언가 빠뜨린다.
- 玄關현관 열쇠를 두고 나왔다.
- 玄關현관 祕密番號비밀번호를 잊어버렸다.
- 버스에 紙匣지갑을 두고 내렸다.

忘 3 잊을 망 | 症 3Ⅱ 증세 증

準 4Ⅱ 준할 준

紛 3Ⅱ 어지러울 분

祕 4 숨길 비 | 密 4Ⅱ 빽빽할 밀 | 憶 3Ⅱ 생각할 억

混 4 섞을 혼

亂 4 어지러울 란(난)

奔 3Ⅱ 달릴 분 | 走 4Ⅱ 달릴 주 | 勤 4 부지런할 근 | 備 4Ⅱ 갖출 비

玄 3Ⅱ 검을 현

匣 1 갑 갑

잘못

- 그가 내 잘못을 寬大관대하게 봐주었다.
- 그는 내 잘못을 絕對절대 坐視좌시하지 않는다.
- 내 잘못이 아니었는데 그가 誤解오해한 것 같았다.
- 내 잘못을 認定인정했다.
- 故意고의로 그런 것은 아니었다.
- 率直솔직히 故意고의로 그곳을 訪問방문한 건 아니었다.
- 그것은 但只단지 偶然우연히 일어난 일이었다.
- 니는 善處선처를 付託부탁했다.
- 나는 그에게 아무런 惡意악의가 없었다.
- 내 잘못이 아니라고 主張주장했다.
- 나는 是是非非시시비비를 가리고 싶었다.

寬 3Ⅱ 너그러울 관

絕 4Ⅱ 끊을 절 | 坐 3Ⅱ 앉을 좌 |
視 4Ⅱ 볼 시

誤 4Ⅱ 그르칠 오 | 解 4Ⅱ 풀 해

認 4Ⅱ 알 인

訪 4Ⅱ 찾을 방

但 3Ⅱ 다만 단 | 只 3 다만 지 |
偶 3Ⅱ 짝 우

處 4Ⅱ 곳 처 | 付 3Ⅱ 부칠 부 |
託 2 부탁할 탁

張 4 베풀 장

是 4Ⅱ 이·옳을 시 | 非 4Ⅱ 아닐 비

실언

- 나는 失言실언을 했다.
- 意圖의도와는 다른 말을 그에게 하고 말았다.
- 말하지 말아야 할 것을 無意識中무의식중에 이야기해 버렸다.
- 沈默침묵은 金금이다.

沈 3Ⅱ 잠길 침, 성 심 |
默 3Ⅱ 잠잠할 묵

- 一言千金일언천금이다.

10 사건·사고

화재

- 아파트 近處근처에 火災화재가 났다.
- 消防車소방차 사이렌 소리가 가까이 들려서 깜짝 놀랐다.
- 多幸다행히도 消防官소방관들이 재빨리 불을 鎭壓진압했다.
- 負傷者부상자는 없었다.
- 不幸불행히도 火災화재 被害피해가 莫甚막심했다.
- 그 火災화재는 漏電누전으로 일어난 것이라고 한다.
- 한 콘센트에 많이 連結연결하면 危險위험하다.
- 火災화재 時시에는 迅速신속하게 집 밖으로 脫出탈출해야 한다.
- 불이 나면 119로 申告신고 電話전화를 해야 한다.
- 消火器소화기를 집에 準備준비해 두었다.
- 消火器소화기 作動法작동법을 熟知숙지했다.
- 집에 火災화재 警報器경보기를 달았다.
- 어린이가 引火性인화성 物質물질을 가까이 하지 못하게 해야 한다.
- 젖은 손으로 電氣전기 器具기구를 만지는 것은 危險위험하다.
- 非常時비상시에는 서두르면 안 된다.
- 火災화재는 언제나 일어날 수 있으므로 對處대처 方法방법을 알아 둬야 한다.
- 우리는 언제 어디서든 恒常항상 安全안전을 强調강조한다.

處 4Ⅱ 곳 처
防 4Ⅱ 막을 방
鎭 3Ⅱ 진압할 진 | 壓 4Ⅱ 누를 압
負 4 질 부 | 傷 4 다칠 상
被 3Ⅱ 입을 피 | 莫 3Ⅱ 없을 막 | 甚 3Ⅱ 심할 심
漏 3Ⅱ 샐 누(루)
連 4Ⅱ 이을 연(련) | 危 4 위태할 위 | 險 4 험할 험
迅 1 빠를 신 | 脫 4 벗을 탈
申 4Ⅱ 납 신
器 4Ⅱ 그릇 기 | 準 4Ⅱ 준할 준 | 備 4Ⅱ 갖출 비
熟 3Ⅱ 익을 숙
警 4Ⅱ 깨우칠 경 | 報 4Ⅱ 갚을·알릴 보
引 4Ⅱ 끌 인

非 4Ⅱ 아닐 비 | 常 4Ⅱ 떳떳할 상

恒 3Ⅱ 항상 항 | 强 특Ⅱ 강할[強] 강

도난

- 문을 잠그지 않고 暫時잠시 外出외출했다.
- 우리 집의 살림살이를 盜難도난당했다.
- 우리 집에 强盜강도가 들었다.

暫 3Ⅱ 잠깐 잠
盜 4 도둑 도 | 難 4Ⅱ 어려울 난(란)

- 도둑이 高價고가의 物件물건들을 훔쳐 갔다.
- 어젯밤에는 二層이층에 사는 老夫婦노부부 집에 强盜강도가 들었다.
- 警察경찰이 그 强盜강도를 찾아 逮捕체포했다.
- 頻繁빈번한 일은 아니지만 實際실제로 가끔씩 일어난다.
- 그 事故사고의 內容내용이 新聞신문에 記事化기사화되었다.

層 4층 층 | 婦 4Ⅱ 며느리 부
警 4Ⅱ 깨우칠 경 | 察 4Ⅱ 살필 찰 |
逮 3 잡을 체 | 捕 3Ⅱ 잡을 포
頻 3 자주 빈 | 繁 3Ⅱ 번성할 번 |
際 4Ⅱ 즈음·가 제
故 4Ⅱ 연고 고 | 容 4Ⅱ 얼굴 용

소매치기

- 가방이 찢어진 것을 確認확인하고 瞬間순간 唐慌당황했다.

確 4Ⅱ 굳을 확 | 認 4Ⅱ 알 인 |
瞬 3Ⅱ 눈깜짝일 순 |
唐 3Ⅱ 당나라·당황할 당 |
慌 1 어리둥절할 황

- 누군가 내 가방을 열고 金品금품을 훔쳐 갔다.
- 내 뒤에 殊常수상한 사람이 있었다.
- 내 옆에 서 있던 사람이 疑心의심스러웠으나 證據증거가 없었다.
- 地下鐵지하철 안에서 紙匣지갑을 盜難도난당했다.
- 瞬息間순식간에 發生발생했다.
- 소매치기라고 確信확신했다.
- 소매치기가 내 가방을 强制강제로 奪取탈취해 逃亡도망갔다.
- 그 소매치기는 警察경찰에게 引渡인도되었다.
- 歸家귀가한 後후에 紙匣지갑이 없어진 것을 알았다.
- 紙匣지갑을 어느 時點시점에 잃어버렸는지 모르겠다.
- 紙匣지갑을 잃어버린 것을 알고 바로 信用신용 카드 紛失분실 申告신고를 했다.

殊 3Ⅱ 다를 수 | 常 4Ⅱ 떳떳할 상
疑 4 의심할 의 | 證 4 증거 증 |
據 4 근거 거
匣 1 갑 갑 | 盜 4 도둑 도
息 4Ⅱ 쉴 식
確 4Ⅱ 굳을 확
制 4Ⅱ 절제할 제 | 奪 3Ⅱ 빼앗을 탈 |
取 4Ⅱ 가질 취 | 逃 4 도망할 도
渡 3Ⅱ 건널 도
歸 4 돌아갈 귀 | 匣 1 갑 갑
點 4 점 점

분실·습득

- 汽車기차에 重要중요한 書類서류를 놓고 내렸다.
- 遺失物유실물 센터에 申告신고했다.
- 偶然우연히 食堂식당 入口입구에서 돈을 拾得습득했다.

遺 4 남길 유
偶 3Ⅱ 짝 우 | 拾 3Ⅱ 주울 습, 열 십 |
得 4Ⅱ 얻을 득

- 公衆공중 化粧室화장실 선반에서 紙匣지갑을 發見발견했다.   衆 4Ⅱ 무리 중 | 粧 3Ⅱ 단장할 장
- 紙匣지갑 안에 있는 連絡處연락처를 찾아 紙匣지갑 主人주인에게 電話전화를 했다.   絡 3Ⅱ 이을·얽을 락(낙)
- 主人주인에게 돌려주니 얼마의 謝禮金사례금을 주었다.   謝 4Ⅱ 사례할 사

지하철 사고

- 나는 그 事故사고의 顚末전말을 다 알고 있다.   顚 1 엎드러질·이마 전
- 얼마 전에 慘酷참혹한 地下鐵지하철 事故사고가 있었다.   慘 3 참혹할 참 | 酷 2 심할 혹
- 누군가가 地下鐵지하철 椅子의자에 揮發油휘발유를 뿌리고 불을 질렀다.   椅 1 의자 의 | 揮 4 휘두를 휘
- 불이 瞬息間순식간에 번져 안에 있던 乘客승객들이 脫出탈출할 수가 없었다.   乘 3Ⅱ 탈 승
- 사람들은 有毒유독 가스 때문에 呼吸호흡이 困難곤란해졌다.   毒 4Ⅱ 독 독 | 呼 4Ⅱ 부를 호 | 吸 4Ⅱ 마실 흡 | 困 4 곤할 곤
- 수많은 負傷者부상자와 死亡者사망자가 續出속출했다.   續 4Ⅱ 이을 속
- 阿鼻叫喚아비규환의 現場현장이었다.   阿 3Ⅱ 언덕 아 | 叫 3 부르짖을 규 | 喚 1 부를 환
- 나는 그런 일이 再發재발하지 않기를 바란다.

교통사고

- 不幸불행히도 悲劇的비극적인 自動車자동차 事故사고가 났다.   悲 4Ⅱ 슬플 비 | 劇 4 심할 극
- 내가 接觸접촉 事故사고를 냈다.   接 4Ⅱ 이을 접 | 觸 3Ⅱ 닿을 촉
- 正面정면 衝突충돌이었다.   衝 3Ⅱ 찌를 충 | 突 3Ⅱ 갑자기 돌
- 後面후면 衝突충돌이었다.
- 側面측면 衝突충돌이었다.   側 3Ⅱ 곁 측
- 나는 車차가 自轉車자전거와 부딪혔다.   轉 4 구를 전
- 내 車차가 中央線중앙선을 넘어 마주 오는 車차와 衝突충돌했다.   央 3Ⅱ 가운데 앙
- 하마터면 내 車차가 顚覆전복될 뻔했다.   顚 1 엎드러질·이마 전 | 覆 3Ⅱ 다시 복, 덮을 부
- 危機一髮위기일발의 瞬間순간이었다.   機 4 틀 기 | 髮 4 터럭 발
- 정말 一觸卽發일촉즉발의 狀況상황이었다.   狀 4Ⅱ 형상 상, 문서 장 | 況 4 상황 황
- 내 車차는 事故사고로 廢車폐차될 뻔했다.   廢 3Ⅱ 폐할·버릴 폐

- 事故사고 後遺症후유증으로 運轉운전하기가 무섭다. 遺 4 남길 유 | 症 3Ⅱ 증세 증 | 轉 4 구를 전

- 車차가 심하게 損傷손상되었다. 損 4 덜 손

- 갑자기 初等學生초등학생쯤 되는 아이가 車차 앞으로 달려 나왔다.

- 갑자기 달려든 꼬마를 피하려고 핸들을 操作조작하려다 손이 미끄러졌다.

- 어떤 貨物車화물차가 橫斷步道횡단보도에서 길을 건너는 꼬마를 쳤다. 貨 4Ⅱ 재물 화 | 橫 3Ⅱ 가로 횡 | 斷 4Ⅱ 끊을 단

- 어떤 車차가 갑자기 내 앞에서 急停車급정거를 해서 깜짝 놀랐다.

- 自動車자동차에 치일 뻔한 危險千萬위험천만의 瞬間순간이었다.

- 九死一生구사일생으로 車차에 치이지 않았다.

- 그가 나를 구해 주어 起死回生기사회생했다. 起 4Ⅱ 일어날 기 | 回 4Ⅱ 돌아올 회

- 그 事故사고로 運命운명을 달리할 뻔했다.

- 졸음運轉운전을 하다가 大型대형 事故사고가 날 뻔했다. 型 2 모형 형

- 눈 온 뒤 氷板빙판이 된 道路도로 때문이었다.

- 그 衝突충돌 事故사고는 飮酒음주 運轉운전 때문이었다. 衝 3Ⅱ 찌를 충 | 突 3Ⅱ 갑자기 돌 | 酒 4 술 주

- 自動車자동차 事故사고를 目擊목격하고 警察경찰에 申告신고했다. 擊 4 칠 격

- 事故사고의 目擊者목격자를 搜所聞수소문하고 있었다. 搜 3 찾을 수

- 틀림없이 몇몇 사람은 重傷중상을 입었을 것이다.

- 그는 심하게 다쳤지만 아직 意識의식은 있었다.

- 정말 悽慘처참한 事故사고였다. 悽 2 슬퍼할 처 | 慘 3 참혹할 참

- 不注意부주의와 過速과속이 大部分대부분의 交通事故교통사고의 原因원인이다.

Diary

가장이란

10월 25일

늘 고단한 일상에 찌들어 그동안 나를 돌아볼 여유도 없었다. 오늘은 모처럼 맞이하는 휴일이었다. 어떻게 하면 휴가를 잘 이용할 수 있을까 생각했다. 종일 독서만 할까? 아니면 그동안 만나지 못했던 친구들과 술잔을 기울일까? 가슴이 벅차오르기 시작했다. '그래! 오늘은 오로지 나를 위한 시간을 보낼 거야'라는 다짐을 하고 방 안에 들어서려다 문득 저금 통장을 보며 한숨을 짓는 아내를 보게 되었다. 아내는 여가도 없이 집안일만 했을 텐데, 매일 아이들 뒷바라지에 집안 살림에, 나보다 더 자신을 돌아볼 여유가 없었을 텐데……. 갑자기 아내에게 미안한 마음이 들었다. 아내를 위한 오늘을 보내야겠다는 생각은 순전히 이런 생각에서 나왔다. 아내에게 오늘은 무조건 집안일을 하지 말라고 했다. 영문을 모르는 아내는 자꾸 이유를 물었지만 "그냥 그런 게 있어~"라고 얼버무리고 아내를 식탁에 앉혔다. 아내를 위해 요리를 해 본 적이 언제였는지 아니, 그런 일이 있었는지조차도 가물거리지만 평소 아내가 좋아하는 김치 부침개를 만들어 주었다. 조금은 타기도 하고 모양도 원형과는 거리가 멀었지만 아내는 감동의 눈물을 흘렸다. 휴지로 아내의 눈물을 닦아 주었는데, 그 순간 내 뱃속에서 '꼬르륵~' 하고 우렁찬 신호를 보내왔다. 감동의 물결도 잠시, 우린 마주 보고 큰 소리로 웃었다. 부침개를 맛있게 먹고 아내를 데리고 백화점에 가서 쇼핑도 하고 영화도 보았다. 사실 출근하는 날보다 더 피곤했다. 하지만 환하게 웃고 있는 아내를 보니 그러한 피로감이 씻기는 듯했다. 그래, 가장이란 생계만을 책임지는 사람이 아닌 아내와 자식의 정신적인 지주, 그 이상인 것이다.

● 알맞은 한자로 써 보세요.

1. 가장 _____
2. 일상 _____
3. 여유 _____

4. 휴일 _____
5. 휴가 _____
6. 이용 _____

7. 종일 _____
8. 독서 _____
9. 친구 _____

10. 시작 _____
11. 시간 _____
12. 저금 _____

13. 통장 _____
14. 여가 _____
15. 매일 _____

16. 자신 _____
17. 미안 _____
18. 순전 _____

19. 무조건 _____
20. 이유 _____
21. 식탁 _____

22. 요리 _____
23. 평소 _____
24. 원형 _____

25. 감동 _____
26. 휴지 _____
27. 순간 _____

28. 신호 _____
29. 잠시 _____
30. 백화점 _____

31. 영화 _____
32. 사실 _____
33. 출근 _____

34. 피곤 _____
35. 피로감 _____
36. 가장 _____

37. 생계 _____
38. 책임 _____
39. 자식 _____

40. 정신적 _____
41. 지주 _____
42. 이상 _____

147

家長이란

十月 二十五日

늘 고단한 日常에 찌들어 그동안 나를 돌아볼 餘裕도 없었다. 오늘은 모처럼 맞이하는 休日이었다. 어떻게 하면 休暇를 잘 利用할 수 있을까 생각했다. 終日 讀書만 할까? 아니면 그동안 만나지 못했던 親舊들과 술잔을 기울일까? 가슴이 벅차오르기 始作했다. 그래! '오늘은 오로지 나를 위한 時間을 보낼 거야!'라는 다짐을 하고 방 안에 들어서려다 문득 積金 通帳을 보며 한숨을 짓는 아내를 보게 되었다. 아내는 餘暇도 없이 집안일만 했을 텐데, 每日 아이들 뒷바라지에 집안 살림이며, 나보다 더 自身을 돌아볼 餘裕가 없었을 텐데…… 갑자기 아내에게 未安한 마음이 들었다. 아내를 위한 오늘을 보내야겠다는 생각은 純全히 이런 생각에서 나왔다. 아내에게 오늘은 無條件 집안일을 하지 말라고 했다. 영문을 모르는 아내는 자꾸 理由를 물었지만 "그냥 그런 게 있어~"라고 얼버무리고 아내를 食卓에 앉혔다. 아내를 위해 料理를 해 본 적이 언제였는지 아니, 그런 일이 있었는지조차도 가물거리지만 平素 아내가 좋아하는 김치 부침개를 만들어 주었다. 조금은 타기도 하고 模樣도 圓形과는 거리가 멀었지만 아내는 感動의 눈물을 흘렸다. 休紙로 아내의 눈물을 닦아 주었는데, 그 瞬間 내 뱃속에서 '꼬르륵~' 하고 우렁찬 信號를 보내왔다. 感動의 물결도 暫時, 우린 마주 보고 큰 소리로 웃었다. 부침개를 맛있게 먹고 아내를 데리고 百貨店에 가서 쇼핑도 하고 映畫도 보았다. 事實 出勤하는 날보다 더 疲困했다. 하지만 환하게 웃고 있는 아내를 보니 그러한 疲勞感이 씻기는 듯했다. 그래, 家長이란 生計만을 責任지는 사람이 아닌 아내와 子息의 精神的인 支柱, 그 以上인 것이다.

집안 행사

- 01. 설
- 02. 추석
- 03. 생일
- 04. 기념일
- 05. 파티
- 06. 크리스마스
- 07. 연말 행사
- + Diary

01 설

설날

- 곧 正月정월 초하루, 설날이다.
- 他國타국과 마찬가지로 새해 첫날은 韓國한국에서 重要중요한 意味의미를 갖는다.   味 4Ⅱ 맛 미
- 우리는 普信閣보신각 鐘종 치는 것을 보러 鐘路종로에 갔다.   普 4 넓을 보 | 閣 3Ⅱ 집 각 | 鐘 특Ⅱ 쇠북 종
- 鐘路종로 周邊주변은 사람들로 가득했다.   周 4 두루 주 | 邊 4Ⅱ 가 변
- 12月월 31日일 子正자정, 즉 새해로 넘어가는 瞬間순간 普信閣보신각에서 33번의 打鐘타종이 있었다.   瞬 3Ⅱ 눈깜짝일 순
- 새해를 맞는 華麗화려한 祝祭축제가 열렸다.   華 4 빛날 화 | 麗 4Ⅱ 고울 려 | 祭 4Ⅱ 제사 제
- 1月월 1日일은 한 해의 첫날일 뿐 아니라 또한 韓國한국의 傳統的전통적인 名節명절이다.   統 4Ⅱ 거느릴 통
- 멀리 있는 親舊친구들에게 年賀狀연하장을 보냈다.   賀 3Ⅱ 하례할 하 | 狀 4Ⅱ 문서 장, 형상 상
- 올해는 60年년 만에 한 번 온다는 庚寅年경인년 白虎백호의 해이다.   庚 3 별 경 | 寅 3 범·동방 인 | 虎 3Ⅱ 범 호
- 우리는 陽曆양력 설을 지내지 않는다.   曆 3Ⅱ 책력 력(역)
- 우리는 陰曆음력으로 설을 지낸다.   陰 4Ⅱ 그늘 음
- 陰曆음력 설은 新正신정 때보다 훨씬 더 意味의미가 있다.
- 이번 설 連休연휴는 四日사일이었다.   連 4Ⅱ 이을 연(련)
- 祖父母조부모님 댁에 가는데 高速道路고속도로가 停滯정체되어 꽤 오래 걸렸다.   滯 3Ⅱ 막힐 체
- 故鄕고향으로 가는 歸省客귀성객들로 인해 모든 道路도로가 꽉 막혔다.   故 4Ⅱ 연고 고 | 鄕 4Ⅱ 시골 향 | 歸 4 돌아갈 귀
- 地方지방으로 連結연결된 모든 道路도로는 수많은 自家用자가용 때문에 駐車場주차장이 된 것 같았다.   駐 2 머무를 주

설날 아침

- 설날 아침 곱게 丹粧단장하고 새 옷을 입었다.
- 나는 韓國한국의 傳統전통 衣裳의상인 韓服한복 입는 것을 좋아한다.
- 色相색상이 華麗화려하고 優雅우아해서 나는 韓服한복을 좋아한다.
- 改良개량 韓服한복은 입기 쉽고 편하다.
- 나이를 두 살 더 먹고 싶어서 떡국을 두 沙鉢사발 먹었다.
- 설날에 새해 人事인사를 하러 親戚친척집을 다녔다.

丹 3Ⅱ 붉을 단 | 粧 3Ⅱ 단장할 장
統 4Ⅱ 거느릴 통 | 裳 3Ⅱ 치마 상
優 4 넉넉할 우 | 雅 3Ⅱ 맑을 아

沙 3Ⅱ 모래 사 | 鉢 2 바리때 발
戚 3Ⅱ 친척 척

차례 지내기

- 우리는 茶禮床차례상을 차렸다.
- 魚東肉西어동육서, 左脯右醢좌포우혜, 紅東白西홍동백서, 棗栗梨柿조율이시를 留念유념해서 茶禮床차례상을 차렸다.

茶 3Ⅱ 차 차, 차 다 | 床 4Ⅱ 상 상
肉 4Ⅱ 고기 육 | 脯 1 포 포
醢 1 식혜 혜 | 紅 4 붉을 홍
棗 1 대추 조 | 栗 3Ⅱ 밤 율(률) |
梨 3 배 리 | 柿 1 감 시
留 4Ⅱ 머무를 유(류)

- 나는 飮食음식 내놓는 順序순서를 몰라서 唐慌당황했다.

唐 3Ⅱ 당나라 · 당황할 당 |
慌 1 어리둥절할 황

- 祖上조상님께 再拜재배했다.
- 며칠 전에 아버지께서 伐草벌초를 해 놓으셨다.
- 아이들은 山所산소 近處근처를 뛰어다니면서 놀았다.

伐 4Ⅱ 칠 벌

處 4Ⅱ 곳 처

세배

- 설날 아침 집안 어른들께 歲拜세배를 했다.
- 나는 할아버지의 健康건강과 長壽장수를 빌었다.
- 그들은 우리에게 德談덕담을 한마디씩 해 주셨다.
- 절을 한 후에 어른들께서 巨金거금의 세뱃돈을 주셨다.
- 세뱃돈을 負擔부담될 程道정도로 많이 주셨다.

- 내 豫想예상보다 덜 받았다.
- 나는 그 돈을 自由자유롭게 쓰고 싶다.

拜 4Ⅱ 절 배
康 4Ⅱ 편안 강 | 壽 3Ⅱ 목숨 수

巨 4 클 거
負 4 질 부 | 擔 4Ⅱ 멜 담 |
程 4Ⅱ 한도 · 길 정
豫 4 미리 예 | 想 4Ⅱ 생각 상

새해 다짐

- 나는 새해 決心결심을 했다.
- 올해 몇 가지 作定작정한 것이 있다.
- 올해 斬新참신한 計劃계획을 세웠다.   斬 2 벨 참 | 劃 3Ⅱ 그을 획
- 나의 새해 決心결심 중 하나는 約束약속 時間시간을 잘 지키는 것이다.
- 새해에는 英語會話영어회화 工夫공부를 하겠다는 決心결심을 했다.
- 規則규칙적인 運動운동과 節度절도 있는 生活생활을 하겠다고 다짐했다.
- 올해 目標목표는 體重체중 減量감량이다.   標 4 표할 표 | 減 4Ⅱ 덜 감
- 昨年작년에 不振부진했던 科目과목을 더 熱心열심히 工夫공부할 計劃계획이다.   振 3Ⅱ 떨칠 진 | 劃 3Ⅱ 그을 획
- 내가 세운 計劃계획들을 모두 實踐실천했으면 좋겠다.   踐 3Ⅱ 밟을 천

새해 인사

- 새해 福복 많이 받으시고 健康건강과 安寧안녕을 祈願기원합니다.   寧 3Ⅱ 편안 녕 | 祈 3Ⅱ 빌 기
- 癸巳年계사년 한 해 祝福축복으로 充滿충만한 삶이 되시길 바랍니다.   癸 3Ⅱ 북방·천간 계 | 巳 3 뱀 사 | 滿 4Ⅱ 찰 만
- 밝아오는 새해엔 所望소망하는 모든 일이 이루어지시길 빕니다.
- 올해 萬事亨通만사형통하시길 빕니다.   亨 3 형통할 형

02 추석

추석

- 來日내일은 秋夕추석이다.
- 秋夕추석은 우리 民族민족 最大최대의 名節명절이다.
- 秋夕추석은 陰曆음력 八月팔월 十五日십오일이다.   陰 4Ⅱ 그늘 음 | 曆 3Ⅱ 책력 력(역)

- 秋夕추석은 韓國人한국인에게 特別특별한 名節명절이다.
- 秋夕추석에는 가까운 家族가족부터 疏遠소원했던 親戚친척들을 만날 수 있다.　　疏 3Ⅱ 소통할 소 | 戚 3Ⅱ 친척 척
- 많은 사람들이 양손 가득 膳物선물을 들고 故鄕고향을 訪問방문한다.　　膳 1 선물·반찬 선 | 故 4Ⅱ 연고 고 | 鄕 4Ⅱ 시골 향 | 訪 4Ⅱ 찾을 방
- 秋夕추석에 하는 傳統的전통적인 民俗민속놀이 중 하나는 女子여자들이 손을 잡고 圓원을 만들며 추는 강강술래이다.　　統 4Ⅱ 거느릴 통 | 俗 4Ⅱ 풍속 속
- 親戚친척들이 오기 전에 大淸掃대청소를 했다.　　掃 4Ⅱ 쓸 소
- 올해 秋夕추석에는 盈月영월을 볼 수 있으면 좋겠다.　　盈 2 찰 영
- 달을 보면서 내 所願소원들이 成就성취되기를 빌 것이다.　　就 4 나아갈 취
- 언제나 五穀百果오곡백과가 豊盛풍성한 秋夕추석 名節명절만 같았으면 좋겠다.　　穀 4 곡식 곡 | 豊 4Ⅱ 풍년 풍 | 盛 4Ⅱ 성할 성

참고 盈月영월 ⇨ 보름달

추석 음식

- 우리는 秋夕추석 傳統전통 飮食음식을 만드느라 奔走분주했다.　　奔 3Ⅱ 달릴 분 | 走 4Ⅱ 달릴 주
- 秋夕추석이라 特別특별한 料理요리를 만들었다.
- 秋夕추석 代表대표 飮食음식은 松餠송병이다.　　松 4 소나무 송 | 餠 1 떡 병
- 어머니가 土卵토란국을 끓였다.　　卵 4 알 란(난)
- 煎餠전병과 散炙산적 등의 부침개도 만들었다.　　煎 1 달일 전 | 散 4 흩을 산 | 炙 1 구울 적, 구울 자
- 올해는 엄마가 쌀을 醱酵발효시켜 만드는 食醯식혜를 만드셨다.　　醱 1 술괼 발 | 酵 1 삭힐 효 | 醯 1 식혜 혜
- 곶감과 桂皮계피로 水正果수정과를 만들었다.　　桂 3Ⅱ 계수나무 계 | 皮 3Ⅱ 가죽 피

참고 松餠송병 ⇨ 송편

03 생일

생일

- 며칠 후면 내 生日생일이다.
- 내 生日생일은 只今지금으로부터 五日오일 후다. 　　　　　只 3 다만 지
- 나는 四月사월에 誕生탄생했다.　　　　　　　　　　　　誕 3 낳을·거짓 탄
- 나는 三伏삼복 더위에 태어났다.　　　　　　　　　　　伏 4 엎드릴 복
- 來年내년 生日생일에는 만 열 살이 된다.
- 아무도 내 生日생일을 記憶기억하지 못했다.　　　　　　憶 3Ⅱ 생각할 억
- 사람들이 나에게 關心관심이 없는 것 같아서 意氣銷沈의기소침했다.　　銷 특Ⅱ 쇠녹일 소 |
　　　　　　　　　　　　　　　　　　　　　　　　　　沈 3Ⅱ 잠길 침, 성 심
- 엄마는 내가 좋아하는 雜菜잡채를 만들어 주셨다.　　　雜 4 섞일 잡 | 菜 3Ⅱ 나물 채
- 나는 父母부모님께 感謝감사의 表現표현을 할 때 慊然겸연쩍었다.　　謝 4Ⅱ 사례할 사 |
　　　　　　　　　　　　　　　　　　　　　　　　　　慊 특Ⅱ 앙심먹을 겸, 족할 협

생일 파티

- 家族가족들이 내 열여덟 번째 生日생일을 祝賀축하하는 意味의미로 파티를 열어 주었다.　　　　　味 4Ⅱ 맛 미
- 風船풍선과 色紙색지로 집을 裝飾장식했다.　　　　　　　裝 4 꾸밀 장 | 飾 3Ⅱ 꾸밀 식
- 내 生日생일 파티는 그의 突發돌발 提案제안으로 이루어졌다.　　突 3Ⅱ 갑자기 돌 | 提 4Ⅱ 끌 제
- 親舊친구들이 生日생일 祝歌축가를 부르며 祝賀축하해 주었다.
- 촛불을 끄면서 眞心진심을 담아 所願소원을 빌었다.　　　眞 4Ⅱ 참 진
- 우리는 할아버지의 回甲회갑을 祝賀축하했다.　　　　　　回 4Ⅱ 돌아올 회 | 甲 4 갑옷 갑
- 할아버지의 回甲宴회갑연을 열었다.　　　　　　　　　　宴 3Ⅱ 잔치 연
- 할머니의 七旬칠순 잔치가 있었다.　　　　　　　　　　旬 3Ⅱ 열흘 순
- 우리는 그를 위해 珍羞盛饌진수성찬을 準備준비했다.　　珍 4 보배 진 | 羞 1 부끄러울 수 |
　　　　　　　　　　　　　　　　　　　　　　　　　　盛 4Ⅱ 성할 성 | 饌 1 반찬 찬 |
　　　　　　　　　　　　　　　　　　　　　　　　　　準 4Ⅱ 준할 준 | 備 4Ⅱ 갖출 비
- 會社회사 職員직원들의 깜짝 파티에 感動감동을 받았다.　職 4Ⅱ 직분 직 | 員 4Ⅱ 인원 원

생일 선물

- 나는 生日생일 膳物선물을 받았다.
- 나는 膳物선물을 開封개봉했다.
- 生日생일 膳物선물로 掌匣장갑을 받았다.
- 姨母이모가 香水향수를 보내 주셨다.
- 三寸삼촌이 蹴球靴축구화를 膳物선물해 주셨다.
- 그 膳物선물은 내가 찜해 놓은 商品상품이었다.
- 그 膳物선물은 나를 위해 特別특별히 注文주문 製作제작한 것이다.
- 親舊친구들이 精誠정성이 담긴 便紙편지를 주었다.
- 나는 膳物선물을 받고 歡呼환호를 지르며 萬歲만세를 외쳤다.
- 그 膳物선물을 받고 憫惘민망했다.
- 그의 生日생일에 줄 膳物선물을 包裝포장했다.
- 그에게 좋은 것을 주고 싶었지만 金錢的금전적인 餘裕여유가 없었다.

膳 1 선물·반찬 선
封 3Ⅱ 봉할 봉
掌 3Ⅱ 손바닥 장 | 匣 1 갑 갑
香 4Ⅱ 향기 향
蹴 2 찰 축 | 靴 2 신 화
製 4Ⅱ 지을 제
歡 4 기쁠 환 | 呼 4Ⅱ 부를 호
憫 3 민망할 민 | 惘 1 멍할 망
包 4Ⅱ 쌀 포 | 裝 4 꾸밀 장
錢 4 돈 전 | 餘 4Ⅱ 남을 여 |
裕 3Ⅱ 넉넉할 유

생일 축하

- 生日생일 祝賀축하의 意味의미로 피아노 演奏연주를 했다.
- 그를 위해 작은 行事행사를 準備준비했는데 그가 滿足만족하기를 바랐다.
- 그에게 生日생일 祝賀축하 花環화환을 보냈다.
- 男子남자 親舊친구에게 化粧品화장품을 받았다.
- 生日생일 祝賀축하 紀念기념으로 寫眞사진을 찍었다.
- 그는 生日생일 祝賀축하 이벤트로 請婚청혼을 했다.
- 나이는 숫자에 不過불과하다.
- 오늘은 내 生涯생애 가장 멋진 生日생일이었다.
- 내 幼年유년 時節시절의 마지막 生日생일을 永遠영원히 잊지 못할 것이다.

演 4Ⅱ 펼 연 | 奏 3Ⅱ 아뢸 주
滿 4Ⅱ 찰 만
環 4 고리 환
粧 3Ⅱ 단장할 장
紀 4 벼리 기
請 4Ⅱ 청할 청 | 婚 4 혼인할 혼
涯 3 물가 애
幼 3Ⅱ 어릴 유

04 기념일

결혼기념일

- 오늘은 父母부모님의 結婚紀念日결혼기념일이다.
- 아빠가 結婚紀念日결혼기념일을 잊으셔서 엄마와 冷戰냉전 중이시다.
- 아빠는 이 날을 完全완전히 忘却망각하고 계셨다.
- 우리는 아빠와 함께 엄마의 氣分기분을 풀어 드리기 위해 作戰작전을 벌였다.
- 우리 父母부모님은 結婚결혼 25週年주년 紀念기념 銀婚式은혼식을 올렸다.
- 오늘은 우리 祖父母조부모님의 金婚式금혼식이다.
- 아빠는 엄마와 結婚紀念日결혼기념일을 祝賀축하하기 위해 高級고급 食堂식당을 豫約예약하셨다.

紀 4 벼리 기 | 婚 4 혼인할 혼

忘 3 잊을 망 | 却 3 물리칠 각

賀 3Ⅱ 하례할 하 | 豫 4 미리 예

기념일 선물

- 우리는 父母부모님을 위한 깜짝 膳物선물을 構想구상했다.
- 父母부모님의 結婚紀念日결혼기념일 膳物선물로 演劇연극 티켓을 샀다.
- 엄마가 좋아하시는 小菊소국 한 다발을 準備준비했다.
- 우리는 外國人외국인들에게 紀念鑄貨기념주화를 膳物선물했다.
- 非常金비상금을 모아서 膳物선물을 사 드렸다.

膳 1 선물·반찬 선 | 構 4 얽을 구 | 想 4Ⅱ 생각 상

演 4Ⅱ 펼 연 | 劇 4 심할 극

菊 3Ⅱ 국화 국 | 準 4Ⅱ 준할 준 | 備 4Ⅱ 갖출 비

鑄 3Ⅱ 쇠불릴 주 | 貨 4Ⅱ 재물 화

非 4Ⅱ 아닐 비 | 常 4Ⅱ 떳떳할 상

개교기념일

- 우리 學校학교는 어제 開校개교 10週年주년을 맞이했다.
- 오늘은 開校紀念日개교기념일이라 집에 있었다.
- 不幸불행히도 올해 開校紀念日개교기념일이 日曜日일요일이다.

週 4 두루 주

밸런타인데이

- 밸런타인데이에는 女性여성들이 戀人연인에게 초콜릿이나 砂糖사탕을 주면서 사랑을 表現표현한다.
- 나는 愛人애인에게 초콜릿을 주면서 사랑을 告白고백할 것이다.
- 그에게 어떻게 초콜릿을 傳達전달할지 苦悶고민 중이다.
- 그에게 초콜릿을 주자마자 그가 날 抱擁포옹해 주었다.
- 그때 내가 얼마나 緊張긴장했는지 식은땀이 났다.
- 蜜語밀어를 속삭이며 즐거웠던 밸런타인데이였다.

戀 3Ⅱ 그리워할·그릴 연(련) | 砂 특Ⅱ 모래 사 | 糖 3Ⅱ 엿 당

達 4Ⅱ 통달할 달 | 悶 1 답답할 민

抱 3 안을 포 | 擁 3 낄 옹

緊 3Ⅱ 긴할 긴 | 張 4 베풀 장

蜜 3 꿀 밀

만우절

- 오늘은 四月사월 一日일일 萬愚節만우절이다.
- 萬愚節만우절에는 惡意악의 없는 거짓말은 容恕용서된다.
- 愛嬌애교 있는 거짓말로 萬愚節만우절을 보냈다.
- 난 거짓말을 할 때 語塞어색하다.
- 누군가 내 거짓말을 暴露폭로했다.

愚 3Ⅱ 어리석을 우

塞 3Ⅱ 막힐 색, 변방 새

暴 4Ⅱ 사나울 폭, 모질 포 | 露 3Ⅱ 이슬 로(노)

어린이날

- 五月오월 五日오일은 어린이들의 幸福행복을 祈願기원하는 어린이날이다.
- 나는 父母부모님이 멋진 膳物선물을 주실 거라고 內心내심 企待기대했다.
- 父母부모님께서 어린이날을 紀念기념하여 外食외식을 提議제의하셨다.
- 나는 놀이公園공원에 가서 回轉木馬회전목마를 타고 싶었다.
- 百貨店백화점에서 어린이를 위한 多樣다양한 紀念기념 行事행사들을 했다.
- 入場입장한 모든 어린이들에게 砂糖사탕과 風船풍선을 나누어 주었다.

祈 3Ⅱ 빌 기

提 4Ⅱ 끌 제 | 議 4Ⅱ 의논할 의

回 4Ⅱ 돌아올 회 | 轉 4 구를 전

樣 4 모양 양

어버이날

- 五月오월 八日팔일은 어버이날이다.
- 父母부모님께 카네이션을 膳賜선사해 드렸다. 賜 3 줄 사
- 나는 父母부모님의 사랑에 感謝감사드린다. 謝 4Ⅱ 사례할 사
- 나는 當然당연히 우리에 대한 父母부모님의 사랑이 無窮무궁하다는 것을 알고 있다. 窮 4 다할·궁할 궁
- 나는 恒常항상 父母부모님을 尊敬존경한다. 尊 4Ⅱ 높을 존
- 父母부모님이 있기에 내가 成功성공할 수 있었다.
- 父母부모님께서는 우리를 教育교육시키는 것에 대해 熱情열정적이셨다.
- 이제야 내가 얼마나 父母부모님께 不孝불효를 하고 있는지 깨달았다.
- 父母부모님께서는 날 金枝玉葉금지옥엽으로 키워 주셨다. 枝 3Ⅱ 가지 지 | 玉 4Ⅱ 구슬 옥
- 父母부모와 子息자식 간의 사랑은 無限무한하고 無條件무조건적인 사랑이다. 息 4Ⅱ 쉴 식 | 限 4Ⅱ 한할 한 | 條 4 가지 조
- 父母부모와 子息자식은 天倫천륜 關係관계이다. 倫 3Ⅱ 인륜 륜(윤) | 係 4Ⅱ 맬 계
- 나는 父母부모님에 대한 愛着애착이 강하다.
- 나는 父母부모님을 永遠영원히 反哺之孝반포지효로 모실 것이다. 哺 1 먹일 포 | 之 3Ⅱ 갈 지

스승의 날

- 스승의 날 그 恩惠은혜에 感謝감사하는 便紙편지를 썼다. 恩 4Ⅱ 은혜 은 | 惠 4Ⅱ 은혜 혜
- 그 便紙편지는 정말 마음이 感服감복하여 쓴 것이었다.
- 先生선생님을 위한 謝恩會사은회를 마련했다.
- 스승의 날 行事행사에서 感謝감사의 便紙편지를 朗讀낭독했다.
- 우리 班반 아이들은 團體단체로 스승의 恩惠은혜를 合唱합창했다.
- 歲月세월이 흘러도 先生선생님의 사랑은 잊지 못할 것이다.

석가탄신일

- 釋迦誕辰日석가탄신일은 陰曆음력 四月사월 八日팔일이다.

- 釋迦誕辰日석가탄신일에 寺刹사찰에서는 여러 儀式의식이 擧行거행된다.

- 釋迦誕辰日석가탄신일에 佛敎불교 信者신자들이 燃燈연등으로 절을 裝飾장식해 놓았다.

- 佛敎徒불교도들은 燃燈연등에 自身자신들의 念願염원을 쓴 종이를 붙여 놓았다.

- 저녁에는 佛敎徒人불교도인들이 거리에서 燃燈연등 集會집회를 가졌다.

釋 3Ⅱ 풀 석 | 迦 2 부처이름 가 |
誕 3 낳을·거짓 탄 | 辰 3Ⅱ 때 신, 별 진 |
陰 4Ⅱ 그늘 음 | 曆 3Ⅱ 책력 력(역)

寺 4Ⅱ 절 사 | 刹 2 절 찰 |
儀 4 거동 의

佛 4Ⅱ 부처 불 | 燃 4 탈 연 |
燈 4Ⅱ 등 등 | 裝 4 꾸밀 장 |
飾 3Ⅱ 꾸밀 식

현충일

- 六月유월 六日육일은 顯忠日현충일이다.

- 顯忠日현충일에는 殉國先烈순국선열을 위해 祈禱기도한다.

- 우리 할아버지는 戰爭전쟁 중에 돌아가셔서 只今지금은 國立墓地국립묘지에 安葬안장되어 계신다.

- 우리는 每年매년 顯忠日현충일마다 國立墓地국립묘지에 가서 默念묵념을 한다.

- 우리는 모두 일어나 國旗국기에 대한 敬禮경례를 했다.

- 나는 많은 戰死者전사자들에게 敬意경의를 표했다.

顯 4 나타날 현 | 忠 4Ⅱ 충성 충 |

殉 3 따라죽을 순 | 烈 4 매울 열(렬) |
祈 3Ⅱ 빌 기 | 禱 1 빌 도

只 3 다만 지 | 墓 4 무덤 묘 |
葬 3Ⅱ 장사지낼 장

默 3Ⅱ 잠잠할 묵

기타 기념일

- 三一節삼일절은 每年매년 三月삼월 一日일일에 日本일본의 韓國한국 統治통치에 對抗대항한 1919年년의 獨立運動독립운동을 紀念기념하는 날이다.

- 植木日식목일에 家族가족들과 山산에 가서 苗木묘목을 심었다.

- 制憲節제헌절은 1948年년 大韓民國대한민국의 憲法헌법이 制定제정된 것을 紀念기념한다.

- 光復節광복절은 우리나라의 日本일본 植民식민 統治통치로부터 解放해방된 것을 紀念기념하는 날이다.

統 4Ⅱ 거느릴 통 | 治 4Ⅱ 다스릴 치

苗 3 모 묘

制 4Ⅱ 절제할 제 | 憲 4 법 헌

復 4Ⅱ 회복할 복, 다시 부 |
解 4Ⅱ 풀 해

- 開天節개천절에는 紀元前기원전 2333年년 檀君王儉단군왕검의 最初최초 나라 建國건국을 紀念기념한다.

  檀 4Ⅱ 박달나무 단 | 儉 4 검소할 검

- 한글날은 世宗大王세종대왕이 訓民正音훈민정음을 創製창제하고 頒布반포한 것을 紀念기념하는 날로 우리나라의 文字문자인 한글에 대해 自負心자부심을 갖게 한다.

  宗 4Ⅱ 마루 종 | 創 4Ⅱ 비롯할 창 |
  製 4Ⅱ 지을 제 | 頒 1 나눌 반 |
  布 4Ⅱ 베·펼 포, 보시 보 | 負 4 질 부

기념일

三一節	삼일절	顯忠日	현충일
植木日	식목일	制憲節	제헌절
勤勞者의 날	근로자의 날	光復節	광복절
釋迦誕辰日	석가탄신일	開天節	개천절
成年의 날	성년의 날	聖誕節	성탄절

顯 4 나타날 현 | 忠 4Ⅱ 충성 충
勤 4 부지런할 근
誕 3 낳을·거짓 탄
制 4Ⅱ 절제할 제 | 憲 4 법 헌
復 4Ⅱ 회복할 복, 다시 부
聖 4Ⅱ 성인 성

05 파티

파티 계획

- 우리는 各自각자 飮料음료와 먹을 것을 가지고 오는 파티를 計劃계획하고 있다.

  劃 3Ⅱ 그을 획

- 그의 入所입소를 위한 歡迎환영 파티를 할 것이다.

  歡 4 기쁠 환 | 迎 4 맞을 영

- 그를 위한 送別會송별회를 祕密비밀리에 準備준비했다.

  送 4Ⅱ 보낼 송 | 祕 4 숨길 비 |
  密 4Ⅱ 빽빽할 밀 | 準 4Ⅱ 준할 준 |
  備 4Ⅱ 갖출 비

- 우리는 새해 前夜祭전야제를 할 것이다.

  祭 4Ⅱ 제사 제

- 그는 파티 準備준비에 餘念여념이 없었다.

  餘 4Ⅱ 남을 여

- 나는 파티로 興奮흥분되어 있었다.

  興 4Ⅱ 일 흥 | 奮 3Ⅱ 떨칠 분

- 파티에 切親절친한 親舊친구들을 모두 招待초대했다.

  招 4 부를 초

- 招待狀초대장을 發送발송한 사람들이 모두 파티에 올지 未知數미지수였다.

  狀 4Ⅱ 문서 장, 형상 상

파티 참석

- 그들에게 파티에 參席참석해 준 것에 대해 感謝감사의 말을 전했다. 謝 4Ⅱ 사례할 사
- 그의 登場등장에 깜짝 놀랐다.
- 그는 招待狀초대장도 없이 莫無可奈막무가내로 파티에 나타났다. 莫 3Ⅱ 없을 막 | 奈 3 어찌 내
- 그는 不請客불청객이었다. 請 4Ⅱ 청할 청
- 그를 入口입구에서 制止제지했다. 制 4Ⅱ 절제할 제
- 그가 파티를 風飛雹散풍비박산으로 만들었다. 雹 특Ⅱ 우박 박 | 散 4 흩을 산
- 나는 그가 꼭 올 거라고 確信확신했다. 確 4Ⅱ 굳을 확
- 그는 潛跡잠적했는지 끝내 나타나지 않았다. 潛 3Ⅱ 잠길 잠 | 跡 3Ⅱ 발자취 적
- 나는 그의 不參불참 理由이유가 몹시 궁금했다.
- 그가 없으니 藥房약방의 甘草감초가 빠진 氣分기분이었다. 甘 4 달 감
- 그는 有名유명한 俳優배우라서 파티에 잠깐 들르기만 했다. 俳 2 배우 배 | 優 4 넉넉할 우
- 그는 雰圍氣분위기를 잘 主導주도해서 和氣靄靄화기애애한 파티를 이끌어 갔다. 雰 1 눈날릴 분 | 圍 4 에워쌀 위 | 導 4Ⅱ 인도할 도 | 靄 1 아지랑이 애

초대

- 그들은 移徙이사한 후 집들이 파티에 招待초대했다.
- 그는 나에게 꼭 파티에 參席참석해 달라고 懇曲간곡히 付託부탁했다. 懇 3Ⅱ 간절할 간 | 付 3Ⅱ 부칠 부 | 託 2 부탁할 탁
- 天災地變천재지변으로 그 파티에 不參불참했다.
- 나는 父母부모님의 許諾허락을 받아야만 그 파티에 갈 수 있었다. 諾 3Ⅱ 허락할 락(낙)
- 先約선약이 있어 파티에 參席참석하지 못했다.
- 나는 그의 招待초대를 欣快흔쾌히 받아들였다. 欣 1 기쁠 흔 | 快 4Ⅱ 쾌할 쾌
- 나는 그에게 參席참석 與否여부를 알려 주었다. 與 4 더불·줄 여 | 否 4 아닐 부
- 그는 후한 待接대접을 해 주었다. 接 4Ⅱ 이을 접

파티 선물

- 그들이 나에게 膳物선물 箱子상자를 주었다. 膳 1 선물·반찬 선 | 箱 2 상자 상
- 그들은 膳物선물로 나의 歡心환심을 샀다.
- 이런 膳物선물을 받게 되리라고는 想像상상도 못했다. 想 4Ⅱ 생각 상 | 像 3Ⅱ 모양 상
- 그를 위해 膳物선물을 하나 準備준비했다.
- 큰 膳物선물은 아니었지만 精誠정성이 담긴 것이었다. 精 4Ⅱ 정할 정 | 誠 4Ⅱ 정성 성
- 그는 나에게 매우 感激감격하였다. 激 4 격할 격
- 내 膳物선물이 그에게 有用유용하게 쓰이길 바랐다.

파티 옷차림

- 着用착용할 만한 適當적당한 옷이 없었다. 適 4 맞을 적
- 나는 正裝정장으로 차려입었다. 裝 4 꾸밀 장
- 나는 輝煌燦爛휘황찬란한 옷으로 잘 차려입었다. 輝 3 빛날 휘 | 煌 1 빛날 황 | 燦 2 빛날 찬 | 爛 2 빛날 란(난)
- 오늘 파티를 위해 苦心고심 끝에 分身분신처럼 아끼는 옷을 입었다.
- 그는 가장 注目주목받고 싶어서 熱心열심히 治粧치장했다. 治 4Ⅱ 다스릴 치 | 粧 3Ⅱ 단장할 장
- 그는 個性개성 있는 옷을 입고 나타났다. 個 4Ⅱ 낱 개
- 그녀의 形形色色형형색색 옷차림은 斷然단연 눈에 띄었다. 斷 4Ⅱ 끊을 단
- 그녀의 옷은 端正단정하면서도 挑發的도발적이었다. 挑 3 돋울 도
- 그녀의 옷에서 洗練味세련미가 느껴졌다. 味 4Ⅱ 맛 미
- 내 옷이 鄙陋비루해 보일까 봐 걱정되었다. 鄙 1 더러울 비 | 陋 1 더러울 루(누)

파티 즐기기

- 많은 賀客하객들이 參席참석했다. 賀 3Ⅱ 하례할 하
- 山海珍味산해진미들이 가득했다. 珍 4 보배 진
- 우리는 歌舞가무를 즐기며 파티를 滿喫만끽했다. 舞 4 춤출 무 | 滿 4Ⅱ 찰 만 | 喫 1 먹을 끽
- 音樂음악에 陶醉도취되어 그와 춤을 추었다. 陶 3Ⅱ 질그릇 도 | 醉 3Ⅱ 취할 취
- 나는 그에게 함께 춤을 추자는 意思의사를 表現표현했지만 拒絶거절당했다. 拒 4 막을 거 | 絶 4Ⅱ 끊을 절

- 우리는 音樂음악에 맞춰 같은 律動율동을 하며 즐거워했다.   律 4Ⅱ 법칙 율(률)
- 파티 雰圍氣분위기가 絶頂절정에 다다랐다.   頂 3Ⅱ 정수리 정
- 이 雰圍氣분위기를 繼續계속 維持유지하기 위해 努力노력했다.   繼 4Ⅱ 이을 계 | 續 4Ⅱ 이을 속 | 維 3Ⅱ 벼리 유 | 持 4 가질 지
- 우리는 爆竹폭죽을 터뜨릴 準備준비를 했다.   爆 4 불터질 폭
- 불꽃 模樣모양이 壯觀장관이었다.   模 4 본뜰 모 | 樣 4 모양 양 | 壯 4 장할 장

파티 마무리하기

- 罷場파장할 時間시간이다.   罷 3 마칠 파
- 그는 未練미련이 남는지 더 있다 가라고 했다.
- 파티를 終了종료할 時間시간이었다.   了 3 마칠 료
- 나는 파티에서 社交的사교적이지 못했다.
- 나는 파티 體質체질이 아닌가 보다.
- 後悔후회 없이 파티를 즐겼다.   悔 3Ⅱ 뉘우칠 회
- 파티는 幻想的환상적이었다.   幻 2 헛보일 환
- 파티는 끝났지만 그 餘韻여운은 사라지지 않는다.   餘 4Ⅱ 남을 여 | 韻 3Ⅱ 운 운

06 크리스마스

메리 크리스마스

- 聖誕節성탄절이 얼마 남지 않았다.
- 크리스마스에 雪景설경을 企待기대한다.
- 親舊친구들에게 줄 크리스마스카드를 直接직접 製作제작했다.
- 聖誕節성탄절에 敎會교회에서 禮拜예배를 드렸다.
- 家族가족 모두가 聖誕성탄 行事행사에 參與참여했다.
- 크리스마스 캐럴 樂譜악보를 보며 모두 合唱합창했다.
- 聖誕성탄 膳物선물은 多多益善다다익선이다.

聖 4Ⅱ 성인 성 | 誕 3 낳을·거짓 탄
企 3Ⅱ 꾀할 기
接 4Ⅱ 이을 접 | 製 4Ⅱ 지을 제
拜 4Ⅱ 절 배
與 4 더불·줄 여
譜 3Ⅱ 족보 보
膳 1 선물·반찬 선 | 益 4Ⅱ 더할 익

산타클로스

- 산타클로스는 恒常항상 우리 아빠 擔當담당이었다.
- 나는 산타클로스가 이 世上세상에 存在존재하지 않는다는 것을 알게 되었다.
- 膳物선물의 種類종류가 每年매년 變化無雙변화무쌍하다.
- 잠자리에 들기 전에 머리맡에 洋襪양말을 걸어 두었다.

恒 3Ⅱ 항상 항 | 常 4Ⅱ 떳떳할 상 | 擔 4Ⅱ 멜 담
存 4 있을 존
雙 3Ⅱ 두·쌍 쌍
襪 1 버선 말

크리스마스 파티

- 聖誕節성탄절 紀念기념 裝飾장식을 한 케이크를 샀다.
- 盛大성대한 크리스마스 파티를 할 것이다.
- 온 家族가족이 크리스마스트리에 各種각종 裝飾장식 用品용품을 달았다.
- 玄關門현관문에 크리스마스 裝飾장식을 附着부착했다.
- 우리는 크리스마스트리를 野外야외에 設置설치하고 電燈전등을 달았다.
- 우리 집 庭園정원에 超大型초대형 크리스마스트리를 세워 놓았다.
- 恍惚황홀한 크리스마스 파티를 企待기대하고 있다.

紀 4 벼리 기 | 裝 4 꾸밀 장 | 飾 3Ⅱ 꾸밀 식
盛 4Ⅱ 성할 성

玄 3Ⅱ 검을 현 | 附 3Ⅱ 붙을 부
設 4Ⅱ 베풀 설 | 置 4Ⅱ 둘 치
超 3Ⅱ 뛰어넘을 초 | 型 2 모형 형
恍 1 황홀할 황 | 惚 1 황홀할 홀

- 父母부모님의 年歲연세를 考慮고려해서 파티를 열었다.   慮 4 생각할 려(여)
- 우리는 크리스마스 파티를 하며 自祝자축했다.

07 연말 행사

- 年末연말이 다가오고 있다.
- 時間시간이 얼마나 빨리 가는지 정말 驚異경이롭다.   驚 4 놀랄 경 | 異 4 다를 이(리)
- 歲月세월은 流水유수와 같다.
- 忘年會망년회가 있었다.   忘 3 잊을 망
- 送舊迎新송구영신 禮拜예배를 드리러 敎會교회에 갔다.   送 4II 보낼 송 | 迎 4 맞을 영
- 우리는 서로의 健康건강을 위해 乾杯건배했다.   拜 4II 절 배 | 康 4II 편안 강 |
   乾 3II 마를·하늘 건 | 杯 3 잔 배
- 난 會社회사 送年會송년회에는 꼭 參席참석한다.
- 오늘 年末연말 모임은 活氣활기차고 재미있었다.
- 食堂식당은 人山人海인산인해를 이루었다.
- 歲月세월은 電光石火전광석화와 같다.
- 歲月不待人세월부대인이라!
- 一刻千金일각천금을 잊어서는 안 된다.   刻 4 새길 각

  참고 歲月不待人세월부대인 ⇨ 세월은 사람을 기다려 주지 않는다
       一刻千金일각천금 ⇨ 짧은 시간도 천금의 가치가 있다

165

Diary

설 명절

2월 13일

　설날 아침 온 가족이 모두 한복으로 곱게 단장을 했다. 그중에서도 내 색동 한복이 제일 화려하고 우아해 보였다. 물론 나만의 착각일지 모르지만 말이다. 엄마는 작은엄마, 큰엄마와 함께 차례상을 차리셨다. 그런데 차례상에 음식을 내놓는 순서가 따로 있는지 어동육서라는 말을 하시며 분주하게 상을 차리셨다. 가족 모두 조상님께 재배를 올리고, 우리 가족끼리도 세배를 했다. 나는 할아버지의 장수를 기원하며 세배를 드렸다. 할아버지는 나에게 지금처럼 예쁘고 건강하게 자라라고 덕담도 해 주시고 거액의 세뱃돈을 주셨다. 이 돈으로 뭘 할지 고심했는데 내 새해 결심 중 하나인 영어 회화를 공부하기로 했다. 그래서 내 용돈을 보태서 영어 회화 학원에 등록할 것이다. 내가 생각해도 기특한 생각이 아닐 수 없다. 맛있는 떡국을 먹고 설날 특집 만화 영화을 보고 있는데 엄마가 외가댁에 세배를 드리러 가자고 하셨다. 조금 귀찮기도 했지만 세뱃돈을 생각하니 발걸음이 저절로 옮겨졌다. 외할머니, 외할아버지, 외숙모, 외삼촌께 세배를 드리고 또 떡국을 먹었다. 배가 불렀지만 맛있게 먹었다. 외가댁에서는 윷놀이도 했다. 평소에는 시시한 놀이라고 생각했는데 가족들과 모여서 해 보니까 재미있기도 하고 행복했다. 명절은 가족과 함께 할 수 있어 좋은 것 같다. 절대 세뱃돈 때문이 아니다.

◼ 알맞은 한자로 써 보세요.

1. 명절
2. 가족
3. 한복
4. 단장
5. 제일
6. 화려
7. 우아
8. 물론
9. 칙각
10. 차례상
11. 음식
12. 순서
13. 어동육서
14. 분주
15. 조상
16. 재배
17. 세배
18. 장수
19. 기원
20. 건강
21. 덕담
22. 거액
23. 고심
24. 결심
25. 영어
26. 회화
27. 공부
28. 학원
29. 등록
30. 기특
31. 특집
32. 만화
33. 영화
34. 외가댁
35. 외숙모
36. 외삼촌
37. 평소
38. 행복
39. 절대

설 名節

二月 十三日

설날 아침 온 家族이 모두 韓服으로 곱게 丹粧을 했다. 그중에서도 내색동 韓服이 第一 華麗하고 優雅해 보였다. 勿論 나만의 錯覺일지 모르지만 말이다. 엄마는 작은엄마, 큰엄마와 함께 茶禮床을 차리셨다. 그런데 茶禮床에 飮食을 내놓는 順序가 따로 있는지 魚東肉西라는 말을 하시며 奔走하게 상을 차리셨다. 家族 모두 祖上님께 再拜를 올리고, 우리 家族끼리도 歲拜를 했다. 나는 할아버지의 長壽를 祈願하며 세배를 드렸다. 할아버지는 나에게 지금처럼 예쁘고 健康하게 자라라고 德談도 해 주시고 巨金의 세뱃돈을 주셨다. 이 돈으로 뭘 할지 苦心했는데 내 새해 決心 중 하나인 英語 會話를 工夫하기로 했다. 그래서 내 용돈을 보태서 英語 會話 學院에 登錄할 것이다. 내가 생각해도 奇特한 생각이 아닐 수 없다. 맛있는 떡국을 먹고 설날 特輯 漫畫 映畫를 보고 있는데 엄마가 外家宅에 歲拜를 드리러 가자고 하셨다. 조금 귀찮기도 했지만 세뱃돈을 생각하니 발걸음이 저절로 옮겨졌다. 오할머니, 오할아버지, 外叔母, 外三寸께 歲拜를 드리고 또 떡국을 먹었다. 배가 불렀지만 맛있게 먹었다. 外家宅에서는 윷놀이도 했다. 平素에는 시시한 놀이라고 생각했는데 家族들과 모여서 해보니까 재미있기도 하고 幸福했다. 名節은 家族과 함께 할 수 있어 좋은 것 같다. 絕對 세뱃돈 때문이 아니다.

CHAPTER 07

식생활

- 01. 식성
- 02. 요리
- 03. 맛
- 04. 식사 전
- 05. 식사 후
- 06. 외식
- 07. 배달 음식
- Diary

01 식성

대식가

- 나는 大食家_{대식가}다.
- 나는 食貪_{식탐}이 있다.
- 나는 食性_{식성}이 까다롭지 않다.
- 나는 均衡_{균형} 잡힌 食單_{식단}을 좋아한다.
- 나는 뭐든 잘 먹는 雜食性_{잡식성}이다.
- 나는 가끔 過食_{과식}을 해서 問題_{문제}가 생기기도 한다.

貪 3 탐낼 탐

均 4 고를 균 | 衡 3Ⅱ 저울대 형 |
單 4Ⅱ 홑 단

雜 4 섞일 잡

소식가

- 나는 小食家_{소식가}다.
- 나는 小食_{소식}하는 習慣_{습관}이 있다.
- 나는 小食_{소식}하며 纖維質_{섬유질}이 많은 飮食_{음식}을 攝取_{섭취}한다.
- 나는 長壽_{장수}하기 위해 適當_{적당}히 먹는다.
- 나는 肥滿_{비만}을 피하기 위해 가볍게 食事_{식사}한다.

慣 3Ⅱ 익숙할 관

纖 2 가늘 섬 | 維 3Ⅱ 벼리 유 |
攝 3 다스릴·잡을 섭 | 取 4Ⅱ 가질 취

壽 3Ⅱ 목숨 수 | 適 4 맞을 적

肥 3Ⅱ 살찔 비 | 滿 4Ⅱ 찰 만

편식

- 나는 偏食_{편식}을 하지 않는다.
- 내 食性_{식성}은 銳敏_{예민}하다.
- 나는 飮食_{음식} 맛을 評價_{평가}하는 데 吝嗇_{인색}하다.
- 나는 내가 좋아하는 飮食_{음식}만 集中的_{집중적}으로 먹는다.
- 나는 不均衡_{불균형}적인 食事_{식사}를 한다.
- 나는 不規則_{불규칙}적인 食事_{식사}를 한다.
- 내가 좋아하는 飮食_{음식}이 없으면 禁食_{금식}한다.

偏 3Ⅱ 치우칠 편

銳 3 날카로울 예 | 敏 3 민첩할 민

評 4 평할 평 | 吝 1 아낄 인(린) |
嗇 1 아낄 색

禁 4Ⅱ 금할 금

- 그는 偏食편식하는 나에게 特段특단의 措置조치를 내렸다.   段 4 층계 단 | 措 2 둘 조 | 置 4Ⅱ 둘 치

- 그것은 하루 세끼를 義務의무적으로 먹는 것이다.   義 4Ⅱ 옳을 의 | 務 4Ⅱ 힘쓸 무

식욕

- 나는 食慾식욕이 旺盛왕성하다.   慾 3Ⅱ 욕심 욕 | 旺 2 왕성할 왕 | 盛 4Ⅱ 성할 성

- 그 顚覆粥전복죽은 내 食慾식욕을 돋아준다.   顚 1 엎드러질·이마 전 | 覆 3Ⅱ 다시 복, 덮을 부 | 粥 특Ⅱ 죽 죽

- 내 食慾식욕은 無限大무한대다.   限 4Ⅱ 한할 한

- 食慾식욕이 增加증가했다.   增 4Ⅱ 더할 증

- 나는 食慾식욕 不振부진이다.   振 3Ⅱ 떨칠 진

- 나는 먹고 싶은 意慾의욕이 없다.

- 食慾식욕을 喪失상실했다.   喪 3Ⅱ 잃을 상

- 食慾식욕이 減少감소했다.   減 4Ⅱ 덜 감

- 食慾식욕이 回復회복되지 않는다.   回 4Ⅱ 돌아올 회 | 復 4Ⅱ 회복할 복, 다시 부

- 口內炎구내염 때문에 食慾식욕이 없다.   炎 3Ⅱ 불꽃 염

좋아하는 음식

- 나는 집에서 調理조리한 飮食음식을 좋아한다.

- 나는 中國중국 飮食음식을 좋아한다.

- 나는 淡白담백한 飮食음식을 좋아한다.   淡 3Ⅱ 맑을 담

- 나는 糖分당분이 많은 飮食음식을 좋아한다.   糖 3Ⅱ 엿 당

- 나는 肉類육류를 좋아한다.   肉 4Ⅱ 고기 육

- 나는 魚類어류를 좋아한다.

- 나는 新鮮신선한 野菜야채를 좋아한다.   菜 3Ⅱ 나물 채

- 나는 粉食분식을 좋아한다.   粉 4 가루 분

- 나는 菜食채식을 選好선호한다.

- 나는 綠汁녹즙을 즐겨 먹는다.   汁 1 즙 즙

- 나는 特別특별히 固執고집하는 飮食음식이 없다.   執 3Ⅱ 잡을 집

싫어하는 음식

- 나는 生鮮생선을 먹지 않는다.
- 나는 菜食主義者채식주의자이기 때문에 고기는 입에 대지도 않는다.
- 나는 기름진 飮食음식은 脾胃비위에 거슬린다. 　　脾 1 지라 비 | 胃 3Ⅱ 밥통 위
- 나는 鹽分염분이 많은 飯饌반찬은 좋아하지 않는다. 　　鹽 3Ⅱ 소금 염 | 飯 3Ⅱ 밥 반 | 饌 1 반찬 찬
- 나는 菜蔬채소는 絶對절대 먹지 않는다. 　　蔬 3 나물 소 | 絶 4Ⅱ 끊을 절
- 나는 生鮮膾생선회는 좋아하지 않는다. 　　膾 1 회 회

입맛

- 그 飮食음식은 내 趣向취향이 아니다. 　　趣 4 뜻 취
- 그 飮食음식은 나와 宮合궁합이 잘 맞는다. 　　宮 4Ⅱ 집 궁
- 그 飮食음식은 내 몸에서 拒否거부한다. 　　拒 4 막을 거 | 否 4 아닐 부
- 입맛이 高級고급이다.
- 입맛이 低廉저렴하다. 　　低 4Ⅱ 낮을 저 | 廉 3 청렴할 렴(염)

건강식

- 나는 禪食선식을 먹는다. 　　禪 3Ⅱ 선 선
- 나는 健康食건강식만 먹고 싶다. 　　康 4Ⅱ 편안 강
- 急滯급체를 豫防예방하기 위해선 천천히 먹어야 한다. 　　滯 3Ⅱ 막힐 체 | 豫 4 미리 예 | 防 4Ⅱ 막을 방
- 脂肪지방이 많은 飮食음식은 胃腸위장에 좋지 않다. 　　脂 2 기름 지 | 肪 1 기름 방 | 腸 4 창자 장
- 均衡균형 잡힌 食事식사가 가장 理想的이상적이다. 　　均 4 고를 균 | 衡 3Ⅱ 저울대 형 | 想 4Ⅱ 생각 상
- 刺戟的자극적이지 않은 飮食음식을 먹는 것이 健康건강에 좋다. 　　刺 3Ⅱ 찌를 자, 찌를 척 | 戟 1 창 극
- 可能가능한 한 過食과식하지 말아야 한다.
- 나는 營養價영양가 없는 정크푸드는 피하려고 努力노력한다. 　　營 4 경영할 영 | 努 4Ⅱ 힘쓸 노

우유 · 커피

- 나는 牛乳우유 알레르기가 있다. 乳 4 젖 유
- 나는 牛乳우유를 잘 消化소화시키지 못한다.
- 나는 牛乳우유를 마시면 腹痛복통이 일어난다. 腹 3Ⅱ 배 복 | 痛 4 아플 통
- 나는 牛乳우유만 마시면 泄瀉설사가 난다. 泄 1 샐 설 | 瀉 1 쏟을 사
- 나는 牛乳우유를 너무 좋아해서 물 代用대용으로 牛乳우유를 마신다.
- 나는 成長성장에 도움을 주기 위해서 牛乳우유를 많이 마신다.
- 나는 糖分당분 없는 커피를 즐긴다.
- 나는 濃度농도가 진한 커피를 좋아한다. 濃 2 짙을 농
- 커피를 마시면 排便배변이 圓滑원활한 것 같다. 排 3Ⅱ 밀칠 배 | 圓 4Ⅱ 둥글 원 | 滑 2 미끄러울 활, 익살스러울 골

02 요리

요리 솜씨

- 나는 料理요리하는 것을 좋아한다.
- 내 特技특기는 料理요리다.
- 나는 料理요리 솜씨가 卓越탁월하다. 越 3Ⅱ 넘을 월
- 나는 料理요리에 素質소질이 없다. 素 4Ⅱ 본디 · 흴 소
- 나는 모든 種類종류의 飮食음식을 料理요리할 수 있다.
- 나는 그것의 料理法요리법에 能熟능숙하다. 熟 3Ⅱ 익을 숙
- 나는 多樣다양한 調理法조리법을 알고 있다. 樣 4 모양 양
- 나는 料理요리 講習강습을 받았다. 講 4Ⅱ 욀 강
- 나는 스파게티나 케이크와 같은 西洋서양 飮食음식도 涉獵섭렵했다. 涉 3 건널 섭 | 獵 3 사냥 렵(엽)
- 나의 長技장기는 빵 만들기다.

요리 준비

- 오늘은 내가 저녁밥을 할 次例차례다.   次 4Ⅱ 버금 차
- 그 料理요리는 多樣다양한 材料재료가 必要필요한 飮食음식이다.   樣 4 모양 양
- 冷藏庫냉장고에서 材料재료를 꺼냈다.   藏 3Ⅱ 감출 장 | 庫 4 곳집 고
- 料理요리를 할 땐 新鮮신선하고 淸潔청결한 材料재료를 使用사용하는 것이 좋다.   潔 4Ⅱ 깨끗할 결
- 무를 薑板강판에 갈았다.   薑 1 생강 강
- 몇 가지 堅果類견과류를 빻아 가루로 만들었다.   堅 4 굳을 견
- 沙果사과를 네모 模樣모양으로 토막 내었다.   沙 3Ⅱ 모래 사 | 模 4 본뜰 모
- 150度도로 오븐을 豫熱예열시켰다.   豫 4 미리 예
- 生鮮생선의 內臟내장을 손질했다.   臟 3Ⅱ 오장 장
- 밀가루를 반죽한 후 室溫실온에 두었다.

요리하기

- 가스레인지를 點火점화하고 불꽃을 약하게 했다.   點 4 점 점
- 물의 沸點비점은 100℃다.   沸 1 끓을 비, 용솟음할 불
- 넓은 容器용기에 强力粉강력분을 넣고 반죽했다.   器 4Ⅱ 그릇 기 | 强 특Ⅱ 강할[强] 강 | 粉 4 가루 분
- 설탕과 鷄卵계란 노른자를 부드러워질 때까지 섞었다.   鷄 4 닭 계 | 卵 4 알 란(난)
- 豫熱예열된 오븐에서 30분 동안 加熱가열했다.   豫 4 미리 예
- 桂皮계피 가루를 뿌렸다.   桂 3Ⅱ 계수나무 계 | 皮 3Ⅱ 가죽 피
- 饅頭皮만두피 반죽을 말랑말랑하게 했다.   饅 1 만두 만
- 鷄卵계란찜은 重湯중탕으로 한다.   湯 3Ⅱ 끓을 탕
- 購入구입한 鰍魚湯추어탕에 野菜야채를 넣고 다시 끓였다.   購 2 살 구 | 鰍 1 미꾸라지 추 | 菜 3Ⅱ 나물 채
- 生鮮생선을 直火직화 오븐기에 구웠다.
- 調理조리 道具도구에 손가락을 베었다.
- 나는 오늘 저녁과 特別특별 後食후식을 만들었다.
- 나는 前菜전채 料理요리를 擔當담당했다.   擔 4Ⅱ 멜 담
- 後食후식으로 水正果수정과를 만들었다.

- 고기의 잡 냄새를 除去제거하기 위해 淸酒청주를 부었다.　　除 4Ⅱ 덜 제 | 酒 4 술 주
- 마요네즈를 다른 材料재료와 混合혼합했다.　　混 4 섞을 혼
- 나는 精誠정성을 들여 飮食음식을 만들었다.　　精 4Ⅱ 정할 정 | 誠 4Ⅱ 정성 성

요리 정도

- 밥알이 潤氣윤기가 나게 잘 되었다.　　潤 3Ⅱ 불을 윤
- 밥이 水分수분이 적어 되게 되었다.
- 밥물을 밥솥의 適正線적정선 以上이상으로 부었더니 질게 되었다.　　適 4 맞을 적
- 고기를 너무 익혀 肉質육질이 질겼다.
- 고기를 덜 익혀서 肉汁육즙이 뚝뚝 떨어졌다.　　汁 1 즙 즙
- 고기가 너무 질겨서 칼로 자르기엔 無理무리가 있었다.
- 鷄卵계란은 半熟반숙으로 익혔다.　　鷄 4 닭 계 | 卵 4 알 란(난) | 熟 3Ⅱ 익을 숙
- 난 完熟완숙된 鷄卵계란을 좋아한다.
- 肉水육수와 면발이 아주 잘 어울렸다.

03 맛

맛보기

- 난 試食시식을 했다.　　試 4Ⅱ 시험 시
- 오늘 飯饌반찬은 刺戟的자극적이었다.　　飯 3Ⅱ 밥 반 | 饌 1 반찬 찬 | 刺 3Ⅱ 찌를 자, 찌를 척 | 戟 1 창 극
- 난 炭酸탄산이 다 날아간 콜라를 試飮시음했다.　　酸 2 실 산
- 난 김치와 같은 醱酵발효 食品식품이 第一제일 맛있다.　　醱 1 술괼 발 | 酵 1 삭힐 효
- 그 柑橘감귤은 덜 익어서 신맛이 났다.　　柑 1 귤 감 | 橘 1 귤 귤

- 그 葡萄포도는 달콤해 보였으나 食醋식초와 같은 맛이 났다.　　葡 2 포도 포 | 萄 1 포도 도 | 醋 1 초 초

- 그 복숭아는 造淸조청처럼 단맛이 났다.　　造 4Ⅱ 지을 조

- 찌개의 매운 맛이 입안의 粘膜점막을 刺戟자극했다.　　粘 1 붙을 점 | 膜 2 꺼풀·막 막

- 매운 떡볶이 때문에 혀의 痛症통증을 느꼈다.　　痛 4 아플 통 | 症 3Ⅱ 증세 증

- 泰國태국 飮食음식에서는 香辛料향신료 맛이 강하다.　　泰 3Ⅱ 클 태 | 香 4Ⅱ 향기 향 | 辛 3 매울 신

- 그 요구르트는 아무런 맛이 加味가미되지 않은 것이었다.　　味 4Ⅱ 맛 미

- 그것은 故鄕고향의 맛과 같은 맛이었다.　　故 4Ⅱ 연고 고 | 鄕 4Ⅱ 시골 향

- 그 飮食음식에서 紅柿홍시 맛이 났다.　　紅 4 붉을 홍 | 柿 1 감 시

- 그 飮食음식은 오래되고 腐敗부패한 것 같았다.　　腐 3Ⅱ 썩을 부

04 식사 전

군침이 돌다

- 아침을 省略생략했다.　　略 4 간략할·약할 략(약)

- 점심을 못 먹었더니 虛飢허기가 진다.　　虛 4Ⅱ 빌 허 | 飢 3 주릴 기

- 冷藏庫냉장고의 飮食음식들을 보니 먹고 싶은 衝動충동이 생겼다.　　藏 3Ⅱ 감출 장 | 庫 4 곳집 고 | 衝 3Ⅱ 찌를 충

- 같은 飮食음식을 매일 먹는 것에 厭症염증을 느낀다.　　厭 2 싫어할 염 | 症 3Ⅱ 증세 증

- 맛있는 냄새가 嗅覺후각을 刺戟자극했다.　　嗅 1 맡을 후 | 覺 4 깨달을 각 | 刺 3Ⅱ 찌를 자, 찌를 척 | 戟 1 창 극

- 食慾식욕이 돌았다.　　慾 3Ⅱ 욕심 욕

- 飮食음식 냄새가 振動진동을 했다.　　振 3Ⅱ 떨칠 진

- 그 飮食음식은 食感식감이 훌륭했다.

- 그 飮食음식의 붉은 빛이 내 味覺미각을 刺戟자극했다.　　味 4Ⅱ 맛 미

176

배가 고프다

- 終日종일 굶었더니 營養失調영양실조에 걸린 것처럼 힘이 없다.
- 배가 고파 죽을 地境지경이었다.
- 몹시 배가 고파 皮骨相接피골상접했다.

營 4 경영할 영

境 4Ⅱ 지경 경

皮 3Ⅱ 가죽 피 | 骨 4 뼈 골 |
接 4Ⅱ 이을 접

간단한 요기

- 簡單간단하게 療飢요기하려고 패스트푸드전에 갔다.
- 簡便간편한 三角삼각 김밥을 먹었다.
- 시장이 飯饌반찬이다.
- 鬚髥수염이 석 자라도 먹어야 兩班양반이다.
- 金剛山금강산도 食後景식후경이다.

簡 4 대쪽·간략할 간 | 單 4Ⅱ 홑 단 |
療 2 병고칠 료(요)

飯 3Ⅱ 밥 반 | 饌 1 반찬 찬

鬚 특Ⅱ 수염 수 | 髥 특Ⅱ 구레나룻 염 |
兩 4Ⅱ 두 양(량)

剛 3Ⅱ 굳셀 강

05 식사 후

맛있다

- 맛이 幻想(환상적)이었다.　　　　　　　　　　　幻 2 헛보일 환 | 想 4Ⅱ 생각 상
- 너무 맛있어서 그 飮食(음식)에 魅了(매료)되었다.　魅 2 매혹할 매 | 了 3 마칠 료
- 맛이 淡白(담백)했다.　　　　　　　　　　　　　淡 3Ⅱ 맑을 담
- 맛이 良好(양호)했다.
- 너무 맛있어서 一人分(일인분)을 追加(추가)했다.　追 3Ⅱ 쫓을·따를 추
- 엄마가 만든 飮食(음식)은 種類(종류)를 莫論(막론)하고 다 맛있다.　莫 3Ⅱ 없을 막 | 論 4Ⅱ 논할 론(논)

맛없다

- 맛이 最惡(최악)이다.
- 맛이 形便(형편)없었다.
- 샐러드가 新鮮(신선)하지 않아 不快(불쾌)했다.　快 4Ⅱ 쾌할 쾌
- 그 飮食(음식)은 變質(변질)되었다.
- 그는 먹자마자 맛없다는 말을 連發(연발)했다.　連 4Ⅱ 이을 연(련)
- 그 飮食(음식)은 流通(유통) 期間(기간)이 지난 것 같았다.
- 그 飮食(음식)은 本來(본래)의 맛이 아니다.
- 牛乳(우유)가 상해서 惡臭(악취)가 났다.　　　　乳 4 젖 유 | 臭 3 냄새 취

배부르다

- 나는 暴食(폭식)했다.　　　　　　　　　　　　　暴 4Ⅱ 사나울 폭, 모질 포
- 나는 過食(과식)했다.
- 나는 過飮(과음)했다.
- 배가 飽和(포화) 狀態(상태)에 이르렀다.　　　　飽 3 배부를 포 | 狀 4Ⅱ 형상 상, 문서 장
　　　　　　　　　　　　　　　　　　　　　　　　態 4Ⅱ 모습 태
- 뷔페에 가서 飽食(포식)했다.

178

- 나는 過剩과잉 攝取섭취로 苦生고생하고 있다.　　　剩 1 남을 잉 | 攝 3 다스릴·잡을 섭 |
　　　　　　　　　　　　　　　　　　　　　　　取 4Ⅱ 가질 취
- 내가 먹을 수 있는 限度한도까지 먹었다.　　　　限 4Ⅱ 한할 한
- 너무 많이 먹어서 消化劑소화제를 먹었다.　　　　劑 2 약제 제

06　외식

가족 외식

- 우리 家族가족은 外食외식하는 것을 좋아한다.
- 外食외식을 하면 氣分기분 轉換전환을 할 수 있어 좋다.　　轉 4 구를 전 | 換 3Ⅱ 바꿀 환
- 週末주말마다 하는 外食외식은 家族가족 간에 더 많은 對話대화를 하게 해 준다.
- 우리 家族가족이 늘 利用이용하는 食堂식당이 몇 군데 있다.
- 오늘은 高級고급 食堂식당에서 別味별미를 먹었다.　　　味 4Ⅱ 맛 미

식당 예약

- 우리는 韓食堂한식당을 豫約예약했다.　　　　　　　　豫 4 미리 예
- 우리는 三寸삼촌이 推薦추천해 주신 食堂식당에 가기로 했다.　推 4 밀 추 | 薦 3 천거할 천
- 나는 食堂식당에 座席좌석을 豫約예약했다.　　　　　座 4 자리 좌
- 禁煙席금연석을 원했다.　　　　　　　　　　　　　禁 4Ⅱ 금할 금 | 煙 4Ⅱ 연기 연
- 오늘 晩餐만찬에 네 명이 食事식사할 자리를 豫約예약했다.　晩 3Ⅱ 늦을 만 | 餐 2 밥 찬
- 창가 쪽 자리를 付託부탁했다.　　　　　　　　　　付 3Ⅱ 부칠 부 | 託 2 부탁할 탁
- 창가 쪽은 벌써 滿席만석이었다.　　　　　　　　　滿 4Ⅱ 찰 만
- 모든 자리가 豫約예약이 終了종료되었다.　　　　　了 3 마칠 료
- 나는 너무 바빠서 豫約예약을 取消취소해야만 했다.　取 4Ⅱ 가질 취

식당

- 나는 食事식사할 만한 좋은 곳을 發見발견했다.
- 그 食堂식당은 飮食음식이 맛있고, 價格가격도 適當적당해서 매우 人氣인기 있다.   適 4 맞을 적
- 새로 開業개업한 食堂식당이었다.
- 그곳은 이 都市도시에서 아주 有名유명하다.
- 그 食堂식당은 冷麵냉면으로 잘 알려져 있다.   麵 특Ⅱ 국수 면
- 나는 그 食堂식당의 優待우대 손님이다.   優 4 넉넉할 우
- 그곳에 가면 恒常항상 極盡극진한 待接대접을 받는다.   恒 3Ⅱ 항상 항 | 常 4Ⅱ 떳떳할 상 | 極 4Ⅱ 다할·극진할 극 | 盡 4 다할 진 | 接 4Ⅱ 이을 접
- 그 食堂식당은 戀人연인들에게 人氣인기 있는 만남의 場所장소다.   戀 3Ⅱ 그리워할·그릴 연(련)
- 그 食堂식당은 스테이크를 專門전문으로 한다.   專 4 오로지 전
- 나는 큰 테이블 위에 飮食음식이 차려져 있어 먹고 싶은 걸 選擇선택해서 먹을 수 있는 뷔페가 좋다.   擇 4 가릴 택
- 待遇대우가 별로 좋지 않았다.   遇 4 만날 우
- 그 食堂식당을 最惡최악의 食堂식당으로 選定선정했다.

식당에 도착하다

- 食堂식당 入口입구에서 職員직원들이 案內안내해 주었다.   職 4Ⅱ 직분 직 | 員 4Ⅱ 인원 원
- 食堂식당에 사람이 많아서 待期票대기표를 받았다.   票 4Ⅱ 표 표
- 우리 一行일행은 4명이었다.
- 그 食堂식당에는 空席공석이 없었다.
- 食堂식당이 閑暇한가했다.   閑 4 한가할 한 | 暇 4 틈·겨를 가
- 우리는 구석진 卓子탁자에 앉았다.
- 다른 자리로 移動이동하고 싶었다.   移 4Ⅱ 옮길 이

주문

- 서빙을 하는 店員점원을 불렀다.
- 메뉴가 무척 多樣다양했다.   樣 4 모양 양
- 무엇을 注文주문해야 할지 決定결정할 수가 없었다.
- 나는 夏季하계 別味별미를 注文주문했다.   季 4 계절 계
- 메뉴 種類종류가 많아서 葛藤갈등했다.   葛 2 칡 갈 | 藤 2 등나무 등
- 그것은 韓食한식과 洋食양식을 混合혼합한 스테이크였다.   混 4 섞을 혼
- 前菜전채로 野菜야채 수프를 注文주문했다.   菜 3Ⅱ 나물 채
- 메인 料理요리로 燻製훈제 七面鳥칠면조를 注文주문했다.   燻 특Ⅱ 연기낄 훈 | 製 4Ⅱ 지을 제

식사

- 飮食음식이 今方금방 나왔다.
- 飮食음식이 나오는데 時間시간이 자꾸 遲延지연되었다.   遲 3 더딜·늦을 지 | 延 4 늘일 연
- 수프에 香辛料향신료를 뿌렸다.   香 4Ⅱ 향기 향 | 辛 3 매울 신
- 飮食음식에 異物質이물질이 들어 있었다.   異 4 다를 이(리)
- 그 食堂식당은 飮食음식을 人心인심 좋게 넉넉히 주었다.
- 우리는 飮食음식이 나오는 瞬間순간 바로 다 먹어 치웠다.   瞬 3Ⅱ 눈깜짝일 순
- 그 飮食음식은 無料무료로 提供제공되었다.   提 4Ⅱ 끌 제 | 供 3Ⅱ 이바지할 공
- 남긴 飮食음식을 包裝포장해 달라고 했다.   包 4Ⅱ 쌀 포 | 裝 4 꾸밀 장
- 冷水냉수를 달라고 했다.
- 後食후식 먹을 자리는 남겨 두었다.
- 後食후식으로 綠茶녹차가 나왔다.   茶 3Ⅱ 차 차, 차 다

밥값을 내다

- 飮食음식 價格가격이 비싸지도 않고 適當적당했다.   適 4 맞을 적
- 우리나라는 한 사람이 밥값을 全部전부 내는 慣習관습이 있다.   慣 3Ⅱ 익숙할 관
- 너무 비싸서 食事費식사비를 各自각자 負擔부담했다.   負 4 질 부 | 擔 4Ⅱ 멜 담
- 奉仕料봉사료와 附加稅부가세를 包含포함하니 돈이 많이 나왔다.   附 3Ⅱ 붙을 부 | 稅 4Ⅱ 세금 세 | 包 4Ⅱ 쌀 포 | 含 3Ⅱ 머금을 함

- 서로 計算계산을 하겠다고 다투었다.
- 지난번에는 後輩후배에게 待接대접을 받았다.   輩 3Ⅱ 무리 배
- 내가 밥값을 全部전부 支拂지불했다.   支 4Ⅱ 지탱할 지 | 拂 3Ⅱ 떨칠 불
- 밥값을 내지 않으려고 化粧室화장실에서 長時間장시간 머물렀다.   粧 3Ⅱ 단장할 장
- 돈이 없어서 身分證신분증을 맡기고 나왔다.   證 4 증거 증

07 배달 음식

배달 음식

- 나는 配達배달시켜 먹는 것을 좋아한다.   配 4Ⅱ 나눌·짝 배 | 達 4Ⅱ 통달할 달
- 나는 外食외식보다 配達배달 飮食음식을 選好선호한다.
- 食堂식당이 閉店폐점되어서 配達배달을 시켜 먹었다.   閉 4 닫을 폐
- 配達배달 飮食음식을 먹은 후 빈 容器용기를 잘 處理처리해야 한다.   器 4Ⅱ 그릇 기 | 處 4Ⅱ 곳 처

배달시키기

- 나는 中國중국 飮食음식을 配達배달시켰다.
- 電話전화로 注文주문하면서 카드로 決濟결제하겠다고 말했다.   濟 4Ⅱ 건널 제
- 配達배달이 너무 늦어서 電話전화로 督促독촉했다.   督 4Ⅱ 감독할 독 | 促 3Ⅱ 재촉할 촉
- 豫想예상 외로 飮食음식이 빨리 到着도착했다.   豫 4 미리 예 | 想 4Ⅱ 생각 상

- 피자가 식지 않도록 保溫器보온기에 담아서 配達배달이 왔다. 保 4Ⅱ 지킬 보
- 配達員배달원이 우리 집 招人鐘초인종을 눌렀다. 招 4 부를 초 | 鐘 4 쇠북 종
- 나는 시키지 않았으니 配達員배달원이 錯覺착각한 것임이 틀림없었다. 錯 3Ⅱ 어긋날 착 | 覺 4 깨달을 각
- 配達員배달원이 配達배달할 住所주소를 우리 집으로 誤認오인한 것이었다. 誤 4Ⅱ 그르칠 오 | 認 4Ⅱ 알 인

Diary

식탐 탈출

6월 3일

초등학생 때는 편식 때문에 엄마가 걱정하셨는데 요즘은 식탐 때문에 더 걱정을 하신다. 내가 좋아하는 음식일 경우 집중적으로 마구 먹는 습관이 있다. 또 여러 사람들과 함께 음식을 먹을 때면 더 많이 먹기 위해 제대로 씹지도 않고 삼키는 일도 대부분이다. 고등학생이 되면서부터 식욕이 더욱 왕성해져 불어 가는 체중 때문에 엄마는 더 걱정이시다. 나에게 매일 소식을 해야 장수할 수 있다고 하시며 늘 적당히 먹기를 바라신다. 그런데 그게 내 마음처럼 되질 않으니 그게 문제인 것이다. 오늘 학교에선 학생들의 식생활 문제에 대한 보고와 개선 방법에 대한 특강이 있었다. 요즘 학생들은 불규칙적인 식사 습관을 가지고 있고 그것으로 인해 편식이나 과식이 생겨날 수 있다는 보고였다. 생각해 보니 나도 아침을 거른 채 학교에 가면 매점에 들러 분식을 즐겨 먹고, 점심을 먹고 나서 허기가 오면 영양가가 제로인 인스턴트 음식을 사 먹곤 했다. 간식으로 먹는 것들은 이상하게도 금방 소화가 돼서 집에 오면 허겁지겁 더 많은 음식을 먹었었다. 나는 오늘 특강을 듣고 특단의 조치를 내려야겠다고 생각했다. 쉽지 않겠지만 가능한 과식을 피하고 인스턴트 간식을 줄이고 채소와 우유를 많이 섭취하기로 했다. 작심삼일로 끝나지 말아야 할 텐데 이 밤, 어디선가 피자 냄새가 후각을 자극하는 듯하다.

● 알맞은 한자로 써 보세요.

1. 식탐
2. 탈출
3. 초등학생
4. 편식
5. 음식
6. 경우
7. 집중적
8. 습관
9. 대부분
10. 고등학생
11. 식욕
12. 왕성
13. 체중
14. 매일
15. 소식
16. 장수
17. 적당
18. 문제
19. 학교
20. 학생
21. 식생활
22. 보고
23. 개선
24. 방법
25. 특강
26. 불규칙적
27. 식사
28. 습관
29. 편식
30. 과식
31. 매점
32. 분식
33. 허기
34. 영양가
35. 간식
36. 이상
37. 금방
38. 소화
39. 특단
40. 조치
41. 가능
42. 채소
43. 우유
44. 섭취
45. 작심삼일
46. 후각
47. 자극

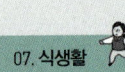

食貪 脫出

六月 三日

初等學生 때는 偏食 때문에 엄마가 걱정하셨는데 요즘은 食貪 때문에 더 걱정을 하신다. 내가 좋아하는 飮食일 境遇 集中的으로 마구 먹는 習慣이 있다. 또 여러 사람들과 함께 飮食을 먹을 때면 더 많이 먹기 위해 제대로 씹지도 않고 삼키는 일도 大部分이다. 高等學生이 되면서부터 食慾이 더욱 旺盛해져 불어 가는 體重 때문에 엄마는 더 걱정이시다. 나에게 每日 小食을 해야 長壽할 수 있다고 하시며 늘 適當히 먹기를 바라신다. 그런데 그게 내 마음처럼 되질 않으니 그게 問題인 것이다. 오늘 學校에선 學生들의 食生活 問題에 대한 報告와 改善 方法에 대한 特講이 있었다. 요즘 學生들은 不規則的인 食事 習慣을 가지고 있고 그것으로 인해 偏食이나 過食이 생겨날 수 있다는 報告였다. 생각해 보니 나도 아침을 거른 채 學校에 가면 賣店에 들러 粉食을 즐겨 먹고, 점심을 먹고 나서 虛飢가 오면 營養價가 제로인 인스턴트 飮食을 사 먹곤 했다. 間食으로 먹는 것들은 異常하게도 今方 消化가 돼서 집에 오면 허겁지겁 더 많은 飮食을 먹었었다. 나는 오늘 特講을 듣고 特段의 措置를 내려야겠다고 생각했다. 쉽지 않겠지만 可能한 過食을 피하고 인스턴트 間食을 줄이고 菜蔬와 牛乳를 많이 攝取하기로 했다. 作心三日로 끝나지 말아야 할 텐데 이 밤, 어디선가 피자 냄새가 嗅覺을 刺戟하는 듯하다.

의생활

01. 옷차림　02. 액세서리　03. 유행
04. 옷 수선
Diary

01 옷차림

옷 취향

- 나는 사람들의 옷 입는 方式방식은 그들의 性格성격을 나타낸다고 생각한다.
- 나는 最新최신 流行유행의 옷을 좋아한다.
- 나는 옷이 欌籠장롱 가득 있다.   欌 특Ⅱ 장롱 장 | 籠 2 대바구니 롱(농)
- 나는 治粧치장하는 것을 좋아한다.   治 4Ⅱ 다스릴 치 | 粧 3Ⅱ 단장할 장
- 나는 옷에 관한 感覺감각이 있는 것 같다.   覺 4 깨달을 각
- 팔에 傷處상처가 있어서 난 꼭 긴 팔 셔츠만 입는다.   傷 4 다칠 상 | 處 4Ⅱ 곳 처
- 나는 童顔동안처럼 보일 수 있는 옷을 입고 싶다.   顔 3Ⅱ 낯 안
- 그 코트는 純毛순모에 손으로 짠 것이다.   純 4Ⅱ 순수할 순
- 그는 名品명품을 좋아하지 않는다.
- 그는 옷차림이 端正단정치 못하게 보인다.   端 4Ⅱ 끝 단
- 나는 내가 어떻게 보이는지에 대해 意識의식하지 않는다.
- 나는 옷차림에 無關心무관심하다.
- 나는 外出服외출복이 없다.

편한 옷

- 나는 活動활동하기 便安편안한 옷을 좋아한다.
- 나는 男女老少남녀노소 누구나 負擔부담 없이 입을 수 있는 옷이 좋다.   負 4 질 부 | 擔 4Ⅱ 멜 담
- 나는 舊製구제 청바지를 좋아한다.   製 4Ⅱ 지을 제
- 나는 날씨가 더우면 시원한 素材소재의 반바지를 입는다.   素 4Ⅱ 본디·흴 소
- 입기 편한 南方남방을 좋아한다.
- 나는 伸縮性신축성이 있는 바지가 편하다.   伸 3 펼 신 | 縮 4 줄일 축
- 나는 물 洗濯세탁이 可能가능하고 다림질이 必要필요 없는 옷을 산다.   濯 3 씻을 탁

정장

- 나는 正裝정장을 입는 것을 좋아한다.   裝 4 꾸밀 장
- 나는 格式격식을 갖춰 차려입는 것을 좋아한다.
- 나는 내가 여러 옷을 잘 調和조화시켜 입는 素質소질이 있다고 생각한다.
- 나는 가끔은 品位품위가 느껴지는 옷을 입는다.
- 그는 高價고가의 有名유명 商標상표의 옷만 입는다.   標 4 표할 표
- 그녀는 뛰어난 패션 感覺감각으로 大衆대중의 流行유행을 先導선도한다.   衆 4Ⅱ 무리 중 | 導 4Ⅱ 인도할 도
- 그녀는 眼目안목이 뛰어나다.   眼 4Ⅱ 눈 안

야한 옷

- 나는 淺薄천박한 옷을 싫어한다.   淺 3Ⅱ 얕을 천 | 薄 3Ⅱ 엷을 박
- 그녀가 입은 야한 옷은 사람들로 하여금 拒否感거부감을 일으킨다.   拒 4 막을 거 | 否 4 아닐 부
- 그녀는 上半身상반신 露出노출이 심한 옷을 입었다.   露 3Ⅱ 이슬 노(로)
- 그녀는 果敢과감한 옷을 즐겨 입는다.   敢 4 감히·구태여 감
- 그녀의 옷이 妖艶요염을 넘어선 것 같아서 몇 마디 助言조언을 했다.   妖 2 요사할 요 | 艶 1 고울 염 | 助 4Ⅱ 도울 조
- 나는 배꼽티를 입을 만큼 外向외향적이지 못하다.
- 야한 옷을 입으면 사람들의 視線시선이 나에게 固定고정되는 듯하다.   視 4Ⅱ 볼 시

어울리는 옷

- 그 블라우스는 이 바지와 相剋상극이다.   剋 1 이길 극
- 나에겐 適合적합하지 않은 옷이다.   適 4 맞을 적
- 그 옷을 입으면 語塞어색하다.   塞 3Ⅱ 막힐 색, 변방 새
- 綠色녹색이 나에게 第一제일 잘 어울린다.
- 그 外套외투와 바지는 어울리지 않는다.   套 1 씌울 투
- 나는 어떤 옷을 입어도 잘 消化소화한다.
- 나는 身體신체 比率비율이 좋아서 어느 옷이든 다 잘 어울린다.   率 3Ⅱ 비율 율(률)·거느릴 솔
- 그녀는 옷도 잘 입고 優雅우아하기도 하다.   優 4 넉넉할 우 | 雅 3Ⅱ 맑을 아
- 그는 옷을 洗練세련되게 입는다.

- 그녀의 패션은 專門家전문가의 손길이 느껴진다.
- 겉만 보고 사람을 判斷판단할 수는 없다.
- 빈 수레가 搖亂요란하다.

專 4 오로지 전
判 4 판단할 판 | 斷 4Ⅱ 끊을 단
搖 3 흔들 요 | 亂 4 어지러울 란(난)

02 액세서리

액세서리

- 나는 多樣다양한 裝身具장신구가 많다.
- 나는 옷을 돋보이게 하는 純金순금 브로치를 가지고 있다.
- 그 목걸이는 模造品모조품이다.
- 나는 純金순금 斑指반지를 꼈다.
- 나는 그 珍珠진주가 眞品진품인지 寶石商보석상에게 鑑定감정을 依賴의뢰했다.
- 나는 金銀寶貨금은보화 중에서 斑指반지 하나를 選擇선택했다.
- 나는 액세서리 標本표본에 있는 디자인으로 만들어 달라고 注文주문했다.
- 男子남자 親舊친구와 琥珀호박으로 細工세공한 커플링을 했다.
- 나는 伊太利産이태리산 琉璃유리구슬로 만든 精巧정교한 팔찌를 샀다.
- 나는 나의 誕生石탄생석으로 목걸이 팬던트를 만들었다.

樣 4 모양 양 | 裝 4 꾸밀 장
純 4Ⅱ 순수할 순
模 4 본뜰 모 | 造 4Ⅱ 지을 조
斑 1 아롱질 반 | 指 4Ⅱ 가리킬 지
珍 4 보배 진 | 珠 3Ⅱ 구슬 주 |
眞 4Ⅱ 참 진 | 鑑 3Ⅱ 거울 감 |
依 4 의지할 의 | 賴 3Ⅱ 의뢰할 뢰
擇 4 가릴 택
標 4 표할 표
琥 1 호박 호 | 珀 1 호박 박 |
細 4Ⅱ 가늘 세
伊 2 저 이 |
琉 1 유리 유(류) | 璃 특Ⅱ 유리 리(이) |
精 4Ⅱ 정할 정 | 巧 3Ⅱ 공교할 교
誕 3 낳을·거짓 탄

액세서리를 착용하다

- 귀걸이를 着用착용하기 위해 귓불의 中心部중심부를 뚫었다.
- 팔찌를 하면 여름에 손목에 通風통풍이 잘 안 돼서 不便불편하다.
- 나는 눈을 保護보호하기 위해 保眼鏡보안경을 着用착용한다.

保 4Ⅱ 지킬 보 | 護 4Ⅱ 도울 호
眼 4Ⅱ 눈 안 | 鏡 4 거울 경

- 나는 白金백금으로 된 액세서리를 좋아한다.
- 나는 藥指약지에 斑指반지를 끼고 있다.
- 그 模造모조 목걸이가 그녀의 멋진 드레스를 망쳐 놓았다.

模 4 본뜰 모

- 나는 中折帽중절모로 코디하는 것을 좋아한다.

折 4 꺾을 절 | 帽 2 모자 모

03 유행

최신 유행

- 그것이 流行유행이다.
- 그것의 大流行대유행을 豫感예감했다.

豫 4 미리 예

- 最新최신 流行유행을 先導선도하고 있다.

導 4Ⅱ 인도할 도

- 그것이 요즘 大勢대세이다.

勢 4Ⅱ 형세 세

- 그것은 尖端첨단 流行유행을 달리고 있다.

尖 3 뾰족할 첨 | 端 4Ⅱ 끝 단

- 사람들이 그 스타일에 共感공감하기 始作시작했다.
- 요즘 젊은 世代세대 사이에서는 絕對的절대적인 스타일이다.

絕 4Ⅱ 끊을 절

- 나는 親舊친구들에 비해서 流行유행에 더 敏感민감한 편이다.

敏 3 민첩할 민

- 나는 親舊친구들 사이에서 流行유행 通信통신이라 불린다.

유행 따라하기

- 나는 演藝人연예인들 사이의 流行유행을 따르는 편이다.　　　　演 4Ⅱ 펼 연 | 藝 4Ⅱ 재주 예
- 나는 流行유행에 鈍感둔감하지 않으려고 한다.　　　　鈍 3 둔할 둔
- 나는 最新최신 流行유행의 先驅者선구자가 되고 싶다.　　　　驅 3 몰 구
- 그해에 나온 新商品신상품은 거의 流行유행했다.
- 無差別적으로 流行유행을 좇는 것은 個性개성이 없다.　　　　差 4 다를 차 | 個 4Ⅱ 낱 개
- 그것이 人氣인기 있는 스타일이긴 하지만 體型체형이 좋지 않으면 오히려 狼狽낭패를 볼 것이다.　　　　型 2 모형 형 | 狼 1 이리 낭(랑) | 狽 특Ⅱ 이리 패
- 流行유행하는 物品물품만으로 治粧치장했다고 멋있는 것은 아니다.　　　　治 4Ⅱ 다스릴 치 | 粧 3Ⅱ 단장할 장
- 듣기 거북한 流行語유행어의 濫用남용은 根絕근절되어야 한다.　　　　濫 3 넘칠 남(람)

유행이 지나다

- 流行유행에 左之右之좌지우지되지 말아야 한다.　　　　之 3Ⅱ 갈 지
- 그것은 舊式구식이다.
- 時代시대에 뒤떨어진 陳腐진부한 것이다.　　　　陳 3Ⅱ 베풀 진, 묵을 진 | 腐 3Ⅱ 썩을 부
- 그 携帶휴대 電話전화는 流行유행이 지나 武器무기로 轉落전락했다.　　　　携 3 이끌 휴 | 帶 4Ⅱ 띠 대 | 武 4Ⅱ 호반 무 | 器 4Ⅱ 그릇 기 | 轉 4 구를 전
- 流行유행은 反復반복되는 것 같다.
- 流行유행을 盲信맹신해서는 안 된다.　　　　盲 3Ⅱ 소경·눈멀 맹

04 옷 수선

옷 상태

- 旣成服기성복이라 그런지 내게 좀 작았다.
- 外國외국에서 輸入수입된 옷이라 그런지 치수가 크게 나왔다.
- 그 옷은 修繕수선을 해야만 입을 수 있었다.
- 手製수제 옷은 修繕수선이 不可能불가능하다.
- 이 옷은 再活用재활용 센터로 보내도 될 만큼 좋은 狀態상태이다.

- 防寒用방한용 바지가 찢어져서 修繕수선을 맡겼다.
- 外套외투에 달린 帽子모자 지퍼가 中間중간에서 올라가지 않는다.
- 옷의 단추가 떨어져 옷을 여미는 機能기능이 喪失상실된 狀態상태다.

旣 3 이미 기

輸 3Ⅱ 보낼 수

修 4Ⅱ 닦을 수 | 繕 2 기울 선

製 4Ⅱ 지을 제

狀 4Ⅱ 형상 상, 문서 장 |
態 4Ⅱ 모습 태

套 1 씌울 투 | 帽 2 모자 모

機 4 틀 기 | 喪 3Ⅱ 잃을 상

옷 수선하기

- 裁縫師재봉사에게 바짓단을 좀 늘려 달라고 했다.

- 원피스 허리쪽에 縫合線봉합선이 터져서 꿰맸다.

- 스커트 단을 追加추가로 늘렸다.

- 그에게 소매를 餘裕여유 있게 늘려 달라고 付託부탁했다.

- 찢어진 가죽 바지에 豚皮돈피를 덧대었다.

- 잘못된 바지의 裁斷재단을 修繕수선했다.

- 洋襪양말에 난 구멍을 꿰매었다.
- 지퍼가 故障고장 나서 다시 달았다.
- 뜯어져 헐렁거리는 허리띠를 다시 附着부착했다.
- 成功성공적인 修繕수선으로 옷이 몸에 꼭 맞았다.

裁 3Ⅱ 옷마를 재 | 縫 2 꿰맬 봉 |
師 4Ⅱ 스승 사

追 3Ⅱ 쫓을·따를 추

餘 4Ⅱ 남을 여 | 裕 3Ⅱ 넉넉할 유 |
付 3Ⅱ 부칠 부 | 託 2 부탁할 탁

豚 3 돼지 돈 | 皮 3Ⅱ 가죽 피

斷 4Ⅱ 끊을 단 | 修 4Ⅱ 닦을 수 |
繕 2 기울 선

襪 1 버선 말

故 4Ⅱ 연고 고 | 障 4Ⅱ 막을 장

附 3Ⅱ 붙을 부

Diary

명품이 뭐기에

8월 25일

부부 동반 모임이 있는 날이면 난 정말 예민해진다. 옷차림은 그 사람의 성격을 나타낸다고 하는데 전업주부인 나는 활동하기 편안한 옷만 있지 제대로 된 외출복이 없기 때문이다. 남편의 체면을 생각해서라도 격식을 갖춰 차려입어야 하는데 품위가 느껴질 만한 옷이 없었다. 분명 누구누구 와이프는 명품 백도 들고 올 텐데 난 짝퉁 비슷한 것도 없으니 말이다. 적어도 명품 백 정도는 들어줘야 하는 거 아닌가? 그러다 문득 아가씨가 생각났다. 우리 아가씨는 고가의 유명 상표 옷만 입는다. 어렵게 아가씨에게 정장을 빌리고 내친김에 명품 백도 빌렸다. 부랴부랴 단장을 하고 남편과의 약속 장소로 갔다. 그런데 이게 웬일, 약속 장소에 모인 사람들은 모두 부담 없이 편안한 복장이었다. 오히려 내 옷차림이 거부감을 일으킬 정도였다. 알고 봤더니 오늘 모임은 부부 동반으로 볼링 대회를 하고 삼겹살을 먹기로 했다나? 남편은 멋쩍은 듯 "당신 평소 복장을 하고 오면 어떻게 해~. 우리 와이프가 평소에 정장을 즐겨 입거든요~" 하고 말했다. 난 정장에 명품 백, 게다가 하이힐까지 신고 볼링장에 가서 다소곳이 관람(?)만을 하고 삼겹살 집에서도 다소곳이 시식(?)만을 하는 수모를 겪었다. 돌아오는 차 안에서 남편과 다투면서 이게 다 명품 백 한번 사 주지 않은 당신 책임이라며 괜한 화풀이를 했다. 남편은 깜박하고 볼링 대회라는 말을 못해서 미안하다고 했지만 여전히 분이 풀리지 않아 아직도 냉전 중이다. 정말 명품이 뭐기에. 그나저나 고기 냄새가 가득 베인 아가씨 옷은 내일 세탁소에 맡겨야겠다.

■ 알맞은 한자로 써 보세요.

1. 명품
2. 부부
3. 동반
4. 예민
5. 성격
6. 전업주부
7. 활동
8. 편안
9. 외출복
10. 남편
11. 체면
12. 격식
13. 품위
14. 분명
15. 정도
16. 고가
17. 유명
18. 상표
19. 정장
20. 단장
21. 약속
22. 장소
23. 부담
24. 복장
25. 거부감
26. 대회
27. 평소
28. 관람
29. 시식
30. 수모
31. 책임
32. 미안
33. 여전
34. 냉전
35. 내일
36. 세탁소

名品이 뭐기에

八月 二十五日

　　夫婦 同伴 모임이 있는 날이면 난 정말 銳敏해진다. 옷차림은 그 사람의 性格을 나타낸다고 하는데 專業 主婦인 나는 活動하기 便安한 옷만 있지 제대로 된 外出服이 없기 때문이다. 男便의 體面을 생각해서라도 格式을 갖춰 차려입어야 하는데 品位가 느껴질 만한 옷이 없었다. 分明 누구누구 와이프는 名品 백도 들고 올 텐데 난 짝퉁 비슷한 것도 없으니 말이다. 적어도 名品 백 程度는 들어주야 하는 거 아닌가? 그러다 문득 아가씨가 생각났다. 우리 아가씨는 高價의 有名 商標 옷만 입는다. 어렵게 아가씨에게 正裝을 빌리고 내친김에 名品 백도 빌렸다. 부랴부랴 丹粧을 하고 男便과의 約束 場所로 갔다. 그런데 이게 웬일, 約束 場所에 모인 사람들은 모두 負擔 없이 便安한 服裝이었다. 오히려 내 옷차림이 拒否感을 일으킬 程度였다. 알고 봤더니 오늘 모임은 夫婦 同伴으로 볼링 大會를 하고 삼겹살을 먹기로 했단다? 男便은 멋쩍은 듯 "당신 平素 服裝을 하고 오면 어떻게 해~. 우리 와이프가 平素에 正裝을 즐겨 입거든요~" 하고 말했다. 난 正裝에 名品 백, 게다가 하이힐까지 신고 볼링장에 가서 다소곳이 觀覽(?)만을 하고 삼겹살 집에서도 다소곳이 試食(?)만을 하는 受侮를 겪었다. 돌아오는 차 안에서 男便과 다투면서 이제 다 名品 백 한번 사 주지 않은 당신 責任이라며 괜한 화풀이를 했다. 男便은 깜빡하고 볼링 大會라는 말을 못해서 未安하다고 했지만 如前히 분이 풀리지 않아 아직도 冷戰 중이다. 정말 名品이 뭐기에. 그나저나 고기 냄새가 가득 베인 아가씨 옷은 來日 洗濯所에 맡겨야겠다.

외모

01. 외모   02. 얼굴   03. 머리
04. 체형   05. 화장   06. 머리 손질
07. 비만   08. 다이어트
Diary

01 외모

닮다

- 나는 엄마의 外貌_{외모}를 닮았다.　　　　　　　　　　貌 3Ⅱ 모양 모
- 나는 엄마의 性格_{성격}을 닮았다.
- 나는 아빠와 體質_{체질}이 비슷하다.
- 나는 아빠의 分身_{분신}처럼 닮았다.
- 나는 고기를 싫어하는 食性_{식성}마저 아빠를 닮았다.
- 나는 나이에 비해 童顔_{동안}이다.　　　　　　　　　　顔 3Ⅱ 낯 안
- 그것은 우리 집안 來歷_{내력}이다.
- 우리 家族_{가족} 全員_{전원}이 닮았다.　　　　　　　　員 4Ⅱ 인원 원

뛰어난 외모

- 그녀는 美人_{미인}이다.
- 그녀는 絕世佳人_{절세가인}이다.　　　　　　　　絕 4Ⅱ 끊을 절 | 佳 3Ⅱ 아름다울 가
- 그녀는 魅力的_{매력적}이다.　　　　　　　　　　魅 2 매혹할 매
- 그녀는 知的_{지적}으로 보인다.
- 그녀는 눈부시게 燦爛_{찬란}하다.　　　　　　　燦 2 빛날 찬 | 爛 2 빛날 란(난)
- 그녀는 宏壯_{굉장}한 美女_{미녀}다.　　　　　　　宏 1 클 굉 | 壯 4 장할 장
- 그녀의 얼굴은 傾國之色_{경국지색}이라 할 만하다.　傾 4 기울 경
- 그녀는 纖纖玉手_{섬섬옥수}와 부드러운 머릿결을 가진 美人_{미인}이다.　纖 2 가늘 섬 | 玉 4Ⅱ 구슬 옥
- 그녀는 魅惑的_{매혹적}이다.　　　　　　　　　　惑 3Ⅱ 미혹할 혹
- 그는 好男型_{호남형} 얼굴이다.　　　　　　　　　型 2 모형 형
- 그는 勇敢無雙_{용감무쌍}해 보인다.　　　　　　　敢 4 감히·구태여 감 | 雙 3Ⅱ 두·쌍 쌍
- 그는 長身_{장신}에 美男_{미남}이다.

평범한 외모

- 그녀는 平凡평범하게 생겼다.
- 그녀는 普通보통의 外貌외모를 가지고 있다.
- 그는 平均평균 程度정도로 생겼다.
- 나는 美男미남도 醜男추남도 아니다.

凡 3Ⅱ 무릇 범
普 4 넓을 보
均 4 고를 균 | 程 4Ⅱ 한도·길 정
醜 3 추할 추

못생긴 외모

- 그녀는 醜女추녀다.
- 그녀는 人相인상을 쓴 듯한 얼굴이다.
- 그녀는 萬事만사 중에 外貌외모에 큰 關心관심이 있다.
- 그녀는 거울 앞에서 嬌態교태를 부리며 表情표정 練習연습하기를 좋아한다.
- 사람을 겉모습으로만 判斷판단한다면 큰 誤算오산이다.
- 美貌미모는 瞬間순간이다.

醜 3 추할 추

嬌 1 아리따울 교 | 態 4Ⅱ 모습 태
判 4 판단할 판 | 斷 4Ⅱ 끊을 단 | 誤 4Ⅱ 그르칠 오
瞬 3Ⅱ 눈깜짝일 순

성형 수술

- 나는 成形성형 手術수술을 하고 싶다.
- 나는 顔面안면 輪廓윤곽 手術수술을 받았다.
- 手術수술을 통해 成形성형 美人미인으로 登極등극했다.
- 隆鼻術융비술이 잘못되었다.
- 나는 쌍커풀 切開術절개술을 했다.
- 나는 成形성형 手術수술을 嫌惡혐오한다.
- 내 外貌외모가 어떠하든 난 相關상관하지 않는다.
- 外面외면의 모습보다 內面내면의 모습이 더 重要중요하다.
- 나는 自然자연 그대로의 모습이 좋다.

輪 4 바퀴 윤(륜) | 廓 1 둘레 곽, 클 확
極 4Ⅱ 다할·극진할 극
隆 3Ⅱ 높을 융(륭)

嫌 3 싫어할 혐

02 얼굴

얼굴

- 내 얼굴은 鷄卵形계란형이다.   鷄 4 닭 계 | 卵 4 알 란(난)
- 그녀의 얼굴은 四角形사각형이다.
- 내 얼굴은 逆三角形역삼각형이다.   逆 4Ⅱ 거스릴 역
- 그는 얼굴이 扁平편평한 편이다.   扁 2 작을 편
- 나는 얼굴이 瘦瘠수척한 편이다.   瘦 1 여윌 수 | 瘠 1 여윌 척
- 그는 얼굴의 毛孔모공이 넓었다.   孔 4 구멍 공
- 나는 얼굴의 皮脂피지 때문에 苦悶고민이다   皮 3Ⅱ 가죽 피 | 脂 2 기름 지 | 悶 1 답답할 민
- 그녀의 얼굴은 彈力탄력이 있다.   彈 4 탄알 탄
- 나는 내 얼굴이 獨特독특하다고 생각한다.

피부

- 나는 先天的선천적으로 고운 皮膚피부를 타고났다.   膚 2 살갗 부
- 내 皮膚피부는 純白色순백색이다.   純 4Ⅱ 순수할 순
- 그녀의 皮膚피부는 緋緞비단결처럼 곱다.   緋 1 비단 비 | 緞 1 비단 단
- 내 皮膚피부는 黑眞珠色흑진주색이다.   眞 4Ⅱ 참 진 | 珠 3Ⅱ 구슬 주
- 추위로 皮膚피부에 龜裂균열이 생겼다.   龜 3 터질 균, 거북 구, 거북 귀 | 裂 3Ⅱ 찢어질 열(렬)
- 나는 白色백색 皮膚피부를 자랑한다.
- 내 皮膚피부는 脂性지성이다.
- 내 皮膚피부는 乾性건성이다.   乾 3Ⅱ 마를·하늘 건
- 내 皮膚피부는 複合性복합성이다.   複 4 겹칠 복
- 皮膚피부 發疹발진이 일어났다.   疹 1 마마 진
- 내 皮膚피부는 敏感민감하다.   敏 3 민첩할 민
- 얼굴 全體전체에 주근깨가 고루 分布분포되어 있다.   布 4Ⅱ 베·펼포, 보시 보
- 볼에 큰 傷處상처가 있다.   傷 4 다칠 상 | 處 4Ⅱ 곳 처

- 난 얼굴에 蒙古點몽고점이 있다.
- 나는 老化노화 防止방지 크림을 使用사용한다.
- 보톡스 注射주사라도 맞아야겠다.

蒙 3Ⅱ 어두울 몽 | 點 4 점 점
防 4Ⅱ 막을 방
射 4 쏠 사

눈

- 나는 湖水호수처럼 크다.
- 나는 눈이 中心중심으로 몰려 있다.
- 나는 西洋人서양인처럼 눈이 움푹 들어갔다.
- 나는 眼球안구 突出形돌출형이다.
- 나는 눈이 작아서 苦悶고민이다.

突 3Ⅱ 갑자기 돌

코

- 나는 콧대가 없이 平平평평하다.
- 내 콧대는 完璧완벽하게 높다.
- 나는 코 坪數평수가 넓다.
- 兄형은 鼻孔비공이 작다.
- 愛酒家애주가인 아빠 코는 딸기코다.

璧 1 구슬 벽
坪 2 들 평
孔 4 구멍 공
酒 4 술 주

참고 鼻孔비공 ⇨ 콧구멍

입술

- 내 口脣구순은 두껍다.
- 내 입술은 適當적당히 도톰하다.
- 나는 입술이 魅惑的매혹적이라는 소리를 자주 듣는다.
- 나는 입술이 잘 터서 늘 保護劑보호제를 바른다.
- 나는 人中인중이 길다.

脣 3 입술 순
適 4 맞을 적
魅 2 매혹할 매 | 惑 3Ⅱ 미혹할 혹
保 4Ⅱ 지킬 보 | 護 4Ⅱ 도울 호 | 劑 2 약제 제

참고 口脣구순 ⇨ 입술

치아

- 나는 齒牙치아가 고르게 났다.
- 내 이는 不規則的불규칙적이다.
- 나는 治療치료받은 이가 있다.
- 내 이는 白玉백옥 같다.
- 나는 齒牙치아 校正機교정기를 꼈다.
- 나는 成年성년이 된 후 사랑니가 났다.
- 나는 義齒의치가 하나 있다.
- 나는 齒牙치아 美白미백을 했다.
- 나는 齒石치석 除去제거를 위해 스케일링을 받았다.
- 할머니는 人工的인공적으로 잇몸에 끼우는 틀니를 하고 계신다.

齒 4Ⅱ 이 치

治 4Ⅱ 다스릴 치 | 療 2 병고칠 료(요)

玉 4Ⅱ 구슬 옥

機 4 틀 기

義 4Ⅱ 옳을 의

牙 3Ⅱ 어금니 아

除 4Ⅱ 덜 제

귀

- 내 귀는 釋迦牟尼석가모니 귀처럼 생겼다.
- 내 귀는 普通보통보다 작다.
- 나는 귀 淸掃청소를 자주 한다.
- 나는 慢性만성 中耳炎중이염이 있다.

釋 3Ⅱ 풀 석 | 迦 2 부처이름 가 | 牟 2 성·보리 모 | 尼 2 여승 니(이)

普 4 넓을 보

掃 4Ⅱ 쓸 소

慢 3 거만할 만 | 炎 3Ⅱ 불꽃 염

수염

- 아빠는 턱鬚髥수염이 있으시다.
- 三寸삼촌은 귀밑에서 턱까지 連結연결된 鬚髥수염이 있다.
- 아빠의 긴 鬚髥수염은 道士도사를 聯想연상시킨다.
- 兄형의 鬚髥수염은 朝鮮時代조선시대의 吏房이방 鬚髥수염처럼 생겼다.

鬚 특Ⅱ 수염 수 | 髥 특Ⅱ 구레나룻 염

連 4Ⅱ 이을 연(련)

聯 3Ⅱ 연이을 연(련) | 想 4Ⅱ 생각 상

吏 3Ⅱ 벼슬아치·관리 이(리) | 房 4Ⅱ 방 방

03 머리

머리 색

- 머리 색이 짙은 褐色갈색이다.
- 머리 색이 漆黑칠흑 같다.
- 머리 색이 金髮금발이다.
- 할아버지는 白髮백발이시다.
- 過去과거에는 그의 머리가 黑色흑색이었는데 只今지금은 白髮백발이 되었다.

褐 1 갈색·굵은베 갈
漆 3II 옻 칠
髮 4 터럭 발

只 3 다만 지

머리 길이

- 머리가 中間중간 길이다.
- 내 머리는 短髮단발머리다.
- 내 머리는 허리까지 내려오는 長髮장발이다.
- 거의 削髮삭발이다.
- 나는 軍人군인 머리다.

削 3II 깎을 삭

머리숱

- 나는 벌써부터 脫毛탈모가 始作시작되어 숱이 없어지고 있다.
- 頭皮두피가 가렵더니 머리카락이 빠지기 始作시작했다.
- 나는 대머리가 되어가고 있어 憂鬱우울하다.
- 그는 머리 中央중앙의 정수리 部分부분에 머리카락이 거의 없다.
- 그는 假髮가발을 써야 한다.

脫 4 벗을 탈
皮 3II 가죽 피
憂 3II 근심 우 | 鬱 2 답답할 울
央 3II 가운데 앙
假 4II 거짓 가

04 체형

키

- 나는 身長신장이 180센티미터다.
- 나는 키가 큰 데 비해 體重체중은 未達미달이다.
- 나는 키가 平均평균을 넘는다.
- 나는 正常정상 身長신장이다.
- 나는 短身단신이다.
- 나는 長身장신이다.
- 내가 그보다 若干약간 더 크다.
- 나는 그와 키가 彼此一般피차일반으로 비슷하다.

- 昨年작년보다 5센티미터가 더 컸다.

達 4Ⅱ 통달할 달
均 4 고를 균
常 4Ⅱ 떳떳할 상

若 3Ⅱ 같을 약, 반야 야 | 干 4 방패 간
彼 3Ⅱ 저 피 | 此 3Ⅱ 이 차 |
般 3Ⅱ 가지·일반 반

체형

- 나는 過體重과체중이다.
- 나는 肥滿비만이다.
- 나는 高度고도 肥滿비만이다.
- 나는 厚德후덕하다는 소리를 자주 듣는다.
- 나는 腹部복부 肥滿비만이다.
- 나는 正常정상 體型체형이다.
- 내 몸매는 黃金황금 比率비율이다.

肥 3Ⅱ 살찔 비 | 滿 4Ⅱ 찰 만

厚 4 두터울 후
腹 3Ⅱ 배 복
型 2 모형 형
率 3Ⅱ 비율 율(률), 거느릴 솔

체격

- 사람들은 나에게 體格체격이 좋다고 한다.
- 나는 低質저질 몸매다.
- 나는 筋肉質근육질이다.

低 4Ⅱ 낮을 저
筋 4 힘줄 근

- 나는 健壯건장한 體格체격이다. 　　　　　　　　　壯 4 장할 장
- 그녀는 筋肉質근육질에 八等身팔등신이다.
- 나는 普通보통 體軀체구다. 　　　　　　　　　　　普 4 넓을 보 | 軀 1 몸 구
- 나는 矮小왜소한 편이다. 　　　　　　　　　　　　矮 1 난쟁이 왜

05 화장

화장 스타일

- 그녀는 化粧화장을 진하게 하고 다닌다. 　　　　粧 3Ⅱ 단장할 장
- 나는 自然자연스러운 化粧화장을 한다.
- 나는 基礎기초 化粧화장을 하고 립스틱을 발랐다. 礎 3Ⅱ 주춧돌 초
- 그는 내가 色調색조 化粧화장을 하는 것을 원하지 않는다.
- 나는 皮膚피부가 敏感민감해서 化粧화장을 진하게 하지 않는다. 皮 3Ⅱ 가죽 피 | 膚 2 살갗 부 | 敏 3 민첩할 민
- 모임에 가기 위해 藝術예술에 가까운 化粧화장을 했다. 　　藝 4Ⅱ 재주 예
- 나는 化粧화장을 하나 안 하나 別般별반 差異차이가 없다. 般 3Ⅱ 가지·일반 반 | 差 4 다를 차 | 異 4 다를 이(리)
- 이것은 女子여자들의 錯覺착각이다. 　　　　　　錯 3Ⅱ 어긋날 착 | 覺 4 깨달을 각

화장하기

- 化粧品화장품을 사러 商店상점에 갔다.
- 化粧品화장품의 品質품질을 테스트하려고 샘플을 발라 보았다.
- 나는 美容미용에 관한 것이라면 무엇이든 關心관심이 많다.
- 아침마다 洗顔세안 후 化粧화장을 한다. 　　　　顔 3Ⅱ 낯 안
- 營養영양 크림을 듬뿍 발라 준다. 　　　　　　　營 4 경영할 영
- 파운데이션으로 缺點결점을 커버한 후에 파우더로 마무리한다. 缺 4Ⅱ 이지러질 결 | 點 4 점 점

- 나는 아이라이너는 省略생략하는 편이다.
- 化粧화장 마무리 段階단계에서 水分수분 補充보충 미스트를 뿌려 준다.
- 오늘은 香水향수를 뿌렸다.
- 잠자기 전에 눈 밑 老化노화 防止방지를 위해 아이크림을 바른다.
- 나는 化粧화장을 지울 때 天然천연 클렌징 오일을 使用사용한다.
- 나는 등에 文身문신이 있다.
- 눈썹과 아이라인에 半永久반영구 文身문신을 했다.

略 4 간략할·약할 략(약)
段 4 층계 단 | 階 4 섬돌 계 |
補 3Ⅱ 기울 보
香 4Ⅱ 향기 향
防 4Ⅱ 막을 방

06 머리 손질

머리 상태

- 머리 狀態상태가 滿足만족스럽지 못하다.
- 머리가 엉망이어서 收拾수습이 不可能불가능했다.
- 헤어스타일에 變化변화를 주고 싶었다.
- 요즘 流行유행하는 스타일을 따라 하고 싶다.
- 氣分기분 轉換전환 삼아 머리를 새로 하고 싶다.
- 내 머리는 堪當감당이 안 된다.
- 머리를 하러 美容室미용실에 갔다.
- 우리 아빠는 美粧院미장원에서 머리를 자르신다.
- 兄형은 꼭 理髮所이발소에 가서 머리를 자른다.

狀 4Ⅱ 형상 상, 문서 장 |
態 4Ⅱ 모습 태 | 滿 4Ⅱ 찰 만
收 4Ⅱ 거둘 수 | 拾 3Ⅱ 주울 습, 열 십

轉 4 구를 전 | 換 3Ⅱ 바꿀 환
堪 1 견딜 감

粧 3Ⅱ 단장할 장
髮 4 터럭 발

커트 · 파마 · 스타일링

- 美粧院미장원에서 머리를 短髮단발로 잘랐다.
- 美容師미용사가 머리를 짧게 잘라 버렸다.   師 4Ⅱ 스승 사
- 나는 앞머리는 길게 하고 뒷머리는 짧게, 정수리 部分부분은 扁平편평하게 자르고 싶었다.   扁 2 작을 편
- 나는 僧侶승려처럼 머리를 빡빡 깎았다.   僧 3Ⅱ 중 승 | 侶 1 짝 려(여)
- 나는 2주에 한 번씩 定期的정기적으로 머리를 자른다.
- 나는 웨이브가 오랫동안 持續지속되는 강한 파마를 했다.   持 4 가질 지 | 續 4Ⅱ 이을 속
- 化學화학 藥品약품이 싫어서 파마를 自制자제하는 편이다.   制 4Ⅱ 절제할 제
- 이번 파마는 내 雰圍氣분위기와도 잘 어울린다.   雰 1 눈날릴 분 | 圍 4 에워쌀 위
- 나는 굵은 웨이브로 施術시술했다.   施 4Ⅱ 베풀 시
- 파마가 잘못 나와 還拂환불을 要請요청했다.   還 3Ⅱ 돌아올 환 | 拂 3Ⅱ 떨칠 불
- 나는 새로 한 머리에 대해 不滿불만을 吐露토로했다.   吐 3Ⅱ 토할 토 | 露 3Ⅱ 이슬 로(노)
- 머리를 固定고정시키려고 무스를 발랐다.
- 파티 參席참석을 위해 머리를 演出연출했다.   演 4Ⅱ 펼 연
- 나는 업스타일 形態형태의 머리를 좋아한다.

염색 · 면도

- 나는 머리를 染色염색했다.   染 3Ⅱ 물들 염
- 나는 머리를 褐色갈색으로 染色염색했다.   褐 1 갈색·굵은베 갈
- 나는 머리를 金髮금발로 染色염색했다.
- 머리를 脫色탈색했다.   脫 4 벗을 탈
- 每日매일 아침 面刀면도를 한다.
- 나는 電動전동 面刀器면도기를 使用사용한다.   器 4Ⅱ 그릇 기
- 나는 面刀면도하지 않은 얼굴로는 絕對절대 外出외출하지 않는다.   絕 4Ⅱ 끊을 절
- 理髮師이발사에게 面刀면도를 付託부탁했다.   付 3Ⅱ 부칠 부 | 託 2 부탁할 탁

손톱 손질

- 손톱을 整理정리했다. 整 4 가지런할 정
- 나는 손톱 保護보호 次元차원에서 매니큐어를 바른다. 保 4Ⅱ 지킬 보 | 護 4Ⅱ 도울 호 | 次 4Ⅱ 버금 차
- 나는 손톱 管理관리를 자주 받는다. 管 4 대롱·주관할 관
- 요즘은 손톱 管理使관리사가 直接직접 매니큐어를 발라 준다. 接 4Ⅱ 이을 접
- 나는 네일 케어 定額制정액제를 끊어서 集中집중 管理관리한다. 額 4 이마 액
- 발톱 管理관리를 받으면 疲勞피로가 풀리고 스트레스도 解消해소되는 것 같다. 疲 4 피곤할 피 | 解 4Ⅱ 풀 해

07 비만

비만 정도

- 나는 몸이 肥大비대하다. 肥 3Ⅱ 살찔 비
- 나는 體重체중이 未達미달이다. 達 4Ⅱ 통달할 달
- 나는 漸漸점점 體重체중이 增加증가하고 있다. 漸 3Ⅱ 점점 점 | 增 4Ⅱ 더할 증
- 體重計체중계로 달아 보니 亦是역시 過體重과체중이었다. 亦 3Ⅱ 또 역 | 是 4Ⅱ 이·옳을 시
- 身體檢査신체검사에서 肥滿비만 判定판정을 받았다. 檢 4Ⅱ 검사할 검 | 滿 4Ⅱ 찰 만 | 判 4 판단할 판
- 나는 배가 南山남산만 하다.
- 배가 너무 나와 숨쉬기조차 困難곤란하다. 困 4 곤할 곤 | 難 4Ⅱ 어려울 란(난)
- 나는 內臟내장 肥滿비만이다. 臟 3Ⅱ 오장 장
- 내 別名별명은 뚱뚱보, 또는 돼지이다.

날씬한 몸

- 내 體重체중을 보고 驚愕경악했다.
- 體重체중이 느는 것에 매우 銳敏예민해져 있다.
- 나는 뚱뚱하다는 말에 심한 挫折感좌절감을 느꼈다.
- 몸매가 屈辱的굴욕적이다.
- 몸매를 補正보정하고 싶다.
- 날씬했던 時節시절로 돌아가고 싶다.
- 지난 두 달 동안 요요 現象현상이 왔다.
- 飮食음식을 攝取섭취한 후에는 運動운동을 해야겠다고 마음먹었다.
- 날씬한 女性여성은 아름답고, 뚱뚱한 女性여성은 魅力매력이 缺如결여됐다고 생각하는 것 같다.
- 大部分대부분의 女性여성들은 마른 體型체형을 갖기 위해 無理무리한 다이어트를 한다.
- 많은 사람들이 外貌외모 至上主義지상주의를 讚揚찬양하는 것 같다.
- 外貌외모에 劣等感열등감을 느끼는 사람들이 많다.
- 나는 날씬하면 아름답다는 通念통념을 뒤엎고 싶다.

驚 4 놀랄 경 | 愕 1 놀랄 악
銳 3 날카로울 예 | 敏 3 민첩할 민
挫 1 꺾을 좌 | 折 4 꺾을 절
屈 4 굽힐 굴 | 辱 3Ⅱ 욕될 욕
補 3Ⅱ 기울 보
攝 3 다스릴·잡을 섭 | 取 4Ⅱ 가질 취
魅 2 매혹할 매 | 缺 4Ⅱ 이지러질 결
型 2 모형 형
貌 3Ⅱ 모양 모 | 至 4Ⅱ 이를 지
義 4Ⅱ 옳을 의 | 讚 4 기릴 찬
揚 3Ⅱ 날릴 양
劣 3 못할 열(렬)

08 다이어트

음식 다이어트

- 나는 體重체중 減量감량을 하기로 決心결심했다. — 減 4Ⅱ 덜 감
- 現在현재 다이어트에 熱中열중하고 있다.
- 지금부터 繼續계속 小食소식을 할 것이다. — 繼 4 이을 계 | 續 4Ⅱ 이을 속
- 인스턴트 食品식품이나 정크푸드는 絕對절대 謝絕사절이다. — 絕 4Ⅱ 끊을 절 | 謝 4Ⅱ 사례할 사
- 低脂肪저지방 飮食음식을 먹어야 한다. — 低 4Ⅱ 낮을 저 | 脂 2 기름 지 | 肪 1 기름 방
- 나는 肉食육식보다 菜食채식 爲主위주로 먹으려고 努力노력한다. — 菜 3Ⅱ 나물 채 | 爲 4Ⅱ 하·할 위 | 努 4Ⅱ 힘쓸 노
- 나는 過食과식을 自制자제해야 한다. — 制 4Ⅱ 절제할 제
- 規則규칙인 小食소식은 다이어트에 效果효과적이다.
- 살을 빼기 위해 저녁 6시 以後이후에는 禁食금식이다. — 禁 4Ⅱ 금할 금
- 지금 돌이라도 씹어 먹고 싶은 心情심정이다.
- 空中공중에 먹을 것이 떠다니는 幻影환영이 보인다. — 幻 2 헛보일 환 | 影 3Ⅱ 그림자 영

운동 다이어트

- 只今지금 내게 切實절실한 것은 運動운동뿐이다.
- 꾸준한 運動운동만이 體重체중 減量감량의 祕訣비결이다. — 祕 4 숨길 비 | 訣 3Ⅱ 이별할 결
- 運動운동을 통한 脂肪지방 燃燒연소만이 가장 좋은 다이어트 方法방법이다. — 燃 4 탈 연 | 燒 3Ⅱ 사를 소
- 流行유행하는 다이어트 方法방법을 無條件무조건적으로 模倣모방해서는 안 된다고 생각한다. — 條 4 가지 조 | 模 4 본뜰 모 | 倣 3 본뜰 방
- 나는 有酸素유산소 運動운동으로 살을 빼고 있다. — 酸 2 실 산 | 素 4Ⅱ 본디·흴 소
- 아침마다 筋力근력 運動운동으로 뱃살을 빼고 있다. — 筋 4 힘줄 근
- 나는 요가로 心身심신을 鍛鍊단련하고 살도 뺀다. — 鍛 2 쇠불릴 단 | 鍊 3Ⅱ 쇠불릴·단련할 련(연)
- 헬스클럽 트레이너에게 個人개인 指導지도를 받는다. — 個 4Ⅱ 낱 개 | 指 4Ⅱ 가리킬 지 | 導 4Ⅱ 인도할 도
- 나는 에어로빅 會員회원으로 加入가입했다. — 員 4Ⅱ 인원 원
- 나는 拳鬪권투 다이어트를 한다. — 拳 3Ⅱ 주먹 권 | 鬪 4 싸움 투

몸매 가꾸기

- 나는 몸매를 維持유지하기 위해 하루에 한 時間시간씩 自轉車자전거를 탄다. 維 3Ⅱ 벼리 유 | 持 4 가질 지 | 轉 4 구를 전
- 뱃살 減量감량을 위해 腹筋복근 運動운동을 꾸준히 한다. 腹 3Ⅱ 배 복
- 그것이 날씬한 몸매를 만드는 데는 아주 卓越탁월한 것 같다. 越 3Ⅱ 넘을 월
- 날씬한 몸매를 維持유지하기 위해서는 運動운동을 生活化생활화해야 한다.
- 筋肉量근육량은 增加증가하고, 體脂肪체지방이 減少감소했다. 增 4 더할 증
- 體重체중 調節조절에 成功성공했다.

Diary

나의 외모를 질투하지 마라

7월 11일

　요즘 들어 외모에 무척 신경이 쓰인다. 얼마 전 옆집으로 어떤 오빠가 이사를 왔는데 그 오빠는 여자 친구가 있는 것 같다. 아마도 굉장한 미인일 것이다. 난 절세가인은 아니지만 평균 이상의 외모를 가졌다. 단지 살짝 귀엽게 통통하고 다리가 살짝 용감한 정도? 그거야 지금 중학생이니까 그렇지 아마 대학생이 되면 정말 완벽한 미모의 소유자가 될 듯하다. 그런데 친구들은 내 얼굴이 사각형이라고 한다. 난 잘 모르겠는데, 어떻게 보면 그런 것 같기도 하고, 또 아닌 것 같기고 하고 살짝 사각형인 것 같긴 한데 뭐랄까, 지적인 느낌이 더 강하다. 친구들은 가끔 '미모는 순간이다.'라든지 '외면의 모습보다 내면의 모습이 더 중요하다.' 뭐 그런 얘기들을 한다. 그건 내가 예쁘다는 것을 인정하는 것이 아닌가? 내 앞에서 굳이 그럴 필요는 없지 않을까? 그렇게 내 미모를 인정하다가도 어떤 친구는 내가 뚱뚱한 편이라는 어이없는 이야기를 하기도 한다. 난 절대로 뚱뚱한 것이 아니라 통통한 것이다. 나더러 건장한 체격이라고 하시는 선생님 말씀만 들어도 알 수 있다. 선생님은 거짓말을 하지 않으시니까. 무리한 체중 감량으로 스트레스를 받았나? 나한테 뚱뚱한 편이라고 말한 그 친구에게 전하고 싶다. 질투는 건강에 해롭단다.

■ 알맞은 한자로 써 보세요.

1. 외모
2. 질투
3. 신경
4. 이사
5. 여자
6. 친구
7. 굉장
8. 미인
9. 절세가인
10. 평균
11. 이상
12. 용감
13. 정도
14. 중학생
15. 대학생
16. 완벽
17. 미모
18. 소유자
19. 친구
20. 사각형
21. 지적
22. 순간
23. 외면
24. 내면
25. 중요
26. 인정
27. 필요
28. 절대
29. 건장
30. 체격
31. 선생
32. 무리
33. 체중
34. 감량
35. 건강

나의 外貌를 嫉妬하지 마라

七月 十一日

요즘 들어 外貌에 무척 神經이 쓰인다. 얼마 전 옆집으로 어떤 오빠가 移徙를 왔는데 그 오빠는 女子 親舊가 있는 것 같다. 아마도 宏壯한 美女일 것이다. 난 絕世佳人은 아니지만 平均 以上의 外貌를 가졌다. 단지 살짝 귀엽게 통통하고 다리가 살짝 勇敢한 程度? 그거야 지금 中學生이니까 그렇지 아마 大學生이 되면 정말 完璧한 美貌의 所有者가 될 듯하다. 그런데 親舊들은 내 얼굴이 四角形이라고 한다. 난 잘 모르겠는데, 어떻게 보면 그런 것 같기도 하고, 또 아닌 것 같기도 하고 살짝 四角形인 것 같긴 한데 뭐랄까, 知的인 느낌이 더 강하다. '親舊들은 가끔 美貌는 瞬間이다.'라든지 '外面의 모습보다 內面의 모습이 더 重要하다.' 뭐 그런 얘기들을 가끔 한다. 그건 내가 예쁘다는 것을 認定하는 것이 아닌가? 내 앞에서 굳이 그럴 必要는 없지 않을까? 그렇게 내 美貌를 認定하다가도 어떤 親舊는 내가 뚱뚱한 편이라는 어이없는 이야기를 하기도 한다. 난 絕對로 뚱뚱한 것이 아니라 통통한 것이다. 나더러 健壯한 體格이라고 하시는 先生님 말씀만 들어도 알 수 있다. 先生님은 거짓말을 하지 않으시니까. 無理한 體重 減量으로 스트레스를 받았나? 나한테 뚱뚱한 편이라고 말한 그 親舊에게 전하고 싶다. 嫉妬는 健康에 해롭단다.

성격

01. 성격　　　02. 긍정적인 성격
03. 부정적인 성격　　04. 습관·버릇
05. 좋아하기　　06. 싫어하기
Diary

01 성격

성격

- 사람은 누구에게나 一長一短일장일단이 있다.
- 長點장점은 狀況상황에 따라 短點단점으로 나타날 수도 있다. 　　狀 4Ⅱ 형상 상, 문서 장 | 況 4 상황 황 | 點 4 점 점
- 他人타인의 性格성격을 理解이해하기란 쉬운 일이 아니다. 　　解 4Ⅱ 풀 해
- 나는 다른 사람의 性格성격을 잘 判斷판단하지 못한다. 　　判 4 판단할 판 | 斷 4Ⅱ 끊을 단
- 그는 생각했던 것보다는 善良선량했다.

내 성격

- 나는 그 親舊친구와 性格성격이 正反對정반대다.
- 親舊친구들 말로는 내가 寡默과묵하고 수줍음을 잘 타는 편이라고 한다. 　　寡 3Ⅱ 적을 과 | 默 3Ⅱ 잠잠할 묵
- 나와 關係관계없는 일에는 干涉간섭하지 않는다. 　　係 4Ⅱ 맬 계 | 干 4 방패 간 | 涉 3 건널 섭
- 나와 相關상관없는 일에는 감 놔라 배 놔라 하지 않는다.
- 나는 不便불편한 狀況상황이 되면 매우 語塞어색해 한다. 　　塞 3Ⅱ 막힐 색, 변방 새
- 나는 初面초면인 사람과 함께 있으면 不便불편하다.
- 나는 말괄량이 같은 氣質기질이 있다.
- 나는 多血質다혈질이다. 　　血 4Ⅱ 피 혈
- 나는 親舊친구들과 다른 사람의 險談험담을 즐긴다. 　　險 4 험할 험
- 내 性格성격은 아빠와 정말 비슷해서 父傳子傳부전자전이라는 소리를 자주 듣는다.
- 누구에게 핀잔을 들으면 神經신경이 쓰여 밤새 苦悶고민한다. 　　經 4Ⅱ 지날·글 경 | 悶 1 답답할 민
- 나는 小時소싯적에 極度극도로 銳敏예민했었다. 　　極 4Ⅱ 다할·극진할 극 | 銳 3 날카로울 예 | 敏 3 민첩할 민
- 나는 山戰水戰산전수전을 다 겪은 사람이다.
- 나는 日常일상이 바쁘다. 　　常 4Ⅱ 떳떳할 상
- 나는 언제나 注目주목과 關心관심을 받는 사람이 되고 싶다.

- 나는 群鷄一鶴군계일학 같은 사람이 되고 싶다. 群 4 무리 군 | 鷄 4 닭 계 | 鶴 3Ⅱ 학 학

- 나는 徹頭徹尾철두철미한 사람이 되고 싶다. 徹 3Ⅱ 통할 철 | 尾 3Ⅱ 꼬리 미

- 나는 完璧主義者완벽주의자다. 璧 1 구슬 벽 | 義 4Ⅱ 옳을 의

- 나는 獨特독특한 個性개성의 所有者소유자다. 個 4Ⅱ 낱 개

- 나는 매우 纖細섬세하다. 纖 2 가늘 섬 | 細 4Ⅱ 가늘 세

- 나는 大汎대범하지 못하다. 汎 2 넓을 범

- 나는 現實的현실적이다.

- 나는 內省적내성적이다.

- 나는 異性이성에 關心관심을 가질 程度정도로 나는 早熟조숙하지 못하다. 異 4 다를 이(리) | 程 4Ⅱ 한도·길 정 | 早 4Ⅱ 이를 조 | 熟 3Ⅱ 익을 숙

- 내 性格성격이 缺格결격 事由사유가 된다는 것을 알고 있다. 缺 4Ⅱ 이지러질 결

- 나는 克復극복해야 하는 障礙장애가 있다. 克 3Ⅱ 이길 극 | 復 4Ⅱ 회복할 복, 다시 부 | 障 4Ⅱ 막을 장 | 礙 특Ⅱ 거리낄 애

지적 능력을 나타내는 한자어

知的인	지적인		智慧로운	지혜로운	智 4 슬기·지혜 지 | 慧 3Ⅱ 슬기로울 혜
怜悧한	영리한	怜 특Ⅱ 영리할·악공 영(령) | 悧 1 영리할 리(이)	潛在力이 있는	잠재력이 있는	潛 3Ⅱ 잠길 잠
才能이 있는	재능이 있는		可能性이 있는	가능성이 있는	
知能的인	지능적인		愚昧한	우매한	愚 3Ⅱ 어리석을 우 | 昧 1 어두울 매
才致 있는	재치 있는		白痴스러운	백치스러운	痴 특Ⅱ 어리석을 치
瞬發力이 있는	순발력이 있는	瞬 3Ⅱ 눈깜짝일 순	愚鈍한	우둔한	愚 3Ⅱ 어리석을 우
創意力이 있는	창의력이 있는	創 4Ⅱ 비롯할 창	乖愎한	괴팍한	乖 1 어그러질 괴 | 愎 1 강퍅할 퍅

02 긍정적인 성격

원만하다

- 나는 大體的대체적으로 좋은 사람이라고 할 수 있다.
- 나는 恒常항상 모든 일에 肯定的긍정적으로 생각한다.   恒 3Ⅱ 항상 항 | 常 4Ⅱ 떳떳할 상 | 肯 3 즐길 긍
- 나는 無難무난한 性格성격이다.   難 4Ⅱ 어려울 난(란)
- 나는 사람들과 잘 어울리는 社交性사교성을 갖고 있다.
- 그는 性格성격이 圓滿원만하다.   圓 4Ⅱ 둥글 원 | 滿 4Ⅱ 찰 만
- 그는 언제 어디서든 調和조화를 잘 이룬다.
- 그는 偏見편견이 없다.   偏 3Ⅱ 치우칠 편
- 그는 無謀무모하게 行動행동하지 않는다.   謀 3Ⅱ 꾀 모

사교적이다

- 나는 다른 사람들과 함께 있는 것을 忌避기피하지 않는다.   忌 3 꺼릴 기 | 避 4 피할 피
- 나는 매우 社交的사교적이고 率直솔직해서 親舊친구가 많다.   率 3Ⅱ 거느릴 솔·비율 률(율)
- 나는 豁達활달해서 처음 보는 사람에게도 말을 잘 건다.   豁 특Ⅱ 뚫린 골 활 | 達 4Ⅱ 통달할 달
- 나는 親舊친구들에게 信望신망이 두텁다.
- 그녀는 話術화술이 뛰어나다.

착하다

- 그는 性品성품이 착하다.
- 그는 人格者인격자다.
- 그녀는 親切친절하다.
- 그는 정말 寬大관대하다.   寬 3Ⅱ 너그러울 관
- 그는 理解心이해심이 많다.   解 4Ⅱ 풀 해
- 그는 남의 말을 傾聽경청한다.   傾 4 기울 경 | 聽 4 들을 청

- 그는 참 思慮사려 깊은 사람이다.
- 그는 配慮배려가 깊다.
- 그는 어떤 일에도 絕對절대 憤怒분노하지 않는다.
- 그는 不遇불우한 이웃을 돕는 데 吝嗇인색하지 않다.
- 그는 犧牲精神희생정신이 강하다.

慮 4 생각할 려(여)

配 4Ⅱ 나눌·짝 배

絕 4Ⅱ 끊을 절 | 憤 4 분할 분 |
怒 4Ⅱ 성낼 노

遇 4 만날 우 | 吝 1 아낄 인(린) |
嗇 1 아낄 색

犧 1 희생 희 | 牲 1 희생 생 |
精 4Ⅱ 정할 정

모범적이다

- 그는 恒常항상 率先垂範솔선수범한다.
- 그는 매우 誠實성실하다.
- 그는 每事매사에 模範的모범적이다.
- 그는 溫情온정이 넘쳐 남을 잘 도와준다.
- 그는 아직 어리지만 매우 慎重신중하다.
- 그는 責任感책임감이 강하다.
- 그는 意志力의지력이 强靭강인한 사나이다.
- 그는 義理의리가 있는 사람이다.
- 그는 忠直충직해 보인다.
- 나는 언제나 그에게 信賴感신뢰감을 갖고 있다.
- 그가 正直정직하기 때문에 더욱 더 好感호감이 간다.
- 그는 무엇이든지 해낼 수 있는 忍耐心인내심이 있다.
- 그는 準備性준비성이 徹底철저한 사람이다.
- 그는 다른 사람에게 龜鑑귀감이 되는 사람이다.

垂 3Ⅱ 드리울 수 | 範 4 법 범

誠 4Ⅱ 정성 성

模 4 본뜰 모

慎 3Ⅱ 삼갈 신

强 특Ⅱ 강할[强] 강 | 靭 1 질길 인

義 4Ⅱ 옳을 의

忠 4Ⅱ 충성 충

賴 3Ⅱ 의뢰할 뢰

忍 3Ⅱ 참을 인 | 耐 3Ⅱ 견딜 내

準 4Ⅱ 준할 준 | 備 4Ⅱ 갖출 비 |
徹 3Ⅱ 통할 철 | 底 4 밑 저

龜 3 거북 귀, 거북 구, 터질 균 |
鑑 3Ⅱ 거울 감

적극적이다

- 나는 以前이전보다 더 積極的적극적인 性格성격이 되었다.   積 4 쌓을 적 | 極 4Ⅱ 다할·극진할 극
- 그는 사람들의 視線시선을 끄는 것을 좋아한다.   視 4Ⅱ 볼 시
- 그는 自信感자신감이 넘친다.
- 그는 野心야심이 있다.
- 그는 挑戰도전을 좋아한다.   挑 3 돋울 도
- 一旦일단 始作시작했으니 終止符종지부를 찍어야겠다.   旦 3Ⅱ 아침 단 | 符 3Ⅱ 부호 부
- 나는 무슨 일이든 大綱대강하는 법이 없다.   綱 3Ⅱ 벼리 강
- 그는 懶怠나태하게 구는 법이 없다.   懶 1 게으를 나(라) | 怠 3 게으를 태
- 野望야망이 있는 사람은 勤勉근면한 법이다.   勤 4 부지런할 근 | 勉 4 힘쓸 면

긍정적인 성격을 나타내는 한자어

한자	뜻	한자풀이	한자	뜻	한자풀이
儉素한	검소한	儉 4 검소할 검 | 素 4Ⅱ 본디·흴 소	溫純한	온순한	純 4Ⅱ 순수할 순
謙遜한	겸손한	謙 3Ⅱ 겸손할 겸	完璧한	완벽한	璧 1 구슬 벽
恭遜한	공손한		外向的인	외향적인	
寬大한	관대한	寬 3Ⅱ 너그러울 관	勇敢한	용감한	敢 4 감히·구태여 감
寬容的인	관용적인		勇猛스러운	용맹스러운	猛 3Ⅱ 사나울 맹
肯定的인	긍정적인	肯 3 즐길 긍	融通性이 있는	융통성이 있는	
樂天的인	낙천적인		利他的인	이타적인	
多情한	다정한		理解心이 있는	이해심이 있는	解 4Ⅱ 풀 해
斷乎한	단호한	乎 3 어조사 호	仁慈한	인자한	
大膽한	대담한	膽 2 쓸개 담	人情이 많은	인정이 많은	
德望 있는	덕망 있는		慈悲로운	자비로운	慈 3Ⅱ 사랑 자 | 悲 4Ⅱ 슬플 비
度量이 넓은	도량이 넓은		慈愛로운	자애로운	
魅力的인	매력적인	魅 2 매혹할 매	自制心 있는	자제심 있는	制 4Ⅱ 절제할 제
明朗한	명랑한		節約하는	절약하는	
敏捷한	민첩한	捷 1 빠를 첩	貞淑한	정숙한	貞 3Ⅱ 곧을 정 | 淑 3Ⅱ 맑을 숙
勤勉한	근면한	勤 4 부지런할 근 | 勉 4 힘쓸 면	情熱的인	정열적인	

分別 있는	분별 있는		眞摯한	진지한	眞 4Ⅱ 참 진 ǀ 摯 1 잡을 지	
誠實한	성실한	誠 4Ⅱ 정성 성	進取的인	진취적인	進 4Ⅱ 나아갈 진 ǀ 取 4Ⅱ 가질 취	
社交的인	사교적인		忠實한	충실한	忠 4Ⅱ 충성 충	
思慮 깊은	사려 깊은	慮 4 생각할 려	親切한	친절한		
私心 없는	사심 없는	私 4 사사 사	沈着한	침착한	沈 3Ⅱ 잠길 침, 성심	
生氣 있는	생기 있는		快活한	쾌활한	快 4Ⅱ 쾌할 쾌	
順從的인	순종적인	從 4 좇을 종	虛心坦懷한	허심탄회한	虛 4Ⅱ 빌 허 ǀ 坦 1 평탄할 탄 ǀ 懷 3Ⅱ 품을 회	
率直한	솔직한	率 3Ⅱ 거느릴 솔, 비율 률(율)	獻身的인	헌신적인	獻 3Ⅱ 드릴 헌	
信賴性이 높은	신뢰성이 높은		活氣찬	활기찬		
野望에 찬	야망에 찬		活動的인	활동적인		
愛嬌 있는	애교 있는	嬌 1 아리따울 교	協調的인	협조적인	協 4Ⅱ 화할 협	
禮意 바른	예의 바른		紳士的인	신사적인	紳 2 띠 신	

03 부정적인 성격

이기적이다

- 그는 매우 利己的이기적이어서 自身자신의 도움이 必要필요한 사람을 모른 체한다.
- 그는 다른 사람과 物件물건을 共有공유하기 싫어한다.
- 그는 絕對절대 善行선행을 하지 않는다.   絕 4Ⅱ 끊을 절
- 그는 至極지극히 自身자신밖에 모른다.   至 4Ⅱ 이를 지 ǀ 極 4Ⅱ 다할·극진할 극
- 그는 自身자신에게 有利유리한 것에 밝다.
- 그는 良心양심의 呵責가책도 느끼지 않는다.   呵 1 꾸짖을 가
- 그는 絕對절대 損害손해 보는 일은 하지 않는다.   損 4 덜 손

- 그는 自己자기가 하는 일이 남에게 被害피해를 주어도 아랑곳하지 않는다.   被 3Ⅱ 입을 피
- 그는 너무 吝嗇인색해서 守錢奴수전노라고 불린다.   吝 1 아낄 인(린) | 嗇 1 아낄 색 | 守 4Ⅱ 지킬 수 | 錢 4 돈 전 | 奴 3Ⅱ 종 노
- 그는 언제나 自己자기 主觀的주관적이다.
- 그는 自己자기 方式방식만 固執고집한다.   執 3Ⅱ 잡을 집
- 그는 남의 評價평가에 대해 全然전연 相關상관하지 않는다.   評 4 평할 평
- 그는 人情인정머리가 없다.

까다롭다

- 그는 疏通소통하기 어려운 사람이다.   疏 3Ⅱ 소통할 소
- 그는 性味성미가 까다롭다.   味 4Ⅱ 맛 미
- 그는 脾胃비위를 맞추기 어려운 사람이다.   脾 1 지라 비 | 胃 3Ⅱ 밥통 위
- 그는 까다로운 要求요구를 많이 한다.
- 그는 變德변덕이 죽 끓듯 한다.
- 그는 쓸데없는 固執고집을 피워서 窒塞질색하게 만든다.   窒 2 막힐 질 | 塞 3Ⅱ 막힐 색, 변방 새
- 그는 어느 것에나 不評불평을 잘한다.
- 그의 行動행동은 幼稚유치하기 짝이 없다.   幼 3Ⅱ 어릴 유 | 稚 3Ⅱ 어릴 치

냉정하다

- 그는 참 冷情냉정하다.
- 그는 冷血漢냉혈한이다.
- 그는 感情감정에 左之右之좌지우지되지 않는다.
- 그는 매우 冷淡냉담하다.   淡 3Ⅱ 맑을 담
- 그는 同情心동정심이란 눈꼽만큼도 없다.
- 그는 無情무정한 사람이다.
- 그는 아주 狡猾교활한 사람이다.   狡 1 교활할 교 | 猾 1 교활할 활
- 그는 冷笑的냉소적이다.   笑 4Ⅱ 웃음 소

신경질적이다

- 그는 恒常항상 神經過敏신경과민이다. 　　　　　　　　恒 3Ⅱ 항상 항 | 常 4Ⅱ 떳떳할 상 |
　　　　　　　　　　　　　　　　　　　　　　　　經 4Ⅱ 지날·글 경 | 敏 3 민첩할 민
- 그는 神經質신경질적이다.
- 그는 性質성질이 불같다.
- 그는 多血質다혈질이다.　　　　　　　　　　　　　　血 4Ⅱ 피 혈
- 그는 機會기회만 되면 是非시비를 붙인다.　　　　　　機 4 틀 기 | 是 4Ⅱ 이·옳을 시 |
　　　　　　　　　　　　　　　　　　　　　　　　非 4Ⅱ 아닐 비
- 그는 興奮흥분을 잘한다.　　　　　　　　　　　　　　興 4Ⅱ 일 흥 | 奮 3Ⅱ 떨칠 분
- 그녀는 鬱火病울화병이 있다.　　　　　　　　　　　　鬱 2 답답할 울

답답하다

- 그는 사람이 좀 舊式구식이다.
- 그는 時代시대에 뒤쳐진 사람이다.
- 그는 前近代的전근대적인 思考方式사고방식을 가지고 있다.
- 그는 融通性융통성이 없다.　　　　　　　　　　　　　融 2 녹을 융
- 그는 매우 保守的보수적이다.　　　　　　　　　　　　保 4Ⅱ 지킬 보
- 그는 壅固執옹고집이다.　　　　　　　　　　　　　　壅 1 막을 옹
- 그는 新式신식에 잘 適應적응하지 못한다.　　　　　　適 4 맞을 적 | 應 4Ⅱ 응할 응
- 그는 革新혁신을 좋아하지 않는다.　　　　　　　　　革 4 가죽 혁
- 그는 變化변화를 두려워한다.

잘난 체하다

- 그는 自慢心자만심에 가득 차 있다.　　　　　　　　　慢 3 거만할 만
- 그는 傲慢오만 放恣방자하다.　　　　　　　　　　　　傲 3 거만할 오 |
　　　　　　　　　　　　　　　　　　　　　　　　恣 3 마음대로·방자할 자
- 그의 態度태도는 不遜불손하기 그지없었다.　　　　　態 4Ⅱ 모습 태 | 遜 1 겸손할 손
- 그의 倨慢거만은 하늘을 찔렀다.　　　　　　　　　　倨 1 거만할 거 | 慢 3 거만할 만
- 그는 남의 弱點약점 들추기를 좋아한다.　　　　　　　點 4 점 점
- 그는 強者강자에게 약하고 弱者약자에게 강하다.

- 그는 唯我獨尊유아독존의 마음을 품고 있다.   唯 3 오직 유 | 我 3ll 나 아 | 尊 4ll 높을 존
- 그는 내가 提案제안하는 모든 것에 于先우선 反對반대부터 한다.   提 4ll 끌 제 | 于 3 어조사 우

의지가 약하다

- 나는 多少다소 優柔不斷우유부단한 편이다.   優 4 넉넉할 우 | 柔 3ll 부드러울 유 | 斷 4ll 끊을 단
- 나는 決斷力결단력이 不足부족하다.
- 나는 意志薄弱의지박약하다.
- 그는 무엇이든 쉽게 抛棄포기한다.   抛 2 던질 포 | 棄 3 버릴 기
- 그가 하는 일은 모두 龍頭蛇尾용두사미로 끝난다.   龍 4 용 용(룡) | 蛇 3ll 긴뱀 사 | 尾 3ll 꼬리 미
- 그는 참 無味乾燥무미건조하다.   乾 3ll 하늘·마를 건 | 燥 3 마를 조
- 그는 오늘 일을 來日내일로 延期연기하는 사람이다.   延 4 늘일 연
- 그는 忍耐心인내심이 不足부족하다.   忍 3ll 참을 인 | 耐 3ll 견딜 내
- 그는 참 鈍感둔감하다.   鈍 3 둔할 둔
- 그는 너무 懦弱나약하다.   懦 1 나약할 나
- 그는 勇氣용기가 不足부족하다.

부정적인 성격을 나타내는 한자어

倨慢한	거만한	倨 1 거만할 거 | 慢 3 거만할 만	性味가 급한	성미가 급한	
輕蔑的인	경멸적인	蔑 2 업신여길 멸	消極的인	소극적인	極 4ll 다할·극진할 극
輕率한	경솔한		小心한	소심한	
競爭心이 강한	경쟁심이 강한		阿諂하는	아첨하는	阿 3ll 언덕 아 | 諂 1 아첨할 첨
固執 센	고집 센	執 3ll 잡을 집	惡意 있는	악의 있는	
幼稚한	유치한	幼 3ll 어릴 유 | 稚 3ll 어릴 치	廉恥없는	염치없는	廉 3 청렴할 염(렴) | 恥 3ll 부끄러울 치
不誠實한	불성실한		銳敏한	예민한	銳 3 날카로울 예
狡猾한	교활한	狡 1 교활할 교 | 猾 1 교활할 활	傲慢한	오만한	傲 3 거만할 오
緊張을 잘하는	긴장을 잘하는	緊 3ll 긴할 긴 | 張 4 베풀 장	壅固執의	옹고집의	壅 1 막을 옹

亂暴한	난폭한	亂 4 어지러울 난(란) | 暴 4Ⅱ 사나울 폭, 모질 포	頑固한	완고한	頑 1 완고할 완
冷淡한	냉담한		慾心이 많은	욕심이 많은	慾 3Ⅱ 욕심 욕
單純한	단순한	單 4Ⅱ 홑 단	優柔不斷한	우유부단한	
鈍感한	둔감한		陰凶한	음흉한	陰 4Ⅱ 그늘 음
度量이 좁은	도량이 좁은		疑心 많은	의심 많은	疑 4 의심할 의
無關心한	무관심한		依存的인	의존적인	依 4 의지할 의 | 存 4 있을 존
無禮한	무례한		利己的인	이기적인	
無慈悲한	무자비한		吝嗇한	인색한	
無情한	무정한		殘忍한	잔인한	
防禦的인	방어적인	防 4Ⅱ 막을 방 | 禦 1 막을 어	殘酷한	잔혹한	殘 4 남을 잔 | 酷 2 심할 혹
變德스러운	변덕스러운		敵愾心이 많은	적개심이 많은	敵 4Ⅱ 대적할 적 | 愾 1 성낼 개
保守的인	보수적인		嫉妬하는	질투하는	嫉 1 미워할 질 | 妬 1 샘낼 투
不注意한	부주의한		貪慾스러운	탐욕스러운	貪 3 탐낼 탐
否定的인	부정적인	否 4 아닐 부	怠慢한	태만한	怠 3 게으를 태
憤慨한	분개한	憤 4 분할 분 | 慨 3 슬퍼할 개	懷疑的인	회의적인	
悲觀的인	비관적인		冷笑的인	냉소적인	
卑劣漢	비열한	卑 3Ⅱ 낮을 비 | 劣 3 못할 렬	邪惡한	사악한	邪 3Ⅱ 간사할 사
批判的인	비판적인	批 4 비평할 비 | 判 4 판단할 판	騷亂한	소란한	騷 3 떠들 소
攻擊的인	공격적인	攻 4 칠 공 | 擊 4 칠 격	斷定的인	단정적인	

04 습관 · 버릇

오랜 버릇

- 나는 코를 후비는 習慣습관이 있다. 慣 3Ⅱ 익숙할 관
- 나는 焦燥초조할 때 손톱을 물어뜯는 버릇이 있다. 焦 2 탈 초 | 燥 3 마를 조
- 나는 緊張긴장을 하면 다리를 떤다. 緊 3Ⅱ 긴할 긴 | 張 4 베풀 장
- 나는 不規則的불규칙적인 食習慣식습관이 있다.
- 나는 食事식사를 超高速초고속으로 하는 傾向경향이 있다. 超 3Ⅱ 뛰어넘을 초 | 傾 4 기울 경
- 나는 저녁 食事식사 후 散策산책을 하는 것이 習慣습관이다. 散 4 흩을 산 | 策 3Ⅱ 꾀 책
- 나는 習慣的습관적으로 宿題숙제를 하지 않는다.
- 그는 習慣的습관적인 盜癖도벽이 있다. 盜 4 도둑 도 | 癖 1 버릇 벽
- 三歲之習삼세지습이 至于八十지우팔십이라.(세 살 버릇 여든까지 간다.) 至 4Ⅱ 이를 지 | 于 3 어조사 우
- 習慣습관은 제2의 天性천성이다.

습관 고치기

- 一旦일단 버릇이 들면 고치기 曖昧애매하다. 旦 3Ⅱ 아침 단 | 曖 1 희미할 애 | 昧 1 어두울 매
- 嚴格엄격한 先生선생님께서 遲刻지각하는 내 버릇을 고쳐 주셨다. 嚴 4 엄할 엄 | 遲 3 더딜·늦을 지 | 刻 4 새길 각
- 아침 일찍 起牀기상하는 習慣습관을 들여야겠다. 起 4Ⅱ 일어날 기 | 牀 특Ⅱ 평상 상
- 讀書독서하는 習慣습관을 갖도록 해야겠다.
- 痼疾的고질적인 버릇은 고치기 힘들다. 痼 1 고질 고 | 疾 3Ⅱ 병 질

05 좋아하기

좋아하다

- 나는 그것을 選好선호한다. — 好 4Ⅱ 좋을 호
- 그것을 좋아하는 마음이 支配的지배적이다. — 支 4Ⅱ 지탱할 지 | 配 4Ⅱ 나눌·짝 배
- 그것에 關心관심이 있다.
- 나는 그것을 所重소중히 여긴다.
- 나는 그것에 魅了매료되었다. — 魅 2 매혹할 매 | 了 3 마칠 료
- 나는 그것에 陶醉도취되어 있다. — 陶 3Ⅱ 질그릇 도 | 醉 3Ⅱ 취할 취
- 그것은 나를 魅惑매혹한다. — 惑 3Ⅱ 미혹할 혹
- 나는 그 誘惑유혹을 뿌리칠 수가 없다. — 誘 3Ⅱ 꾈 유
- 그것은 내 머리를 蠶食잠식했다. — 蠶 2 누에 잠

사람을 좋아하다

- 나는 그에게 愛情애정이 있다.
- 그를 思慕사모하는 것 같다. — 慕 3Ⅱ 그릴 모
- 그에게 愛着애착이 간다.
- 나는 그를 尊敬존경한다. — 尊 4Ⅱ 높을 존
- 나는 그를 戀慕연모한다. — 戀 3Ⅱ 그리워할·그릴 연(련)
- 그는 나에게 絕對的절대적인 存在존재이다. — 絕 4Ⅱ 끊을 절 | 存 4 있을 존
- 나는 하나님을 崇拜숭배한다. — 崇 4 높을 숭 | 拜 4Ⅱ 절 배
- 그를 만나길 渴求갈구하고 있다. — 渴 3 목마를 갈
- 나는 그를 欽慕흠모한다. — 欽 2 공경할 흠
- 나는 寤寐不忘오매불망 그를 잊지 못한다. — 寤 1 잠깰 오 | 寐 1 잘 매 | 忘 3 잊을 망
- 그는 그녀를 偶像視우상시한다. — 偶 3Ⅱ 짝 우 | 像 3Ⅱ 모양 상 | 視 4Ⅱ 볼 시
- 나는 그 歌手가수의 熱誠열성 팬이다. — 誠 4Ⅱ 정성 성

일을 좋아하다

- 나는 그 일에 滿足만족한다.
- 나는 그 일을 내가 할 수 있기를 渴望갈망하고 있다.
- 나는 그 일에 中毒중독되어 있다.
- 나는 그것에 沒頭몰두해 있다.
- 나는 그것에 沒入몰입할 때가 가장 幸福행복하다.
- 나는 그것에 熱中열중해 있다.

滿 4Ⅱ 찰 만

渴 3 목마를 갈

毒 4Ⅱ 독 독

沒 3Ⅱ 빠질 몰

06 싫어하기

싫어하다

- 나는 그것을 嫌惡혐오한다.
- 나는 그것을 憎惡증오한다.
- 나는 그것이라면 窒塞질색이다.
- 나는 그 自體자체만으로도 싫다.
- 나는 그것을 至毒지독하게도 싫어한다.
- 나는 嘔逆구역질 나도록 싫다.
- 나는 그것에 대해 敵愾心적개심을 가지고 있다.
- 나는 그것에 대해 惡意악의을 가지고 있다.
- 나는 그것을 輕蔑경멸한다.
- 그것을 생각하면 憤怒분노가 치민다.

嫌 3 싫어할 혐

憎 3Ⅱ 미울 증

窒 2 막힐 질 | 塞 3Ⅱ 막힐 색, 변방 새

至 4Ⅱ 이를 지 | 毒 4Ⅱ 독 독

嘔 1 게울 구 | 逆 4Ⅱ 거스릴 역

敵 4Ⅱ 대적할 적 | 愾 1 성낼 개

蔑 2 업신여길 멸

憤 4 분할 분 | 怒 4Ⅱ 성낼 노

228

사람을 싫어하다

- 나는 그에 대해 憎惡心증오심을 가지고 있다.
- 나는 그에 대한 偏見편견이 있다.
- 그는 내 趣向취향이 아니다.
- 나는 그가 行動행동하는 方式방식에 嫌惡感혐오감을 느낀다.
- 나는 그에 관한 일이라면 一言之下일언지하에 拒絕거절한다.
- 나는 그에게 反感반감을 가지고 있다.

憎 3Ⅱ 미울 증
偏 3Ⅱ 치우칠 편
趣 4 뜻 취
嫌 3 싫어할 혐
拒 4 막을 거 | 絕 4Ⅱ 끊을 절

일을 싫어하다

- 나는 그 일에 懷疑회의를 느낀다.
- 나는 逃避도피하고 싶다.
- 나는 그 일 때문에 潛跡잠적을 할지 考慮고려 중이다.
- 나는 그 일에 厭症염증을 느낀다.
- 나는 對策대책 없이 가만히 있는 것을 싫어한다.
- 그 일은 나에게 侮蔑感모멸감을 줄 뿐이다.

懷 3Ⅱ 품을 회 | 疑 4 의심할 의
逃 4 도망할 도 | 避 4 피할 피
潛 3Ⅱ 잠길 잠 | 跡 3Ⅱ 발자취 적 | 慮 4 생각할 려(여)
厭 2 싫어할 염 | 症 3Ⅱ 증세 증
策 3Ⅱ 꾀 책
侮 3 업신여길 모

Diary

친구와의 갈등

5월 10일

언제부턴가 그 친구와 불편한 관계가 되었다. 새 학기 때 처음 만났을 땐 그저 조금 독특하구나 하고 생각될 정도였는데 갈수록 그 친구의 성격을 모르겠다. 사람은 누구나 일장일단이 있고 타인의 성격을 이해하는 것도 쉬운 일은 아니지만 원래 그 친구의 성격인지, 아니면 그 친구의 단점인지 도무지 모르겠다. 새 학기 때 그 친구를 보고 다혈질이라고 느끼긴 했지만 극도로 예민하거나 소극적인 성격인지는 몰랐다. 그 친구와의 갈등은 또 다른 친구와의 관계에서 비롯되었다. 학기 초부터 우리는 셋이서 잘 어울려 다녔고 방과 후에 영화를 보거나 피시방에 같이 가기도 했다. 나와 다른 친구와는 달리 그 친구는 소극적이고 내성적인 면이 있었지만 그렇다고 해서 단 한 번도 마찰이 있진 않았었다. 내가 자주 그 친구의 약점을 건드려도 그 친구는 그냥 허허 웃고 말았다. 그런데 어느 날 부턴가 그 친구가 내 험담을 하고 다닌다는 소문이 내 귀에 들어왔다. 설마 아니겠지 했는데 사실로 드러났다. 다른 친구에게 이유를 물으니, 내가 자주 자신의 약점을 놀리는 것이 못마땅했다는 것이다. 내가 그럴 때마다 그 친구는 다른 친구에게 하소연을 한 것이다. 내 앞에서는 관대한 척 이해심 많은 척 넘어가더니 뒤에서 불평을 늘어놓은 것이다. 정말 비위를 맞추기 어려운 친구다. 이번 일을 어떻게 해결해야 할지 모르겠다. 이 친구로 인해서 다른 친구와의 사이까지 소원해진 상태다. 긍정적으로 생각해 보겠지만 절대 그냥 넘어가지는 않겠다.

■ 알맞은 한자로 써 보세요.

1. 친구
2. 갈등
3. 불편
4. 관계
5. 학기
6. 독특
7. 정도
8. 성격
9. 일장일단
10. 타인
11. 이해
12. 단점
13. 학기
14. 다혈질
15. 극도
16. 예민
17. 소극적
18. 관계
19. 방과
20. 영화
21. 내성적
22. 마찰
23. 약점
24. 험담
25. 소문
26. 사실
27. 이유
28. 관대
29. 이해심
30. 불평
31. 비위
32. 해결
33. 소원
34. 긍정적
35. 절대

10. 성격

親舊와의 葛藤

五月 十日

언제부턴가 그 親舊와 不便한 關係가 되었다. 새 學期 때 처음 만났을 땐 그저 조금 獨特하구나 하고 생각될 程度였는데 갈수록 그 親舊의 性格을 모르겠다. 사람은 누구나 一長一短이 있고 他人의 性格을 理解하는 것도 쉬운 일은 아니지만 원래 그 親舊의 性格인지, 아니면 그 親舊의 短點인지 도무지 모르겠다. 새 學期 때 그 親舊를 보고 多血質이라고 느끼긴 했지만 極度로 銳敏하거나 消極的인 性格인지는 몰랐다. 그 親舊와의 葛藤은 또 다른 親舊와의 關係에서 비롯되었다. 學期 초부터 우리는 셋이서 잘 어울려 다녔고 放課 후에 映畵를 보거나 피씨방에 같이 가기도 했다. 나와 다른 親舊와는 달리 그 親舊는 消極的이고 內省的인 면이 있었지만 그렇다고 해서 단 한 번도 摩擦이 있진 않았었다. 내가 자주 그 親舊의 弱點을 건드려도 그 親舊는 그냥 허허 웃고 말았다. 그런데 어느 날 부턴가 그 親舊가 내 險談을 하고 다닌다는 所聞이 내 귀에 들어왔다. 설마 아니겠지 했는데 事實로 드러났다. 다른 親舊에게 理由를 물으니, 내가 자주 自身의 弱點을 놀리는 것이 못마땅했다는 것이다. 내가 그럴 때마다 그 親舊는 다른 親舊에게 하소연을 한 것이다. 내 앞에서는 寬大한 척 理解心 많은 척 넘어가더니 뒤에서 不評을 늘어놓은 것이다. 정말 脾胃를 맞추기 어려운 親舊다. 이번 일을 어떻게 解決해야 할지 모르겠다. 이 親舊로 인해서 다른 親舊와의 사이까지 疏遠해진 狀態다. 肯定的으로 생각해 보겠지만 絕對 그냥 넘어가지는 않겠다.

언행

01. 예절   02. 행동   03. 말
04. 조언·충고   05. 위로   06. 격려·축하
07. 기원
Diary

01 예절

예절 지키기

- 나는 禮節예절을 지키는 것을 重要중요하게 생각한다.
- 누구에게나 禮意예의를 지키는 것이 좋다.
- 最小최소한의 禮意예의는 지키자.
- 사람은 많이 배울수록 더 謙遜겸손해져야 한다.   謙 3Ⅱ 겸손할 겸 | 遜 1 겸손할 손
- 禮意예의가 바른 사람은 좋은 人相인상을 준다.
- 가까운 사이일수록 基本기본적인 禮節예절에 神經신경 써야 한다.   經 4Ⅱ 지날·글 경

예의 바름

- 나는 禮節예절에 관해서는 徹底철저하다.   徹 3Ⅱ 통할 철 | 底 4 밑 저
- 禮意예의 바르게 行動행동하려고 努力노력한다.   努 4Ⅱ 힘쓸 노
- 나는 恒常항상 紳士신사답게 보이기 위해 操心조심한다.   恒 3Ⅱ 항상 항 | 常 4Ⅱ 떳떳할 상 | 紳 2 띠 신
- 웃어른을 만나면 當然당연히 人事인사해야 한다.
- 웃어른에 무언가를 드릴 때는 두 손으로 恭遜공손하게 드린다.   恭 3Ⅱ 공손할 공
- 웃어른과 對話대화를 할 땐 敬語경어를 使用사용한다.

무례함

- 그는 無禮무례하다.
- 그는 禮意예의 없기로 定評정평이 나 있다.   評 4 평할 평
- 그는 禮節예절 敎育교육을 좀 받아야 한다.
- 그의 無禮무례한 行動행동은 사람들에게 民弊민폐를 끼치는 것과 다름없다.   弊 3Ⅱ 폐단·해질 폐
- 그는 自慢心자만심으로 가득 차 있다.   慢 3 거만할 만
- 그는 是非시비를 區分구분하지 못한다.   是 4Ⅱ 이·옳을 시 | 非 4Ⅱ 아닐 비
- 그는 莫無可奈막무가내여서 다루기 힘든 사람이다.   莫 3Ⅱ 없을 막 | 奈 3 어찌 내

- 初面초면인 사람에게는 最大최대한 禮意예의 바르게 行動행동해야 한다.
- 食事식사 중에 입에 飮食음식을 담은 채로 말하는 것은 失禮실례다.
- 남 앞에서 트림이나 放氣방기 같은 生理的생리적인 現象현상을 그대로 드러내는 것은 無禮무례한 行動행동이다.　　妨 4 방해할 방
- 껌을 씹을 때 딱딱 소리를 내는 것은 다른 사람들에게 妨害방해가 된다.
- 사람이 없는 자리에서 그 사람을 誹謗비방하는 것은 나쁘다.　　誹 1 헐뜯을 비 | 謗 1 헐뜯을 방
- 對話대화 途中도중에 말을 가로막아 斷絶단절시키는 것은 無禮무례한 行動행동이다.　　途 3Ⅱ 길 도 | 斷 4Ⅱ 끊을 단 | 絶 4Ⅱ 끊을 절
- 淑女숙녀에게 나이를 묻는 것은 失禮실례다.　　淑 3Ⅱ 맑을 숙
- 眞實진실이 아닌 虛僞허위는 정말 나쁘다고 생각한다.　　眞 4Ⅱ 참 진 | 虛 4Ⅱ 빌 허 | 僞 3Ⅱ 거짓 위
- 나는 背恩忘德배은망덕한 사람은 정말 싫다.　　背 4Ⅱ 등 배 | 恩 4Ⅱ 은혜 은 | 忘 3 잊을 망
- 요즘은 인터넷에서도 實名실명을 使用사용함으로써 네티켓을 志向지향하는 趨勢추세다.　　志 4Ⅱ 뜻 지 | 趨 2 달아날 추 | 勢 4Ⅱ 형세 세
- 그의 無禮무례한 行動행동 때문에 不快불쾌했다.　　快 4Ⅱ 쾌할 쾌

어른 공경

- 그는 父母부모님께 不遜불손하게 대한다.
- 父母부모님을 恭敬공경해야 한다.
- 子息자식은 父母부모님께 順從순종해야 한다.　　息 4Ⅱ 쉴 식 | 從 4 좇을 종
- 子息자식은 父母부모에게 昏定晨省혼정신성을 깍듯이 해야 한다.　　昏 3 어두울 혼 | 晨 3 새벽 신
- 父母부모에게 孝道효도하는 것은 當然당연한 일이다.

　　참고 昏定晨省혼정신성 ⇨ 부모를 잘 섬기고 효성을 다함

02 행동

바른 행동

- 그는 言行언행이 一致일치한다.
- 그는 나이에 비해 早熟조숙하다.   早 4Ⅱ 이를 조
- 나는 約束약속을 꼭 지킨다.
- 그의 處身처신으로 보아 그는 正直정직한 사람이라 생각된다.   處 4Ⅱ 곳 처
- 나는 常識상식에서 벗어난 行動행동을 하지 않는다.   常 4Ⅱ 떳떳할 상
- 그는 敏捷민첩하다.   敏 3 민첩할 민 | 捷 1 빠를 첩
- 그는 理解이해가 빠르다.   解 4Ⅱ 풀 해
- 남에게 親切친절해서 被害피해 볼 일은 없다.   被 3Ⅱ 입을 피
- 그는 大膽대담하게 行動행동한다.   膽 2 쓸개 담

잘못된 행동

- 나는 좀 게으른 傾向경향이 있다.   傾 4 기울 경
- 그는 일의 進行진행 過程과정이 느리다.   進 4Ⅱ 나아갈 진 | 程 4Ⅱ 한도·길 정
- 그는 매우 幼稚유치하다.   幼 3Ⅱ 어릴 유 | 稚 3Ⅱ 어릴 치
- 그는 가끔 沒常識몰상식한 行動행동을 한다.   沒 3Ⅱ 빠질 몰
- 그는 誇張과장되게 行動행동한다.   誇 3Ⅱ 자랑할 과 | 張 4 베풀 장
- 그는 갈수록 拙劣졸렬해진다.   拙 3 졸할 졸 | 劣 3 못할 렬(열)
- 그의 行動행동은 野蠻야만스러웠다.   蠻 2 오랑캐 만
- 그의 鄙劣비열한 行動행동에 놀라지 않을 수 없었다.   鄙 1 더러울 비
- 나는 어떤 점에서는 그의 突發돌발 行動행동을 理解이해할 수 없다.   突 3Ⅱ 갑자기 돌
- 그는 사람을 啞然失色아연실색하게 만든다.   啞 1 벙어리 아
- 그의 傲慢오만이 하늘을 찔렀다.   傲 3 거만할 오 | 慢 3 거만할 만
- 그는 要領요령이 없다.
- 그는 攻擊공격적인 性向성향이 강하다.   攻 4 칠 공 | 擊 4 칠 격
- 그의 亂暴난폭함이 눈살을 찌푸리게 한다.   亂 4 어지러울 난(란) | 暴 4Ⅱ 사나울 폭, 모질 포

바르게 행동하기

- 正當정당하게 行動행동하는 것이 좋다.
- 모든 일을 할 때 注意주의 깊게 行動행동한다.
- 그는 내 行動행동에 滿足만족하지 않는다.   滿 4Ⅱ 찰 만
- 나는 그렇게 不健全불건전한 行動행동을 좋아하지 않는다.
- 더욱 愼重신중하게 行動행동해야 할 것이다.   愼 3Ⅱ 삼갈 신
- 羞恥수치스러운 行動행동을 하지 말아야겠다.   羞 1 부끄러울 수 | 恥 3Ⅱ 부끄러울 치
- 내 態度태도를 고쳐야겠다.   態 4Ⅱ 모습 태
- 나는 分別力분별력 있게 處身처신하려고 努力노력한다.   努 4Ⅱ 힘쓸 노
- 行動행동은 말보다 더 影響力영향력이 있다.   影 3Ⅱ 그림자 영 | 響 3Ⅱ 울릴 향
- 내가 待接대접받고자 하는 대로 남을 待接대접해라.   接 4Ⅱ 이을 접
- 種豆得豆종두득두라고, 原因원인에 따라 結果결과가 생긴다.   豆 4Ⅱ 콩 두 | 得 4Ⅱ 얻을 득

03 말

옳은 말

- 그 말은 一理일리가 있었다.
- 나는 額面액면 그대로 그의 말을 믿었다.   額 4 이마 액
- 그의 말은 信用신용이 간다.
- 男兒一言남아일언 重千金중천금이다.
- 그는 理致이치에 맞게 말한다.
- 그의 말에는 眞實性진실성이 느껴진다.   眞 4Ⅱ 참 진
- 認定인정하기는 싫었지만 그것은 事實사실이었다.   認 4Ⅱ 알 인
- 그가 무슨 말을 하든 觸覺촉각을 곤두세운다.   觸 3Ⅱ 닿을 촉 | 覺 4 깨달을 각
- 그의 말은 곧 眞理진리다.

- 나는 그의 말이라면 秋毫추호도 疑心의심하지 않는다.   毫 3 터럭 호 | 疑 4 의심할 의
- 나는 내가 한 말에 責任책임을 진다.
- 나는 天性的천성적으로 阿附아부를 하지 못한다.   阿 3Ⅱ 언덕 아 | 附 3Ⅱ 붙을 부
- 나는 絕對절대 巧言令色교언영색하지 않는다.   絕 4Ⅱ 끊을 절 | 巧 3Ⅱ 공교할 교

침묵

- 남의 險談험담을 하지 않기 위해 조용히 있었다.   險 4 험할 험
- 나는 沈默침묵을 지키며 있었다.   沈 3Ⅱ 잠길 침, 성심 | 默 3Ⅱ 잠잠할 묵
- 나는 默言묵언했다.
- 나는 默祕權묵비권을 行使행사했다.   祕 4 숨길 비 | 權 4Ⅱ 권세 권
- 난 內省的내성적인 性格성격이라서 말을 많이 하지 않는다.
- 무슨 말을 해야 할지 難堪난감했다.   難 4Ⅱ 어려울 난(란) | 堪 1 견딜 감
- 나는 唐慌당황하면 語訥어눌해진다.   唐 3Ⅱ 당나라·당황할 당 | 慌 1 어리둥절할 황 | 訥 1 말더듬거릴 눌
- 沈默卽金침묵즉금이다.   卽 3Ⅱ 곧 즉

달변

- 그는 達辯家달변가다.   達 4Ⅱ 통달할 달 | 辯 4 말씀 변
- 그의 말은 마치 멋진 映畫영화에 나오는 臺詞대사 같다.   映 4 비칠 영 | 臺 3Ⅱ 대 대 | 詞 3Ⅱ 말·글 사
- 그의 演說연설은 언제나 說得力설득력이 있다.   演 4Ⅱ 펼 연 | 得 4Ⅱ 얻을 득
- 그는 恒常항상 明確명확하게 自身자신의 생각을 表現표현한다.   恒 3Ⅱ 항상 항 | 常 4Ⅱ 떳떳할 상 | 確 4Ⅱ 굳을 확
- 그는 말을 論理整然논리정연하게 한다.   論 4Ⅱ 논할 논(론) | 整 4 가지런할 정
- 그는 直說的직설적이다.
- 그는 絕對절대 自己자기의 意見의견을 남에게 强要강요하지 않는다.   强 특Ⅱ 강할[強] 강
- 그의 말은 靑山流水청산유수와 같다.

비밀

- 祕密비밀은 아무에게나 털어놓아선 안 된다.　　　　密 4Ⅱ 빽빽할 밀
- 난 祕密비밀을 保障보장해 주기로 했다.　　　　保 4Ⅱ 지킬 보 | 障 4Ⅱ 막을 장
- 나는 緘口함구하고 말하지 않을 것이다.　　　　緘 1 봉할 함
- 絶對절대로 祕密비밀을 漏泄누설하지 않을 것이다.　　　　漏 3Ⅱ 샐 누(루) | 泄 1 샐 설
- 나는 그것에 대해서는 누구에게도 一言半句일언반구 하지 않을 것이다.
- 그에게 事實사실대로 告白고백하는 것이 좋겠다.
- 그가 祕密비밀을 暴露폭로했다.　　　　暴 4Ⅱ 사나울 폭, 모질 포 | 露 3Ⅱ 이슬 로(노)
- 談虎虎至담호호지라더니, 저 친구 제 말 하면 나타나네.　　　　虎 3Ⅱ 범 호 | 至 4Ⅱ 이를 지
- 참으로 一言千金일언천금이었다.

　　참고 談虎虎至담호호지 ⇨ 호랑이도 제 말 하면 온다

소문

- 그는 남의 私的사적인 일에 대한 이야기를 많이 한다.　　　　私 4 사사 사
- 그는 가끔 남의 私生活사생활에 대한 所聞소문을 이야기한다.
- 그는 雜多잡다한 이야기를 끊임없이 한다.　　　　雜 4 섞일 잡
- 그는 말을 못 알아듣는 척 演技연기했다.
- 그것은 惡性악성 루머인 것 같다.
- 그것은 道聽塗說도청도설일 뿐이다.　　　　聽 4 들을 청 | 塗 3 칠할 도

　　참고 道聽塗說도청도설 ⇨ 길거리에 떠돌아다니는 뜬소문

불평·변명

- 그는 恒常항상 모든 것에 不評불평이다.　　　　評 4 평할 평
- 그의 繼續계속되는 不滿불만 表現표현이 이제는 지겹다.　　　　繼 4 이을 계 | 續 4Ⅱ 이을 속 | 滿 4Ⅱ 찰 만
- 그의 辨明변명을 듣고 싶지 않았다.　　　　辨 3 분별할 변
- 그는 가끔 輕率경솔한 말로 우리를 놀라게 한다.　　　　率 3Ⅱ 거느릴 솔, 비율 률(율)
- 그는 똑같은 말을 反復반복해서 하는 버릇이 있다.　　　　復 4Ⅱ 회복할 복, 다시 부

오해

- 그의 말은 誤解오해받을 可能性가능성이 있다.   誤 4II 그르칠 오 | 解 4II 풀 해
- 그녀의 말은 誤解오해의 素地소지가 多分다분했다.   素 4II 본디·흴 소
- 誤解오해가 깊어져 義絶의절할 뻔했다.   義 4II 옳을 의 | 折 4 꺾을 절
- 그가 말한 것 중 折半절반은 事實사실이었다.
- 나는 그것이 거짓말이라는 것을 모를 만큼 愚鈍우둔하지 않다.   愚 3II 어리석을 우 | 鈍 3 둔할 둔
- 나는 그가 말하려는 要點요점이 무엇인지 理解이해가 안 됐다.   點 4 점 점
- 그의 말은 純粹순수하게 받아들이면 안 된다.   純 4II 순수할 순 | 粹 1 순수할 수
- 내 말은 誤解오해받을 餘地여지가 있었던 것 같다.   餘 4II 남을 여
- 誤解오해를 解消해소해야 한다.

농담

- 그는 弄談농담을 잘한다.   弄 3II 희롱할 농(롱)
- 그의 弄談농담에 拍掌大笑박장대소했다.   拍 4 칠 박 | 掌 3II 손바닥 장 | 笑 4II 웃음 소
- 그의 弄談농담은 陳腐진부했다.   陳 3II 베풀·묵을 진 | 腐 3II 썩을 부
- 나는 水準수준 높은 弄談농담을 잘 理解이해하지 못한다.   準 4II 준할 준
- 나는 가끔 弄談농담을 眞談진담으로 받아들일 때가 있다.
- 나는 가끔 弄談농담을 深刻심각하게 받아들여 相對方상대방을 困難곤란하게 할 때도 있다.   深 4II 깊을 심 | 刻 4 새길 각 | 困 4 곤할 곤
- 농담을 才致재치 있게 잘 받아넘기는 方法방법을 좀 배워야겠다.

시비·참견

- 그는 恒常항상 날 無視무시한다.   視 4II 볼 시
- 그는 是非시비를 잘 건다.   是 4II 이·옳을 시 | 非 4II 아닐 비
- 그는 일부러 날 刺戟자극한다.   刺 3II 찌를 자, 찌를 척 | 戟 1 창 극
- 그는 나에게 陋名누명을 씌웠다.   陋 1 더러울 누(루)
- 그는 惟獨유독 나에게만 不親切불친절하다.   惟 3 생각할 유
- 그는 나를 透明투명 人間인간처럼 대하며 내 말을 無視무시했다.   透 3II 사무칠 투

- 그는 過去과거 일을 云云운운하며 나의 心氣심기를 건드렸다.　　云 3 이를 운
- 그는 남을 險談험담하는 것을 좋아한다.
- 그는 남의 일에 干涉간섭을 잘한다.　　干 4 방패 간 | 涉 3 건널 섭
- 그는 參見참견하기 좋아하는 사람이다.
- 그는 모든 일에 事事件件사사건건 參見참견한다.

욕설

- 그는 내게 辱說욕설을 퍼부었다.　　辱 3Ⅱ 욕될 욕
- 그는 直線的직선적으로 말을 한다.
- 言中有骨언중유골이었다.　　骨 4 뼈 골
- 그의 惡談악담에 氣分기분이 무척 상했다.
- 그는 辱說욕설을 하며 脅迫협박했다.　　脅 3Ⅱ 위험할 협 | 迫 3Ⅱ 핍박할 박
- 그에게 侮辱的모욕적인 말을 듣고 傷處상처를 받았다.　　侮 3 업신여길 모 | 傷 4 다칠 상 | 處 4Ⅱ 곳 처
- 그의 거친 말에 精神的정신적인 衝擊충격을 받았다.　　精 4Ⅱ 정할 정
- 그녀는 語套어투가 거칠다.　　套 1 씌울 투

허풍 · 수다

- 그는 誇大과대 包裝포장해서 말하는 傾向경향이 있다.　　誇 3Ⅱ 자랑할 과 | 包 4Ⅱ 쌀 포 | 裝 4 꾸밀 장 | 傾 4 기울 경
- 그는 虛風허풍쟁이다.　　虛 4Ⅱ 빌 허
- 그는 一口二言일구이언의 代名詞대명사다.
- 그는 自畫自讚자화자찬을 잘한다.　　讚 4 기릴 찬
- 그는 늘 虛張聲勢허장성세를 일삼는다.　　張 4 베풀 장 | 聲 4Ⅱ 소리 성 | 勢 4Ⅱ 형세 세
- 그녀는 內虛外飾내허외식하는 마음만 가득하다.　　飾 3Ⅱ 꾸밀 식
- 그녀는 虛榮心허영심으로 가득 차 있다.　　榮 4Ⅱ 영화 영
- 그녀의 수다는 無限무한하다.　　限 4Ⅱ 한할 한

거짓말

- 그는 거짓말 大王대왕이다.
- 그는 늘 食言식언을 늘어놓는다.
- 그가 하는 말의 大部分대부분이 거짓이다.
- 그는 너무도 泰然태연하게 나에게 거짓말을 했다.   泰 3Ⅱ 클 태
- 나는 荒唐無稽황당무계한 말에 말문이 막혔다.   荒 3Ⅱ 거칠 황 | 稽 특Ⅱ 머무를 계
- 그는 거짓말쟁이로 烙印낙인 찍혔다.   烙 1 지질 낙(락) | 印 4Ⅱ 도장 인
- 그가 한 거짓말이 水面수면 위로 떠올랐다.
- 그 일은 반드시 事必歸正사필귀정이 될 것이다.   歸 4 돌아갈 귀
- 結局결국 眞實진실이 勝利승리한다.

감언이설

- 그는 甘言利說감언이설에 능하다.
- 그는 누구에게나 阿諂아첨을 잘한다.   諂 1 아첨할 첨
- 그는 歡心환심을 사려고 阿附아부를 한다.   歡 4 기쁠 환
- 그는 能手能爛능수능란한 말로 사람을 잘 홀린다.   爛 2 빛날 란(난)
- 그것은 口蜜腹劍구밀복검일지도 모른다.   蜜 3 꿀 밀 | 腹 3Ⅱ 배 복 | 劍 3Ⅱ 칼 검
- 曲學阿世곡학아세만을 일삼는 態度태도는 根絶근절되어야 한다.   態 4Ⅱ 모습 태
- 그의 巧言令色교언영색에 넘어갔다.
- 그의 假飾的가식적인 말에 넌덜머리가 난다.   假 4Ⅱ 거짓 가

> **참고**
> 口蜜腹劍구밀복검 ⇨ 말로는 친한 듯하나 속으로는 해칠 생각이 있음
> 曲學阿世곡학아세 ⇨ 바른 길에서 벗어난 학문으로 세상 사람에게 아첨함
> 巧言令色교언영색 ⇨ 아첨하는 말과 알랑거리는 태도

04 조언·충고

조언

- 나는 일을 處理처리하는 方法방법에 대해 그의 助言조언이 必要필요했다.   處 4Ⅱ 곳 처 | 助 4Ⅱ 도울 조
- 누구에게 助言조언을 付託부탁해야 할지 몰랐다.   付 3Ⅱ 부칠 부 | 託 2 부탁할 탁
- 그가 여기에 있다면 그에게 告解聖事고해성사를 하고 助言조언을 구했을 것이다.   解 4Ⅱ 풀 해 | 聖 4Ⅱ 성인 성
- 그가 앞으로의 處身처신에 대해 助言조언해 주었다.
- 그는 절대 抛棄포기하지 말라고 申申當付신신당부를 했다.   抛 2 던질 포 | 棄 3 버릴 기 | 申 4Ⅱ 납 신
- 그의 助言조언 德分덕분에 人生인생이 달라졌다.
- 그는 내가 失意실의에 빠져 있을 때마다 助言조언을 해 준다.
- 내가 挫折좌절하고 抛棄포기하려는 瞬間순간 나를 이끌어 준 건 바로 그였다.   挫 1 꺾을 좌 | 折 4 꺾을 절 | 瞬 3Ⅱ 눈깜짝일 순

충고

- 그는 나에게 다시는 落伍낙오하지 말라고 忠告충고했다.   伍 1 다섯사람 오
- 그의 忠告충고를 謙虛겸허히 받아들였다.   忠 4Ⅱ 충성 충 | 謙 3Ⅱ 겸손할 겸 | 虛 4Ⅱ 빌 허
- 그의 忠告충고가 나를 强靭강인하게 만든다.   靭 1 질길 인
- 나는 다시는 그러지 않겠다고 盟誓맹세했다.   盟 3Ⅱ 맹세 맹 | 誓 3 맹세할 서
- 그는 나에게 沈着침착하라고 恒常항상 忠告충고한다.   沈 3Ⅱ 잠길 침, 성 심 | 恒 3Ⅱ 항상 항 | 常 4Ⅱ 떳떳할 상
- 나는 그에게 그런 곳에 가지 않는 것이 上策상책이라고 말했다.   策 3Ⅱ 꾀 책
- 그가 해 준 忠告충고는 그다지 效果효과가 없었다.
- 나는 그녀에게 行動擧止행동거지를 똑바로 하라고 말했다.
- 그에게 着實착실하게 살라고 忠告충고했다.
- 그는 내 忠告충고를 輕視경시했다.   視 4Ⅱ 볼 시
- 나는 그가 내 도움을 必要필요로 할 때마다 그의 救援者구원자 役割역할을 할 것이다.   援 4 도울 원 | 役 3Ⅱ 부릴 역 | 割 3Ⅱ 벨 할

243

05 위로

위안

- 나는 運動운동을 하면서 스스로 慰安위안을 삼았다.   慰 4 위로할 위
- 그 일은 잘될 것이라는 催眠최면을 걸었다.   催 3Ⅱ 재촉할 최 | 眠 3Ⅱ 잘 면
- 나는 모든 일이 잘될 거라고 確信확신한다.   確 4Ⅱ 굳을 확
- 그건 深刻심각한 일이 아니다.   深 4Ⅱ 깊을 심 | 刻 4 새길 각
- 그것은 生死생사가 달린 問題문제도 아니다.
- 나는 肯定的긍정적으로 생각하고 있다.   肯 3 즐길 긍
- 우린 모두 같은 處地처지에 있다.   處 4Ⅱ 곳 처
- 아직 希望희망이 있다.   希 4Ⅱ 바랄 희

위로를 빌다

- 누군가가 나를 慰勞위로해 주었으면 좋겠다.
- 지금 나에게 必要필요한 것은 眞心진심이 담긴 말이다.   眞 4Ⅱ 참 진
- 내가 落膽낙담해 있을 때 그가 나를 慰勞위로해 주었다.   膽 2 쓸개 담
- 내가 意氣銷沈의기소침해 있을 때 그가 나에게 따뜻한 말을 해 주었다.   銷 특Ⅱ 녹일 소 | 沈 3Ⅱ 잠길 침, 성 심
- 내가 病狀병상에 있을 때 그가 慰問위문 便紙편지로 나를 慰勞위로해 주었다.   狀 4Ⅱ 형상 상, 문서 장
- 큰 슬픔으로 生計생계마저 漠漠막막할 때 그가 나를 慰勞위로해 주었다.   漠 3Ⅱ 넓을 막

기운을 북돋우다

- 그의 말로 나의 士氣사기가 鼓舞고무되었다.   鼓 3Ⅱ 북 고 | 舞 4 춤출 무
- 그의 말이 나의 氣分기분을 充滿충만하게 만들었다.   滿 4Ⅱ 찰 만
- 그녀의 말로 自信感자신감을 回復회복했다.   回 4Ⅱ 돌아올 회 | 復 4Ⅱ 회복할 복, 다시 부
- 憂鬱우울할 땐 旅行여행이 내게 唯一유일한 慰安위안이 된다.   憂 3Ⅱ 근심 우 | 鬱 2 답답할 울 | 唯 3 오직 유

조문

- 그의 三寸삼촌이 돌아가셔서 弔意조의를 표했다.   弔 3 조상할 조
- 故人고인에게 哀悼애도의 뜻을 표했다.   故 4Ⅱ 연고 고 | 哀 3Ⅱ 슬플 애 | 悼 2 슬퍼할 도
- 그의 殯所빈소에 弔問조문 行列행렬이 끊이지 않았다.   殯 1 빈소 빈 | 列 4Ⅱ 벌릴 렬(열)
- 故人고인의 冥福명복을 빌었다.   冥 3 어두울 명
- 그분의 他界타계를 追慕추모했다.   追 3Ⅱ 쫓을·따를 추 | 慕 3Ⅱ 그릴 모

인생이란

- 그런 게 人生인생이다.
- 人生無常인생무상을 느낀다.   常 4Ⅱ 떳떳할 상
- 人生인생은 虛無허무한 것이다.   虛 4Ⅱ 빌 허
- 人生인생에는 快樂쾌락의 즐거움만 있는 것은 아니다.   快 4Ⅱ 쾌할 쾌
- 佛敎불교에는 輪回說윤회설이 存在존재한다.   佛 4Ⅱ 부처 불 | 輪 4 바퀴 윤(륜) | 存 4 있을 존
- 人生인생이란 萬古風霜만고풍상을 겪는 것과 같다.   霜 3Ⅱ 서리 상
- 人生事인생사는 塞翁之馬새옹지마와 같다.   塞 3Ⅱ 변방 새, 막힐 색 | 翁 3 늙은이 옹

06 격려 · 축하

격려

- 그는 나에게 激勵격려를 아끼지 않는다.   激 4 격할 격 | 勵 3Ⅱ 힘쓸 려(여)
- 그의 激勵격려와 應援응원이 나에겐 큰 힘이 된다.   應 4Ⅱ 응할 응 | 援 4 도울 원
- 그는 내가 最善최선을 다할 수 있도록 恒常항상 無言무언의 激勵격려를 보내 준다.   恒 3Ⅱ 항상 항 | 常 4Ⅱ 떳떳할 상
- 그가 내게 幸運행운을 빌어 주었다.

- 내가 苦難고난을 克復극복할 수 있도록 그가 도와주었다. 　　難 4Ⅱ 어려울 난(란) | 克 3Ⅱ 이길 극 | 復 4Ⅱ 회복할 복, 다시 부
- 나는 그의 激勵격려로 이 逆境역경을 헤쳐 나갈 수 있을 것 같다. 　　逆 4Ⅱ 거스릴 역 | 境 4Ⅱ 지경 경
- 그는 내게 숨은 技倆기량을 發掘발굴해 보라고 했다. 　　倆 1 재주 량 | 掘 2 팔 굴
- 나는 誠實성실한 사람이라고 稱讚칭찬을 받았다. 　　誠 4Ⅱ 정성 성 | 稱 4 일컬을 칭 | 讚 4 기릴 찬
- 天才천재는 1%의 靈感영감과 99%의 努力노력으로 이루어진다. 　　靈 3Ⅱ 신령 영(령) | 努 4Ⅱ 힘쓸 노
- 萬事만사가 亨通형통할 것이다. 　　亨 3 형통할 형
- 나는 그가 成功성공할 것이라고 確信확신한다. 　　確 4Ⅱ 굳을 확
- 意志의지를 갖고 挑戰도전하면 期必기필코 成功성공할 것이다. 　　志 4Ⅱ 뜻 지 | 挑 3 돋울 도
- 나는 그것은 鳥足之血조족지혈이라고 생각했다. 　　鳥 4Ⅱ 새 조 | 之 3Ⅱ 갈 지 | 血 4Ⅱ 피 혈

축하

- 우리는 서로에게 祝賀축하의 人事인사를 건넸다. 　　賀 3Ⅱ 하례할 하
- 卒業졸업을 祝賀축하한다.
- 入學입학을 祝賀축하한다.
- 昇進승진을 祝賀축하해요! 　　昇 3Ⅱ 오를 승 | 進 4Ⅱ 나아갈 진
- 合格합격 祝賀축하!
- 勝利승리를 祝賀축하합니다.
- 그 大會대회에서 優勝우승한 것을 祝賀축하해! 　　優 4 넉넉할 우
- 이 慶事경사를 紀念기념하자. 　　慶 4Ⅱ 경사 경 | 紀 4 벼리 기
- 順産순산한 것을 慶祝경축합니다.
- 生辰생신 祝賀축하드려요. 　　辰 3Ⅱ 때 신, 별 진
- 結婚紀念日결혼기념일을 祝賀축하합니다. 　　婚 4 혼인할 혼
- 榮譽영예의 大賞대상 受賞수상을 祝賀축하합니다. 　　榮 4Ⅱ 영화 영 | 譽 3Ⅱ 기릴·명예 예 | 受 4Ⅱ 받을 수
- 歸國귀국 祝賀축하 파티가 있을 豫定예정이다. 　　歸 4 돌아갈 귀 | 豫 4 미리 예

07 기원

행복

- 두 분이 百年偕老백년해로하시길 빕니다.
- 두 분의 사랑이 永遠영원이 持續지속되길 眞心진심으로 바랍니다.
- 琴瑟금슬 좋은 夫婦부부가 되기를!
- 世上세상의 모든 幸福행복과 平和평화를 누리시길 빕니다.
- 幸福행복한 名節명절 보내세요!
- 즐거운 旅行여행 되세요!
- 萬事만사가 大吉대길하시길 바랍니다.
- 立春大吉입춘대길이라!

偕 1 함께 해

持 4 가질 지 | 續 4II 이을 속 |
眞 4II 참 진

琴 3II 거문고 금 | 瑟 2 큰거문고 슬 |
婦 4II 며느리 부

행운

- 새해에 幸運행운이 깃들기를 所望소망합니다.
- 신의 恩寵은총이 있기를!
- 韓國한국에서 幸運행운을 빌겠습니다.
- 오늘은 運數운수 좋은 날이 될 거야.
- 그의 幸運행운이 너의 厄運액운을 막아 줄 것이다.
- 當身당신의 婚事혼사에 幸運행운만 가득하길 바랍니다.

恩 4II 은혜 은 | 寵 1 사랑할 총

厄 3 액 액

婚 4 혼인할 혼

건강

- 快癒쾌유를 빕니다.
- 健康건강하세요!
- 萬壽無疆만수무강하십시오!
- 完治완치를 빕니다.
- 健鬪건투를 빕니다.
- 快差쾌차하시길 바랍니다.

快 4II 쾌할 쾌 | 癒 1 병나을 유

康 4II 편안 강

壽 3II 목숨 수 | 疆 2 굳셀 강

治 4II 다스릴 치

鬪 4 싸움 투

差 4 다를 차

Diary

지하철 예절

9월 8일

지하철을 이용해서 매일 출퇴근하는 나는 그곳에서 천태만상을 본다. 바쁜 출근길 비좁은 지하철 안에서 바닥에 자리를 펴고 눕는 아줌마들, 늦은 퇴근길에는 지나친 애정 표현으로 눈살을 찌푸리게 만드는 연인들이 있다. 이런 일들은 비일비재하게 일어난다. 그런데 오늘은 유난히 내 신경을 건드리는 사건이 있었다. 조금 늦은 퇴근길이었다. 지하철을 타고 가고 있는데 한 젊은 청년이 노약자석에 앉았다. 나도 빈자리인데 뭐 어떠냐는 생각으로 바라보고 있었다. 그때 백발의 노인 한 분이 지하철에 오르고 그 청년이 앉아 있는 노약자석으로 갔다. 그 청년은 꿈쩍도 하지 않고 앉아 있었다. 보다 못한 옆자리 할머니가 청년이 좀 일어나라며 다그치셨다. 그랬더니 그 청년은 무례하기 짝이 없는 어투로 자기도 아픈 사람이라며, 나이만 많으면 무조건 여기에 앉는 거냐며 불손한 태도를 보였다. 할머니께서 젊은 사람이 그러는 게 아니라며 충고를 했더니 더더욱 막무가내로 목소리를 높이며 민폐를 끼쳤다. 이 상황을 계속 지켜보던 내가 직접 나서야겠다는 생각에 그 청년에게 웃어른에게 최소한의 예의는 지키라고 조언을 했다. 사람들의 시선이 그 청년에게로 집중되어서 그런 건지 내가 무서워서 그런 건지 그 청년은 "실례합니다."라고 하더니 다른 칸으로 이동했다. 나 또한 구세대 같은 행동이라고 할지도 모르겠지만, 상하를 구분하지 못하고 남에게 폐를 끼치는 행동을 했을 때에 스스로 수치스러움을 느끼고 제대로 처신해야 된다고 생각한다. 이번 주말엔 우리 아이들에게 이러한 예절 교육을 해야겠다.

● 알맞은 한자로 써 보세요.

1. 지하철 _____
2. 예절 _____
3. 이용 _____
4. 매일 _____
5. 출퇴근 _____
6. 천태만상 _____
7. 출근 _____
8. 퇴근 _____
9. 애정 _____
10. 표현 _____
11. 연인 _____
12. 비일비재 _____
13. 신경 _____
14. 사건 _____
15. 청년 _____
16. 노약자석 _____
17. 백발 _____
18. 노인 _____
19. 무례 _____
20. 어투 _____
21. 자기 _____
22. 무조건 _____
23. 불손 _____
24. 태도 _____
25. 충고 _____
26. 막무가내 _____
27. 민폐 _____
28. 상황 _____
29. 직접 _____
30. 최소한 _____
31. 예의 _____
32. 조언 _____
33. 시선 _____
34. 집중 _____
35. 실례 _____
36. 이동 _____
37. 구세대 _____
38. 행동 _____
39. 상하 _____
40. 구분 _____
41. 수치 _____
42. 처신 _____
43. 주말 _____
44. 교육 _____

地下鐵 禮節

九月 八日

地下鐵을 利用해서 每日 出退勤하는 나는 그곳에서 千態萬象을 본다. 바쁜 出勤길 비좁은 地下鐵 안에서 바닥에 자리를 펴고 눕는 아줌마들, 늦은 退勤길에는 지나친 愛情 表現으로 눈살을 찌푸리게 만드는 戀人들이 있다. 이런 일들은 非一非再하게 일어난다. 그런데 오늘은 유난히 내 神經을 건드리는 事件이 있었다. 조금 늦은 退勤길이었다. 地下鐵을 타고 가고 있는데 한 젊은 靑年이 老弱者席에 앉았다. 나도 빈자리인데 뭐 어떠냐는 생각으로 바라보고 있었다. 그때 白髮의 老人 한 분이 地下鐵에 오르고 그 靑年이 앉아 있는 老弱者席으로 갔다. 그 靑年은 꿈쩍도 하지 않고 앉아 있었다. 보다 못한 옆자리 할머니가 靑年이 좀 일어나라며 다그치셨다. 그랬더니 그 靑年은 無禮하기 짝이 없는 語套로 自己도 아픈 사람이라며, 나이만 많으면 無條件 여기에 앉는 거냐며 不遜한 態度를 보였다. 할머니께서 젊은 사람이 그러는 게 아니라며 忠告를 했더니 더더욱 莫無可奈로 목소리를 높이며 民弊를 끼쳤다. 이 狀況을 계속 지켜보던 내가 直接 나서야겠다는 생각에 그 靑年에게 웃어른에게 最小限의 禮意는 지키라고 助言을 했다. 사람들의 視線이 그 靑年에게로 集中되어서 그런 건지 내가 무서워서 그런 건지 그 靑年은 "失禮합니다."라고 하더니 다른 칸으로 移動했다. 나 또한 舊世代 같은 行動이라고 할지도 모르겠지만, 上下를 區分하지 못하고 남에게 폐를 끼치는 行動을 했을 때에 스스로 羞恥스러움을 느끼고 제대로 處身해야 된다고 생각한다. 이번 週末엔 우리 아이들에게 이러한 禮節 敎育을 해야겠다.

건강

01. 건강　　02. 건강 검진　　03. 발병
04. 발열　　05. 두통　　　　06. 감기
07. 복통　　08. 피부　　　　09. 근육통
10. 골절　　11. 치아 관리　　12. 시력
13. 눈병　　14. 귓병　　　　15. 응급 치료
16. 진찰　　17. 병원 치료　　18. 약
Diary

01 건강

건강의 소중함

- 健康건강보다 더 所重소중한 것은 없다.　　　　　　　　康 4Ⅱ 편안 강
- 永久영구한 幸福행복을 위해선 健康건강이 必須필수적이라고 생각한다.　須 3 모름지기 수
- 健康건강은 값진 財産재산이다.
- 健康건강이 成功성공의 제1의 條件조건이라고 생각한다.　　條 4 가지 조
- 나는 健康건강을 最優先視최우선시한다.　　　　　　　　　優 4 넉넉할 우 | 視 4Ⅱ 볼 시
- 靑年청년들은 自身자신의 健康건강이 永遠영원할 것이라고 생각한다.
- 疾病질병에 걸려 봐야 비로소 健康건강의 所重소중함을 느낀다.　疾 3Ⅱ 병 질
- 누구나 健康건강한 삶을 營爲영위하길 바란다.　　　　　營 4 경영할 영 | 爲 4Ⅱ 하·할 위

건강하다

- 나는 健康건강 狀態상태가 良好양호하다.　　　　　狀 4Ⅱ 형상 상, 문서 장 |
　　　　　　　　　　　　　　　　　　　　　　　態 4Ⅱ 모습 태 | 好 4Ⅱ 좋을 호
- 나는 健康건강함을 빼면 屍體시체다.　　　　　　　屍 2 주검 시
- 나는 體力체력이 좋다.
- 나는 强健강건하다.
- 年歲연세에 비해 健康건강하시다.
- 아직은 氣力기력이 좋다.
- 나는 全身전신이 다 健康건강하다.
- 나는 免疫力면역력이 강해서 튼튼하다.　　　　　　免 3Ⅱ 면할 면 | 疫 3Ⅱ 전염병 역
- 健康건강한 身體신체에 健全건전한 精神정신이 깃든다.　精 4Ⅱ 정할 정

건강하지 못하다

- 요즘 健康건강에 赤信號적신호가 왔다.
- 나는 外形외형과는 달리 몸이 약하다.

- 氣力기력이 많이 衰弱쇠약해졌다.   衰 3Ⅱ 쇠할 쇠
- 자주 病席병석에 눕는다.
- 나는 늘 疲勞피로하다.   疲 4 피곤할 피
- 恒常항상 憔悴초췌해 보인다.   恒 3Ⅱ 항상 항 | 常 4Ⅱ 떳떳할 상 |
                                                            憔 1 파리할 초 | 悴 1 파리할 췌

- 나는 過勞과로로 인해 健康건강이 나빠졌다.
- 나는 자주 疲困피곤해서 醫師의사에게 診察진찰을 받기로 했다.   困 4 곤할 곤 | 師 4Ⅱ 스승 사 |
                                                            診 2 진찰할 진 | 察 4Ⅱ 살필 찰
- 나는 지금 病魔병마와 싸우고 있다.   魔 2 마귀 마
- 그는 肝臟간장에 問題문제가 있다.   肝 3Ⅱ 간 간
- 그는 B형 肝炎간염이 있다.   炎 3Ⅱ 불꽃 염
- 그는 糖尿病당뇨병으로 苦生고생하고 있다.   糖 3Ⅱ 엿·사탕 당 | 尿 2 오줌 뇨(요)
- 그는 飮食음식에서 糖分당분의 양을 制限제한해야 한다.   制 4Ⅱ 절제할 제 | 限 4Ⅱ 한할 한
- 그녀는 高脂血症고지혈증으로 治療치료 중이다.   脂 2 기름 지 | 血 4Ⅱ 피 혈 |
                                                            症 3Ⅱ 증세 증 | 治 4Ⅱ 다스릴 치 |
                                                            療 2 병고칠 료(요)

- 나는 그의 健康건강 問題문제로 勞心焦思노심초사하고 있다.   焦 2 탈 초
- 그 병은 不治病불치병이라고 한다.
- 胃腸病위장병은 痼疾病고질병이다.   胃 3Ⅱ 밥통 위 | 腸 4 창자 장 |
                                                            痼 1 고질 고

건강에 해로운 것

- 스트레스와 같은 精神的정신적 壓迫압박은 健康건강에 해롭다.   壓 4Ⅱ 누를 압 | 迫 3Ⅱ 핍박할 박
- 感情감정을 너무 抑制억제하는 것도 健康건강에 좋지 않다.   抑 3Ⅱ 누를 억
- 텔레비전만 보고 바깥 活動활동을 하지 않는 習慣습관은 健康건강 問題   慣 3Ⅱ 익숙할 관 | 誘 3Ⅱ 꾈 유
  문제를 誘發유발할 수 있다.
- 睡眠수면 不足부족은 漸次점차 健康건강에 惡影響악영향을 미친다.   睡 3 졸음 수 | 眠 3Ⅱ 잘 면 |
                                                            漸 3Ⅱ 점점 점 | 次 4Ⅱ 버금 차 |
                                                            影 3Ⅱ 그림자 영 | 響 3Ⅱ 울릴 향

- 아침 食事식사를 省略생략하는 習慣습관도 健康건강에 해롭다.   略 4 간략할·약할 략(약)
- 자주 食事식사를 거르면 營養失調영양실조에 걸리게 된다.
- 過食과식이나 暴食폭식은 健康건강에 해롭다.   暴 4Ⅱ 사나울 폭, 모질 포
- 規則的규칙적인 生活생활과 適當적당한 食事量식사량은 健康건강에 이롭다.   適 4 맞을 적

- 스트레스와 過勞과로로 消化소화 不良불량까지 생겼다.
- 吸煙흡연과 飮酒음주는 當然당연히 健康건강에 해롭다.

吸 4Ⅱ 마실 흡 | 煙 4Ⅱ 연기 연 |
酒 4 술 주

금연

- 吸煙흡연은 肺폐 疾患질환의 原因원인이다.   肺 3Ⅱ 허파 폐
- 담배는 百害無益백해무익하다고 한다.   益 4Ⅱ 더할 익
- 吸煙흡연은 萬病만병의 根源근원이다.   源 4 근원 원
- 담배는 해로운 物質물질을 많이 含有함유하고 있다.   含 3Ⅱ 머금을 함
- 담배 煙氣연기 때문에 숨을 쉴 수가 없었다.
- 中學生중학생의 喫煙끽연 事實사실에 너무 놀랐다.   喫 1 먹을 끽
- 그는 베란다에서 隱密은밀하게 담배를 피운다.   隱 4 숨을 은 | 密 4Ⅱ 빽빽할 밀
- 間接吸煙간접흡연이 直接직접 吸煙흡연보다 더욱 해롭다는 調査조사 結果 接 4Ⅱ 이을 접
  결과가 있었다.
- 吸煙흡연이 心臟病심장병의 主要주요 原因원인이라고 한다.   臟 3Ⅱ 오장 장
- 吸煙흡연이 그의 폐를 損傷손상시켰다.   損 4 덜 손 | 傷 4 다칠 상
- 그가 禁煙금연하길 바란다.
- 禁煙금연 後 禁斷금단 現象현상으로 苦生고생을 했다.   禁 4Ⅱ 금할 금 | 斷 4Ⅱ 끊을 단 |
                                                                                  象 4 코끼리 상
- 健康건강은 健康건강할 때 지키는 것이 가장 賢明현명하다고 생각한다.   賢 4Ⅱ 어질 현

건강 관리

- 換節期환절기에는 특히 健康건강 管理관리를 잘해야 한다.   換 3Ⅱ 바꿀 환 | 管 4 대롱·주관할 관
- 適當적당한 休息휴식은 健康건강 維持유지에 도움이 된다.   息 4Ⅱ 쉴 식 | 維 3Ⅱ 벼리 유 |
                                                                                  持 4 가질 지
- 熟眠숙면과 充分충분한 休息휴식을 취해야 한다.   熟 3Ⅱ 익을 숙
- 병은 初期초기에 治療치료해야 한다.
- 充分충분한 水分수분을 攝取섭취하는 것이 내가 健康건강을 지키는 方法 攝 3 다스릴·잡을 섭 | 取 4Ⅱ 가질 취
  방법이다.
- 일찍 자고 일찍 일어나는 것이 나의 健康건강 祕訣비결이다.   訣 3Ⅱ 이별할 결
- 都市도시보다는 田園전원 生活생활이 健康건강에 도움이 된다.

- 食餌식이 療法요법도 健康건강을 지키는 方法방법 중 하나이다.   餌 1 미끼 이
- 菜食채식 爲主위주로 먹는 것이 健康건강에 이롭다.   菜 3Ⅱ 나물 채
- 하루 세 끼 偏食편식하지 않고 골고루 먹어야 한다.   偏 3Ⅱ 치우칠 편
- 健康건강을 위해 健康건강 補助劑보조제를 服用복용한다.   補 3Ⅱ 기울 보 | 助 4Ⅱ 도울 조 | 劑 2 약제 제
- 料理요리할 때 鹽分염분 使用사용을 節制절제하는 것이 健康건강에 좋다.   鹽 3Ⅱ 소금 염
- 나는 健康건강이 昨年작년보다 好轉호전되었다.   轉 4 구를 전
- 나는 恒常항상 健康건강에 各別각별히 注意주의한다.
- 治療치료보다 豫防예방이 重要중요하다.   豫 4 미리 예 | 防 4Ⅱ 막을 방

운동

- 나는 運動운동을 生活化생활화하고 있다.
- 運動운동은 新陳代謝신진대사를 活潑활발하게 한다.   陳 3Ⅱ 베풀·묵을 진 | 謝 4Ⅱ 사례할 사 | 潑 1 물뿌릴 발
- 適當적당한 運動운동이 長壽장수의 祕訣비결이다.   壽 3Ⅱ 목숨 수
- 每日매일 規則的규칙적인 運動운동이 健康건강을 增進증진시킨다.   增 4Ⅱ 더할 증 | 進 4Ⅱ 나아갈 진
- 가벼운 有酸素유산소 運動운동으로 작은 疾病질병을 治療치료할 수 있다.   酸 2 실 산 | 素 4Ⅱ 본디·흴 소
- 人生인생에서 運動운동은 必須필수 不可缺불가결한 것이다.   缺 4Ⅱ 이지러질 결

02 건강 검진

검진 절차

- 健康건강을 維持유지하려면 定期的정기적인 檢診검진이 于先우선인 것 같다.
  康 4Ⅱ 편안 강 | 維 3Ⅱ 벼리 유 |
  持 4 가질 지 | 檢 4Ⅱ 검사할 검 |
  診 2 진찰할 진 | 于 3 어조사 우

- 健康건강 檢診검진을 豫約예약했다.
  豫 4 미리 예

- 三寸삼촌이 著名저명한 醫師의사 先生선생님을 推薦추천해 주셨다.
  著 3Ⅱ 나타날 저 | 師 4Ⅱ 스승 사 |
  推 4 밀 추 | 薦 3 천거할 천

- 血液혈액 檢査검사를 하기 위해 12時間시간 동안 斷食단식해야 한다.
  血 4Ⅱ 피 혈 | 液 4Ⅱ 진 액 |
  斷 4Ⅱ 끊을 단

- 問診表문진표를 作成작성했다.

- 于先우선 看護師간호사의 指示지시에 따라 體重計체중계에 올라갔다.
  看 4 볼 간 | 護 4Ⅱ 도울 호 |
  指 4Ⅱ 가리킬 지

- 醫師의사 先生선생님은 내가 若干약간 過體重과체중이어서 體重체중 減量감량을 해야 한다고 하셨다.
  若 3Ⅱ 같을 약, 반야 야 | 干 4 방패 간 |
  減 4Ⅱ 덜 감

- 看護師간호사가 血壓혈압을 쟀다.
  壓 4Ⅱ 누를 압

- 血壓혈압 數値수치가 높았다.
  値 3Ⅱ 값 치

- 看護師간호사가 내 脈搏맥박을 쟀다.
  脈 4Ⅱ 줄기 맥 | 搏 1 두드릴 박

- 小便소변 檢査검사를 했다.

- 엑스레이로 胸部흉부를 찍었다.
  胸 3Ⅱ 가슴 흉

- 나는 內視鏡내시경으로 위 檢査검사를 받았다.
  視 4Ⅱ 볼 시 | 鏡 4 거울 경

- 醫師의사가 나에게 健康건강에 관한 몇 가지 質問질문을 했다.

- 醫師의사가 聽診器청진기로 心臟심장 소리를 들으며 나를 檢診검진했다.
  聽 4 들을 청 | 器 4Ⅱ 그릇 기 |
  臟 3Ⅱ 오장 장

검진 결과

- 오늘 檢診검진 結果결과를 받았다.

- 大體的대체적으로 豫想예상했던 것보다 좋아서 마음이 놓였다.
  想 4Ⅱ 생각 상

- 健康건강에 몇 가지 異狀이상 症狀증상이 發見발견되었다.
  異 4 다를 이(리) |
  狀 4Ⅱ 형상 상, 문서 장 | 症 3Ⅱ 증세 증

- 醫師의사는 ○○(으)로 診斷진단했다.

256

- 醫師의사는 내가 急性급성 ○○(이)라고 診斷진단했다.
- 健康건강에 問題문제가 있다는 醫師의사의 所見소견을 들었다.
- 나는 再檢査재검사 要請요청을 받았다. 請 4Ⅱ 청할 청
- 醫師의사는 병의 進展진전 狀況상황을 지켜보겠다고 했다. 進 4Ⅱ 나아갈 진 | 況 4 상황 황
- 醫師의사가 내게 運動운동을 勸誘권유했다. 誘 3Ⅱ 꾈 유
- 醫師의사는 내게 炭水化物탄수화물 飮食음식을 줄이고 生鮮생선과 野菜야채를 많이 먹으라고 했다. 菜 3Ⅱ 나물 채
- 醫師의사 先生선생님의 治癒策치유책을 따르기로 마음먹었다. 治 4Ⅱ 다스릴 치 | 癒 1 병나을 유 | 策 3Ⅱ 꾀 책

신체 기관

漢字	한글	한자 풀이	漢字	한글	한자 풀이
臟器	장기	臟 3Ⅱ 오장 장 | 器 4Ⅱ 그릇 기	小腸	소장	
肝	간		十二指腸	십이지장	指 4Ⅱ 가리킬 지
胃臟	위장	胃 3Ⅱ 밥통 위	大腸	대장	
心臟	심장		蟲垂	충수	蟲 4Ⅱ 벌레 충 | 垂 3Ⅱ 드리울 수
腎臟	신장	腎 2 콩팥 신	膀胱	방광	膀 1 오줌통 방 | 胱 1 오줌통 광
肺	폐	肺 3Ⅱ 허파 폐	尿道	요도	尿 2 오줌 요(뇨)
食道	식도		動脈	동맥	脈 4Ⅱ 줄기 맥
氣管支	기관지	管 4 대롱·주관할 관 | 支 4Ⅱ 지탱할 지	靜脈	정맥	靜 4 고요할 정
膵臟	췌장	膵 1 췌장 췌 | 臟 4 창자 장	毛細血管	모세혈관	細 4Ⅱ 가늘 세

03 발병

질병

- 紅疫홍역은 法定법정 傳染病전염병이다.
- 白血病백혈병은 傳染病전염병이 아니다.
- 肝炎간염은 遺傳性유전성 疾患질환 중 하나다.
- 癌암과 後天性후천성 免疫면역 缺乏症결핍증은 適切적절한 治療藥치료약이 없는 가장 무서운 疾病질병이다.

紅 4 붉을 홍 | 疫 3Ⅱ 전염병 역 |
染 3Ⅱ 물들 염

血 4Ⅱ 피 혈

肝 3Ⅱ 간 간 | 炎 3Ⅱ 불꽃 염 |
遺 4 남길 유 | 疾 3Ⅱ 병 질

癌 2 암 암 | 免 3Ⅱ 면할 면 |
缺 4Ⅱ 이지러질 결 | 乏 1 모자랄 핍 |
症 3Ⅱ 증세 증 | 適 4 맞을 적 |
治 4Ⅱ 다스릴 치 | 療 2 병고칠 료(요)

초기 증상

- 몸의 狀態상태가 尋常심상치 않았다.

狀 4Ⅱ 형상 상, 문서 장 |
態 4Ⅱ 모습 태 | 尋 3 찾을 심 |
常 4Ⅱ 떳떳할 상

- 初期초기 症狀증상은 繼續계속 아프기만 했다.

繼 4 이을 계 | 續 4Ⅱ 이을 속

- 口臭구취가 심해져 診察진찰을 받으려 한다.

臭 3 냄새 취 | 診 2 진찰할 진 |
察 4Ⅱ 살필 찰

- 痛症통증이 멈추질 않았다.

痛 4 아플 통

- 그 症狀증상이 持續지속되었다.

持 4 가질 지

- 症勢증세가 深刻심각한 것은 아니었다.

勢 4Ⅱ 형세 세 | 深 4Ⅱ 깊을 심 |
刻 4 새길 각

- 무슨 병인지 몰라 不安불안하고 焦燥초조했다.

焦 2 탈 초 | 燥 3 마를 조

병가 · 병결

- 나는 病院병원에 가야 했다.
- 나는 病暇병가 중이었다.

暇 4 틈·겨를 가

- 아파서 缺席결석을 했다.
- 毒感독감에 걸려 缺勤결근을 했다.

毒 4Ⅱ 독 독 | 勤 4 부지런할 근

- 病院병원에 가려고 休暇휴가를 냈다.
- 1週日주일 동안 病院병원 身世신세를 졌다.
- 어머니가 아프셔서 家族가족들이 念慮염려했다.

慮 4 생각할 려(여)

04 발열

열이 나다

- 發熱발열이 있었다.
- 體溫체온이 높았다.
- 열이 漸漸점점 上昇상승하고 있다.

漸 3Ⅱ 점점 점 | 昇 3Ⅱ 오를 승

- 高熱고열이 있다.
- 微熱미열이 있다.

微 3Ⅱ 작을 미

- 體溫체온이 非正常비정상이었다.

非 4Ⅱ 아닐 비 | 常 4Ⅱ 떳떳할 상

- 疾病질병의 첫 徵候징후는 高熱고열이라고 한다.

疾 3Ⅱ 병 질 | 徵 3Ⅱ 부를 징 | 候 4 기후 후

열을 내리다

- 體溫計체온계의 눈금을 보고 놀랐다.
- 열이 내리도록 解熱劑해열제를 먹었다.

解 4Ⅱ 풀 해 | 劑 2 약제 제

- 微溫水미온수로 샤워를 했다.
- 열이 내리도록 坐藥좌약을 넣었다.

坐 3Ⅱ 앉을 좌

오한

- 懊恨오한이 났다.
- 寒氣한기를 느꼈다.
- 懊恨오한에 嘔吐구토까지 했다.
- 筋肉근육이 심하게 떨렸다.
- 懊恨오한이 심해서 意識의식을 잃을 뻔했다.

懊 1 한할 오 | 恨 4 한 한

嘔 1 게울 구 | 吐 3Ⅱ 토할 토

筋 4 힘줄 근 | 肉 4Ⅱ 고기 육

05 두통

어지럼증

- 眩氣症현기증이 났다.
- 가끔 어지러운 症勢증세를 느낀다.
- 눈이 핑핑 돌아 앞이 漆黑칠흑 같을 때가 있다.
- 나는 가끔 어지럼증을 呼訴호소한다.
- 그 問題문제 때문에 眩氣症현기증이 날 정도이다.

眩 1 어지러울 현

症 3Ⅱ 증세 증 | 勢 4Ⅱ 형세 세

漆 3Ⅱ 옻 칠

呼 4Ⅱ 부를 호 | 訴 3Ⅱ 호소할 소

두통 증상

- 頭痛두통이 왔다.
- 慢性的만성적인 偏頭痛편두통이 있다.
- 머리가 아파 죽을 地境지경이었다.
- 10분 間隔간격으로 頭痛두통이 繼續계속되었다.
- 나는 緊張性긴장성 頭痛두통이 있다.
- 머리가 아파서 頭痛藥두통약을 먹었다.

痛 4 아플 통

慢 3 거만할 만 | 偏 3Ⅱ 치우칠 편

境 4Ⅱ 지경 경

隔 3Ⅱ 사이뜰 격 | 繼 4 이을 계 |
續 4Ⅱ 이을 속

緊 3Ⅱ 긴할 긴 | 張 4 베풀 장

06 감기

감기 몸살

- 感氣감기는 頻繁번번하게 發生발생하는 疾病질병이다.　　頻 3 자주 빈 | 繁 3Ⅱ 번성할 번
- 요즘 毒感독감이 流行유행이다.　　毒 4Ⅱ 독 독
- 나는 感氣감기로 無氣力무기력하다.
- 感氣감기 몸살로 惡寒오한과 發熱발열이 있었다.　　惡 1 한할 오 | 寒 4 한 한
- 日較差일교차가 클 땐 感氣감기를 操心조심해야 한다.　　較 3Ⅱ 견줄·비교할 교 | 差 4 다를 차
- 關節관절이 쑤셨다.

코 · 목 · 기침 감기

- 鼻炎비염으로 終日종일 콧물이 났다.　　炎 3Ⅱ 불꽃 염
- 코의 內壁내벽이 다 헐었다.　　壁 4Ⅱ 벽 벽
- 코가 막혀 呼吸호흡이 困難곤란했다.　　呼 4Ⅱ 부를 호 | 吸 4Ⅱ 마실 흡 | 困 4 곤할 곤 | 難 4Ⅱ 어려울 란(난)
- 콧속이 乾燥건조했다.　　乾 3Ⅱ 마를·하늘 건 | 燥 3 마를 조
- 喉頭炎후두염에 걸렸다.　　喉 2 목구멍 후
- 扁桃腺편도선이 부어서 매우 아팠다.　　扁 2 작을 편 | 桃 3Ⅱ 복숭아 도 | 腺 1 샘 선
- 飮食음식을 삼킬 때 매우 苦痛고통스러웠다.　　痛 4 아플 통
- 聲帶성대 結節결절까지 겹쳤다.　　聲 4Ⅱ 소리 성 | 帶 4Ⅱ 띠 대
- 목이 너무 아파서 音聲음성을 낼 수도 없었다.
- 急性급성 咽頭炎인두염이 왔다.　　咽 1 목구멍 인, 목멜 열, 삼킬 연
- 나는 氣管支기관지가 약해서 목感氣감기에 자주 걸린다.　　管 4 대롱·주관할 관 | 支 4Ⅱ 지탱할 지
- 목感氣감기 약을 處方처방 받아서 먹었다.　　處 4Ⅱ 곳 처
- 醫師의사 先生선생님께서 扁桃腺편도선 除去제거 手術수술을 받아야 한다고 하셨다.　　師 4Ⅱ 스승 사 | 除 4Ⅱ 덜 제
- 기침 感氣감기에 喘息천식 症狀증상까지 왔다.　　喘 1 숨찰 천 | 息 4Ⅱ 쉴 식 | 症 3Ⅱ 증세 증 | 狀 4Ⅱ 형상 상, 문서 장

독감

- 流行性유행성 毒感독감에 걸렸다.
- 高熱고열에 呼吸호흡 困難곤란까지 겹쳐 精神정신이 없었다.
- 感氣감기가 惡化악화되어 肺炎폐렴이 되었다.
- 毒感독감 豫防예방 注射주사를 맞았다.

精 4Ⅱ 정할 정 | 難 4Ⅱ 어려울 란(난)
肺 3Ⅱ 허파 폐
豫 4 미리 예 | 防 4Ⅱ 막을 방
射 4 쏠 사

감기 치료

- 注射주사를 맞았다.
- 藥局약국에서 處方箋처방전을 받았다.
- 綜合종합 感氣藥감기약을 먹었다.
- 藥약을 먹으니 差度차도가 있는 듯했다.
- 할머니는 感氣감기에 걸리시면 汗蒸幕한증막에서 땀을 빼신다.
- 感氣감기 症狀증상을 回復회복하는 데 數日수일이 걸렸다.
- 感氣감기에 걸리지 않으려면 外出외출 후 淸潔청결하게 닦아야 한다.

箋 1 기록할 전
綜 2 모을 종

汗 3Ⅱ 땀 한 | 蒸 3Ⅱ 찔 증 |
幕 3Ⅱ 장막 막
回 4Ⅱ 돌아올 회 |
復 4Ⅱ 회복할 복, 다시 부
潔 4Ⅱ 깨끗할 결

07 복통

배탈

- 얼굴이 蒼白창백했다.
- 顔色안색이 좋지 않았다.
- 배탈 때문에 腹痛복통이 심했다.
- 밥을 먹고 났는데 배에 痛症통증이 있었다.
- 腹部복부 膨滿팽만이 느껴졌다.

蒼 3Ⅱ 푸를 창
顔 3Ⅱ 낯 안
腹 3Ⅱ 배 복 | 痛 4 아플 통
症 3Ⅱ 증세 증
膨 1 불을 팽 | 滿 4Ⅱ 찰 만

- 그는 바늘을 消毒소독하여 내 손가락을 따고 死血사혈을 보여 줬다.

毒 4Ⅱ 독 독 | 血 4Ⅱ 피 혈

구토 · 설사

- 嘔逆구역질이 났다.
- 속이 메스꺼워 嘔吐구토를 했다.
- 午前오전에 먹은 것을 全部전부 確認확인했다.
- 吐瀉藿亂토사곽란으로 밤새 죽다가 살아났다.
- 泄瀉설사가 났다.
- 腸炎장염으로 泄瀉설사가 멈추질 않았다.
- 腸出血장출혈이 있었다.
- 血便혈변이 나온 것을 보고 깜짝 놀랐다.
- 止瀉劑지사제를 服用복용했다.

嘔 1 게울 구 | 逆 4Ⅱ 거스릴 역

吐 3Ⅱ 토할 토

確 4Ⅱ 굳을 확 | 認 4Ⅱ 알 인

瀉 1 쏟을 사 | 藿 1 콩잎·미역 곽 | 亂 4 어지러울 란(난)

泄 1 샐 설

腸 4 창자 장 | 炎 3Ⅱ 불꽃 염

劑 2 약제 제

참고 吐瀉藿亂토사곽란 ⇨ 위로는 토하고 아래로는 설사하면서 배가 질리고 아픈 병

식중독

- 食中毒식중독에 걸린 것 같았다.
- 腐敗부패된 飮食음식을 먹은 것임에 틀림없다.
- 심한 胃痙攣위경련이 있었다.
- 野營야영을 가서 給食급식을 먹은 후 腹痛복통이 왔다.
- 食中毒식중독 症狀증상을 診斷진단 받고 抗生劑항생제를 投與투여 받았다.

毒 4Ⅱ 독 독

腐 3Ⅱ 썩을 부

胃 3Ⅱ 밥통 위 | 痙 1 경련 경 | 攣 특Ⅱ 손발굽을 련(연)

營 4 경영할 영

狀 4Ⅱ 형상 상, 문서 장 | 診 2 진찰할 진 | 斷 4Ⅱ 끊을 단 | 抗 4 겨룰 항 | 投 4 던질 투 | 與 4 더불·줄 여

- 여름철 飮食음식이 變質변질되기 쉬울 때는 食中毒식중독을 操心조심해야 한다.
- 食習慣식습관에 더 注意주의했어야 했다.

慣 3Ⅱ 익숙할 관

소화

- 나는 慢性的만성적인 消化소화 不良불량이다.
- 나는 자주 急滯급체한다.
- 나는 消化소화 機能기능이 떨어지는 편이다.
- 나는 消化劑소화제를 자주 服用복용한다.
- 消化소화 不良불량으로 內科내과 治療치료를 받았다.

慢 3 거만할 만
滯 3Ⅱ 막힐 체
機 4 틀 기

治 4Ⅱ 다스릴 치 | 療 2 병고칠 료(요)

변비

- 나는 便祕변비가 있다.
- 便祕藥변비약을 먹었다.
- 나는 灌腸관장을 할 地境지경에까지 이르렀다.
- 나는 宿便숙변을 보는 것이 所願소원이다.

祕 4 숨길 비

灌 1 물댈 관 | 境 4Ⅱ 지경 경

위염

- 나는 胃炎위염이 있다.
- 胃腸위장이 약한 것은 家族歷가족력인 것 같다.
- 胃潰瘍위궤양이 再發재발하는 것 같다.
- 空腹공복에는 심한 痛症통증을 느낀다.
- 胃酸위산 過多과다로 恒常항상 속이 쓰리다.
- 속이 너무 쓰려서 胃腸藥위장약을 먹었다.
- 胃炎위염이 심해져서 胃癌위암으로 發展발전할 수도 있다.

潰 1 무너질 궤 | 瘍 1 헐 양

酸 2 실 산 | 恒 3Ⅱ 항상 항 |
常 4Ⅱ 떳떳할 상

癌 2 암 암

맹장염

- 腹部복부 痛症통증으로 全身전신에 痙攣경련을 일으켰다.
- 家族가족들이 遑急황급히 나를 應急室응급실로 데려갔다.
- 血液혈액 檢查검사를 했다.
- 盲腸炎맹장염 診斷진단을 받았다.

遑 1 급할 황 | 應 4Ⅱ 응할 응
液 4Ⅱ 진액 | 檢 4Ⅱ 검사할 검
盲 3Ⅱ 소경·눈멀 맹

- 醫師의사가 痲醉마취를 할 때 겁이 났다.   師 4Ⅱ 스승 사 | 痲 2 저릴 마 |
  醉 3Ⅱ 취할 취

- 盲腸맹장 除去제거 手術수술을 받았다.   除 4Ⅱ 덜 제

- 手術수술은 成功的성공적이었다.

- 盲腸맹장 手術수술이 遲延지연될 경우 腹膜炎복막염이 될 수도 있다.   遲 3 더딜·늦을 지 | 延 4 늘일 연 |
  膜 2 꺼풀·막 막

08 피부

피부 질환

- 皮膚病피부병에 걸렸다.   皮 3Ⅱ 가죽 피 | 膚 2 살갗 부
- 皮膚피부 濕疹습진으로 가려웠다.   濕 3Ⅱ 젖을 습 | 疹 1 마마 진
- 皮膚피부 發疹발진이 일어났다.
- 손등에 水疱수포가 생겼다.   疱 1 물집 포
- 火傷화상으로 皮膚피부의 허물이 벗겨졌다.   傷 4 다칠 상
- 꽃가루 알레르기 때문에 몸에 붉은 斑點반점이 생겼다.   斑 1 아롱질 반 | 點 4 점 점
- 吸血흡혈 모기에 물렸다.   吸 4Ⅱ 마실 흡 | 血 4Ⅱ 피 혈
- 모기에 심하게 물려 다리에 浮腫부종이 생겼다.   浮 3Ⅱ 뜰 부 | 腫 1 종기 종
- 목에 生鮮생선 가시가 걸렸다.
- 입술에 龜裂균열이 생겼다.   龜 3 터질 균, 거북 구, 거북 귀 |
  裂 3Ⅱ 찢어질 열(렬)

여드름

- 내 別名별명은 여드름 博士박사다.   博 4Ⅱ 넓을 박
- 나는 여드름을 짜러 皮膚科피부과에 다닌다.
- 여드름을 잘못 짜면 傷處상처가 생긴다.   處 4Ⅱ 곳 처

- 이마에 腫氣종기가 났다.
- 나는 얼굴에 皮脂피지가 엄청 많다.

脂 2 기름 지

화상

- 바비큐를 하다가 2도 火傷화상을 입었다.
- 火傷화상을 입은 부분에 軟膏연고를 발랐다.

軟 3Ⅱ 연할 연 | 膏 1 기름 고

- 손가락을 冷水냉수에 담갔다.
- 火傷화상을 입었을 경우 된장을 바르는 등의 民間療法민간요법은 바람직하지 않다.

療 2 병고칠 요(료)

발 문제

- 運動靴운동화가 꽉 끼어 발이 아팠다.

靴 2 신 화

- 새 신발 症候群증후군인지 발뒤꿈치가 부르텄다.

症 3Ⅱ 증세 증 | 候 4 기후 후 |
群 4 무리 군

- 내 발은 하이힐 때문에 每日매일 酷使혹사당하고 있다.

酷 2 심할 혹

- 발에 通風통풍을 잘 안 시켰더니 무좀이 도졌다.
- 무좀은 痼疾病고질병이다.

痼 1 고질 고 | 疾 3Ⅱ 병 질

- 무좀이 惡化악화되면 발가락을 切斷절단해야 된다는 소리에 기겁했다.

斷 4Ⅱ 끊을 단

- 무좀 治療치료는 忍耐心인내심을 必要필요로 한다.

治 4Ⅱ 다스릴 치 | 忍 3Ⅱ 참을 인 |
耐 3Ⅱ 견딜 내

- 발이 無感覺무감각해졌다.

覺 4 깨달을 각

멍 · 혹

- 椅子의자에 부딪혀 멍이 들었다.

椅 1 의자 의

- 冊床책상에 머리를 부딪칠 때 閃光섬광이 보였다.

冊 4 책 책 | 床 4Ⅱ 상 상 |
閃 1 번쩍일 섬

- 微細미세한 毛細모세 血管혈관의 破裂파열이 멍으로 나타난다.

微 3Ⅱ 작을 미 | 細 4Ⅱ 가늘 세 |
管 4 대롱·주관할 관 | 破 4Ⅱ 깨뜨릴 파

- 날鷄卵계란으로 멍든 곳을 살살 마사지했다.

鷄 4 닭 계 | 卵 4 알 란

- 멍 자국이 아직도 鮮明선명하다.
- 머리에 打撲傷타박상을 입었는데 그곳에 혹이 생겼다.

撲 1 칠 박

상처

- 失手실수로 송곳에 찔렸다.
- 不注意부주의로 琉璃유리 조각에 베었다. 　　　琉 1 유리 유(류) | 璃 특Ⅱ 유리 리(이)
- 出血출혈이 심했다.
- 止血지혈을 했다.
- 眞皮진피까지 벗겨지는 심한 傷處상처였다. 　　　眞 4Ⅱ 참 진
- 무릎에 擦過傷찰과상을 입었다. 　　　擦 1 문지를 찰
- 傷處상처가 덧나서 炎症염증이 생겼다. 　　　炎 3Ⅱ 불꽃 염
- 押釘압정을 밟아서 발바닥에 傷處상처가 났다. 　　　押 3 누를 압 | 釘 1 못 정
- 階段계단에서 넘어져 여러 군데를 다쳤다. 　　　階 4 섬돌 계 | 段 4 층계 단

통증

- 傷處상처 난 곳의 痛症통증이 심했다. 　　　痛 4 아플 통
- 그 痛症통증으로 日常生活일상생활이 不可能불가능했다. 　　　常 4Ⅱ 떳떳할 상
- 傷處상처 部位부위가 너무 아파서 不眠症불면증에 시달렸다. 　　　眠 3Ⅱ 잘 면
- 痛症통증이 심해져 食慾식욕도 잃었다. 　　　慾 3Ⅱ 욕심 욕
- 痛症통증 緩和劑완화제를 먹었다. 　　　緩 3Ⅱ 느릴 완 | 劑 2 약제 제
- 消炎소염 鎭痛劑진통제를 處方처방 받았다. 　　　鎭 3Ⅱ 진압할 진

상처 치료

- 傷處상처를 消毒소독하고 軟膏연고를 발랐다. 　　　毒 4Ⅱ 독 독
- 傷處상처 난 곳을 診察진찰하고 炎症염증 注射주사를 맞았다. 　　　察 4Ⅱ 살필 찰 | 射 4 쏠 사
- 살갗이 찢어진 部位부위를 封合봉합하는 手術수술을 했다. 　　　封 3Ⅱ 봉할 봉
- 傷處상처가 아물어 딱지가 생겼다.

염증

- 傷處상처를 잘 管理관리해서 炎症염증을 誘發유발하지 않도록 해야 한다.
- 傷處상처 部位부위에 濕氣습기가 차면 덧날 憂慮우려가 있다.
- 傷處상처가 感染감염되어 破傷風파상풍이 생겼다.
- 傷處상처에 膿液농액이 생겼다.
- 多幸다행히 傷處상처가 아물었다.

  참고 膿液농액 ⇨ 고름

誘 3Ⅱ 꾈 유

憂 3Ⅱ 근심 우 | 慮 4 생각할 려(여)

染 3Ⅱ 물들 염

膿 1 고름 농 | 液 4Ⅱ 진 액

09 근육통

근육통

- 筋肉근육이 쑤셨다.
- 어머니는 요즘 肩臂痛견비통으로 病院병원에 다니신다.
- 運動운동을 無理무리하게 했더니 등이 매우 뻐근했다.
- 지난번 體育체육 大會대회 때 筋肉근육을 過度과도하게 使用사용했더니 筋肉痛근육통이 도졌다.

筋 4 힘줄 근 | 肉 4Ⅱ 고기 육

肩 3 어깨 견 | 臂 1 팔 비 |
痛 4 아플 통

관절 문제

- 무릎 關節관절이 아팠다.
- 류머티즘 關節炎관절염에 걸렸다.
- 關節관절이 脫臼탈구되었다.
- 關節관절 矯正術교정술을 받았다.
- 무거운 짐을 들다가 均衡균형을 잃었다.
- 허리 關節관절에 異狀이상 徵候징후가 느껴졌다.

脫 4 벗을 탈 | 臼 1 절구 구

矯 3 바로잡을 교

均 4 고를 균 | 衡 3Ⅱ 저울대 형

異 4 다를 이 | 狀 4Ⅱ 형상 상, 문서 장 |
徵 3Ⅱ 부를 징 | 候 4 기후 후

- 關節관절 內視鏡내시경으로 檢診검진했다. 視 4Ⅱ 볼 시 | 鏡 4 거울 경 | 檢 4Ⅱ 검사할 검 | 診 2 진찰할 진

- 아버지는 人工인공 關節관절 手術수술을 勸誘권유받았다. 誘 3Ⅱ 꾈 유

- 冊床책상에 長時間장시간 앉아 있었더니 허리가 아팠다. 冊 4 책 책 | 床 4Ⅱ 상 상

- 不良불량한 姿勢자세로 자서 그런지 목이 잘 돌아가지 않는다. 姿 4 모양 자 | 勢 4Ⅱ 형세 세

10 골절

삐다

- 氷板빙판에서 미끄러져 발목을 삐었다.

- 달리기 試合시합을 하다가 발목을 접질려 靭帶인대가 늘어났다. 試 4Ⅱ 시험 시 | 靭 1 질길 인 | 帶 4Ⅱ 띠 대

- 삔 발목에 壓迫압박 繃帶붕대를 감았다. 壓 4Ⅱ 누를 압 | 迫 3Ⅱ 핍박할 박 | 繃 1 묶을 붕

- 무릎의 十字십자 靭帶인대가 破裂파열되었다. 破 4Ⅱ 깨뜨릴 파 | 裂 3Ⅱ 찢어질 열(렬)

- 重症중증에 該當해당하는 深刻심각한 負傷부상이었다. 症 3Ⅱ 증세 증 | 該 3 갖출·마땅 해 | 深 4Ⅱ 깊을 심 | 刻 4 새길 각 | 負 4 질 부 | 傷 4 다칠 상

- 접질린 발목을 保護보호하기 위해 石膏석고로 固定고정하는 깁스를 했다. 保 4Ⅱ 지킬 보 | 護 4Ⅱ 도울 호 | 膏 1 기름 고

부러지다

- 蹴球축구를 하다가 다리가 骨折골절되었다. 蹴 2 찰 축 | 骨 4 뼈 골 | 折 4 꺾을 절

- 骨折골절 損傷손상이 심했다. 損 4 덜 손

- 致命的치명적인 負傷부상은 아니었다.

- 脊椎척추가 부러졌다. 脊 1 등마루 척 | 椎 1 쇠몽치·등골 추

- 單純단순 骨折골절이었다. 單 4Ⅱ 홑 단 | 純 4Ⅱ 순수할 순

- 그는 어깨가 奪骨탈골되었다. 奪 3Ⅱ 빼앗을 탈

- 스키를 타다가 股關節고관절이 骨折골절되었다.
- 交通事故교통사고로 肋骨늑골 骨折골절을 입었다.

股 1 넓적다리 고
肋 1 갈빗대 늑(륵)

골절 치료

- 그가 내 다리에 副木부목을 대고 繃帶붕대를 감아 주었다.
- 醫師의사 先生선생님의 診斷진단은 複合복합 骨折골절이라고 내려졌다.
- 骨折골절 手術수술을 받아야만 하는 狀況상황이었다.
- 簡單간단한 手術수술이지만 恐怖感공포감이 느껴졌다.
- 목발을 짚어야만 步行보행이 可能가능했다.
- 깁스가 답답해서 鬱火病울화병이 생길 것 같았다.
- 手術수술을 끝내고 再活재활 治療치료를 받았다.
- 骨折골절에 좋은 牛乳우유, 堅果類견과류 등을 많이 攝取섭취해야 한다.

副 4Ⅱ 버금 부
師 4Ⅱ 스승 사 | 診 2 진찰할 진 |
斷 4Ⅱ 끊을 단 | 複 4 겹칠 복
狀 4Ⅱ 형상 상, 문서 장 | 況 4 상황 황
簡 4 대쪽·간략할 간 |
恐 3Ⅱ 두려울 공 | 怖 2 두려워할 포
步 4Ⅱ 걸음 보
鬱 2 답답할 울
療 2 병고칠 료(요)
乳 4 젖 유 | 堅 4 굳을 견 |
攝 3 다스릴·잡을 섭 | 取 4Ⅱ 가질 취

11 치아 관리

치아 문제

- 요즘 齒牙치아에 問題문제가 있다.
- 엄마는 요즘 風齒풍치로 힘들어하신다.
- 蟲齒충치로 때운 것이 없어졌다.
- 冷水냉수만 마셔도 이가 시리다.
- 齒牙치아 構造구조가 變形변형되었다.
- 이가 누렇게 着色착색되어 治療치료를 考慮고려 중이다.
- 나는 단것이라면 四足사족을 못 쓴다.
- 蟲齒충치는 키스로 傳染전염이 可能가능하다.

齒 4Ⅱ 이 치 | 牙 3Ⅱ 어금니 아

蟲 4Ⅱ 벌레 충

構 4 얽을 구 | 造 4Ⅱ 지을 조
慮 4 생각할 려(여)

染 3Ⅱ 물들 염

치통

- 심한 齒痛치통이 있었다.
- 蟲齒충치 때문에 頭痛두통까지 왔다.
- 蟲齒충치로 齒髓炎치수염이 생겼다.
- 齒痛치통을 無酌定무작정 참으면 狼狽낭패를 볼 수 있다.
- 齒痛치통이 好轉호전되는 民間療法민간요법으로 소금을 使用사용해서 養齒양치하는 方法방법이 있다.

痛 4 아플 통

髓 1 뼛골 수 | 炎 3II 불꽃 염

酌 3 술부을·잔질할 작 |
狼 1 이리 낭(랑) | 狽 특II 이리 패

好 4II 좋을 호 | 轉 4 구를 전 |
療 2 병고칠 요(료)

구강 질환

- 비타민 C의 缺乏결핍으로 잇몸에서 자주 피가 난다.
- 營養영양 不足부족으로 잇몸에 腫氣종기가 생겼다.
- 口腔구강 疾患질환은 豫告예고 없이 찾아온다.
- 口內炎구내염이 생겼다.
- 혀에 口腔구강 專用전용 軟膏연고를 발랐다.
- 입에서 惡臭악취가 난다.
- 가끔 입에서 역겨운 냄새의 分泌物분비물이 나온다.
- 齒石치석을 除去제거했다.

缺 4II 이지러질 결 | 乏 1 모자랄 핍

營 4 경영할 영 | 腫 1 종기 종

腔 1 속빌 강 | 疾 3II 병 질 |
豫 4 미리 예

專 4 오로지 전 | 軟 3II 연할 연 |
膏 1 기름 고

臭 3 냄새 취

泌 2 분비할 비, 스며흐를 필

除 4II 덜 제

치과 치료

- 齒科치과에 가는 것이 두려웠다.
- 齒科치과 診療진료 豫約예약을 했다.
- 齒科치과 醫師의사가 診察진찰을 하고 見積견적을 내 주었다.
- 요즘 齒科치과에서는 尖端첨단 裝備장비로 診療진료를 한다.
- 나는 睡眠수면 齒科치과 治療法치료법으로 施術시술했다.
- 형은 顎關節악관절 治療치료를 받았다.
- 義齒의치를 넣었다.

診 2 진찰할 진

察 4II 살필 찰 | 積 4 쌓을 적

尖 3 뾰족할 첨 | 端 4II 끝 단 |
裝 4 꾸밀 장 | 備 4II 갖출 비

睡 3 졸음 수 | 眠 3II 잘 면 |
施 4II 베풀 시

顎 1 턱 악

義 4II 옳을 의

- 蟲齒충치 防止방지를 위해 弗素불소로 塗布도포했다.

防 4Ⅱ 막을 방 | 弗 2 아닐·말 불 |
素 4Ⅱ 본디·흴 소 | 塗 3 칠할 도 |
布 4Ⅱ 베·펼 포, 보시 보

치아 교정

- 齒牙치아가 비뚤게 나서 矯正교정을 해야 한다.

矯 3 바로잡을 교

- 이를 矯正교정하는 데 費用비용이 많이 든다.
- 나는 이제 補綴보철을 하고 있는 게 싫다.

補 3Ⅱ 기울 보 | 綴 1 엮을 철

- 齒牙치아 矯正機교정기를 하고 크게 웃었더니 내가 봐도 凶測흉측했다.

機 4 틀 기 | 測 4Ⅱ 헤아릴 측

- 나는 突出돌출 입을 矯正교정했다.

突 3Ⅱ 갑자기 돌

- 나는 齒牙치아 矯正교정을 低廉저렴하게 한 편이다.

低 4Ⅱ 낮을 저 | 廉 3 청렴할 렴(염)

- 지금은 補正보정 裝置장치를 하고 있다.

置 4Ⅱ 둘 치

치아 관리

- 養齒양치를 올바르게 하는 習慣습관을 길러야 겠다.

慣 3Ⅱ 익숙할 관

- 定期的정기적으로 스케일링을 받으며 齒石치석 除去제거를 하면 좋다.
- 就寢취침하기 전엔 반드시 養齒양치를 한다.

就 4 나아갈 취 | 寢 4 잘 침

- 食事식사 후에는 口腔구강 淸淨劑청정제를 利用이용한다.

淨 3Ⅱ 깨끗할 정 | 劑 2 약제 제

12 시력

시력 문제

- 눈이 沈沈침침하다.　　　　　　　　　　　　　　　　　　沈 3Ⅱ 잠길 침, 성 심
- 할머니는 老眼노안으로 눈이 잘 안 보이신다.　　　　　眼 4Ⅱ 눈 안
- 夜盲症야맹증이 있는 나는 특히 밤에는 잘 안 보인다.　盲 3Ⅱ 소경·눈멀 맹 | 症 3Ⅱ 증세 증
- 갑작스러운 雪盲설맹으로 唐慌당황했다.　　　　　　　　唐 3Ⅱ 당나라·당황할 당 |
　　　　　　　　　　　　　　　　　　　　　　　　　　　慌 1 어리둥절할 황
- 焦點초점이 흐려서 잘 안 보인다.　　　　　　　　　　　焦 2 탈 초 | 點 4 점 점
- 漆板칠판의 글씨도 보이지 않는다.　　　　　　　　　　漆 3Ⅱ 옻 칠
- 그는 視力시력 未達미달로 兵役병역을 免除면제 받았다.　視 4Ⅱ 볼 시 | 未 4Ⅱ 아닐 미 |
　　　　　　　　　　　　　　　　　　　　　　　　　　　達 4Ⅱ 통달할 달 | 役 3Ⅱ 부릴 역 |
　　　　　　　　　　　　　　　　　　　　　　　　　　　免 3Ⅱ 면할 면 | 除 4Ⅱ 덜 제

시력 검사

- 視力시력 檢査검사를 했다.　　　　　　　　　　　　　　檢 4Ⅱ 검사할 검
- 視力시력이 良好양호했다.　　　　　　　　　　　　　　好 4Ⅱ 좋을 호
- 나는 近視근시 視力시력을 가지고 있다.
- 동생은 遠視원시 視力시력이다.
- 그는 視力시력이 안 좋은데 亂視난시까지 겹쳤다.　　　亂 4 어지러울 난(란)
- 나는 色盲색맹이다.
- 그는 色盲색맹 保因者보인자이다.　　　　　　　　　　　保 4Ⅱ 지킬 보
- 그의 視力시력은 盲人맹인 水準수준이었다.　　　　　　準 4Ⅱ 준할 준
- 나는 레이저로 角膜각막을 切削절삭하는 라식 手術수술을 받고 싶다.　膜 2 꺼풀·막 막 | 削 3Ⅱ 깎을 삭
- 비타민A 食品群식품군이 視力시력 回復회복에 도움이 된다고 한다.　群 4 무리 군 | 回 4Ⅱ 돌아올 회 |
　　　　　　　　　　　　　　　　　　　　　　　　　　　復 4Ⅱ 회복할 복, 다시 부

안경

- 眼鏡안경을 써야 한다.
- 우리 반에는 眼鏡안경을 쓴 親舊친구들이 過半數과반수 以上이상이다.
- 나는 眼鏡안경을 안 쓰면 私物사물이 二重이중으로 보인다.
- 眼鏡안경을 벗으면 모든 게 昏迷혼미하게 보인다.
- 眼鏡안경의 度數도수를 調整조정하러 眼鏡店안경점에 갔다.
- 眼鏡안경을 交替교체할 時期시기가 온 것 같다.
- 새로 산 眼鏡안경에 瑕疵하자가 있었다.
- 나는 視力시력 保護보호를 위해 眼鏡안경을 낀다.
- 眼鏡안경을 具備구비하기 위해 視力시력 檢査검사를 했다.
- 나는 初等學校초등학교 때부터 眼鏡안경을 着用착용했다.

鏡 4 거울 경

私 4 사사 사

昏 3 어두울 혼 | 迷 3 미혹할 미

整 4 가지런할 정

替 3 바꿀 체

瑕 1 허물 하 | 疵 1 허물 자

保 4Ⅱ 지킬 보 | 護 4Ⅱ 도울 호

備 4Ⅱ 갖출 비 | 檢 4Ⅱ 검사할 검

렌즈

- 나는 一回用일회용 렌즈를 낀다.
- 나는 컬러 렌즈로 瞳孔동공을 더 커 보이게 하고 싶다.
- 렌즈를 끼면 눈이 너무 乾燥건조해진다.
- 렌즈 때문에 眼球안구 乾燥症건조증이 생겼다.
- 恒常항상 人工인공 눈물을 가지고 다닌다.
- 너무 疲困피곤해서 렌즈 빼는 일을 忘却망각했다.

瞳 1 눈동자 동 | 孔 4 구멍 공

乾 3Ⅱ 하늘·마를 건 | 燥 3 마를 조

症 3Ⅱ 증세 증

恒 3Ⅱ 항상 항 | 常 4Ⅱ 떳떳할 상

疲 4 피곤할 피 | 困 4 곤할 곤

13 눈병

눈병

- 流行性유행성 結膜炎결막염에 걸렸다.   膜 2 꺼풀·막 막 | 炎 3Ⅱ 불꽃 염
- 눈이 充血충혈되었다.   血 4Ⅱ 피 혈
- 눈병이 심해져 角膜각막까지 損傷손상되었다.   損 4 덜 손 | 傷 4 다칠 상
- 眼球안구 疾患질환은 淸潔청결하지 못한 상태에 더 자주 發生발생한다.   眼 4Ⅱ 눈 안 | 疾 3Ⅱ 병 질 | 潔 4Ⅱ 깨끗할 결
- 眼壓안압이 올라가 綠內障녹내장으로 發展발전되었다.   壓 4Ⅱ 누를 압 | 障 4Ⅱ 막을 장
- 할아버지께서는 白內障백내장에 걸리셔서 앞이 잘 보이지 않으신다.
- 水泳場수영장에 갔다가 눈병이 傳染전염되었다.   泳 3 헤엄칠 영 | 染 3Ⅱ 물들 염
- 黃沙황사가 불어올 때 특히 눈을 비비면 안 된다.   沙 3Ⅱ 모래 사
- 눈에 異物感이물감이 느껴지면서 痛症통증이 同伴동반되었다.   異 4 다를 이(리) | 痛 4 아플 통 | 症 3Ⅱ 증세 증 | 伴 3 짝 반
- 눈이 腫脹종창되었다.   腫 1 종기 종 | 脹 1 부을 창
- 눈에 모래가 낀 것 같더니 結局결국 結膜결막 浮腫부종이 觀察관찰되었다.   浮 3Ⅱ 뜰 부 | 察 4Ⅱ 살필 찰

> **참고** 腫脹종창 ⇨ 浮腫(부종)으로 부은 상태

안과 치료

- 眼科안과에 갔다.
- 網膜망막 損傷손상 治療치료를 받았다.   網 2 그물 망 | 損 4 덜 손 | 傷 4 다칠 상 | 治 4Ⅱ 다스릴 치 | 療 2 병고칠 료(요)
- 눈에 眼藥안약을 넣었다.
- 눈에 眼軟膏안연고를 발랐다.   軟 3Ⅱ 연할 연 | 膏 1 기름 고
- 눈 手術수술 전에 藥物약물 治療치료를 始作시작했다.

14 귓병

- 귀에 疾患질환이 생겼다.
- 耳鳴이명이 있다.
- 귀에 異物質이물질이 들어간 것 같다.
- 나는 難聽난청이 있다.
- 檢査검사 結果결과 聽力청력이 消失소실될지도 모른다고 했다.
- 그는 聾兒농아였다.
- 귀를 마른 綿棒면봉으로 후비는 것은 危險위험하다.
- 그녀는 聽覺청각 器官기관에 障礙장애가 있다.

疾 3Ⅱ 병 질
鳴 4 울 명
異 4 다를 이(리)
難 4Ⅱ 어려울 난(란) | 聽 4 들을 청
檢 4Ⅱ 검사할 검
聾 1 귀먹을 농(롱)
綿 3Ⅱ 솜 면 | 棒 1 막대 봉 |
危 4 위태할 위 | 險 4 험할 험
覺 4 깨달을 각 | 器 4Ⅱ 그릇 기 |
障 4Ⅱ 막을 장 | 礙 2 거리낄 애

병명

糖尿病	당뇨병	糖 3Ⅱ 엿·사탕 당	關節炎	관절염
高血壓	고혈압	壓 4Ⅱ 누를 압	小兒痲痺	소아마비
低血壓	저혈압	低 4Ⅱ 낮을 저	天然痘	천연두
腦卒症	뇌졸증	腦 3Ⅱ 골·뇌수 뇌	紅疫	홍역
肝炎	간염		水痘	수두	痘 1 역질 두
癌	암		流行性 耳下腺炎	유행성 이하선염	腺 1 샘 선
心臟病	심장병		喘息	천식	喘 1 숨찰 천	息 4Ⅱ 쉴 식
心不全症	심부전증		痔疾	치질	痔 1 치질 치
心臟痲痺	심장마비	痲 2 저릴 마	痺 1 저릴 비	扁桃腺炎	편도선염	扁 2 작을 편	桃 3Ⅱ 복숭아 도
心筋梗塞	심근경색	筋 4 힘줄 근	梗 1 줄기·막힐 경	塞 3Ⅱ 막힐 색, 변방 새	十二指腸 潰瘍	십이지장 궤양
氣管支炎	기관지염		貧血	빈혈	貧 4Ⅱ 가난할 빈
肺炎	폐렴		日射病	일사병	射 4 쏠 사
結核	결핵	核 4 씨 핵	傳染病	전염병
白血病	백혈병		職業病	직업병	職 4Ⅱ 직분 직
腎臟病	신장병		公害病	공해병

腎臟 結石	신장 결석			風土病	풍토병	
胃炎	위염			難治病	난치병	難 4Ⅱ 어려울 난(란)
胃潰瘍	위궤양	潰 1 무너질 궤	瘍 1 헐 양	稀貴病	희귀병	稀 3Ⅱ 드물 희
蟲垂炎	충수염			不治病	불치병	

15 응급 치료

응급 상황

- 氣絶기절을 해서 卽時즉시 病院병원으로 後送후송되었다.   絶 4Ⅱ 끊을 절 | 卽 3Ⅱ 곧 즉 | 送 4Ⅱ 보낼 송

- 엄마는 도움을 要請요청하기 위해 應急응급 電話전화를 걸었다.   應 4Ⅱ 응할 응

- 들것에 실려 應急室응급실에 運搬운반되었다.   搬 2 옮길 반

- 危篤위독한 狀態상태였다.   危 4 위태할 위 | 篤 3 도타울 독 | 狀 4Ⅱ 형상 상, 문서 장 | 態 4Ⅱ 모습 태

- 意識의식이 없었다.

- 昏睡狀態혼수상태였다.   昏 3 어두울 혼 | 睡 3 졸음 수

- 心臟搏動심장박동도 없고 脈搏맥박도 없었다.   臟 3Ⅱ 오장 장 | 搏 1 두드릴 박 | 脈 4Ⅱ 줄기 맥

- 瞳孔동공은 풀려 있었다.   瞳 1 눈동자 동 | 孔 4 구멍 공

응급 처치

- 迅速신속한 治療치료가 時急시급했다.   迅 1 빠를 신 | 治 4Ⅱ 다스릴 치 | 療 2 병고칠 료(요)

- 應急응급 處置처치가 必要필요했다.   處 4Ⅱ 곳 처 | 置 4Ⅱ 둘 치

- 醫師의사가 人工呼吸인공호흡을 했다.   師 4Ⅱ 스승 사 | 呼 4Ⅱ 부를 호 | 吸 4Ⅱ 마실 흡

- 心肺심폐 蘇生術소생술로 되살아났다.   肺 3Ⅱ 허파 폐 | 蘇 3Ⅱ 되살아날 소

- 重患者室중환자실에 있었다.

- 나는 輸血수혈을 받았다.
- 生死생사의 岐路기로에 섰다.
- 昏絶혼절했다가 意識의식이 돌아왔다.
- 適切적절한 應急응급 處置처치 德分덕분에 살아난 것이다.
- 漸次점차 좋아져서 이젠 危險위험에서 벗어났다.
- 나는 病院병원에서 完治완치되어 退院퇴원했다.

輸 3Ⅱ 보낼 수

岐 특Ⅱ 갈림길 기

適 4 맞을 적

漸 3Ⅱ 점점 점 | 次 4Ⅱ 버금 차 |
危 4 위태할 위 | 險 4 험할 험

治 4Ⅱ 다스릴 치 | 退 4Ⅱ 물러날 퇴

16 진찰

병원 예약

- 診療진료 豫約예약을 위해 電話전화를 했다.
- 診察진찰 豫約예약 時間시간을 정해야 했다.
- 豫約예약이 可能가능한 時間시간이 언제인지 물었다.
- 病院병원에 처음 豫約예약하는 사람은 이것저것 複雜복잡했다.
- 特診특진으로 豫約예약했다.

豫 4 미리 예

察 4Ⅱ 살필 찰

예약 접수

- 接受員접수원에게 醫療保險의료보험 카드를 提示제시했다.

接 4Ⅱ 이을 접 | 受 4Ⅱ 받을 수 |
員 4Ⅱ 인원 원 | 保 4Ⅱ 지킬 보 |
險 4 험할 험 | 提 4Ⅱ 끌 제

- 待機室대기실에서 기다렸다.

機 4 틀 기

- 豫約예약 없이 直接직접 訪問방문했더니 오랫동안 기다려야 했다.

接 4Ⅱ 이을 접 | 訪 4Ⅱ 찾을 방

- 그 病院병원은 처음이라 質問書질문서를 作成작성했다.
- 看護師간호사가 내 이름을 불렀다.

看 4 볼 간 | 護 4Ⅱ 도울 호

- 내가 診察진찰 받을 順序순서였다.

진찰

- 專門醫전문의의 診療진료를 받았다.　　　　　　　　　專 4 오로지 전 | 診 2 진찰할 진 | 療 2 병고칠 료(요)

- 내 症狀증상을 細密세밀하게 說明설명했다.　　　　　　症 3Ⅱ 증세 증 | 狀 4Ⅱ 형상 상, 문서 장 | 細 4Ⅱ 가늘 세 | 密 4Ⅱ 빽빽할 밀

- 내게 病歷병력이 있는지 물었다.

- 體溫체온과 血壓혈압을 쟀다.　　　　　　　　　　　　血 4Ⅱ 피 혈 | 壓 4Ⅱ 누를 압

- 醫師의사 先生선생님이 聽診器청진기를 댔다.　　　　　　師 4Ⅱ 스승 사 | 聽 4 들을 청 | 器 4Ⅱ 그릇 기

- 醫師의사가 腹部복부를 누르며 診斷진단했다.　　　　　斷 4Ⅱ 끊을 단

- 언제부터 發病발병했는지 물었다.

- 醫師의사가 내게 處方箋처방전을 써 주었다.　　　　　處 4Ⅱ 곳 처 | 箋 1 기록할 전

- 疲勞피로 累積누적이라며 當分間당분간 쉬라고 말했다.　疲 4 피곤할 피 | 累 3Ⅱ 여러·자주 누(루) | 積 4 쌓을 적

- 醫師의사는 내게 過勞과로하지 말 것을 當付당부했다.　付 3Ⅱ 부칠 부

병원 시설 및 의료 기구

診察室	진찰실	察 4Ⅱ 살필 찰	病室	병실	
應急室	응급실	應 4Ⅱ 응할 응	聽診器	청진기	聽 4 들을 청
手術室	수술실		內視鏡	내시경	鏡 4 거울 경
重患者室	중환자실		酸素 呼吸器	산소 호흡기	酸 2 실 산	素 4Ⅱ 본디·흴 소
回復室	회복실	復 4Ⅱ 회복할 복, 다시 부	人工呼吸器	인공호흡기	呼 4Ⅱ 부를 호	吸 4Ⅱ 마실 흡
集中 治療室	집중 치료실		體溫計	체온계	
分娩室	분만실	娩 2 낳을 만	注射器	주사기	

17 병원 치료

조기 치료

- 病병은 初期초기에 治療치료하는 것이 좋다.
- 아픈 卽時즉시 病院병원에 가는 것이 上策상책이다.
- 適切적절한 治療치료를 等閑視등한시하면 매우 危險위험하다.

- 疾病질병을 治療치료하지 않고 내버려 두면 더 惡化악화될 수 있다.
- 早期조기에 治療치료하면 完治완치될 수 있다.

治 4Ⅱ 다스릴 치 | 療 2 병고칠 료(요)
卽 3Ⅱ 곧 즉 | 策 3Ⅱ 꾀 책
適 4 맞을 적 | 閑 4 한가할 한 |
視 4Ⅱ 볼 시 | 危 4 위태할 위 |
險 4 험할 험

疾 3Ⅱ 병 질

早 4Ⅱ 이를 조

입원 치료

- 症勢증세가 漸漸점점 나빠지고 있다.
- 電話전화로 往診왕진을 불렀다.
- 特殊특수 治療치료가 必要필요했다.
- 入院입원 治療치료가 必要필요했다.
- 簡單간단한 檢査검사 후 入院입원 節次절차를 밟았다.
- 나의 病室병실 生活생활이 始作시작되었다.
- 醫師의사가 내 糖尿病당뇨병을 治療치료했다.

- 藥物약물 治療치료를 하고 있다.
- 나는 抗生劑항생제 治療치료를 繼續계속해야 했다.

- 放射線방사선 治療치료를 받았다.
- 葡萄糖포도당 注射주사를 맞았다.
- 看護師간호사가 내게 輸液수액을 投與투여했다.

- 내 入院입원 消息소식에 親舊친구들이 깜짝 놀랐다.
- 親舊친구들이 病問安병문안을 왔다.

症 3Ⅱ 증세 증 | 勢 4Ⅱ 형세 세 |
漸 3Ⅱ 점점 점

診 2 진찰할 진

殊 3Ⅱ 다를 수

簡 4 대쪽·간략할 간 | 單 4Ⅱ 홑 단 |
檢 4Ⅱ 검사할 검 | 次 4Ⅱ 버금 차

師 4Ⅱ 스승 사 | 糖 3Ⅱ 엿·사탕 당 |
尿 2 오줌 뇨(요)

抗 4 겨룰 항 | 劑 2 약제 제 |
繼 4 이을 계 | 續 4Ⅱ 이을 속

射 4 쏠 사

葡 2 포도 포 | 萄 1 포도 도

看 4 볼 간 | 護 4Ⅱ 도울 호 |
輸 3 보낼 수 | 液 4Ⅱ 진 액 |
投 4 던질 투 | 與 4 더불·줄 여

息 4Ⅱ 쉴 식

- 그들은 내게 快癒쾌유를 빌어 주었다.　　　　　　　　快 4Ⅱ 쾌할 쾌 | 癒 1 병나을 유

회복

- 狀態상태가 빨리 好轉호전되기를 바라고 있다.　　　　狀 4Ⅱ 형상 상, 문서 장 |
　　　　　　　　　　　　　　　　　　　　　　　　　　態 4Ⅱ 모습 태 | 好 4Ⅱ 좋을 호 |
　　　　　　　　　　　　　　　　　　　　　　　　　　轉 4 구를 전
- 症勢증세가 緩和완화되고 있다.　　　　　　　　　　　緩 3Ⅱ 느릴 완
- 病勢병세가 確實확실히 좋아졌다.　　　　　　　　　　確 4Ⅱ 굳을 확
- 醫師의사가 效果的효과적인 食餌식이 療法요법을 알려 주었다.　餌 1 미끼 이
- 通院통원 治療치료는 繼續계속해야 했다.
- 醫師의사 先生선생님 德分덕분에 完快완쾌되었다.
- 病魔병마를 떨쳐내고 健康건강을 回復회복했다.　　　　魔 2 마귀 마 | 康 4Ⅱ 편안 강 |
　　　　　　　　　　　　　　　　　　　　　　　　　　回 4Ⅱ 돌아올 회 |
　　　　　　　　　　　　　　　　　　　　　　　　　　復 4Ⅱ 회복할 복, 다시 부
- 如前여전히 回復회복될 幾微기미가 보이질 않았다.　　幾 3 몇 기 | 微 3Ⅱ 작을 미
- 診療費진료비를 收納수납했다.　　　　　　　　　　　收 4Ⅱ 거둘 수 | 納 4 들일 납
- 드디어 退院퇴원했다.　　　　　　　　　　　　　　　退 4Ⅱ 물러날 퇴

한의원 치료

- 韓醫院한의원에 갔다.
- 韓醫師한의사가 診脈진맥을 했다.
- 瘀血어혈을 풀었다.　　　　　　　　　　　　　　　　瘀 1 어혈질 어 | 血 4Ⅱ 피 혈
- 韓醫院한의원에서 附缸부항을 떴다.　　　　　　　　　附 3Ⅱ 붙을 부 | 缸 1 항아리 항
- 韓醫院한의원 治療치료는 副作用부작용이 거의 없어서 좋다.
- 韓醫師한의사가 내 體質체질을 檢査검사하고 침을 施術시술했다.　施 4Ⅱ 베풀 시
- 健康건강을 위해 韓藥한약을 먹는다.
- 나에겐 韓方한방 治療치료가 맞는다.
- 요즘 나는 補藥보약을 먹고 있다.　　　　　　　　　　補 3Ⅱ 기울 보

병원의 종류

內科	내과			精神科	정신과	精 4Ⅱ 정할 정
外科	외과			産婦人科	산부인과	婦 4Ⅱ 며느리 부
小兒科	소아과			整形外科	정형외과	整 4 가지런할 정
眼科	안과	眼 4Ⅱ 눈 안		成形外科	성형외과	
耳鼻咽喉科	이비인후과	咽 1 목구멍 인, 목멜 열, 삼킬 연 | 喉 2 목구멍 후		放射線科	방사선과	
泌尿器科	비뇨기과	泌 2 분비할 비, 스며흐를 필 | 器 4Ⅱ 그릇 기		痲醉科	마취과	痲 2 저릴 마 | 醉 3Ⅱ 취할 취
皮膚科	피부과	皮 3Ⅱ 가죽 피 | 膚 2 살갗 부		齒科	치과	齒 4Ⅱ 이 치
神經科	신경과	經 4Ⅱ 지날·글 경		韓醫學科	한의학과	

18 약

처방전

- 處方箋처방전을 가지고 藥局약국에 갔다.
- 苦痛고통을 덜어줄 藥약이 切實절실했다.
- 處方箋처방전 없이 살 수 있는 藥品약품을 購入구입했다.
- 處方箋처방전이 없어서 睡眠劑수면제를 사지 못했다.
- 藥局약국에서 消毒藥소독약과 繃帶붕대를 샀다.

處 4Ⅱ 곳 처 | 箋 1 기록할 전

痛 4 아플 통

購 2 살 구

睡 3 졸음 수 | 眠 3Ⅱ 잘 면 |
劑 2 약제 제

毒 4Ⅱ 독 독 | 繃 1 묶을 붕 |
帶 4Ⅱ 띠 대

복용법

- 藥師약사가 藥약을 하루에 食後식후 세 번 먹어야 한다고 했다.
- 그 藥약은 空腹공복에 먹는 것이다.

腹 3Ⅱ 배 복

- 藥效약효가 떨어질 때쯤 먹어야 하는 藥약이다.
- 藥약이 相當상당히 썼다.
- 나는 시럽보다 丸藥환약을 먹는 게 더 좋다. 丸 3 둥글 환

약효

- 藥약을 먹고 나니 急激급격히 졸음이 왔다. 激 4 격할 격
- 藥약을 먹고 바로 效驗효험이 있었다. 驗 4Ⅱ 시험 험
- 藥약의 效果효과가 直方직방으로 나타났다.
- 그 藥약은 效能효능이 좋았다.
- 그 藥약은 내게 卽刻的즉각적인 效力효력을 나타냈다. 卽 3Ⅱ 곧 즉 | 刻 4 새길 각
- 그 藥약은 神奇신기하게 잘 들었다. 奇 4 기특할 기
- 頭痛藥두통약 한 알로 生氣생기를 찾았다.
- 解熱劑해열제를 먹고 體溫체온이 내려갔다. 解 4Ⅱ 풀 해
- 그것이 병에는 特效藥특효약이다.
- 藥약의 副作用부작용이 있었다. 副 4Ⅱ 버금 부
- 그 藥약은 아무런 反應반응이 없었다. 應 4Ⅱ 응할 응
- 痛症통증이 深刻심각하지 않을 때 가끔 民間療法민간요법을 쓴다. 深 4Ⅱ 깊을 심 | 療 2 병고칠 요(료)
- 良藥苦口양약고구이다.
- 웃음은 萬病通治藥만병통치약이다.

약의 종류

丸藥	환약		止瀉劑	지사제	瀉 1 쏟을 사	
錠劑	정제	錠 1 덩이 정	解熱劑	해열제		
軟膏	연고	軟 3Ⅱ 연할 연 | 膏 1 기름 고	鎭痛劑	진통제	鎭 3Ⅱ 진압할 진	
絆瘡膏	반창고	絆 1 얽어맬 반 | 瘡 1 부스럼 창	抗生劑	항생제	抗 4 겨룰 항	
繃帶	붕대		睡眠劑	수면제		
解毒劑	해독제		神經 安靜劑	신경 안정제	經 4Ⅱ 지날·글 경 | 靜 4 고요할 정	
消毒藥	소독약		坐藥	좌약		
消化劑	소화제	劑 2 약제 제	眼藥	안약	眼 4Ⅱ 눈 안	
制酸劑	제산제	酸 2 실 산	補藥	보약	補 3Ⅱ 기울 보	

Diary

건강의 소중함

6월 5일

퇴원 후 처음 학교에 갔었다. 오랜만에 친구들을 만나니 너무 반가웠다. 그동안 다리에 깁스를 하고 있느라 너무 답답했는데 이제는 거의 회복되어 천천히 걸어 다니는 중이다. 한 달 전에 자전거를 타다가 넘어지는 바람에 다리가 골절되어 수술을 받았다. 간단한 수술이었지만 너무 공포스러웠다. 늘 건강하던 나였는데 병원에 입원하고 수술까지 해 보니 건강한 것이 얼마나 행복한 것인지 알았다. 병원에 있으면서 불치병이나 난치병으로 고생하고 있는 또래의 친구들을 보면서 '건강은 건강할 때 지키는 것'이라는 어른들의 말이 가슴 깊이 와 닿았다. 한 달간 입원을 하면서 친해진 아이가 있었는데, 그 아이는 소아암 환자였다. 빡빡머리에 환자복을 입고 있었지만 항상 밝은 모습이었다. 가끔 그 아이와 대화할 기회가 있었는데 그럴 때마다 그 아이는 "형은 좋겠다! 다리만 나으면 나가는 거지?"라고 묻곤 했다. 난 대답 대신 그냥 밝게 웃기만 했다. 병마와 싸우고 있는 그 아이는 나에게 이런 말을 했다. "형아 밥을 많이 먹고 불량 식품은 먹으면 안 된대. 우리 엄마가 내가 밥 잘 안 먹고 군것질만 많이 해서 아픈 거래." 그 말을 듣는 순간 코끝이 찡해졌다. 비록 병원 생활을 한 뒤에야 느낀 것이지만, 건강 관리는 항상 해야 될 것 같다. 건강만큼 큰 재산은 없는 것 같다.

● 알맞은 한자로 써 보세요.

1. 건강 _____   2. 소중 _____   3. 퇴원 _____

4. 학교 _____   5. 친구 _____   6. 회복 _____

7. 자전거 _____   8. 골절 _____   9. 수술 _____

10. 간단 _____   11. 공포 _____   12. 건강 _____

13. 병원 _____   14. 입원 _____   15. 행복 _____

16. 불치병 _____ 17. 난치병 _____ 18. 고생 _____

19. 소아암 _____ 20. 환자 _____   21. 환자복 _____

22. 항상 _____   23. 대화 _____   24. 기회 _____

25. 대답 _____   26. 대신 _____   27. 병마 _____

28. 불량 _____   29. 식품 _____   30. 순간 _____

31. 생활 _____   32. 관리 _____   33. 재산 _____

285

健康의 所重함

六月 五日

退院 후 처음 學校에 갔었다. 오랜만에 親舊들을 만나니 너무 반가웠다. 그동안 다리에 깁스를 하고 있느라 너무 답답했는데 이제는 거의 回復되어 천천히 걸어 다니는 중이다. 한 달 전에 自轉車를 타다가 넘어지는 바람에 다리가 骨折되어 手術을 받았다. 簡單한 手術이었지만 너무 恐怖스러웠다. 늘 健康하던 나였는데 病院에 入院하고 手術까지 해 보니 健康한 것이 얼마나 幸福한 것인지 알았다. 病院에 있으면서 不治病이나 難治病으로 苦生하고 있는 또래의 親舊들을 보면서 '健康은 健康할 때 지키는 것'이라는 어른들의 말이 가슴 깊이 와 닿았다. 한 달간 入院을 하면서 친해진 아이가 있었는데, 그 아이는 小兒癌 患者였다. 빡빡머리에 患者服을 입고 있었지만 恒常 밝은 모습이었다. 가끔 그 아이와 對話할 機會가 있었는데 그럴 때마다 그 아이는 "형은 좋겠다! 다리만 나으면 나가는 거지?"라고 묻곤 했다. 난 對答 代身 그냥 밝게 웃기만 했다. 病魔와 싸우고 있는 그 아이는 나에게 이런 말을 했다. "형아 밥을 많이 먹고 不良 食品은 먹으면 안 된대. 우리 엄마가 내가 밥 잘 안 먹고 군것질만 많이 해서 아픈 거래." 그 말을 듣는 瞬間 코끝이 찡해졌다. 비록 病院 生活을 한 뒤에야 느낀 것이지만, 健康 管理는 恒常 해야 될 것 같다. 健康만큼 큰 財産은 없는 것 같다.

학교생활

01. 학교   02. 수업   03. 공부
04. 시험   05. 성적   06. 선생님
07. 외국어 08. 숙제   09. 학원·과외
10. 방학   11. 대학 입시 12. 대학 생활
Diary

01 학교

우리 학교

- 나는 高等學校고등학교에 다닌다.
- 나는 中學生중학생이다.
- 나는 私立사립 學校학교에 다니고 있다.   私 4 사사 사
- 나는 親舊친구들과 만날 수 있는 場所장소라서 學校학교에 가는 것을 좋아한다.
- 나는 工夫공부하는 것이 싫어서 登校등교하는 것이 싫다.
- 우리 學校학교는 暴力폭력이 없어서 좋다.   暴 4Ⅱ 사나울 폭, 모질 포
- 우리 學校학교는 學校학교 暴力폭력 根絶근절에 앞장서고 있다.   絶 4Ⅱ 끊을 절
- 우리 學校학교는 올해 多事多難다사다난했다.   難 4Ⅱ 어려울 난(란)

하루 일과

- 우리 學校는 1校時교시 授業수업이 8시에 始作시작된다.   授 4Ⅱ 줄 수
- 우리는 每時間매시간 10분씩 休息휴식이다.   息 4Ⅱ 쉴 식
- 正規정규 授業수업은 하루 6時間시간이다.
- 正規정규 授業수업 후에 補充보충 授業수업을 받는다.   補 3Ⅱ 기울 보
- 放課방과 후에는 學科학과 외의 特別특별 活動활동에 參與참여한다.   與 4 더불·줄 여
- 5시 30분에 모든 授業수업이 終了종료된다.   了 3 마칠 료(요)
- 授業수업이 끝나면 함께 敎室교실 淸掃청소를 한다.   掃 4Ⅱ 쓸 소
- 나의 下校하교 時間시간은 저녁 7시이다.
- 나는 이런 틀에 박힌 日常일상이 지겹다.   常 4Ⅱ 떳떳할 상
- 來日내일은 休校휴교이다.

교칙

- 學校학교에서는 校服교복을 입어야 한다.
- 校服교복에 名札명찰을 단다.   札 2 편지 찰
- 우리 學校학교는 校則교칙이 매우 嚴格엄격하다.   嚴 4 엄할 엄
- 머리는 짧은 短髮단발머리로 해야 한다.   髮 4 터럭 발
- 染色염색은 許容허용되지 않는다.   染 3Ⅱ 물들 염 | 容 4Ⅱ 얼굴 용
- 學校학교 建物건물 안에서는 室內靴실내화를 신는다.   靴 2 신 화
- 室內靴실내화를 신고 校門교문 밖으로 나가면 안 된다.
- 가끔 學校학교 規則규칙을 違反위반한다.   違 3 어긋날 위

등교

- 우리 집은 學校학교 近處근처이다.   處 4Ⅱ 곳 처
- 엄마가 自家用자가용으로 登校등교시켜 주신다.
- 엄마가 버스 停留場정류장까지 나를 태워 주신다.   留 4Ⅱ 머무를 류(유)
- 아빠가 校門교문 앞에서 나를 내려 주신다.
- 나는 버스로 通學통학한다.
- 나는 自轉車자전거로 學校학교에 다닌다.   轉 4 구를 전
- 우리 學校학교는 집에서 遠距離원거리에 있다.   距 3Ⅱ 상거할 거 | 離 4 떠날 리(이)
- 우리 學校학교는 徒步도보로 2분 거리다.   徒 4 무리 도 | 步 4Ⅱ 걸음 보

출석

- 늦잠을 자서 遲刻지각했다.   遲 3 더딜·늦을 지 | 刻 4 새길 각
- 늦어서 學校학교까지 全力전력 疾走질주했다.   疾 3Ⅱ 병 질 | 走 4Ⅱ 달릴 주
- 交通교통이 막혀 遲刻지각했다.
- 나는 遲刻지각을 하지 말라는 訓戒훈계를 들었다.   戒 4 경계할 계
- 나는 이제부터 定時정시에 登校등교할 것이다.
- 나는 學校학교를 早退조퇴했다.   早 4Ⅱ 이를 조 | 退 4Ⅱ 물러날 퇴
- 나는 授業수업을 無斷무단으로 빼먹었다.   斷 4Ⅱ 끊을 단
- 나는 缺席결석했다.   缺 4Ⅱ 이지러질 결

- 나는 아무런 理由이유 없이 缺席결석을 해 警告경고를 받았다.　　　　警 4II 깨우칠 경

출석 확인

- 先生선생님께서 出席출석을 부르셨다.
- 先生선생님이 出席簿출석부에 뭔가를 적으셨다.　　　　簿 3II 문서 부
- 큰 소리로 對答대답했다.
- 親舊친구를 假裝가장해 代理대리 出席출석을 했다.　　　　假 4II 거짓 가 | 裝 4 꾸밀 장
- 先生선생님은 感知감지를 못하셨다.
- 全員전원 出席출석했다.　　　　員 4II 인원 원
- 缺席生결석생은 없었다.
- 先生선생님께서는 그의 缺席결석 事由사유를 우리에게 물으셨다.

학적

- 나는 올해 學校학교에 入學입학했다.
- 나는 ○○學校학교로 轉學전학을 간다.
- 나는 한 學期학기를 休學휴학했다.
- 곧 復學복학할 豫定예정이다.　　　　復 4II 회복할 복, 다시 부 | 豫 4 미리 예
- 나는 自退자퇴를 하고 싶다.
- 나는 停學정학을 당했다.
- 나는 謹愼근신 중이다.　　　　謹 3 삼갈 근 | 愼 3II 삼갈 신
- 나는 退學퇴학을 당했다.
- 나는 學校학교를 卒業졸업했다.

학교 종류

幼稚園	유치원	幼 3II 어릴 유	稚 3II 어릴 치	工業 高校	공업 고교	
初等學校	초등학교		農業 高校	농업 고교	
中學校	중학교		代案 學校	대안 학교	
高等學校	고등학교		專門 大學	전문 대학	專 4 오로지 전
商業 高校	상업 고교		綜合 大學	종합 대학	綜 2 모을 종

02 수업

수업

- 오늘 數學수학 授業수업은 매우 興味흥미로웠다.　　　　　　　授 4Ⅱ 줄 수 | 興 4Ⅱ 일 흥 | 味 4Ⅱ 맛 미
- 나는 數理수리 能力능력이 좋다.
- 나는 數學수학만큼은 自信자신 있다.
- 나는 그 問題문제를 證明증명했다.　　　　　　　證 4 증거 증
- 나는 生活생활 英語영어 時間시간이 너무 즐겁다.
- 나는 英語영어를 除外제외하고는 모든 科目과목이 싫다.　　　　　　　除 4Ⅱ 덜 제
- 科學과학 時間시간에 化學화학 實驗실험을 했다.　　　　　　　驗 4Ⅱ 시험 험
- 오늘 社會사회 時間시간에는 宗敎종교 問題문제에 대해 工夫공부했다.　　　　　　　宗 4Ⅱ 마루 종
- 體育체육 先生선생님이 籠球농구를 가르쳐 주셨다.　　　　　　　籠 2 대바구니 농(롱)
- 美術미술 時間시간에는 紙粘土지점토로 動物동물들을 만들었다.　　　　　　　粘 1 붙을 점
- 나는 만들기에 素質소질이 없다.　　　　　　　素 4Ⅱ 본디·흴 소
- 오늘 不時불시에 試驗시험을 봤다.　　　　　　　試 4Ⅱ 시험 시

토론 수업

- 問題문제 解決해결을 위해 組別조별로 討論토론을 했다.　　　　　　　解 4Ⅱ 풀 해 | 組 4 짤 조 | 討 4 칠 토 | 論 4Ⅱ 논할 론(논)
- 오늘의 討論토론 主題주제는 宗敎종교에 관한 것이었다.
- 나는 討論토론에 積極的적극적으로 參與참여했다.　　　　　　　積 4 쌓을 적 | 極 4Ⅱ 다할·극진할 극 | 與 4 더불·줄 여
- 나는 그 問題문제의 重要性중요성을 強調강조했다.　　　　　　　強 특Ⅱ 강할[强] 강
- 아무도 내 意見의견을 傾聽경청하지 않는 것 같았다.　　　　　　　傾 4 기울 경 | 聽 4 들을 청
- 그들은 내 생각에 同意동의하지 않았다.
- 그것에 대한 敷衍부연 說明설명을 듣고 싶었다.　　　　　　　敷 2 펼 부 | 衍 2 넓을 연
- 反對반대 意見의견에도 熱心열심히 귀를 기울였다.
- 내 생각을 條理조리 있게 說明설명했다.　　　　　　　條 4 가지 조

- 나는 그 提案제안에 贊成찬성했다.   提 4Ⅱ 끌 제 | 贊 3Ⅱ 도울 찬
- 우리는 滿場一致만장일치로 그의 아이디어에 同意동의했다.   滿 4Ⅱ 찰 만
- 나는 그것에 全的전적으로 贊成찬성했다.
- 나는 그의 意見의견을 反駁반박했다.   駁 1 논박할 박

발표 수업

- 나는 다음 주에 發表발표할 것을 準備준비하고 있다.   準 4Ⅱ 준할 준 | 備 4Ⅱ 갖출 비
- 調査조사해야 할 資料자료가 많았다.   資 4 재물 자
- 드디어 發表발표할 瞬間순간이 왔다.   瞬 3Ⅱ 눈깜짝일 순
- 나는 全體전체 學級학급 앞에서 發表발표를 했다.
- 모두의 耳目이목이 나에게 集中집중되었다.
- 나는 너무 緊張긴장해서 걱정이 되었다.   緊 3Ⅱ 긴할 긴 | 張 4 베풀 장
- 조금 焦燥초조했지만 發表발표를 無難무난하게 했다.   焦 2 탈 초 | 燥 3 마를 조 |
  難 4Ⅱ 어려울 난(란)
- 너무 緊張긴장했었는지 氣盡脈盡기진맥진했다.   盡 4 다할 진 | 脈 4Ⅱ 줄기 맥
- 나는 自信感자신감 넘치게 發表발표를 했다.
- 先生선생님이 意思의사 傳達전달을 正確정확하게 하라고 助言조언해 주셨다.   達 4Ⅱ 통달할 달 | 確 4Ⅱ 굳을 확 |
  助 4Ⅱ 도울 조

수업 이해하기

- 先生선생님께서 그 內容내용을 充分충분히 說明설명해 주셨다.   容 4Ⅱ 얼굴 용
- 나는 그 說明설명을 잘 理解이해했다.   解 4Ⅱ 풀 해
- 그 說明설명이 나에겐 曖昧模糊애매모호했다.   曖 1 희미할 애 | 昧 1 어두울 매 |
  模 4 본뜰 모 | 糊 1 풀칠할 호
- 先生선생님께서 하시는 說明설명이 都統도통 理解이해되지 않았다.   統 4Ⅱ 거느릴 통
- 先生선생님께서 要點요점을 仔細자세히 說明설명해 주셨다.   點 4 점 점 | 仔 1 자세할 자 |
  細 4Ⅱ 가늘 세
- 나는 內容내용을 到底도저히 모르겠다.   底 4 밑 저
- 나는 理解力이해력이 不足부족하다.
- 意味의미를 把握파악할 수가 없었다.   把 3 잡을 파 | 握 2 쥘 악

- 내 理解力이해력의 限界한계를 느꼈다.   限 4Ⅱ 한할 한
- 도무지 要旨요지를 모르겠다.   旨 2 뜻 지
- 나는 그 授業수업을 따라갈 實力실력이 안 된다.
- 先生선생님의 補充보충 說明설명을 듣고 나서야 理解이해가 되었다.   補 3Ⅱ 기울 보

수업 태도

- 나는 授業수업에 充實충실하려고 努力노력한다.   努 4Ⅱ 힘쓸 노
- 授業수업 時間시간에 親舊친구와 雜談잡담을 했다.   雜 4 섞일 잡
- 先生선생님 말씀에 注目주목하려고 애썼다.
- 敎科書교과서를 보는 척하면서 漫畫冊만화책을 읽었다.   漫 3 흩어질 만
- 偏頭痛편두통이 생겨서 養護室양호실에 갔다.   偏 3Ⅱ 치우칠 편 | 痛 4 아플 통 | 護 4Ⅱ 도울 호
- 授業수업 時間시간에 注意주의가 散漫산만했다.   散 4 흩을 산
- 나는 先生선생님의 指示지시를 따르지 않았다.   指 4Ⅱ 가리킬 지

졸음

- 午後오후 授業수업 時間시간에는 눈이 千斤萬斤천근만근이다.   斤 3 근·날 근
- 지루하고 難解난해한 授業수업 때문에 너무 졸렸다.
- 授業수업 時間시간에 아예 熟眠숙면을 취했다.   熟 3Ⅱ 익을 숙 | 眠 3Ⅱ 잘 면
- 졸음을 쫓으려고 大腿部대퇴부를 꼬집었다.   腿 1 넓적다리 퇴
- 授業수업 終了종료 始點시점부터 잤다.   了 3 마칠 료(요)
- 뭔가 變化변화가 必要필요하다.

칭찬

- 우리 先生선생님은 學生학생들이 善行선행을 하면 늘 稱讚칭찬해 주신다.   稱 4 일컬을 칭 | 讚 4 기릴 찬
- 擔任담임 先生선생님께서 淸掃청소를 잘한다고 稱讚칭찬해 주셨다.   擔 4Ⅱ 멜 담 | 掃 4Ⅱ 쓸 소
- 先生선생님께서 激勵격려해 주셨다.   激 4 격할 격 | 勵 3Ⅱ 힘쓸 려(여)
- 先生선생님은 나에게 極讚극찬을 아끼지 않으셨다.   極 4Ⅱ 다할·극진할 극

- 先生선생님께서 내가 時間시간을 잘 지킨다고 높이 評價평가해 주셨다.
- 稱讚칭찬을 듣고 意氣揚揚의기양양하게 行動행동했다.
- 선생님은 우리에게 稱讚칭찬으로 恒常항상 勇氣용기를 북돋아 주신다.

評 4 평할 평

揚 3Ⅱ 날릴 양

꾸중 · 벌

- 나는 同級生동급생을 때려서 호된 꾸지람을 받았다.
- 遲刻지각해서 氣合기합을 받았다.
- 名札명찰을 가져오지 않아서 꾸중을 들었다.
- 校服교복이 不良불량해서 혼났다.
- 우리 先生선생님은 問題문제 學生학생을 嚴重엄중하게 訓戒훈계하신다.
- 나는 先生선생님과 葛藤갈등이 많다.
- 授業수업 時間시간에 떠들어서 退室퇴실당했다.
- 그는 우리의 잘못을 是正시정하도록 벌을 주셨다.

遲 3 더딜·늦을 지 | 刻 4 새길 각

札 2 편지 찰

嚴 4 엄할 엄 | 戒 4 경계할 계

葛 2 칡 갈 | 藤 2 등나무 등

선생님 질문

- 先生선생님이 우리에게 質問질문을 던지셨다.
- 난 先生선생님이 하신 質問질문의 正答정답을 豫測예측하고 있었다.
- 나는 確信확신에 찬 목소리로 正答정답을 말했다.
- 先生선생님의 質問질문에 東問西答동문서답을 했다.
- 내 對答대답은 모든 면에서 合格합격이었다.
- 나는 正答정답을 맞혀서 拍手喝采박수갈채를 받았다.

豫 4 미리 예 | 測 4Ⅱ 헤아릴 측

拍 4 칠 박 | 喝 1 꾸짖을 갈 | 采 2 풍채 채

- 先生선생님의 質問질문에 不應불응했다.
- 誤答오답을 말했다.
- 對答대답할 機會기회가 다른 學生학생에게 넘어갔다.
- 나는 難解난해한 質問질문으로 先生선생님을 困難곤란하게 만들었다.

應 4Ⅱ 응할 응

誤 4Ⅱ 그르칠 오

機 4 틀 기

困 4 곤할 곤

우등생

- 나는 그가 다른 學生학생들보다 越等월등히 뛰어나다고 생각한다. 越 3Ⅱ 넘을 월
- 나는 그의 怜悧영리함의 祕訣비결이 무엇인지 궁금하다. 怜 특Ⅱ 영리할·악공 영(령) | 悧 1 영리할 리(이) | 祕 4 숨길 비 | 訣 3Ⅱ 이별할 결
- 그는 걸어 다니는 百科事典백과사전이다.
- 그녀의 別名별명은 萬物博士만물박사다. 博 4Ⅱ 넓을 박
- 그는 群鷄一鶴군계일학이다. 群 4 무리 군 | 鷄 4 닭 계 | 鶴 3Ⅱ 학 학
- 그는 成就성취하려는 動機동기가 강하다. 就 4 나아갈 취 | 機 4 틀 기
- 그는 模範生모범생이다. 範 4 법 범
- 그의 대답은 理致이치에 맞지 않을 때도 있다.
- 그는 自畫自讚자화자찬을 잘하지만 모두 옳은 말이다.

문제 학생

- 그는 學校학교에서 騷亂소란을 일으키기로 有名유명하다. 騷 3 떠들 소 | 亂 4 어지러울 란(난)
- 그는 授業수업 態度태도가 不良불량하다.
- 그는 한 學期학기의 折半절반 以上이상을 缺席결석한다. 折 4 꺾을 절 | 缺 4Ⅱ 이지러질 결
- 그는 가끔 授業수업에 不參불참한다.
- 그는 午後오후 授業수업에 無斷무단으로 離脫이탈했다. 斷 4Ⅱ 끊을 단 | 離 4 떠날 이(리) | 脫 4 벗을 탈
- 그는 授業수업 時間시간에 큰 소리로 雜談잡담을 해서 支障지장을 준다. 支 4Ⅱ 지탱할 지 | 障 4Ⅱ 막을 장
- 그는 複道복도를 마구 뛰어다닌다. 複 4 겹칠 복
- 그는 先生선생님들의 指示지시를 無視무시한다. 視 4Ⅱ 볼 시
- 그는 絕對절대 宿題숙제를 하지 않는다. 絕 4Ⅱ 끊을 절
- 그는 自由자유와 放縱방종을 區分구분하지 못한다. 縱 3Ⅱ 세로 종
- 그는 남을 意識의식하지 않고 멋대로 行動행동한다.
- 그는 問題兒문제아로 烙印낙인 찍혀 있다. 烙 1 지질 낙(락) | 印 4Ⅱ 도장 인
- 그는 先生선생님의 꾸중에 反問반문하며 말대꾸를 했다.
- 그는 타고난 反抗兒반항아인 것 같다. 抗 4 겨룰 항

03 공부

공부

- 나는 學校학교에서 工夫공부를 잘해 獎學生장학생이다. 獎 4 장려할 장
- 나는 工夫공부를 못하는 劣等生열등생이다. 劣 3 못할 열(렬)
- 나는 工夫공부에 疏忽소홀했다. 疏 3Ⅱ 소통할 소 | 忽 3Ⅱ 갑자기 홀
- 나는 中學生중학생 時節시절부터 工夫공부에 손을 뗐다.
- 나는 數學수학 問題문제를 풀려고 問題集문제집을 폈다.
- 나는 英語영어와 中國語중국어를 復習복습했다. 復 4Ⅱ 회복할 복, 다시 부
- 나는 豫習예습을 徹底철저히 하는 편이다. 豫 4 미리 예 | 徹 3Ⅱ 통할 철 | 底 4 밑 저

공부에 대한 다짐

- 工夫공부에 邁進매진하겠다고 다짐했다. 邁 1 갈 매 | 進 4Ⅱ 나아갈 진
- 父母부모님께 失望실망을 안겨 드리지 않기 위해 나는 工夫공부를 熱心열심히 할 것이다.
- 作心三日작심삼일로 끝나지 않도록 最善최선을 다해야겠다.
- 學生학생으로서의 身分신분을 忘却망각해서는 안 된다. 忘 3 잊을 망 | 却 3 물리칠 각
- 나는 많은 內容내용을 暗記암기하려고 努力노력했다. 容 4Ⅱ 얼굴 용 | 暗 4Ⅱ 어두울 암 | 努 4Ⅱ 힘쓸 노
- 主要주요 科目과목을 攻掠공략하는 것이 重要중요하다. 掠 3 노략질할 략(약)
- 種豆得豆종두득두라고 하지 않던가? 豆 4Ⅱ 콩 두 | 得 4Ⅱ 얻을 득

  참고 種豆得豆종두득두 ⇨ 콩을 심으면 반드시 콩이 나온다(원인에 따라 결과가 생김)

공부하라는 말씀

- 工夫공부에 대한 엄마의 끊임없는 잔소리에 虛脫허탈할 뿐이다. 虛 4Ⅱ 빌 허 | 脫 4 벗을 탈
- 父母부모님은 工夫공부가 人生인생의 全部전부라고 하신다.
- 엄마는 내가 무얼 하는지 늘 監視감시하신다. 監 4Ⅱ 볼 감 | 視 4Ⅱ 볼 시

- 엄마는 外出외출을 줄이고 工夫공부에 熱中열중하라고 하셨다.
- 나는 父母부모님의 說敎설교를 더 이상 듣고 싶지 않았다.
- 父母부모님의 過剩과잉 保護보호에서 벗어나고 싶다.　　　剩 1 남을 잉 | 保 4Ⅱ 지킬 보 | 護 4Ⅱ 도울 호
- 父母부모님은 恒常항상 工夫공부에도 時機시기가 있다고 强調강조하신다.　　恒 3Ⅱ 항상 항 | 常 4Ⅱ 떳떳할 상 | 機 4 틀 기 | 强 특Ⅱ 강할[強] 강
- 다음 試驗시험에서는 點數점수를 더 올리라고 하셨다.　　試 4Ⅱ 시험 시 | 驗 4Ⅱ 시험 험 | 點 4 점 점
- 그들의 企待기대를 저버리지 않도록 學業학업에 熱中열중할 것이다.　　企 3Ⅱ 꾀할 기

04 시험

각종 시험

- 우리는 分期분기별로 한 번씩 試驗시험을 치른다.　　試 4Ⅱ 시험 시 | 驗 4Ⅱ 시험 험
- 學期학기마다 우리는 中間중간 및 期末試驗기말시험을 치른다.
- 다음 주에 中間考査중간고사가 始作시작된다.
- 試驗시험이 目前목전이다.
- 期末考査기말고사가 다가오니 두려움이 掩襲엄습해 온다.　　掩 1 가릴 엄 | 襲 3Ⅱ 엄습할 습
- 오늘 模擬考査모의고사를 보았다.　　模 4 본뜰 모 | 擬 1 비길 의

시험공부

- 試驗시험 準備준비로 매우 奔走분주하다.　　準 4Ⅱ 준할 준 | 備 4Ⅱ 갖출 비 | 奔 3Ⅱ 달릴 분 | 走 4Ⅱ 달릴 주
- 試驗시험 전에 배운 것을 復習복습해야 한다.　　復 4Ⅱ 회복할 복, 다시 부
- 試驗시험에서 좋은 成績성적을 거두도록 最善최선을 다해야겠다.　　績 4 길쌈 적
- 試驗시험에 對備대비해서 平素평소보다 더 熱心열심히 工夫공부했다.　　素 4Ⅱ 본디·흴 소
- 沒入몰입해서 工夫공부했다.　　沒 3Ⅱ 빠질 몰

- 저녁 食事식사 후 平均평균 4時間시간씩 工夫공부했다. 균 4 고를 균
- 試驗시험에 臨迫임박해서 벼락치기로 工夫공부했다. 臨 3Ⅱ 임할 임(림) | 迫 3Ⅱ 핍박할 박
- 決戰결전을 코앞에 두고 工夫공부를 始作시작했다.
- 나는 子正자정이 될 때까지 工夫공부를 繼續계속했다. 繼 4 이을 계 | 續 4Ⅱ 이을 속
- 四當五落사당오락을 마음에 새기며 工夫공부했다.
- 잠깐 娛樂오락할 時間시간도 없이 工夫공부만 했다. 娛 3 즐길 오
- 于先우선, 敎科書교과서 中心중심으로 훑어보았다.
- 나는 敎科書교과서를 精讀정독했다. 精 4Ⅱ 정할 정
- 試驗시험은 나에게 重壓感중압감을 준다. 壓 4Ⅱ 누를 압
- 睡眠수면을 취하고 싶은 생각이 懇切간절하다. 睡 3 졸음 수 | 眠 3Ⅱ 잘 면 | 懇 3Ⅱ 간절할 간
- 이웃집의 騷音소음으로 工夫공부에 集中집중이 잘 안 된다. 騷 3 떠들 소
- 나는 學習학습 方法방법을 잘 몰라서 困辱곤욕을 치렀다. 困 4 곤할 곤 | 辱 3Ⅱ 욕될 욕
- 先生선생님의 說明설명을 錄音器녹음기에 錄音녹음해서 들었다. 錄 4Ⅱ 기록할 록 | 器 4Ⅱ 그릇 기
- 父母부모님께서 試驗시험 成績성적이 오르면 새 컴퓨터를 사 주신다는 條件조건을 거셨다. 條 4 가지 조
- 나는 부디 父母부모님이 一口二言일구이언 하지 않기를 바랄 뿐이다.

시험 보기 전

- 試驗시험을 보기 전 그 緊張感긴장감이란 말로 表現표현할 수 없다. 緊 3Ⅱ 긴할 긴 | 張 4 베풀 장
- 나는 어제부터 이미 恐慌공황 狀態상태였다. 恐 3Ⅱ 두려울 공 | 慌 1 어리둥절할 황 | 狀 4Ⅱ 형상 상, 문서 장 | 態 4Ⅱ 모습 태
- 緊張긴장을 풀어 보려고 體操체조와 律動율동을 했다. 律 4Ⅱ 법칙 율(률)
- 心臟심장 搏動박동이 매우 빨라졌다. 臟 3Ⅱ 오장 장 | 搏 1 두드릴 박
- 深呼吸심호흡이 緊張긴장을 푸는 데 도움이 되었다. 深 4Ⅱ 깊을 심 | 呼 4Ⅱ 부를 호 | 吸 4Ⅱ 마실 흡
- 牛黃淸心丸우황청심환을 먹었다. 丸 3 둥글 환
- 試驗시험 전에 要點요점 整理정리한 것을 훑어보았다. 點 4 점 점 | 整 4 가지런할 정
- 試驗시험 보기 전 不正行爲부정행위의 要素요소가 있는지 點檢점검했다. 爲 4Ⅱ 하·할 위

시험 시간

- 오늘 내 人生인생의 決戰결전의 날이다.
- 오늘 試驗시험은 倫理윤리, 體育체육, 國語국어, 物理물리, 地理지리였다.   倫 3Ⅱ 인륜 윤(륜)
- 나는 過去과거에 不正行爲부정행위를 하다가 發覺발각된 적이 있다.   覺 4 깨달을 각
- 우리 學校학교는 두 분의 先生선생님이 試驗시험 監督감독을 맡으셨다.   監 4Ⅱ 볼 감 | 督 4Ⅱ 감독할 독
- 試驗시험 중에 한 學生학생이 다른 學生학생에게 답을 알려주다가 摘發적발되었다.   摘 3Ⅱ 딸 적
- 나는 모르는 問題문제가 太半태반이라 挫折좌절했다.   挫 1 꺾을 좌 | 折 4 꺾을 절
- 試驗시험을 보는 중에는 옆 사람과 이야기하는 것도 許容허용되지 않는다.   容 4Ⅱ 얼굴 용
- 愼重신중하게 問題문제를 풀었다.   愼 3Ⅱ 삼갈 신
- 能力능력을 十分십분 發揮발휘한다는 覺悟각오로 試驗시험에 임했다.   揮 4 휘두를 휘 | 悟 3Ⅱ 깨달을 오

시험 문제

- 正答정답을 몰라서 無作爲무작위로 찍었다.
- 鉛筆연필를 굴려 답을 選擇선택했다.   鉛 4 납 연 | 擇 4 가릴 택
- 天運천운이었는지 그 답이 맞았다.
- 豫想예상했던 問題문제가 試驗시험에 出題출제됐다.   豫 4 미리 예 | 想 4Ⅱ 생각 상
- 豫想外예상외로 쉬웠다.
- 四字成語사자성어의 빈칸을 채우는 問題문제가 몇 개 나왔다.
- 大部分대부분 選多型선다형 問題문제였다.   型 2 모형 형
- 몇 問題문제는 難易度난이도가 높았다.   難 4Ⅱ 어려울 난
- 나는 主觀式주관식 問題문제에서 많이 틀렸다.
- 問題문제를 풀면서 이런 高難易度고난이도 問題문제를 누가 풀 수 있을지 疑問의문이 들었다.   疑 4 의심할 의
- 數學수학 問題문제가 너무 어려워 苦心고심했다.

시험 끝

- 나는 時間시간 안에 答案답안을 다 作成작성하지 못했다.
- 나는 早急조급하게 答案답안을 作成작성했다.   早 4Ⅱ 이를 조

- 남은 時間시간을 錯覺착각해서 몇 問題문제를 놓쳤다.   錯 3Ⅱ 어긋날 착
- 나는 最善최선을 다했기에 後悔후회는 없었다.   悔 3Ⅱ 뉘우칠 회
- 試驗시험이 끝나서 餘裕여유를 滿喫만끽했다.   餘 4Ⅱ 남을 여 | 裕 3Ⅱ 넉넉할 유 | 滿 4Ⅱ 찰 만 | 喫 1 먹을 끽
- 試驗시험이 끝나니 負擔부담도 없어졌다.   負 4 질 부 | 擔 4Ⅱ 멜 담
- 이제는 試驗시험에 시달리는 惡夢악몽을 꾸지 않을 것이다.   夢 3Ⅱ 꿈 몽

시험 결과

- 試驗시험 結果결과는 滿足만족스러웠다.
- 試驗시험에 合格합격했다니 幸運행운이 따른 것이다.
- 試驗시험을 망쳐 茫然自失망연자실했다.   茫 3 아득할 망
- 數學수학 試驗시험에서 落第낙제했다.
- 다음 試驗시험에서는 꼭 臥薪嘗膽와신상담할 것이다.   臥 3 누울 와 | 薪 1 섶 신 | 嘗 3 맛볼 상
- 오늘 試驗시험 結果결과가 나왔다.
- 다음 주에 成績表성적표를 받게 될 것이다.
- 試驗시험 結果결과에 戀戀연연하지 않을 것이다.   戀 3Ⅱ 그리워할·그릴 연(련)
- 最高최고는 아니지만 最善최선을 다했기 때문에 未練미련은 없다.   未 4Ⅱ 아닐 미

05 성적

성적

- 나는 우리 學級학급에서 成績성적이 第一제일 좋다.   績 4 쌓을 적
- 내가 試驗시험에서 一等일등을 했다.   試 4Ⅱ 시험 시 | 驗 4Ⅱ 시험 험
- 나는 全校전교 一等일등이다.
- 나는 다른 學生학생들보다 越等월등하게 뛰어나다.   越 3Ⅱ 넘을 월

- 科學과학 試驗시험에서 滿點만점을 받았다.   滿 4Ⅱ 찰 만 | 點 4 점 점
- 英語영어 成績성적이 向上향상되었다.
- 英語영어에서 上位圈상위권 點數점수를 받았다.   圈 2 우리 권
- 나는 優等生우등생이다.   優 4 넉넉할 우
- 이번 學期학기에 大部分대부분 秀수를 받았다.   秀 4 빼어날 수
- 나는 成績성적 優秀우수 奬學金장학금을 받았다.   奬 4 장려할 장
- 나는 우리 반에서 中位圈중위권이다.
- 내 成績성적은 平均평균에 못 미친다.   均 4 고를 균
- 나는 學校학교에서 成績성적이 下位圈하위권이다.
- 나는 英語영어에서 半打作반타작도 못 했다.
- 豫想예상 點數점수와 큰 差異차이가 났다.   豫 4 미리 예 | 想 4Ⅱ 생각 상 | 差 4 다를 차 | 異 4 다를 이(리)
- 物理물리와 地理지리는 成績성적이 오히려 下落하락했다.
- 나는 우리 반에서 꼴찌를 擔當담당하고 있다.   擔 4Ⅱ 멜 담
- 工夫공부를 전혀 안 했으니 成績성적이 形便형편없는 것은 當然당연하다.
- 父母부모님께 成績表성적표를 公開공개할 수 없었다.
- 나는 記憶力기억력이 떨어진 것 같다.   憶 3Ⅱ 생각할 억
- 幸福행복은 成績順성적순이 아니다.

성적이 오르다

- 成績성적이 大幅대폭 向上향상되어 매우 기쁘다.   幅 3 폭 폭
- 切磋琢磨절차탁마해서인지 成績성적이 漸漸점점 오르고 있다.   磋 특Ⅱ 갈 차 | 琢 2 다듬을 탁 | 磨 3Ⅱ 갈 마 | 漸 3Ⅱ 점점 점
- 이번 學期학기에 내 成績성적은 二等이등이 犯接범접할 수 없을 만큼 올랐다.   犯 4 범할 범 | 接 4Ⅱ 이을 접
- 自强不息자강불식한다면 成績성적은 自然자연스럽게 올라갈 것이다.   强 특Ⅱ 강할[強] 강 | 息 4Ⅱ 쉴 식
- 나는 이번 成績성적이 오른 것에 安住안주하지 않고 더욱 拍車박차를 가할 것이다.   拍 4 칠 박
- 내 成績성적은 全國전국적으로 봤을 때 中間중간쯤에 該當해당한다.   該 3 갖출·마땅 해

06 선생님

좋아하는 선생님

- 先生선생님들은 내가 企待기대했던 것보다 더 多情다정하시다.   企 3Ⅱ 꾀할 기
- 우리 數學수학 先生선생님은 정말 仁慈인자하시고 멋지시다.   慈 3Ⅱ 사랑 자
- 나는 實力실력 있는 先生선생님이 더 좋다.
- 英語영어 先生선생님은 授業수업 時間시간에는 嚴格엄격하시다가도 私的사적인 자리에서는 매우 多情다정하시다.   授 4Ⅱ 줄 수 | 嚴 4 엄할 엄 | 私 4 사사 사
- 그 先生선생님은 豁達활달하시고 유머러스하셔서 좋다.   豁 특Ⅱ 넓을 활
- 그는 나의 表象표상이다.   象 4 코끼리 상
- 많은 學生학생들이 그를 尊敬존경한다.   尊 4Ⅱ 높을 존
- 그는 많은 學生학생에게 推仰추앙받는 對象대상이다.   推 4 밀 추 | 仰 3Ⅱ 우러를 앙
- 그 先生선생님은 잘생긴 外貌외모에 유머 感覺감각까지 있으셔서 학생들 사이에서 人氣인기가 좋으시다.   貌 3Ⅱ 모양 모 | 覺 4 깨달을 각
- 그 先生선생님은 우리에게 正直정직의 重要性중요성을 가르쳐 주셨다.
- 그는 敎師교사로서의 充分충분한 資格자격을 갖추고 있다.   師 4Ⅱ 스승 사 | 資 4 재물 자
- 先生선생님은 우리에게 좋은 影響영향을 많이 주셨다.   影 3Ⅱ 그림자 영 | 響 3Ⅱ 울릴 향

싫어하는 선생님

- 그 先生선생님은 點數점수를 줄 때 如干여간 까다로운 게 아니다.   點 4 점 점 | 如 4Ⅱ 같을 여 | 干 4 방패 간
- 그 先生선생님은 매우 保守的보수적이시다.   保 4Ⅱ 지킬 보 | 守 4Ⅱ 지킬 수
- 先生선생님이 너무 엄하고 暴惡포악해서 學生학생들이 모두 겁먹고 있다.   暴 4Ⅱ 모질 포, 사나울 폭
- 우리 擔任담임 先生선생님은 偏愛편애가 심하다.   擔 4Ⅱ 멜 담 | 偏 3Ⅱ 치우칠 편
- 우리 擔任담임 先生선생님은 體罰체벌을 엄하게 하신다.   罰 4Ⅱ 벌할 벌
- 擔任담임 先生선생님은 終禮종례 時間시간이 매우 길다.
- 그 先生선생님은 우리를 자주 處罰처벌하신다.   處 4Ⅱ 곳 처
- 그 先生선생님의 授業수업은 지루하다 못해 無聊무료하기 짝이 없다.   授 4Ⅱ 줄 수 | 聊 1 애오라지 료

- 그 先生선생님은 恒常항상 神經質的신경질적이시다.   恒 3Ⅱ 항상 항 | 常 4Ⅱ 떳떳할 상 | 經 4Ⅱ 지날·글 경
- 그 先生선생님은 學生학생들의 人事인사도 無視무시하신다.   視 4Ⅱ 볼 시

스승의 은혜

- 先生선생님의 指導지도에 感謝감사드린다.   指 4Ⅱ 가리킬 지 | 導 4Ⅱ 인도할 도 | 謝 4Ⅱ 사례할 사
- 先生선생님의 恩惠은혜는 정말 刻骨難忘각골난망입니다.   恩 4Ⅱ 은혜 은 | 惠 4Ⅱ 은혜 혜 | 刻 4 새길 각 | 骨 4 뼈 골 | 難 4Ⅱ 어려울 난(란) | 忘 3 잊을 망
- 지금의 제가 있는 것은 先生선생님의 無限무한한 恩惠은혜 덕분입니다.   限 4Ⅱ 한할 한
- 先生선생님께 感謝감사의 表示표시를 어떻게 해야 할지 모르겠다.
- 卒業졸업 후 社會사회에 進出진출하더라도 先生선생님들을 찾아뵐 것이다.   進 4Ⅱ 나아갈 진

07 외국어

외국어

- 英語영어는 國際국제 共通공통 言語언어이므로 반드시 工夫공부해야 한다.   際 4Ⅱ 즈음·가 제
- 英語영어는 必須필수 科目과목이다.   須 3 모름지기 수
- 나는 中國語중국어 工夫공부를 하고 있다.
- 中國語중국어 工夫공부에 관한 한 나는 정말 門外漢문외한이다.
- 나는 알파벳만 봐도 眩氣症현기증이 난다.   眩 1 어지러울 현 | 症 3Ⅱ 증세 증
- 中國語중국어와 나는 宮合궁합이 맞지 않는다.   宮 4Ⅱ 집 궁
- 나는 外國人외국인이 하는 말을 斟酌짐작으로 알아맞힌다.   斟 1 짐작할 짐 | 酌 3 술부을·잔질할 작
- 英語영어 때문에 數十수십 番번 挫折좌절했다.   挫 1 꺾을 좌 | 折 4 꺾을 절
- 日本語일본어라면 누구에게도 뒤지고 싶지 않다.

- 나는 日本語일본어를 自由自在자유자재로 驅使구사한다.　　　　驅 3 몰 구
- 中國語중국어로 내 意思의사가 잘 傳達전달되지 않을 때 답답하다.　　達 4Ⅱ 통달할 달
- 하고 싶은 말을 言語언어로 傳達전달하기 어려울 때 난 手足수족을 써서라도 傳達전달한다.
- 그는 中國語중국어에 能通능통하다.
- 그는 英語영어를 現地人현지인처럼 말한다.
- 그는 정말 中國語중국어를 流暢유창하게 잘한다.　　　　暢 3 화창할 창

외국어 공부의 왕도

- 外國語외국어 工夫공부에 王道왕도는 없다.
- 外國語외국어 工夫공부는 短期間단기간에 되는 것이 아니다.
- 外國語외국어를 完全완전히 征服정복하기란 쉬운 일이 아니다.　　征 3Ⅱ 칠 정
- 試行錯誤시행착오는 外國語외국어 學習학습의 核心핵심이다.　　試 4Ⅱ 시험 시 | 錯 3Ⅱ 어긋날 착 | 誤 4Ⅱ 그르칠 오 | 核 4 씨 핵
- 外國語외국어는 早期조기 敎育교육을 할수록 더 빨리 배운다.　　早 4Ⅱ 이를 조
- 中途중도에 抛棄포기할 바에는 아예 始作시작하지 않는 것이 낫다.　　途 3Ⅱ 길 도 | 抛 2 던질 포 | 棄 3 버릴 기
- 내 中國語중국어 實力실력이 急速度급속도로 向上향상되고 있다.
- 螢雪之功형설지공으로 工夫공부한 끝에 英語영어에 能通능통해졌다.　　螢 3 반딧불 형
- 外國語외국어를 배우는 데 가장 重要중요한 것은 反復반복 學習학습이다.　　復 4Ⅱ 회복할 복, 다시 부

듣기 연습

- 듣기 練習연습을 위해 英語영어 프로그램을 視聽시청했다.　　視 4Ⅱ 볼 시 | 聽 4 들을 청
- 나는 效率的효율적인 듣기 練習연습을 위해 登下校등하교 時間시간에 MP3를 들으며 工夫공부한다.　　率 3Ⅱ 비율 율(률), 거느릴 솔
- 나는 字幕자막 없이 中國중국 映畫영화를 보려고 努力노력한다.　　幕 3Ⅱ 장막 막 | 映 4 비칠 영 | 努 4Ⅱ 힘쓸 노
- 理解이해가 안 되는 部分부분은 여러 번 反復반복 聽取청취한다.　　解 4Ⅱ 풀 해 | 取 4Ⅱ 가질 취

발음 연습

- 몇 單語단어는 中國語중국어 發音발음이 잘 안 된다. 　　　　單 4Ⅱ 홑 단
- 나는 錄音器녹음기를 가지고 英語영어 單語단어 發音발음을 練習연습한다. 　器 4Ⅱ 그릇 기
- 그날 배운 發音발음을 確認확인하기 위해 錄音녹음을 했다. 　　確 4Ⅱ 굳을 확 | 認 4Ⅱ 알 인
- 原語民원어민의 發音발음을 듣고 내 發音발음을 是正시정했다.
- 나는 發音발음을 工夫공부할 땐 通聲통성으로 練習연습한다. 　　聲 4Ⅱ 소리 성

어휘 연습

- 나는 語彙力어휘력이 不足부족하다. 　　　　　　　　　　　　彙 1 무리 휘
- 語彙力어휘력을 補强보강해야 한다. 　　　　　　　　　補 3Ⅱ 기울 보 | 强 특Ⅱ 강할[强] 강
- 每日매일 새로 배운 單語단어를 暗記암기한다. 　　　　　　暗 4Ⅱ 어두울 암
- 單語단어의 意味의미뿐만 아니라 使用法사용법까지 알아야 한다. 味 4Ⅱ 맛 미
- 暗記帳암기장을 만들어 새로운 單語단어들을 적어가며 익힌다. 帳 4 장막 장
- 배운 語彙어휘들을 實生活실생활에 使用사용해 본다.

작문 훈련

- 나는 作文작문 訓練훈련이 必要필요하다.
- 英語영어나 中國語중국어 作文작문을 잘하기 위해 쉽고 짧은 文章문장들을 暗記암기한다.
- 日本語일본어를 마스터하기 위해 日本人일본인 留學生유학생과 便紙편지를 　留 4Ⅱ 머무를 유(류)
  주고받았다.
- 나는 英語영어로 日記일기를 쓴다.
- 나는 中國語중국어로 글을 쓰며 文法문법을 遵守준수하려고 한다. 遵 3 좇을 준 | 守 4Ⅱ 지킬 수
- 中國語중국어로 表現표현하는 方法방법을 모를 때는 中國語중국어 辭典 辭 4 말씀 사 | 照 3Ⅱ 비칠 조
  사전을 參照참조한다.
- 英作영작을 잘하려면 英語영어의 5形式형식을 알아야 한다.

말하기 연습

- 나는 失手실수할까 봐 겁나지만 꼭 英語영어로 말하려고 한다.
- 나는 中國語중국어 會話회화 練習연습을 도와줄 外國人외국인 親舊친구가 있었으면 좋겠다.
- 나는 原語民원어민과 對話대화할 수 있는 機會기회가 있었으면 좋겠다. 　　機 4 틀 기
- 나는 英語영어로 意思疏通의사소통이 可能가능하기를 원한다. 　　疏 3Ⅱ 소통할 소
- 옆집에 사는 朝鮮族조선족 아주머니께 對話대화를 試圖시도했다.

독해 연습

- 나는 日本語일본어로 된 小說冊소설책을 읽으려고 努力노력한다. 　　冊 4 책 책 | 努 4Ⅱ 힘쓸 노
- 처음에는 入門用입문용 中國語중국어 책을 읽었다.
- 讀解力독해력 增進증진을 위해 英語영어 隨筆集수필집을 읽는다. 　　解 4Ⅱ 풀 해 | 增 4Ⅱ 더할 증 | 進 4Ⅱ 나아갈 진 | 隨 3Ⅱ 따를 수
- 그 책은 有名유명한 文句문구들을 모아 놓은 것이어서 理解이해하기가 쉬웠다.

한자 실력

- 나는 내 姓名성명을 漢字한자로 쓰지 못한다.
- 내 漢字한자 實力실력을 評價평가할 試驗시험에 應試응시했다. 　　評 4 평할 평 | 驗 4Ⅱ 시험 험 | 應 4Ⅱ 응할 응
- 나는 初等學校초등학교 때부터 千字文천자문을 工夫공부했다.
- 올 가을에 漢字能力檢定試驗한자능력검정시험을 볼 것이다. 　　檢 4Ⅱ 검사할 검
- 나는 新聞신문에 나오는 漢字한자는 모두 읽을 수 있다.
- 新聞신문 社說사설을 읽은 후부터 漢字한자 實力실력이 向上향상되었다.
- 漢字한자 實力실력이 日就月將일취월장했다. 　　就 4 나아갈 취 | 將 4Ⅱ 장수 장

한자어 연습

- 나는 漢字語한자어로 日記일기를 쓰면서 漢字語한자어를 익힌다.
- 漢字語한자어 쓰기 敎本교본 등으로 漢字語한자어를 直接직접 쓰면서 익힌다. 　　接 4Ⅱ 이을 접

- 平素평소에 쓰이는 漢字語한자어를 記憶기억해 두었다가 다시 한번 익힌다. 素 4Ⅱ 본디·흴 소 | 憶 3Ⅱ 생각할 억
- 授業수업 時間시간에 배우는 古典고전 名句명구들을 活用활용하여 익힌다. 授 4Ⅱ 줄 수
- 내가 만든 漢字語한자어 미니 辭典사전을 携帶휴대하고 다니면서 틈틈이 익힌다. 携 3 이끌 휴 | 帶 4Ⅱ 띠 대

08 숙제

숙제

- 先生선생님께서 課題과제를 너무 많이 내 주셨다.
- 宿題숙제가 많아서 負擔부담이 된다. 負 4 질 부 | 擔 4Ⅱ 멜 담
- 오늘의 宿題숙제는 將來장래 計劃계획에 관한 글짓기를 하는 것이다. 將 4Ⅱ 장수 장 | 劃 3Ⅱ 그을 획
- 宿題숙제는 環境환경 汚染오염에 대해 調査조사하는 것이다. 環 4 고리 환 | 境 4Ⅱ 지경 경
  汚 3 더러울 오 | 染 3Ⅱ 물들 염
- 最近최근 읽은 冊책에 대해 讀後感독후감을 써야 했다. 冊 4 책 책
- 宿題숙제를 完了완료해야만 텔레비전을 볼 수 있다. 了 3 마칠 료(요)

조별 과제

- 組別조별 宿題숙제를 해야 했다. 組 4 짤 조
- 우리는 宿題숙제를 하기 위해 約束약속 場所장소에 모였다.
- 세미나실에서 宿題숙제를 하려면 無線무선 인터넷이 必要필요하다.
- 環境환경 問題문제에 관한 報告書보고서를 作成작성하기 위해 인터넷을 檢索검색을 했다. 報 4Ⅱ 갚을·알릴 보 | 檢 4Ⅱ 검사할 검
  索 3Ⅱ 찾을 색, 노[새끼줄] 삭
- 인터넷에서 各種각종 資料자료를 찾아보았다. 資 4 재물 자
- 그것에 대해 좀 더 深度심도 있는 調査조사를 해야 했다. 深 4Ⅱ 깊을 심
- 나는 資料자료 收集수집하는 일을 擔當담당한다. 收 4Ⅱ 거둘 수 | 擔 4Ⅱ 멜 담

- 相互상호 간에 協助협조가 必要필요했다. 互 3 서로 호 | 協 4Ⅱ 화할 협 | 助 4Ⅱ 도울 조
- 우리는 誠心성심껏 協力협력했다. 誠 4Ⅱ 정성 성
- 親舊친구들과 協同협동해서 어려운 宿題숙제를 解決해결했다. 解 4Ⅱ 풀 해
- 十匙一飯십시일반으로 協助협조해서 어려움 없이 課題과제를 完遂완수했다. 匙 1 숟가락 시 | 飯 3Ⅱ 밥 반 | 提 4Ⅱ 끌 제 | 遂 3 드디어 수

과제물 제출

- 宿題숙제 提出제출 期限기한은 내일 모레까지다. 限 4Ⅱ 한할 한
- 宿題숙제를 短時間단시간에 끝내려고 애를 썼다.
- 提出제출 時間시간을 超過초과하지 않으려고 형에게 도움을 要請요청했다. 超 3Ⅱ 뛰어넘을 초
- 오늘 안으로 課題과제를 끝마칠 加望가망이 없다.
- 宿題숙제 때문에 親舊친구와의 約束약속이 不發불발되었다.
- 하마터면 오늘 宿題숙제를 잊는 不祥事불상사가 생길 뻔했다. 祥 3 상서 상
- 宿題숙제를 하는 데 많은 難行난행이 있었지만 艱辛간신히 끝냈다. 難 4Ⅱ 어려울 난(란) | 艱 1 어려울 간 | 辛 3 매울 신
- 나는 내 自身자신에게 激勵격려를 아끼지 않았다. 激 4 격할 격 | 勵 3Ⅱ 힘쓸 려(여)
- 너무 誠意성의 없이 빨리 하는 바람에 誤謬오류가 發生발생했다. 誠 4Ⅱ 정성 성 | 誤 4Ⅱ 그르칠 오 | 謬 2 그르칠 류(유)

숙제를 끝내지 못하다

- 時間시간이 턱없이 不足부족해서 宿題숙제는 半折반절도 못했다. 折 4 꺾을 절
- 몸이 아픈 데다가 雪上加霜설상가상으로 엄마까지 아프셔서 宿題숙제를 하지 못했다. 霜 3Ⅱ 서리 상
- 學校학교에 筆記필기 空冊공책을 두고 와서 課題과제를 提出제출할 수가 없었다. 冊 4 책 책
- 숙제고 뭐고 萬事만사가 귀찮을 때가 있다.
- 이런 狀況상황을 對備대비해서 미리 宿題숙제를 하면 좋았을걸 하고 後悔후회했다. 狀 4Ⅱ 형상 상, 문서 장 | 況 4 상황 황 | 悔 3Ⅱ 뉘우칠 회

09 학원 · 과외

학원

- 放課방과 후 나는 英語영어 學院학원에 간다.
- 나는 父母부모님의 強壓강압으로 學院학원에 다닌다. 　　　　　強 특Ⅱ 강할[強] 강 | 壓 4Ⅱ 누를 압
- 學院학원에서는 敎科書교과서 進度진도를 미리 工夫공부한다. 　　　進 4Ⅱ 나아갈 진
- 學院학원에서는 自己자기 主導주도 學習학습을 하도록 만든다. 　　　導 4Ⅱ 인도할 도
- 學院학원 때문에 餘暇여가 時間시간도 없다. 　　　　　　　　餘 4Ⅱ 남을 여 | 暇 4 틈·겨를 가
- 學院학원에서는 個人別개인별 맞춤 授業수업을 한다. 　　　　　　授 4Ⅱ 줄 수
- 學院학원에서 工夫공부를 하기 때문에 學校학교 授業수업에 덜 集中집중하게 된다.
- 學習量학습량이 過度과도한 것 같다.
- 學院학원 受講料수강료가 學校학교 登錄金등록금보다 비싸다. 　　　　受 4Ⅱ 받을 수 | 講 4Ⅱ 욀 강

과외

- 나는 數學수학 工夫공부를 도와주는 課外과외 先生선생님이 있다.
- 우리 課外과외 先生선생님은 大學生대학생이다.
- 課外과외 先生선생님과 一對一일대일로 工夫공부하는 것이 도움이 되는 것 같다.
- 課外과외 先生선생님만의 特別특별 學習학습 祕法비법을 傳受전수받았다. 　　祕 4 숨길 비
- 課外과외 先生선생님은 實戰실전에서 강해지기 위한 練習연습 問題문제를 내 주신다.
- 課外과외 先生선생님은 核心핵심만 콕콕 집어 주신다. 　　　　　　核 4 씨 핵
- 課外과외를 한 效果효과를 톡톡히 보았다.
- 나는 課外과외 先生선생님에게 너무 依存의존하는 것 같다. 　　　依 4 의지할 의
- 課外과외를 한 후부터는 自習자습 時間시간이 不足부족해졌다.

10 방학

방학 첫날

- 애타게 기다리던 放學방학이다.
- 放學방학과 同時동시에 補充보충 授業수업이 始作시작되었다. 　　補 3Ⅱ 기울 보 | 授 4Ⅱ 줄 수
- 放學방학 첫날 모두들 歡呼聲환호성을 질렀다. 　　歡 4 기쁠 환 | 呼 4Ⅱ 부를 호 | 聲 4Ⅱ 소리 성
- 放學방학을 알리는 終禮종례의 종이 울렸다.

방학 계획

- 放學방학 計劃계획을 잘 세워야 한다. 　　劃 3Ⅱ 그을 획
- 이번 放學방학엔 語學어학 工夫공부를 集中집중적으로 할 것이다.
- 이번 放學방학엔 規則的규칙적인 運動운동과 食餌식이 療法요법을 並行병행해서 다이어트에 成功성공할 것이다. 　　餌 1 미끼 이 | 療 2 병고칠 요(료) | 並 3 나란히 병
- 나는 이번 放學방학엔 꼭 多讀다독할 것을 決心결심했다.
- 나는 자주 往來왕래하지 않았던 親戚친척 집을 訪問방문할 것이다. 　　戚 3Ⅱ 친척 척 | 訪 4Ⅱ 찾을 방
- 나는 이번 放學방학에 背囊배낭 旅行여행을 計劃계획하고 있다. 　　背 4Ⅱ 등 배 | 囊 1 주머니 낭
- 放學방학 동안에 痼疾고질적인 무좀을 뿌리 뽑을 것이다. 　　痼 1 고질 고 | 疾 3Ⅱ 병 질
- 放學방학 동안만 晝耕夜讀주경야독을 實踐실천해 보겠다. 　　耕 3Ⅱ 밭갈 경 | 踐 3Ⅱ 밟을 천

방학 생활

- 放學방학 동안에 不足부족한 科目과목의 點數점수를 最大최대한 向上향상시킬 수 있도록 不撤晝夜불철주야 努力노력했다. 　　點 4 점 점 | 撤 2 거둘 철 | 努 4Ⅱ 힘쓸 노
- 나는 多樣다양한 種類종류의 책들을 많이 읽고, 公演공연이나 演劇연극도 充分충분히 觀覽관람했다. 　　樣 4 모양 양 | 演 4Ⅱ 펼 연 | 覽 4 볼 람
- 放學방학 동안 엄마의 家事가사를 無盡藏무진장 많이 도와드렸다. 　　盡 4 다할 진 | 藏 3Ⅱ 감출 장
- 病中병중에 계신 엄마의 病看護병간호를 自請자청해서 했다. 　　看 4 볼 간 | 護 4Ⅱ 도울 호 | 請 4Ⅱ 청할 청

- 放學방학 동안 國土국토 大長程대장정에 參加참가했다.   程 4Ⅱ 한도·길 정
- 放學방학의 大部分대부분을 그저 虛送歲月허송세월했다.   虛 4Ⅱ 빌 허 | 送 4Ⅱ 보낼 송
- 始作시작이 折半절반이다. 이제부터라도 뭔가를 해야겠다.   折 4 꺾을 절
- 每日매일 無節制무절제한 生活생활로 하루를 보내곤 했다.   制 4Ⅱ 절제할 제
- 放學방학 내내 한 것이라고는 텔레비전 連續劇연속극을 한 회도 빠짐없이 視聽시청한 것이다.   連 4Ⅱ 이을 연(련) | 續 4Ⅱ 이을 속 | 劇 4 심할 극 | 視 4Ⅱ 볼 시 | 聽 4 들을 청
- 放學방학 동안 夜食야식을 입에 달고 살았더니 몸무게가 5킬로그램이나 增加증가했다.   增 4Ⅱ 더할 증
- 放學방학 동안 親舊친구들과 飮酒음주 歌舞가무로 放蕩방탕한 生活생활을 했다.   酒 4 술 주 | 舞 4 춤출 무 | 蕩 1 방탕할 탕
- 放學방학 宿題숙제는 白紙백지 狀態상태였다.   狀 4Ⅱ 형상 상, 문서 장 | 態 4Ⅱ 모습 태
- 원래 抱負포부는 이게 아니었는데 그러지 못했다.   抱 3 안을 포 | 負 4 질 부

방학 마무리하기

- 放學방학 동안 特別특별한 事故사고 없이 잘 지낸 것 같아 多幸다행이었다.
- 좀 더 勤勉근면할걸, 좀 더 많은 追憶추억을 남길걸 하는 생각이 들었다.   勤 4 부지런할 근 | 勉 4 힘쓸 면 | 追 3Ⅱ 쫓을·따를 추 | 憶 3Ⅱ 생각할 억
- 放學방학 初期초기에 세웠던 計劃계획들을 잘 完遂완수했는지 따져 보았다.   遂 3 드디어 수
- 放學방학 동안 全國전국 一周일주를 해서 좋은 經驗경험을 쌓았다.   經 4Ⅱ 지날·글 경 | 驗 4Ⅱ 시험 험
- 아! 이젠 다음 放學방학을 鶴首苦待학수고대하며 지내야겠다.   鶴 3Ⅱ 학 학

개학

- 드디어 來日내일이 開學개학이다.
- 親舊친구들과 先生선생님의 安否안부가 매우 궁금했다.   否 4 아닐 부
- 離散家族이산가족이 相逢상봉하듯이 서로 껴안고 반가워했다.   離 4 떠날 이(리) | 散 4 흩을 산 | 逢 3Ⅱ 만날 봉
- 放學방학 중에 있었던 逸話일화들을 얘기하느라 웅성웅성했다.   逸 3Ⅱ 편안할 일
- 敎室교실의 漆板칠판과 冊床책상이 나를 반겨 주는 것 같았다.   漆 3Ⅱ 옻 칠 | 冊 4 책 책 | 床 4Ⅱ 상 상
- 짝꿍과 莫逆막역한 사이라는 것을 이번 放學방학을 통해 알게 되었다.   莫 3Ⅱ 없을 막 | 逆 4Ⅱ 거스릴 역

11 대학 입시

입시 공부

- 나는 入試입시를 準備준비하고 있다.   試 4Ⅱ 시험 시 | 準 4Ⅱ 준할 준 | 備 4Ⅱ 갖출 비
- 올해 大入대입을 치를 것이다.
- 나는 試驗시험에 合格합격하기 위해 孤軍奮鬪고군분투할 것이다.   驗 4Ⅱ 시험 험 | 孤 4 외로울 고 | 奮 3Ⅱ 떨칠 분 | 鬪 4 싸움 투
- 나는 工夫공부에만 專念전념할 것이다.   專 4 오로지 전
- 우리 父母부모님은 私敎育費사교육비가 너무 많이 든다고 하신다.   私 4 사사 사
- 나는 大入대입 準備준비로 餘念여념이 없다.   餘 4Ⅱ 남을 여
- 나는 大入대입 試驗시험에서 首席수석을 目標목표로 工夫공부할 것이다.   標 4 표할 표

진로 결정

- 나는 進路진로를 아직 決定결정하지 못했다.   進 4Ⅱ 나아갈 진
- 그 大學대학에 特別특별 銓衡전형으로 들어가고 싶다.   銓 1 사람가릴 전 | 衡 3Ⅱ 저울대 형
- 내 點數점수로 充分충분히 可能가능하다.   點 4 점 점
- 무엇을 專攻전공할지 先生선생님과 相議상의했다.   議 4Ⅱ 의논할 의
- 나는 所信소신대로 志願지원할 것이다.   志 4Ⅱ 뜻 지
- 어떤 專攻전공을 選擇선택할지 苦悶고민 중이다.   擇 4 가릴 택 | 悶 1 답답할 민
- 나는 大學대학에서 醫學의학을 專攻전공하고 싶다.
- 나는 法學科법학과에 進學진학할 豫定예정이다.   豫 4 미리 예

대학 진학

- 나는 私立사립 大學대학에 志願지원했다.
- 그 大學대학은 入學입학 條件조건이 까다로웠다.   條 4 가지 조
- 나는 熾烈치열한 競爭경쟁을 뚫고 그 大學대학에 合格합격했다.   熾 1 성할 치
- 내가 合格합격한 大學대학은 法大生법대생들의 登龍門등용문이다.   龍 4 용 용(룡)

- 合格합격을 自祝자축했다.
- 大學대학 生活생활을 통해 많은 것을 經驗경험할 수 있을 것이다.　　經 4Ⅱ 지날·글 경
- 그의 合格합격은 떼어 논 堂上당상이다.
- 그의 合格합격은 手不釋卷수불석권했기 때문이다.　　釋 3Ⅱ 풀 석 | 卷 4 책 권

진학 실패

- 이번에는 苦杯고배를 마셨다.　　杯 3 잔 배
- 不幸불행하게도 이번 入試입시에서 失敗실패했다.
- 不合格불합격했으나 落心낙심하지 않았다.
- 그가 不合格불합격했다는 消息소식을 듣고 慰勞위로해 주었다.　　息 4Ⅱ 쉴 식 | 慰 4 위로할 위
- 失敗실패를 거울 삼아 더욱 精進정진해야 겠다.　　精 4Ⅱ 정할 정

재수

- 大學대학 入試입시의 失敗실패로 再修재수를 하기로 했다.　　修 4Ⅱ 닦을 수
- 나는 三修生삼수생이다.
- 나는 來年내년에는 失敗실패하지 않고 雪辱설욕할 것이다.　　辱 3Ⅱ 욕될 욕
- 大學生대학생이 된 親舊친구가 나의 羨望선망의 對象대상이다.　　羨 1 부러워할 선, 무덤길 연 | 象 4 코끼리 상

12 대학 생활

대학 입학

- 나는 大學대학 新入生신입생이다.
- 그는 大學校대학교 2學年학년에 在學재학 중이다.
- 先輩선배들이 新入生신입생 歡迎會환영회를 해 주었다.　　　　輩 3Ⅱ 무리 배 | 歡 4 기쁠 환 | 迎 4 맞을 영
- 先輩선배들이 大學대학 生活생활에 대한 助言조언을 해 주었다.　　　助 4Ⅱ 도울 조
- 나는 中國중국 文學문학을 專攻전공한다.　　　專 4 오로지 전
- 나는 國語國文學科국어국문학과 學生학생이다.
- 나의 副專攻부전공은 佛文學불문학이다.　　　副 4Ⅱ 버금 부 | 佛 4Ⅱ 부처 불
- 나는 複數복수 專攻전공으로 社會사회 福祉복지를 選擇선택했다.　　　複 4 겹칠 복 | 擇 4 가릴 택
- 나는 轉科전과를 하고 싶다.　　　轉 4 구를 전
- 나는 來年내년에 日語學科일어학과로 編入편입하고 싶다.　　　編 3Ⅱ 엮을 편
- 나는 學生證학생증을 發給발급받았다.　　　證 4 증거 증

수강 신청

- 이번 學期학기에 무슨 科目과목을 申請신청해야 할지 모르겠다.　　　申 4Ⅱ 납 신 | 請 4Ⅱ 청할 청
- 다음 주부터 受講수강 申請신청 期間기간이다.
- 나는 여러 講義강의를 申請신청했다.　　　義 4Ⅱ 옳을 의
- 人氣인기 講義강의는 早期조기에 마감된다.　　　早 4Ⅱ 이를 조
- 나는 그 講義강의는 聽講청강을 해서라도 듣겠다.　　　聽 4 들을 청
- 그 敎授교수님 講義강의는 閉講폐강되었다.　　　閉 4 닫을 폐
- 몇 科目과목은 必須필수 科目과목이다.
- 選擇선택 科目과목으로 大學대학 漢字한자를 受講수강했다.
- 나는 이번 學期학기에 15學點학점을 履修이수해야 한다.
- 卒業졸업하기 위해서는 專攻科目전공과목과 敎養교양 科目과목을 꼭 들어야 한다.

314

강의

- 그 敎授교수님 講義강의는 睡眠劑수면제 못지않다. 睡 3 졸음 수 | 眠 3Ⅱ 잘 면
- 그 講義강의는 低質저질이다. 低 4Ⅱ 낮을 저
- 그 敎授교수님은 講義강의를 熱情的열정적으로 하신다.
- 그 敎授교수님은 英語영어 講義강의만을 固執고집하신다. 執 3Ⅱ 잡을 집
- 그 講義강의는 정말 沒入몰입하기 힘들다. 沒 3Ⅱ 빠질 몰
- 그 敎授교수는 出席출석에 매우 嚴格엄격했다. 嚴 4 엄할 엄
- 代理대리 出席출석은 不可能불가능했다.
- 내 辭典사전엔 缺席결석이란 없다.
- 授業수업 時間시간에 筆記필기를 열심히 했다.
- 그 授業수업은 정말 有益유익해서 盜講도강하는 學生학생들도 많다. 盜 4 도둑 도
- 그 敎授교수님은 정말 博識박식하시다.
- 그 敎授교수님은 學點학점을 잘 주시기로 有名유명하다.
- 歷史역사 科目과목에 A를 받았다.
- 落第낙제를 해서 再受講재수강을 해야 한다.
- 그 敎授교수님의 講義강의는 너무도 新鮮신선했다.
- 그 敎授교수님 授業수업은 大部分대부분 發表발표 授業수업이다.

보고서

- 提出제출해야 할 報告書보고서가 너무 많다. 提 4Ⅱ 끌 제 | 報 4Ⅱ 갚을·알릴 보
- 봐야 할 參考참고 文獻문헌이 너무 많다. 獻 3Ⅱ 드릴 헌
- 그 報告書보고서를 쓰려면 10개 以上이상의 論文논문을 봐야 한다.
- 敎育교육 問題문제에 관한 論文논문을 써야 한다.
- 終日종일 報告書보고서를 作成작성했다.
- 期限기한 내에 報告書보고서를 提出제출해야만 한다.
- 報告書보고서 때문에 圓形원형 脫毛탈모가 생겼다. 圓 4Ⅱ 둥글 원 | 脫 4 벗을 탈
- 여러 論文논문을 引用인용해서 報告書보고서를 썼다. 引 4Ⅱ 끌 인
- 率直솔직히 말하면 많은 文章문장들을 剽竊표절했다. 率 3Ⅱ 거느릴 솔, 비율 률(율) | 剽 1 겁박할 표 | 竊 3 훔칠 절

- 인터넷 檢索검색을 통해서 많은 情報정보를 얻었다.　　　　　　檢 4Ⅱ 검사할 검 |
　索 3Ⅱ 찾을 색, 노[새끼줄] 삭
- 報告書보고서 內容내용의 客觀性객관성을 立證입증하려면 많은 책을 參考참고해야 한다.　　容 4Ⅱ 얼굴 용
- 報告書보고서 完成완성이 時急시급하다.
- 尨大방대한 資料자료들이 必要필요하다.　　　　　　　　　　尨 1 삽살개 방 | 資 4 재물 자
- 마감일을 1週日주일 더 延長연장해 달라고 付託부탁했다.　　延 4 늘일 연 | 付 3Ⅱ 부칠 부 |
　託 2 부탁할 탁
- 報告書보고서 發表발표를 盛況성황리에 마쳤다.　　　　　　盛 4Ⅱ 성할 성 | 況 4 상황 황

동아리 활동

- 大學대학 캠퍼스는 언제나 活氣활기차고 浪漫낭만적이다.　　浪 3Ⅱ 물결 낭(랑) | 漫 3 흩어질 만
- 學科학과 工夫공부 외에 다른 活動활동에도 參與참여했다.　　與 4 더불·줄 여
- 내 關心事관심사를 다른 學生학생들과 나눌 동아리를 만들었다.
- 동아리 親舊친구들과 江村강촌으로 MT를 갔다.
- 에세이 作成작성을 위한 現場현장 體驗체험 旅行여행을 갔다.　　驗 4Ⅱ 시험 험
- 동아리 會員회원들과 全羅北道전라북도 쪽으로 踏査답사를 다녀왔다.　　羅 4Ⅱ 벌릴 라(나) | 踏 3Ⅱ 밟을 답
- 空講공강 時間시간에는 거의 동아리 방에서 보낸다.

장학금·등록금

- 나는 獎學生장학생이다.　　　　　　　　　　　　　　　　獎 4 장려할 장
- 나는 4년 全額전액 獎學金장학금을 받는다.　　　　　　　　額 4 이마 액
- 이번 學期학기에 成績성적 優秀우수 獎學金장학금을 받았다.　績 4 길쌈 적 | 優 4 넉넉할 우 |
　秀 4 빼어날 수
- 내 評點평점은 獎學金장학금을 탈 만큼 좋지 않다.
- 全科目전과목 滿點만점을 받으면 獎學金장학금 1順位순위이다.
- 나는 登錄金등록금을 免除면제받았다.　　　　　　　　　　免 3Ⅱ 면할 면 | 除 4Ⅱ 덜 제
- 나는 學資金학자금 貸出대출을 申請신청했다.　　　　　　　　貸 3Ⅱ 빌릴·꿀 대
- 登錄金등록금을 分割분할로 納付납부했다.　　　　　　　　　割 3Ⅱ 벨 할 | 納 4 들일 납

아르바이트

- 나는 學費학비를 벌기 위해 아르바이트를 한다.
- 나는 生活費생활비를 벌기 위해 課外과외 아르바이트를 한다.
- 나는 授業수업이 끝나면 食堂식당에서 서빙 아르바이트를 한다.
- 나는 아르바이트 때문에 晝耕夜讀주경야독한다.　　　　　　　耕 3II 밭갈 경
- 나는 週末주말에만 아르바이트를 한다.
- 나는 學校학교 圖書館도서관에서 아르바이트를 한다.　　　　館 3II 집 관
- 나는 學校학교 研究所연구소에서 勤勞근로 奬學生장학생으로 일한다.
- 給與급여를 받는 날 親舊친구들에게 밥을 샀다.

하숙 · 자취

- 나는 學校학교 寄宿舍기숙사에서 지냈다.　　　　　　　　　　寄 4 부칠 기 | 舍 4II 집 사
- 寄宿舍기숙사에 웬만한 家具가구는 다 配置배치되어 있다.　　配 4II 나눌·짝 배 | 置 4II 둘 치
- 나는 룸메이트와 學校학교 近處근처 원룸에서 自炊자취를 한다.　處 4II 곳 처 | 炊 2 불땔 취
- 지난주에 룸메이트가 移徙이사를 갔다.　　　　　　　　　　移 4II 옮길 이 | 徙 1 옮길 사
- 룸메이트 없이 獨守空房독수공방 중이다.　　　　　　　　　守 4II 지킬 수 | 房 4II 방 방
- 나는 保證金보증금을 걸고 月貰월세로 自炊房자취방을 구했다.　保 4II 지킬 보 | 貰 2 세놓을 세
- 每日매일 不實부실하게 먹어서 큰일이다.
- 나는 學校학교 바로 앞에서 下宿하숙을 한다.
- 나는 女性여성 專用전용 考試院고시원에서 산다.　　　　　　試 4II 시험 시

학위

- 나는 學部生학부생이다.
- 大學대학의 學位학위가 人生인생의 全部전부는 아니다.
- 나는 中語中文學중어중문학 學位학위를 받았다.
- 나는 漢文學한문학 碩士석사 課程과정에 있다.　　　　　　　碩 2 클 석
- 나는 北京북경 大學대학에서 博士박사 課程과정을 밟고 있다.
- 나는 올해 碩士석사 學位학위를 取得취득했다.
- 나는 言語學언어학 博士박사가 되었다.

유학 준비

- 나는 留學유학을 가고 싶다.   留 4Ⅱ 머무를 유(류)
- 留學유학을 目的목적으로 休學휴학했다.
- 深度심도 있는 音樂음악 工夫공부를 위해 獨逸독일 留學유학을 決定결정했다.   逸 3Ⅱ 편안할 일
- 留學유학을 통해 見聞견문을 넓힐 것이다.
- 나는 國費국비로 留學유학하게 되었다.
- 吉林省길림성에 있는 大學대학 情報정보를 入手입수했다.
- 入學입학에 필요필요한 書類서류가 정말 많았다.
- 그 大學대학은 競爭率경쟁률이 꽤 높았다.   率 3Ⅱ 비율 률(율), 거느릴 솔
- 敎授교수님께 推薦書추천서를 付託부탁했다.   推 4 밀 추 | 薦 3 천거할 천
- 그 學校학교로부터 入學입학 許可書허가서를 받았다.
- 他國타국에서 하게 될 留學유학 生活생활이 걱정되었다.
- 나는 留學生유학생을 위한 冊子책지를 읽었다.   冊 4 책 책

유학 생활

- 드디어 大學대학 進學진학을 위해 出國출국했다.   進 4Ⅱ 나아갈 진
- 나는 3年間년간 熱心열심히 공부해서 錦衣還鄕금의환향할 것이다.   錦 3Ⅱ 비단 금 | 還 3Ⅱ 돌아올 환 | 鄕 4Ⅱ 시골 향
- 1년 程度정도는 語學硏修어학연수를 받을 것이다.   修 4Ⅱ 닦을 수
- 學費학비가 想像상상을 超越초월했다.   想 4Ⅱ 생각 상 | 像 3Ⅱ 모양 상 | 超 3Ⅱ 뛰어넘을 초 | 越 3Ⅱ 넘을 월
- 父母부모님이 留學유학 費用비용을 모두 責任책임져 주셨다.   留 4Ⅱ 머무를 유(류)
- 異國萬里이국만리에 孑孑單身혈혈단신이다.   異 4 다를 이(리) | 孑 특Ⅱ 외로울 혈
- 이곳에서 잘 適應적응하고 있다.   適 4 맞을 적 | 應 4Ⅱ 응할 응
- 가끔 鄕愁향수를 느낀다.   愁 3Ⅱ 근심 수
- 留學유학 生活생활에서 가장 힘든 점은 孤獨고독하다는 것이다.   孤 4 외로울 고
- 故鄕고향 생각이 切實절실하다.   故 4Ⅱ 연고 고
- 父母부모님이 그리울 때면 畫像화상 채팅을 한다.
- 나는 交換교환 學生학생으로 大學대학에 다닌다.   換 3Ⅱ 바꿀 환

💬 대학 관련 표현

單科 大學	단과 대학	單 4Ⅱ 홑 단		登錄	등록	
綜合 大學	종합 대학	綜 2 모을 종		評點	평점	評 4 평할 평
學長	학장			學生證	학생증	
助敎	조교			中退	중퇴	退 4Ⅱ 물러날 퇴
專任 講師	전임 강사	講 4Ⅱ 욀 강 | 師 4Ⅱ 스승 사		休學	휴학	
助敎授	조교수	授 4Ⅱ 줄 수		復學	복학	復 4Ⅱ 회복할 복, 다시 부
副敎授	부교수			學費	학비	
敎授	교수			學位 論文	학위 논문	論 4Ⅱ 논할 논(론)
學科 相談員	학과 상담원	員 4Ⅱ 인원 원		學士 學位	학사 학위	
專攻	전공			碩士 學位	석사 학위	碩 2 클 석
副專攻	부전공			博士 學位	박사 학위	博 4Ⅱ 넓을 박
學點	학점	點 4 점 점		受講 申請	수강 신청	受 4Ⅱ 받을 수
履修 單位	이수 단위	履 3Ⅱ 밟을 리		總學生會	총학생회	總 4Ⅱ 다 총
敎科 課程	교과 과정	程 4Ⅱ 한도 · 길 정		學位 授與式	학위 수여식	
同窓生	동창생			同門會	동문회	

Diary

중간고사

4월 20일

드디어 오늘 중간고사가 끝났다. 시험이란 늘 나에게 중압감을 준다. 평소에는 늦은 밤까지 텔레비전을 보거나 컴퓨터 게임을 해도 졸리지 않는데 시험 기간만 되면 수면을 취하고 싶은 생각이 간절해진다. 그러나 이번 중간고사는 정말 몰입해서 공부했다. 교과서의 시험 범위를 정독하고 자정이 될 때까지 반복해서 공부했다. 부모님께서 시험 성적이 오르면 새 컴퓨터를 사 주신다고 약속했기 때문에 난 꼭 시험 성적을 올려야 했다. 그래서 그런지 시험 직전의 긴장감이란 말로 표현할 수 없을 정도였다. 심호흡을 하고 최대한 신중하게 문제를 풀었다. 시험 전에 요점 정리를 다시 한번 확인했는데 그 부분에서 대다수가 출제됐다. 난이도가 높은 문제에서는 조금 망설이기도 했지만 부담 없이 시험에 임했고 최선을 다했기 때문에 후회는 없다. 시험 결과가 어떻게 나올지 아직 모르지만 그것에 연연하지는 않을 것이다. 내일부터 인터넷으로 새로 나온 컴퓨터를 알아봐야겠다.

유비무환의 정신으로!

■ 알맞은 한자로 써 보세요.

1. 중간고사
2. 시험
3. 중압감
4. 평소
5. 기간
6. 수면
7. 간절
8. 몰입
9. 공부
10. 교과서
11. 범위
12. 정독
13. 자정
14. 반복
15. 부모
16. 성적
17. 약속
18. 직전
19. 긴장감
20. 표현
21. 심호흡
22. 최대
23. 신중
24. 문제
25. 요점
26. 정리
27. 확인
28. 부분
29. 대다수
30. 출제
31. 난이도
32. 부담
33. 최선
34. 후회
35. 결과
36. 연연
37. 내일
38. 유비무한
39. 정신

中間考査

四月 二十日

　드디어 오늘 中間考査가 끝났다. 試驗이란 늘 나에게 重壓感을 준다. 平素에는 늦은 밤까지 텔레비젼을 보거나 컴퓨터 게임을 해도 졸리지 않았는데 試驗 期間만 되면 睡眠을 취하고 싶은 생각이 懇切해진다. 그러나 이번 中間考査는 정말 沒入해서 工夫했다. 敎科書의 試驗 範圍를 精讀하고 子正이 될 때까지 反復해서 工夫했다. 父母님께서 試驗 成績이 오르면 새 컴퓨터를 사 주신다고 約束했기 때문에 난 꼭 試驗 成績을 올려야 했다. 그래서 그런지 試驗 直前의 緊張感이란 말로 表現할 수 없을 정도였다. 深呼吸을 하고 最大한 愼重하게 問題를 풀었다. 試驗 전에 要點 整理를 다시 한번 確認했는데 그 部分에서 大多數가 出題됐다. 難易度가 높은 問題에서는 조금 망설이기도 했지만 負擔 없이 試驗에 임했고 最善을 다했기 때문에 後悔는 없다. 試驗 結果가 어떻게 나올지 아직 모르지만 그것에 戀戀하지는 않을 것이다. 來日부터 인터넷으로 새로 나온 컴퓨터를 알아봐야겠다. 有備無患의 精神으로!

CHAPTER 14

학교 행사

- 01. 입학
- 02. 체육 대회
- 03. 학교 축제
- 04. 동아리
- 05. 야영
- 06. 소풍
- 07. 수학여행
- 08. 졸업
- + Diary

01 입학

- 나는 올해 中學校중학교에 入學입학한다.
- 오늘 講堂강당에서 入學式입학식이 있었다.   講 4Ⅱ 욀 강
- 새로 맞춘 校服교복을 입고 入學式입학식에 參席참석했다.
- 우리는 校訓교훈을 외치며 훌륭한 學生학생이 될 것을 宣誓선서했다.
- 오늘은 新學期신학기의 첫날이다.
- 感慨無量감개무량했다.   慨 3 슬퍼할 개
- 新入生신입생들을 위한 適應적응 敎育교육이 있었다.   適 4 맞을 적 | 應 4Ⅱ 응할 응
- 校監교감 先生선생님께서 學校학교 規則규칙 및 지켜야 할 事項사항들에 대해 알려 주셨다.   監 4Ⅱ 볼 감 | 項 3Ⅱ 항목 항
- 大部分대부분 生面不知생면부지의 얼굴들이었다.
- 舊面구면인 사람들을 만나 반가웠다.
- 擔任담임 先生선생님은 어떤 분이실지 宏壯굉장히 궁금했다.   擔 4Ⅱ 멜 담 | 宏 1 클 굉 | 壯 4 장할 장
- 一年일년 동안 工夫공부하게 될 敎室교실에서 豫備예비 體驗체험을 했다.   豫 4 미리 예 | 備 4Ⅱ 갖출 비 | 驗 4Ⅱ 시험 험
- 先生선생님께서 새 敎科書교과서를 配付배부해 주셨다.   配 4Ⅱ 나눌·짝 배 | 付 3Ⅱ 부칠 부
- 學用品학용품도 새것을 쓰게 될 것이다.
- 우리는 서로를 紹介소개했다.   紹 2 이을 소 | 介 3Ⅱ 낄 개
- 나는 學友학우들과 잘 지내고 싶다고 말했다.
- 父母부모님과 入學입학 紀念寫眞기념사진을 찍었다.   紀 4 벼리 기 | 眞 4Ⅱ 참 진
- 父母부모님께서는 새로운 마음가짐으로 學生학생다운 生活생활을 하라고 申申當付신신당부하셨다.   申 4Ⅱ 납 신

02 체육 대회

체육 대회

- 오늘은 우리 學校학교 體育체육 大會대회 날이다.
- 體育체육 大會대회는 學校학교의 年中行事연중행사다.
- 올해는 體育체육 大會대회와 逍風소풍이 한 주에 몰려 있다.   逍 1 노닐 소
- 大部分대부분의 學生학생들이 體育체육 大會대회에 積極的적극적으로 參加참가한다.   積 4 쌓을 적 | 極 4Ⅱ 다할·극진할 극
- 우리는 賞品상품이 있는 競技경기에만 出戰출전했다.
- 體育체육 大會대회 때는 學生학생과 先生선생님이 一心同體일심동체로 協力협력한다.   協 4Ⅱ 화할 협

달리기

- 競走경주를 위해 練習연습을 했다.   走 4Ⅱ 달릴 주
- 全速力전속력으로 뛰었다.
- 死力사력을 다해 달렸다.
- 競爭者경쟁자를 따라잡았다.
- 내가 決勝결승 테이프를 끊었다.
- 달리기에서 一等일등으로 決勝결승 地點지점을 通過통과했다.   點 4 점 점
- 달리기에서 꼴지로 들어와서 豫選예선 脫落탈락했다.   脫 4 벗을 탈
- 繼走계주 競技경기에서 앞 사람을 따라잡아 逆轉역전 勝利승리했다.   繼 4 이을 계 | 逆 4Ⅱ 거스릴 역 | 轉 4 구를 전
- 달리기에서 그를 凌駕능가할 자는 없었다.   凌 1 업신여길 능(릉) | 駕 1 멍에 가
- 그는 달리기 速度속도가 매우 빠르다.

경기

- 優劣우열을 가리기 힘든 競技경기가 많았다.   優 4 넉넉할 우 | 劣 3 못할 열(렬)
- 우리는 競技경기를 抛棄포기했다.   抛 2 던질 포 | 棄 3 버릴 기

- 우리는 줄다리기에서 最終최종 優勝우승했다.
- 800미터 繼走계주 競技경기가 가장 迫進感박진감이 넘쳤다.   迫 3Ⅱ 핍박할 박 | 進 4Ⅱ 나아갈 진
- 내가 籠球농구에서 最高최고 得點득점을 했다.   籠 2 대바구니 농(롱) | 得 4Ⅱ 얻을 득
- 우리 반에 勝算승산이 있을 거라 確信확신했다.   確 4Ⅱ 굳을 확
- 우리들은 열심히 싸웠지만 結局결국 敗北패배했다.
- 비록 勝利승리는 못 했지만 有終유종의 美미를 거두었다.
- 歡呼聲환호성을 지르며 우리 팀을 應援응원했다.   歡 4 기쁠 환 | 呼 4Ⅱ 부를 호 | 聲 4Ⅱ 소리 성 | 援 4 도울 원
- 우리 반은 모든 競技경기에서 完勝완승했다.
- 우리 반은 團合賞단합상을 탔다.

03 학교 축제

축제

- 우리 學校학교는 每年매년 10월에 祝祭축제를 한다.   祭 4Ⅱ 제사 제
- 組別조별로 祝祭축제 行事행사에 대해 論議논의했다.   組 4 짤 조 | 論 4Ⅱ 논할 논(론) | 議 4Ⅱ 의논할 의
- 각 동아리들은 多樣다양한 이벤트를 構想구상하고 있다.   樣 4 모양 양 | 構 4 얽을 구 | 想 4Ⅱ 생각 상
- 祝祭축제의 前夜祭전야제가 있었다.
- 行事행사 중에 假裝行列가장행렬이 있다.   假 4Ⅱ 거짓 가 | 裝 4 꾸밀 장 | 列 4Ⅱ 벌릴 렬(열)
- 나는 女裝여장을 했다.
- 나는 人魚公主인어공주 役割역할을 맡았다.   役 3Ⅱ 부릴 역 | 割 3Ⅱ 벨 할
- 學校학교 뒤뜰에 詩畫展시화전이 열렸다.   詩 4Ⅱ 시 시
- 運動場운동장에서는 中古중고 物品물품을 사고파는 바자회가 열렸다.
- 低廉저렴한 價格가격으로 내가 원하는 物件물건을 살 수 있었다.   低 4Ⅱ 낮을 저 | 廉 3 청렴할 렴(염)

연극 발표

- 午後오후에는 大講堂대강당에서 學生학생들의 演劇연극 發表발표가 있었다.　　演 4Ⅱ 펼 연 | 劇 4 심할 극
- 나는 舞臺무대 恐怖症공포증이 있다.　　舞 4 춤출 무 | 臺 3Ⅱ 대 대 | 恐 3Ⅱ 두려울 공 | 怖 2 두려워할 포 | 症 3Ⅱ 증세 증
- 나는 演劇연극에서 主人公주인공을 맡았다.
- 生涯생애 처음으로 많은 觀衆관중 앞에서 하는 公演공연이었다.　　涯 3 물가 애 | 衆 4Ⅱ 무리 중
- 이 演劇연극을 위해 不撤晝夜불철주야 練習연습을 했다.　　撤 2 거둘 철
- 나는 相對方상대방의 臺本대본까지 모두 외웠다.
- 어젯밤에는 처음부터 끝까지 實際실제처럼 練習연습을 했다.　　際 4Ⅱ 즈음·가 제
- 舞臺무대의 막이 오르자 緊張긴장한 나머지 臺詞대사가 생각나지 않았다.　　緊 3Ⅱ 긴할 긴 | 張 4 베풀 장 | 詞 3Ⅱ 말·글 사
- 舞臺무대 뒤의 親舊친구가 작은 소리로 臺詞대사를 읽어 주어서 千辛萬苦천신만고 끝에 無事무사히 마칠 수 있었다.　　辛 3 매울 신
- 우리의 演劇연극은 興行흥행 속에서 幕막을 내렸다.　　興 4Ⅱ 일 흥 | 幕 3Ⅱ 장막 막

개인기

- 내 長技장기를 뽐내기 위해 特別특별히 準備준비한 것이 있었다.　　準 4Ⅱ 준할 준 | 備 4Ⅱ 갖출 비
- 나는 柔軟性유연성을 자랑하고 싶어 舞臺무대에서 요가 動作동작을 선보였다.　　柔 3Ⅱ 부드러울 유 | 軟 3Ⅱ 연할 연
- 나는 跆拳道태권도 示範시범을 보였다.　　跆 1 밟을 태 | 拳 3Ⅱ 주먹 권 | 範 4 법 범
- 나는 先生선생님들의 聲帶模寫성대모사를 했다.　　聲 4Ⅱ 소리 성 | 帶 4Ⅱ 띠 대 | 模 4 본뜰 모
- 卽席즉석 댄스 競演경연 大會대회가 있었다.　　卽 3Ⅱ 곧 즉
- 舞臺무대에서 나의 숨은 長技장기를 마음껏 發揮발휘했다.　　揮 4 휘두를 휘
- 나는 그 大會대회에서 榮譽영예의 大賞대상을 받았다.　　榮 4Ⅱ 영화 영 | 譽 3Ⅱ 기릴·명예 예

04 동아리

동아리 가입

- 우리 學校학교는 無慮무려 10개가 넘는 동아리가 있다.   慮 4 생각할 려(여)
- 나는 어떤 동아리에도 所屬소속되어 있지 않다.   屬 4 붙일 속
- 우리는 獻血헌혈 동아리를 만들었다.   獻 3Ⅱ 드릴 헌 | 血 4Ⅱ 피 혈
- 先生선생님께서는 내게 學業학업을 增進증진시킬 수 있는 동아리에 들어가라고 勸誘권유하셨다.   增 4Ⅱ 더할 증 | 進 4Ⅱ 나아갈 진 | 勸 4 권할 권 | 誘 3Ⅱ 꾈 유
- 나는 料理요리 동아리에 加入가입했다.
- 나는 피겨 스케이팅에 關心관심이 많아 氷上빙상 동아리에 加入가입했다.
- 나는 合唱團합창단에 속해 있다.
- 나는 書藝서예 동아리의 會員회원이다.   藝 4Ⅱ 재주 예 | 員 4Ⅱ 인원 원

동아리 활동

- 나는 演劇部연극부 行事행사에 客員객원으로 參加참가했다.   演 4Ⅱ 펼 연 | 劇 4 심할 극
- 나는 동아리 會議회의에 任員임원 資格자격으로 參加참가했다.   議 4Ⅱ 의논할 의 | 資 4 재물 자
- 컴퓨터 동아리 先輩선배들에게 많은 것을 傳受전수받았다.   輩 3Ⅱ 무리 배 | 受 4Ⅱ 받을 수
- 우리 동아리 사람들은 年末연말에 不遇불우 이웃과 獨居老人독거노인들을 위한 募金모금 運動운동을 한다.   遇 4 만날 우 | 居 4 살 거
- 우리 동아리는 一週日일주일에 한 번 定期的정기적인 모임을 갖는다.
- 우리 동아리는 한 달에 한 번씩 會費회비를 걷는다.
- 동아리 會員회원들이 돈을 醵出각출해서 行事행사를 準備준비했다.   醵 1 추렴할 각, 추렴할 거 | 準 4Ⅱ 준할 준 | 備 4Ⅱ 갖출 비
- 동아리 親舊친구 중에 性格성격 差異차이로 不便불편한 親舊친구가 한 명 있다.   差 4 다를 차 | 異 4 다를 이(리)
- 早晚間조만간 나는 동아리를 脫退탈퇴할 것이다.   早 4Ⅱ 이를 조 | 晚 3Ⅱ 늦을 만 | 脫 4 벗을 탈 | 退 4Ⅱ 물러날 퇴

05 야영

야영 준비

- 보이 스카우트에서 野營야영을 간다.
- 어젯밤에 野營야영 準備物준비물을 챙겼다.
- 寢囊침낭을 包含포함해 野營야영에 必要필요한 物品물품이 매우 많았다.
- 洗面道具세면도구를 꼼꼼히 챙겼다.
- 餘分여분의 手巾수건도 準備준비했다.
- 잊은 物件물건이 있는지 다시 點檢점검했다.
- 형이 旅費여비를 주었다.
- 너무 企待기대되고 興奮흥분돼서 잠이 안 온다.

營 4 경영할 영

準 4Ⅱ 준할 준 | 備 4Ⅱ 갖출 비

寢 4 잘 침 | 囊 1 주머니 낭 |
包 4Ⅱ 쌀 포 | 含 3Ⅱ 머금을 함

餘 4Ⅱ 남을 여 | 巾 1 수건 건

點 4 점 점 | 檢 4Ⅱ 검사할 검

企 3Ⅱ 꾀할 기 | 興 4Ⅱ 일 흥 |
奮 3Ⅱ 떨칠 분

야영

- 아침 일찍 集結집결 場所장소로 갔다.
- 모두들 얼굴에 活氣활기를 띠고 있었다.
- 이번 野營야영 目的地목적지는 釜山부산이었다.
- 우리는 山中산중에서 野營야영을 했다.
- 우리는 海邊해변에서 野營야영을 했다.
- 이번 野營야영은 2박 3일 日程일정이다.
- 野營地야영지에 到着도착하자마자 텐트 칠 곳을 物色물색했다.
- 나는 克己극기 訓鍊훈련을 받았다.
- 野營야영에서 親舊친구들과의 사이가 더욱 敦篤돈독해졌다.
- 우리는 모닥불을 가운데에 두고 圓形원형으로 둘러섰다.
- 우리는 歡呼환호하며 拍手喝采박수갈채를 보냈다.
- 마지막 날 캠프파이어로 大尾대미를 裝飾장식했다.

釜 2 가마 부

邊 4Ⅱ 가 변

程 4Ⅱ 한도·길 정

克 3Ⅱ 이길 극

敦 3 도타울 돈 | 篤 3 도타울 독

圓 4Ⅱ 둥글 원

歡 4 기쁠 환 | 呼 4Ⅱ 부를 호 |
拍 4 칠 박 | 喝 1 꾸짖을 갈 |
采 2 풍채 채

尾 3Ⅱ 꼬리 미 | 裝 4 꾸밀 장 |
飾 3Ⅱ 꾸밀 식

- 우리는 서로의 個人技개인기를 선보였는데 내가 가장 큰 呼應호응을 얻었다. 個 4Ⅱ 낱 개 | 應 4Ⅱ 응할 응
- 모닥불 周圍주위에 둘러앉아 촛불을 손에 들고 祈禱기도를 했다. 周 4 두루 주 | 圍 4 에워쌀 위 | 祈 3Ⅱ 빌 기 | 禱 1 빌 도
- 司會者사회자가 催淚性최루성 멘트를 날리자 울음바다가 되었다. 司 3Ⅱ 맡을 사 | 催 3Ⅱ 재촉할 최 | 淚 3 눈물 루(누)
- 잠들기 전 父母부모님과 동생 생각이 懇切간절했다. 懇 3Ⅱ 간절할 간
- 翌日익일 아침에 野營場야영장을 撤收철수했다. 翌 1 다음날 익 | 撤 2 거둘 철 | 收 4Ⅱ 거둘 수

06 소풍

소풍 준비

- 우리는 來日내일 幸州山城행주산성으로 逍風소풍을 간다. 城 4Ⅱ 재 성 | 逍 1 노닐 소
- 大型대형 마트에서 間食간식거리와 飮料水음료수를 샀다. 型 2 모형 형
- 점심 도시락은 동네 김밥 專門店전문점에 豫約예약 注文주문했다. 專 4 오로지 전 | 豫 4 미리 예
- 나는 逍風소풍에 適合적합한 가벼운 服裝복장을 했다. 適 4 맞을 적 | 裝 4 꾸밀 장
- 도시락과 間食간식을 背囊배낭에 넣었다. 背 4Ⅱ 등 배 | 囊 1 주머니 낭
- 賣票所매표소 入口입구에서 親舊친구들을 만났다. 票 4Ⅱ 표 표

소풍날 날씨

- 雨天時우천시에는 正常정상 授業수업이었다. 常 4Ⅱ 떳떳할 상 | 授 4Ⅱ 줄 수
- 내일 날씨가 和暢화창하길 바란다. 暢 3 화창할 창
- 多幸다행이 날씨가 淸雅청아했다. 雅 3Ⅱ 맑을 아
- 暴風폭풍이 불어 逍風소풍이 取消취소되었다. 暴 4Ⅱ 사나울 폭, 모질 포 | 取 4Ⅱ 가질 취
- 黃砂황사 注意報주의보가 發令발령되어 逍風소풍이 延期연기되었다. 砂 특Ⅱ 모래 사 | 報 4Ⅱ 갚을·알릴 보 | 延 4 늘일 연

소풍 장소

- 鷄龍山계룡산으로 逍風소풍을 갔다.   　　鷄 4 닭 계 | 龍 4 용 룡(용)
- 登山등산 訓練훈련이 未熟미숙해서 힘들었지만 頂上정상에 到着도착하니 뿌듯했다.   　　熟 3Ⅱ 익을 숙 | 頂 3Ⅱ 정수리 정
- 길이 미끄러워 천천히 下山하산했다.
- 우리는 산 頂上정상에서 團體단체 寫眞사진을 찍었다.   　　眞 4Ⅱ 참 진
- 陶瓷器도자기의 生成생성 過程과정도 배우고 아름다운 景致경치도 구경해 一石二鳥일석이조로 도움이 되었다.   　　陶 3Ⅱ 질그릇 도 | 瓷 1 사기그릇 자 | 器 4Ⅱ 그릇 기 | 程 4Ⅱ 한도·길 정 | 鳥 4Ⅱ 새 조
- 이렇게 재미없던 逍風소풍은 未曾有미증유의 일이다.   　　未 4Ⅱ 아닐 미

참고 未曾有미증유 ▷ 지금까지 한 번도 있어 본 적이 없음

07 수학여행

- 우리는 濟州道제주도로 3박 4일 동안 修學旅行수학여행을 갈 것이다.   　　濟 4Ⅱ 건널 제 | 修 4Ⅱ 닦을 수
- 우리는 歷史역사 遺跡地유적지 探訪탐방과 漢拏山한라산 登攀등반을 할 計劃계획이다.   　　遺 4 남길 유 | 跡 3Ⅱ 발자취 적 | 探 4 찾을 탐 | 訪 4Ⅱ 찾을 방 | 拏 1 잡을 라(나) | 攀 1 더위잡을 반 | 劃 3Ⅱ 그을 획
- 우리는 아침 8시에 出發출발하여 12시에 莞島완도에 到着도착했다.   　　莞 2 빙그레할 완, 왕골 관
- 점심 食事식사 후 乘船승선했다.   　　乘 3Ⅱ 탈 승
- 濟州道제주도에 入城입성했을 때 날씨가 매우 흐렸다.   　　城 4Ⅱ 재 성
- 밤에 자는 親舊친구의 얼굴에 落書낙서를 했다.
- 밤에 잠을 잘 못 자서 버스로 移動이동하는 내내 졸았다.   　　移 4Ⅱ 옮길 이
- 버스 안에서 大衆歌謠대중가요를 불렀다.   　　衆 4Ⅱ 무리 중 | 謠 4Ⅱ 노래 요
- 家族가족들에게 줄 紀念品기념품도 몇 개 샀다.   　　紀 4 벼리 기
- 濟州道제주도에서 飛行機비행기를 타고 돌아왔다.   　　飛 4Ⅱ 날 비 | 機 4 틀 기
- 飛行機비행기가 離陸이륙할 때 좀 興奮흥분이 되었다.   　　離 4 떠날 이(리) | 興 4Ⅱ 일 흥 | 奮 3Ⅱ 떨칠 분

- 修學旅行수학여행에서 돌아와 學校학교 앞에서 解散해산했다. 解 4 II 풀 해 | 散 4 흩을 산
- 觀光地관광지나 遺跡地유적지에서 찍은 寫眞사진을 빨리 보고 싶다. 眞 4 II 참 진
- 家族가족들에게 旅行여행 중에 있었던 숨겨진 逸話일화에 대해서도 이야기했다. 逸 3 II 편안할 일

08 졸업

졸업식 전날

- 나는 來日내일 卒業졸업한다.
- 우리는 卒業式졸업식 豫行예행 演習연습을 했다. 豫 4 미리 예 | 演 4 II 펼 연
- 全校전교 꼴등으로 艱辛간신히 卒業졸업했다. 艱 1 어려울 간 | 辛 3 매울 신
- 그는 나보다 1년 먼저 早期조기 卒業졸업을 했다. 早 4 II 이를 조
- 생각해 보면 學窓학창 時節시절에 좋은 追憶추억이 많다. 追 3 II 쫓을·따를 추 | 憶 3 II 생각할 억
- 成人성인이 되어서도 永遠영원히 記憶기억할 것이다.
- 우리는 卒業졸업 紀念기념 文集문집을 만들었다. 紀 4 벼리 기
- 卒業졸업하는 心情심정에 대해 自身자신의 생각을 披瀝피력했다. 披 1 헤칠 피 | 瀝 1 스밀 력(역)

졸업식

- 卒業졸업을 했다는 게 정말 實感실감이 나지 않는다.
- 家族가족과 親知친지들이 祝賀축하해 주었다. 賀 3 II 하례할 하
- 父母부모님께서 卒業졸업 膳物선물로 電子辭典전자사전을 사 주셨다. 膳 1 선물·반찬 선 | 辭 4 말씀 사
- 卒業狀졸업장 自體자체는 내게 별 意味의미가 없었다. 狀 4 II 문서 장, 형상 상 | 味 4 II 맛 미
- 나는 卒業生졸업생 代表대표로 所感文소감문을 發表발표했다.
- 親舊친구들과 離別이별한다는 생각에 億丈억장이 무너졌다. 離 4 떠날 이(리) | 丈 3 II 어른 장

- 卒業式졸업식이 끝나고 親舊친구들끼리 서로 激勵격려를 하며 期約기약 없는 離別이별을 했다.　　　　　　　　　　激 4 격할 격 | 勵 3Ⅱ 힘쓸 려(여)
- 學士帽학사모를 空中공중에 던지며 自祝자축했다.　　　　帽 2 모자 모
- 그동안의 學窓학창 時節시절이 走馬燈주마등처럼 지나갔다.　　走 4Ⅱ 달릴 주 | 燈 4Ⅱ 등 등
- 나는 錯雜착잡한 마음으로 校庭교정을 나섰다.　　錯 3Ⅱ 어긋날 착 | 雜 4 섞일 잡

상장 수여

- 나는 卒業狀졸업장을 授與수여받았다.　　授 4Ⅱ 줄 수 | 與 4 더불·줄 여
- 나는 皆勤賞개근상을 받았다.　　皆 3 다 개 | 勤 4 부지런할 근
- 나는 精勤賞정근상을 받았다.　　精 4Ⅱ 정할 정
- 나는 優等賞우등상을 받았다.　　優 4 넉넉할 우
- 나는 優秀우수한 成績성적으로 卒業졸업했다.　　秀 4 빼어날 수 | 績 4 길쌈 적
- 나는 首席수석 卒業졸업했다.
- 나는 次席차석으로 卒業졸업했다.　　次 4Ⅱ 버금 차
- 나는 功勞賞공로상을 받았다.
- 나는 孝行賞효행상을 받았다.
- 나는 卒業生졸업생 代表대표로 善行賞선행상을 받았다.
- 나는 模範賞모범상을 받았다.　　模 4 본뜰 모 | 範 4 법 범

졸업 후 계획

- 卒業졸업 후 나는 大學대학에 進學진학한다.　　進 4Ⅱ 나아갈 진
- 卒業졸업 후 計劃계획은 아직 未定미정이다.　　劃 3Ⅱ 그을 획 | 未 4Ⅱ 아닐 미
- 나는 卒業졸업과 同時동시에 語學研修어학연수를 간다.　　研 4Ⅱ 갈 연 | 修 4Ⅱ 닦을 수
- 나는 卒業졸업을 하면 當場당장 運轉免許證운전면허증을 따고 싶다.　　轉 4 구를 전 | 免 3Ⅱ 면할 면 | 證 4 증거 증
- 나는 卒業졸업 후에 좋은 職場직장에 就職취직하고 싶다.　　職 4Ⅱ 직분 직 | 就 4 나아갈 취
- 나는 卒業졸업 후에 世界세계 一周일주를 하고 싶다.　　周 4 두루 주
- 卒業졸업 후 公務員공무원 試驗시험을 準備준비할 것이다.　　務 4Ⅱ 힘쓸 무 | 員 4Ⅱ 인원 원 | 試 4Ⅱ 시험 시 | 驗 4Ⅱ 시험 험 | 準 4Ⅱ 준할 준 | 備 4Ⅱ 갖출 비

Diary

축제

10월 8일

우리 학교는 매년 10월에 축제를 한다. 중학교 1학년인 나는 이번 축제가 처음이었다. 아직도 얼떨떨하다. 몇 주간 방과 후에 조별로 축제에 대해 논의하고 다양한 이벤트를 구상했다. 나는 행사 중에서 가장행렬에 참가했는데, 맡은 역할은 남장이었다. 어떤 복장을 할까 고민하다가 후크 선장을 하기로 마음먹었다. 친구들과 의논 끝에 코스프레 대여점에서 의상을 빌렸다. 다행히 후크 선장 복장은 대여가 가능했다. 가장행렬은 성공적이었다. 인어공주를 한 친구도 있었고, 미키마우스, 스머프 등 다양한 캐릭터의 행렬을 보여 주었다. 우리 반 행사가 끝나고 고학년 언니들의 연극 발표회를 보러 갔었다. 대강당에서 하는 연극이었는데 규모가 정말 컸다. 내가 저 무대에 선다는 상상만으로도 공포감이 밀려왔다. 언니들도 그래서 그랬는지 연극이 시작되고 얼마 되지 않아 어떤 언니가 긴장을 했는지 대사를 해야 할 상황인데도 입을 꼭 다물고 있었다. 그러자 무대 뒤에서 누군가 대사를 읽어 주는 소리가 났다. 객석은 웃음바다가 되었지만 그 언니의 표정은 어두워 보였다. 우여곡절 끝에 연극은 무사히(?) 끝났고 축제의 하이라이트인 즉석 댄스 경연 대회가 펼쳐졌다. 나는 무대 공포증을 이겨 보자는 마음으로 자진해서 무대로 나갔다. 눈을 질끈 감고 최선을 다해 댄스 실력을 발휘했다. 처음엔 많이 떨렸는데 차츰 괜찮아졌다. 그때부터 나의 장기를 유감없이 보여 주었다. 결국 난 영예의 대상을 받게 되었다. 오늘부터 난 학교에서 유명 인사가 되었다.

● 알맞은 한자로 써 보세요.

1. 축제
2. 학교
3. 매년
4. 10월
5. 중학교
6. 학년
7. 방과
8. 조별
9. 논의
10. 다양
11. 구상
12. 행사
13. 가장행렬
14. 참가
15. 역할
16. 남장
17. 복장
18. 고민
19. 선장
20. 친구
21. 의논
22. 대여점
23. 의상
24. 다행
25. 대여
26. 가능
27. 성공적
28. 인어공주
29. 다양
30. 행렬
31. 고학년
32. 연극
33. 발표회
34. 대강당
35. 규모
36. 무대
37. 상상
38. 공포감
39. 시작
40. 긴장
41. 대사
42. 상황
43. 객석
44. 표정
45. 우여곡절
46. 무사
47. 즉석
48. 경연
49. 대회
50. 공포증
51. 자진
52. 최선
53. 실력
54. 발휘
55. 장기
56. 유감
57. 결국
58. 영예
59. 대상
60. 유명
61. 인사

祝祭

十月 八日

우리 學校는 每年 十月에 祝祭를 한다. 中學校 1學年인 나는 이번 祝祭가 처음이었다. 아직도 얼떨떨하다. 몇 주간 放課 후에 組別로 祝祭에 대해 論議하고 多樣한 이벤트를 構想했다. 나는 行事 중에서 假裝行列에 參加했는데, 맡은 役割은 男裝이었다. 어떤 服裝을 할까 苦悶하다가 후크 船將을 하기로 마음먹었다. 親舊들과 議論 끝에 코스프레 貸與店에서 衣裳을 빌렸다. 多幸히 후크 船將 服裝은 貸與가 可能했다. 假裝行列은 成功的이었다. 人魚公主를 한 親舊도 있었고, 미키마우스, 스머프 등 多樣한 캐릭터의 行列을 보여 주었다. 우리 반 行事가 끝나고 高學年 언니들의 演劇 發表會를 보러 갔었다. 大講堂에서 하는 演劇이었는데 規模가 정말 컸다. 내가 저 舞臺에 선다는 想像만으로도 恐怖感이 밀려왔다. 언니들도 그래서 그랬는지 演劇이 始作되고 얼마 되지 않아 어떤 언니가 緊張을 했는지 臺詞를 해야 할 狀況인데도 입을 꼭 다물고 있었다. 그러자 舞臺 뒤에서 누군가 臺詞를 읽어 주는 소리가 났다. 客席은 웃음바다가 되었지만 그 언니의 表情은 어두워 보였다. 迂餘曲折 끝에 演劇은 無事히(?) 끝났고 祝祭의 하이라이트인 卽席 댄스 競演 大會가 펼쳐졌다. 나는 舞臺 恐怖症을 이겨 보자는 마음으로 自進해서 舞臺로 나갔다. 눈을 질끈 감고 最善을 다해 댄스 實力을 發揮했다. 처음엔 많이 떨렸는데 차츰 괜찮아졌다. 그때부터 나의 長技를 有感없이 보여 주었다. 結局 난 榮譽의 大賞을 받게 되었다. 오늘부터 난 學校에서 有名 人士가 되었다.

CHAPTER
15

친구

- 01. 친구 사귀기
- 02. 좋은 친구
- 03. 사이가 나쁜 친구
- 04. 친구와의 다툼
- 05. 옛 친구
+ Diary

01 친구 사귀기

친구란

- 사람들은 周圍주위에 있는 親舊친구들에게 쉽게 影響영향을 받는다.
  周 4 두루 주 | 圍 4 에워쌀 위 | 影 3Ⅱ 그림자 영 | 響 3Ⅱ 울릴 향

- 옛말에 近墨者黑근묵자흑이라 하였거늘……. 　　墨 3Ⅱ 먹 묵

- 親舊친구를 智慧지혜롭게 選擇선택하는 것이 重要중요하다.
  智 4 슬기·지혜 지 | 慧 3Ⅱ 슬기로울 혜 | 擇 4 가릴 택

- 萬若만약에 共通공통의 關心事관심사가 있으면 서로 친해질 수 있다.
  若 3Ⅱ 같을 약, 반야 야

- 親舊친구가 어떤 사람인지 알려면 一週日間일주일간 同居동거를 해 보면 된다.
  居 4 살 거

- 어려울 때 도와주는 親舊친구가 眞正진정한 親舊친구다.
  眞 4Ⅱ 참 진

- 類類相從유유상종이다. 　　從 4 좇을 종

- 親舊친구와 葡萄酒포도주는 오래될수록 좋다.
  葡 2 포도 포 | 萄 1 포도 도 | 酒 4 술 주

사귀고 싶은 친구

- 그는 사귀고 싶을 程道정도로 好感호감이 간다.
  程 4Ⅱ 한도·길 정 | 好 4Ⅱ 좋을 호

- 그는 實際실제 나이에 비해 매우 成熟성숙하다.
  際 4Ⅱ 즈음·가 제 | 熟 3Ⅱ 익을 숙

- 그의 意思의사가 궁금하다.

- 그의 멋진 微笑미소가 魅力매력적이다.
  微 3Ⅱ 작을 미 | 笑 4Ⅱ 웃음 소 | 魅 2 매혹할 매

- 그는 不幸불행을 함께 나누는 親舊친구다.

- 그는 親和力친화력이 뛰어나다.

- 그는 話術화술이 뛰어나다.

친구 사귀기

- 有益유익한 親舊친구를 사귀도록 해야 한다.

- 正直정직하고 誠實성실한 親舊친구를 사귀면 나도 同化동화되리라 생각한다.
  誠 4Ⅱ 정성 성

- 나는 나쁜 親舊친구와의 交際교제는 止揚지양한다.   揚 3Ⅱ 날릴 양
- 外國人외국인 親舊친구가 있다는 것은 꽤 興味흥미로운 일이다.   興 4Ⅱ 일 흥 | 味 4Ⅱ 맛 미
- 藝術예술에 대한 關心事관심사를 共有공유할 수 있는 親舊친구가 있었으면 좋겠다.   藝 4Ⅱ 재주 예
- 내 苦悶고민을 털어놓을 수 있는 切親절친한 親舊친구가 必要필요하다.   悶 1 답답할 민
- 나는 언제쯤 知音지음을 만날 수 있을까?
- 語塞어색하게 人事인사만 하던 그와 親舊친구가 되었다.   塞 3Ⅱ 막힐 색, 변방 새

참고 知音지음 ⇨ 마음이 서로 통하는 친한 벗

02 좋은 친구

내 친구

- 그와 나는 竹馬故友죽마고우이다.   故 4Ⅱ 연고 고
- 우리는 幼年유년 時節시절을 같이 보냈다.   幼 3Ⅱ 어릴 유
- 그는 나와 같은 아파트에서 居住거주한다.   居 4 살 거
- 그는 우리 집 近處근처에 산다.   處 4Ⅱ 곳 처
- 그와 나는 肝膽相照간담상조하는 사이다.   肝 3Ⅱ 간 간 | 膽 2 쓸개 담 | 照 3Ⅱ 비칠 조
- 그는 내 人生인생의 救援者구원자와 같다.   援 4 도울 원
- 우리는 더욱 親密친밀해졌다.   密 4Ⅱ 빽빽할 밀
- 그는 異性이성 親舊친구가 많다.   異 4 다를 이(리)
- 우리의 友情우정이 金石之交금석지교하기를 懇切간절히 바란다.   懇 3Ⅱ 간절할 간

사이좋은 친구

- 우리는 바늘과 실처럼 어디든 同行동행한다.
- 우리는 5년 동안 좋은 關係관계를 維持유지하고 있다.   係 4Ⅱ 맬 계 | 維 3Ⅱ 벼리 유 | 持 4 가질 지

- 우리는 멀리 떨어져 살지만 如前여전히 서로에게 所重소중한 存在존재이다.　　如 4Ⅱ 같을 여 | 存 4 있을 존
- 우리는 祕密비밀이 없다.　　祕 4 숨길 비
- 우리는 刎頸之交문경지교하는 親舊친구이다.　　刎 특Ⅱ 목자를 문 | 頸 1 목 경
- 우리의 友情우정은 管鮑之交관포지교에 버금갈 程道정도이다.　　管 4 대롱·주관할 관 | 鮑 2 절인물고기 포 | 程 4Ⅱ 한도·길 정
- 나는 그와 敦篤돈독하게 잘 지낸다.　　敦 3 도타울 돈 | 篤 3 도타울 독
- 우리는 모든 것이 一脈相通일맥상통한다.　　脈 4Ⅱ 줄기 맥

좋은 친구

- 우리는 정말 呼吸호흡이 잘 맞고 서로를 잘 理解이해한다.　　呼 4Ⅱ 부를 호 | 吸 4Ⅱ 마실 흡 | 解 4Ⅱ 풀 해
- 나는 그가 다른 사람의 險談험담을 하는 것을 본 적이 없다.　　險 4 험할 험
- 그는 아주 社交的사교적이다.
- 우리는 같은 趣味취미를 가졌다.　　趣 4 뜻 취
- 내가 그와 싸울 確率확률은 제로다.　　確 4Ⅱ 굳을 확 | 率 3Ⅱ 비율 률(율), 거느릴 솔
- 나는 그에게 身世신세를 많이 졌다.
- 그는 날 眞心진심으로 대한다.　　眞 4Ⅱ 참 진
- 그는 참 才致재치 있는 親舊친구다.
- 그는 行實행실이 바르기 때문에 모두에게 사랑을 받는다.

03 사이가 나쁜 친구

비열한 친구

- 그는 정말 卑劣비열하다.　　卑 3Ⅱ 낮을 비 | 劣 3 못할 열(렬)
- 그는 阿諂아첨하기를 좋아한다.　　阿 3Ⅱ 언덕 아 | 諂 1 아첨할 첨

- 그는 朝三暮四조삼모사하는 傾向경향이 있다.   暮 3 저물 모 | 傾 4 기울 경
- 그는 告者고자질을 잘한다.
- 그는 唯獨유독 나에게만 못되게 군다.   唯 3 오직 유
- 그는 나를 바보라고 부르면서 侮辱모욕했다.   侮 3 업신여길 모 | 辱 3Ⅱ 욕될 욕
- 그는 나를 眼中釘안중정으로 여긴다.   眼 4Ⅱ 눈 안 | 釘 1 못 정
- 그는 힘이 약한 親舊친구들에게만 자신의 힘을 誇示과시한다.   誇 3Ⅱ 자랑할 과
- 그는 남의 弱點약점을 잘 利用이용한다.   點 4 점 점
- 그는 責任책임 轉嫁전가가 特技특기이다.   轉 4 구를 전 | 嫁 1 시집갈 가

> **참고** 眼中釘안중정 ⇨ 눈엣가시

놀리는 친구

- 그는 種種종종 親舊친구들을 戱弄희롱한다.   戱 3Ⅱ 놀이 희 | 弄 3Ⅱ 희롱할 롱(농)
- 그는 틈만 나면 나에게 弄談농담을 한다.
- 그가 내 外貌외모를 卑下비하했다.   貌 3Ⅱ 모양 모
- 그는 모든 사람의 脾胃비위를 거슬리게 한다.   脾 1 지라 비 | 胃 3Ⅱ 밥통 위
- 그가 날 公開공개적으로 亡身망신을 줬다.
- 그는 散漫산만한 性格성격만 고치면 좋은 아이다.   散 4 흩을 산 | 漫 3 흩어질 만

나와 맞지 않는 친구

- 그는 不良輩불량배들과 가깝게 지낸다.   輩 3Ⅱ 무리 배
- 그는 靑少年청소년 때부터 吸煙흡연과 飮酒음주를 했다.   吸 4Ⅱ 마실 흡 | 煙 4Ⅱ 연기 연 | 酒 4 술 주
- 그는 家出가출도 서슴지 않는다.
- 그는 너무 內省내성적이다.
- 그는 우리 반에서 疏外소외당한다.   疏 3Ⅱ 소통할 소
- 그는 親舊친구들 사이에서 評判평판이 좋지 않다.   評 4 평할 평 | 判 4 판단할 판
- 그는 辱說욕설을 입에 달고 산다.
- 나는 그가 주는 거 없이 그 自體자체만으로 싫다.

- 그와 나는 恒常항상 衝突충돌한다.　　　　　　　　　　恒 3Ⅱ 항상 항 | 常 4Ⅱ 떳떳할 상 |
　　　　　　　　　　　　　　　　　　　　　　　　　　衝 3Ⅱ 찌를 충 | 突 3Ⅱ 갑자기 돌

- 나는 그와 見解견해가 잘 맞지 않는다.　　　　　　　　解 4Ⅱ 풀 해

- 그와 나는 不和불화가 끊이지 않는다.

- 우리는 서로 妥協타협할 줄 모른다.　　　　　　　　　妥 3 온당할 타 | 協 4Ⅱ 화할 협

04 친구와의 다툼

사소한 다툼

- 나는 親舊친구와 些少사소한 問題문제로 다투었다.　　　些 1 적을 사

- 나는 親舊친구와 種種종종 言爭언쟁을 한다.

- 그는 나를 指摘지적하는 傾向경향이 있다.　　　　　　　指 4Ⅱ 가리킬 지 | 摘 3Ⅱ 딸 적 |
　　　　　　　　　　　　　　　　　　　　　　　　　　傾 4 기울 경

- 親舊친구 사이의 다툼은 흔히 發生발생한다.

- 그는 空然공연히 내 트집을 잡는다.

오해

- 그가 나를 誤解오해했다.　　　　　　　　　　　　　　誤 4Ⅱ 그르칠 오 | 解 4Ⅱ 풀 해

- 나는 抑鬱억울한 誤解오해를 벗기 위해 辨明변명을 했다.　抑 3Ⅱ 누를 억 | 鬱 2 답답할 울 |
　　　　　　　　　　　　　　　　　　　　　　　　　　辨 3 분별할 변

- 그가 誤認오인한 것 같다.　　　　　　　　　　　　　　認 4Ⅱ 알 인

- 일이 雪上加霜설상가상으로 커지는 것 같다.　　　　　霜 3Ⅱ 서리 상

- 그에게 가서 是是非非시시비비를 가려야 겠다.　　　　是 4Ⅱ 이·옳을 시 | 非 4Ⅱ 아닐 비

- 나는 그에게 吐露토로했다.　　　　　　　　　　　　　吐 3Ⅱ 토할 토 | 露 3Ⅱ 이슬 로(노)

- 나는 이번에는 그를 容恕용서할 수 없다.　　　　　　　容 4Ⅱ 얼굴 용 | 恕 3Ⅱ 용서할 서

- 그의 論理논리는 辨明변명으로밖에 안 들린다.　　　　論 4Ⅱ 논할 논(론)

- 그것은 回避_{회피}하기 위한 辨明_{변명}일 뿐이었다.　　回 4Ⅱ 돌아올 회 | 避 4 피할 피
- 그의 말은 彌縫策_{미봉책}에 不過_{불과}하다.　　彌 2 미륵·오랠 미 | 縫 2 꿰맬 봉 | 策 3Ⅱ 꾀 책
- 나는 그의 말이 왜 訛傳_{와전}되었는지 理解_{이해}할 수가 없었다.　　訛 1 그릇될 와

말다툼

- 偶然_{우연}히 그가 내 險談_{험담}을 하고 다닌다는 말을 듣고 感情_{감정}이 상했다.　　偶 3Ⅱ 짝 우 | 險 4 험할 험
- 그기 내게 말하는 態度_{태도}에 憤怒_{분노}가 일었다.　　態 4Ⅱ 모습 태 | 憤 4 분할 분 | 怒 4Ⅱ 성낼 노(로)
- 그는 날 徹底_{철저}히 無視_{무시}했다.　　徹 3Ⅱ 통할 철 | 底 4 밑 저
- 우리가 말다툼을 한 것은 但只_{단지} 그 理由_{이유} 때문이다.　　但 3Ⅱ 다만 단 | 只 3 다만 지

싸움의 발단

- 그의 行動_{행동}이 有別_{유별}났다.
- 그는 必要_{필요} 以上_{이상}으로 誇張_{과장}된 行動_{행동}을 보였다.　　誇 3Ⅱ 자랑할 과 | 張 4 베풀 장
- 내 말을 默殺_{묵살}했다.　　默 3Ⅱ 잠잠할 묵 | 殺 4Ⅱ 죽일 살, 감할·빠를 쇄
- 그의 表裏不同_{표리부동}이 原因_{원인}이다.　　裏 3Ⅱ 속 리(이)
- 그는 나를 白眼視_{백안시}했다.　　眼 4Ⅱ 눈 안 | 視 4Ⅱ 볼 시
- 나는 늘 그를 外面_{외면}했다.

싸움

- 그가 싸움을 誘導_{유도}했다.　　誘 3Ⅱ 꾈 유 | 導 4Ⅱ 인도할 도
- 結局_{결국} 肉彈戰_{육탄전}이 벌어졌다.　　肉 4Ⅱ 고기 육 | 彈 4 탄알 탄
- 그가 나의 大腿部_{대퇴부}를 발로 찼다.　　腿 1 넓적다리 퇴
- 그가 急所_{급소}를 때렸다.
- 그가 얼굴을 쳐서 눈 形態_{형태}가 변했다.
- 그의 氣勢_{기세}에 놀라 三十六計_{삼십육계} 줄행랑을 쳤다.　　勢 4Ⅱ 형세 세

- 나는 先則制人선즉제인하여 먼저 주먹을 휘둘렀다.　　　　制 4II 절제할 제
- 決判결판이 날 때까지 싸웠다.　　　　判 4 판단할 판
- 앞으로 絶對절대 그를 相對상대하지 않을 것이다.
- 鯨戰蝦死경전하사하고 싶지 않다.　　　　鯨 1 고래 경 | 蝦 1 두꺼비·새우 하

  상고　鯨戰蝦死경전하사 ⇨ 고래 싸움에 새우 등 터진다

화해

- 그와 和解화해했다.
- 그를 일부러 화나게 할 意圖의도는 없었다.
- 事實사실은 그에게 好意호의를 품고 있었다.　　　　好 4II 좋을 호
- 내가 먼저 和解화해의 握手악수를 청했다.　　　　握 2 쥘 악
- 우리는 以心傳心이심전심으로 서로에게 謝過사과했다.　　　　謝 4II 사례할 사
- 우리가 싸운 것은 머릿속에서 깨끗이 削除삭제하기로 했다.　　　　削 3II 깎을 삭 | 除 4II 덜 제

05　옛 친구

그리운 옛 친구

- 그 寫眞사진을 보면 그 時節시절 親舊친구들이 생각난다.　　　　眞 4II 참 진
- 純粹순수했던 그때의 親舊친구들을 追憶추억하고 있다.　　　　純 4II 순수할 순 | 粹 1 순수할 수 |
  追 3II 쫓을·따를 추 |
  憶 3II 생각할 억

- 우리는 半世紀반세기 동안 만나지 못했다.　　　　紀 4 벼리 기
- 世上세상이 桑田碧海상전벽해 되어도 우리의 友情우정은 변함없었다.　　　　桑 3II 뽕나무 상 | 碧 3II 푸를 벽
- 그녀는 변함없이 淸楚청초했다.　　　　楚 2 초나라 초
- 그는 屈曲굴곡이 있는 人生인생 때문인지 너무 많이 변했다.　　　　屈 4 굽힐 굴

344

- 그에게 安否안부를 물었다.
- 다른 親舊친구들의 連絡處연락처를 물었다.

否 4 아닐 부

連 4Ⅱ 이을 연(련) | 絡 3Ⅱ 이을·얽을 락(낙) | 處 4Ⅱ 곳 처

반가운 옛 친구

- 그와는 舊面구면인 것 같았다.
- 知人지인으로 錯覺착각하고 반갑게 人事인사를 했다.

錯 3Ⅱ 어긋날 착 | 覺 4 깨달을 각

- 알고 보니 高等學校고등학교 同窓동창이었다.
- 高敎고교 卒業졸업 후 처음으로 連絡연락이 됐다.

連 3Ⅱ 연이을 연(련)

- 結婚式場결혼식장에서 偶然우연히 親舊친구를 만났다.

婚 4 혼인할 혼 | 偶 3Ⅱ 짝 우

- 그것은 偶然우연을 假裝가장한 必然필연이었다.

假 4Ⅱ 거짓 가 | 裝 4 꾸밀 장

- 圖書館도서관에 가는 길에 그를 만났다.

館 3Ⅱ 집 관

- 꽤 오래 그와 對面대면하지 못했었는데 오랜만에 만났다.
- 그의 이름이 腦裏뇌리에서 맴돌았다.

腦 3Ⅱ 골·뇌수 뇌 | 裏 3Ⅱ 속 리(이)

- 나는 그가 무척 반가웠지만 못 본 척하고 迂廻우회했다.

迂 1 에돌 우 | 廻 2 돌 회

- 그와 옛날의 追憶談추억담을 나누며 즐거운 時間시간을 보냈다.

동창회

- 오늘 同窓會동창회가 있는 날이다.
- 우리는 반가움의 表示표시로 하이파이브를 했다.
- 寤寐不忘오매불망하던 그 親舊친구도 나왔다.

寤 1 잠 깰 오 | 寐 1 잘 매 | 忘 3 잊을 망

- 장난꾸러기였던 아이들이 이제는 中年중년의 아저씨가 되었다.
- 반에서 首席수석을 놓치지 않던 親舊친구는 醫師의사가 되었다.

師 4Ⅱ 스승 사

- 自手成家자수성가한 親舊친구들도 있었다.
- 우리는 現在현재의 生活생활에 대해서 이야기했다.
- 各自각자 주어진 삶을 忠實충실하게 살고 있었다.

忠 4Ⅱ 충성 충

- 學窓학창 時節시절에 대한 追憶추억으로 모두들 感激감격하고 있었다.

激 4 격할 격

- 不得已부득이하게 參席참석하지 못한 親舊친구들이 보고 싶었다.

得 4Ⅱ 얻을 득 | 已 3Ⅱ 이미 이

- 우리는 다음을 期約기약하며 安寧안녕을 빌었다.

寧 3Ⅱ 편안 녕

Diary

죽마고우

11월 19일

 사람들은 힘들 때 고민을 털어놓을 수 있는 절친한 친구가 몇 명이나 될까? 나에겐 지금까지 절친한 관계를 유지하고 있는 죽마고우가 한 명 있다. 초등학교 2학년 때 같은 반이 되면서 알게 된 친구로 벌써 7년 지기다. 차가워 보이는 인상에 말수가 적어서 접근하기 어려운 친구였는데 특별 활동 시간에 농구를 같이 하면서 친해졌다. 가깝게 지내다 보니 차가웠던 인상과는 달리 실제로는 인정이 많고 행실도 바른 친구였다. 그때부터 지금까지 우리는 바늘과 실처럼 돈독하게 지내고 있다. 얼마 전 진로 문제로 고민하고 있는 나를 보고 진심으로 걱정하면서 성심껏 조언을 해 주었다. 얼마나 고마웠던지 정말 인생의 구원자 같은 느낌까지 받았다. 사는 곳도 우리 집 근처여서 자주 만나며 어디든 동행하곤 했는데 얼마 있으면 이사를 간다고 하니 섭섭하다. 이사를 가더라도 우리는 서로에게 여전히 소중한 존재일 것이다. 유년 시절을 같이 보내고 기쁜 일, 슬픈 일을 모두 함께 나누면서 자라 왔다. 앞으로 더욱 친밀하게 지내면서 더욱 돈독한 우정을 쌓아야지. 내일은 그 친구에게 농구 시합을 하자고 해야겠다.

● 알맞은 한자로 써 보세요.

1. 죽마고우 _____
2. 고민 _____
3. 절친 _____
4. 친구 _____
5. 관계 _____
6. 유지 _____
7. 초등학교 _____
8. 지기 _____
9. 인상 _____
10. 접근 _____
11. 특별 _____
12. 활동 _____
13. 시간 _____
14. 농구 _____
15. 실제 _____
16. 인정 _____
17. 행실 _____
18. 돈독 _____
19. 진로 _____
20. 문제 _____
21. 진심 _____
22. 성심 _____
23. 조언 _____
24. 인생 _____
25. 구원자 _____
26. 근처 _____
27. 동행 _____
28. 이사 _____
29. 여전 _____
30. 소중 _____
31. 존재 _____
32. 유년 _____
33. 시절 _____
34. 친밀 _____
35. 우정 _____
36. 내일 _____
37. 시합 _____

15. 친구

竹馬故友

十一月 十九日

사람들은 힘들 때 苦悶을 털어놓을 수 있는 切親한 親舊가 몇 명이나 될까? 나에겐 지금까지 切親한 關係를 維持하고 있는 竹馬故友가 한 명 있다. 初等學校 2학년 때 같은 반이 되면서 알게 된 親舊로 벌써 7년 知己다. 차가워 보이는 印象에 말수가 적어서 接近하기 어려운 親舊였는데 特別 活動 時間에 籠球를 같이 하면서 친해졌다. 가깝게 지내다 보니 차가웠던 印象과는 달리 實際로는 人情이 많고 行實도 바른 親舊였다. 그때부터 지금까지 우리는 바늘과 실처럼 敦篤하게 지내고 있다. 얼마 전 進路 問題로 苦悶하고 있는 나를 보고 眞心으로 걱정하면서 誠心껏 助言을 해 주었다. 얼마나 고마웠던지 정말 人生의 救援者 같은 느낌까지 받았다. 사는 곳도 우리 집 近處여서 자주 만나며 어디든 同行하곤 했는데 얼마 있으면 移徙를 간다고 하니 섭섭하다. 移徙를 가더라도 우리는 서로에게 如前히 所重한 存在일 것이다. 幼年 時節을 같이 보내고 기쁜 일, 슬픈 일을 모두 함께 나누면서 자랐 있다. 앞으로 더욱 親密하게 지내면서 더욱 敦篤한 友情을 쌓아야지. 來日은 그 親舊에게 籠球 試合을 하자고 해 야겠다.

CHAPTER 16

사랑

01. 미팅   02. 사랑   03. 연애
04. 이별   05. 결혼
Diary

01 미팅

미팅

- 成人성인이 된 후 처음으로 미팅을 했다.
- 미팅할 場所장소를 涉外섭외했다.   涉 3 건널 섭
- 親舊친구가 나에게 그를 紹介소개해 주었다.   紹 2 이을 소 | 介 3Ⅱ 낄 개
- 그가 미팅을 周旋주선했다.   周 4 두루 주 | 旋 3Ⅱ 돌 선
- 그는 나를 미팅 場所장소로 強制강제로 끌고 갔다.   制 4Ⅱ 절제할 제 | 強 특Ⅱ 강할[強] 강
- 나는 커피 專門店전문점에서 그를 처음 만났다.   專 4 오로지 전
- 二對二이대이 卽席즉석 만남이었다.   卽 3Ⅱ 곧 즉
- 나는 彫刻조각처럼 잘생긴 好男호남이 나오길 바랐다.   彫 2 새길 조 | 刻 4 새길 각 | 好 4Ⅱ 좋을 호
- 短髮단발머리의 그녀가 내 파트너가 되기를 希望희망했다.   髮 4 터럭 발 | 希 4Ⅱ 바랄 희
- 그는 나와 前生전생의 因緣인연 같았다.   緣 4 인연 연

마음에 안 드는 파트너

- 그는 爆彈폭탄이었다.   爆 4 불터질 폭 | 彈 4 탄알 탄
- 一名일명 그는 虛風허풍쟁이였다.   虛 4Ⅱ 빌 허
- 그는 내가 싫어하는 것을 모두 具備구비하고 있었다.   備 4Ⅱ 갖출 비
- 그는 選手선수 氣質기질이 多分다분했다.
- 그의 말은 食用油식용유처럼 느끼했다.
- 첫印象인상이 별로다.   印 4Ⅱ 도장 인 | 象 4 코끼리 상
- 醜男추남이었다.   醜 3 추할 추
- 端正단정하지 못한 스타일이었다.
- 말하는 語套어투도 不良불량스러웠다.   套 1 씌울 투
- 그는 아주 無禮무례한 사람이었다.
- 그는 典型的전형적인 마마보이였다.   型 2 모형 형
- 그와 파트너가 될까 봐 勞心焦思노심초사했다.   焦 2 탈 초

- 或是혹시나 했는데 亦是역시나였다.   或 4 혹 혹 | 是 4Ⅱ 이·옳을 시 | 亦 3Ⅱ 또 역
- 하늘은 無心무심하게도 나에게 그와 파트너가 되라는 苦役고역을 주셨다.   役 3Ⅱ 부릴 역

이상형

- 그는 내 理想型이상형이었다.   想 4Ⅱ 생각 상
- 내가 恒常항상 꿈꾸던 사람을 現實현실에서 찾은 것이다.   恒 3Ⅱ 항상 항 | 常 4Ⅱ 떳떳할 상
- 우리는 첫눈에 電氣전기가 통했다.
- 그를 처음 본 瞬間순간 理性이성이 痲痺마비되었다.   瞬 3Ⅱ 눈깜짝일 순 | 痲 2 저릴 마 | 痺 1 저릴 비
- 그녀를 보자마자 伴侶者반려자라는 생각이 들었다.   伴 3 짝 반 | 侶 1 짝 려
- 그는 요즘 流行유행하는 엄친아의 標本표본이었다.   標 4 표할 표
- 그녀는 傾國之色경국지색이 無色무색할 程道정도의 美人미인이었다.   傾 4 기울 경 | 程 4Ⅱ 한도·길 정
- 그는 꽃美男미남이었다.
- 나는 그에게 無酌定무작정 들이댔다.   酌 3 술부을·잔질할 작
- 그와의 데이트는 武陵桃源무릉도원을 걷는 氣分기분이다.   武 4Ⅱ 호반 무 | 陵 3Ⅱ 언덕 릉(능) | 桃 3Ⅱ 복숭아 도 | 源 4 근원 원

매력적인 파트너

- 그는 多情多感다정다감한 스타일이다.
- 그는 魅力的매력적이다 못해 魔力의마력적이다.   魅 2 매혹할 매 | 魔 2 마귀 마
- 그는 迫力박력이 있다.   迫 3Ⅱ 핍박할 박
- 그에겐 野性的야성적인 男子남자 느낌이 난다.
- 그는 筋肉質근육질의 薰男훈남이다.   筋 4 힘줄 근 | 肉 4Ⅱ 고기 육 | 薰 2 향풀 훈
- 그녀는 挑發도발적이었다.   挑 3 돋울 도
- 氣品기품이 있어 보였다.
- 그녀는 八等身팔등신의 美女미녀였다.
- 그는 才致재치 滿點만점으로 유머 感覺감각도 豊富풍부했다.   滿 4Ⅱ 찰 만 | 點 4 점 점 | 覺 4 깨달을 각 | 豊 4Ⅱ 풍년 풍 | 富 4Ⅱ 부자 부
- 그는 耳目口鼻이목구비가 뚜렷하고 몸매의 比率비율도 훌륭했다.   率 3Ⅱ 비율 율(률)·거느릴 솔

- 그의 微笑미소에 精神정신이 昏迷혼미해 졌다.　　　　　微 3Ⅱ 작을 미 | 笑 4Ⅱ 웃음 소 |
　　　　　　　　　　　　　　　　　　　　　　　　　　精 4Ⅱ 정할 정 | 昏 3 어두울 혼 |
　　　　　　　　　　　　　　　　　　　　　　　　　　迷 3 미혹할 미

- 그는 理智的이지적인 魅力매력이 있었다.　　　　　　智 4 슬기·지혜 지

02 사랑

사랑이란

- 사랑이란 말보다 더 恍惚황홀한 말은 없다.　　　　　恍 1 황홀할 황 | 惚 1 황홀할 홀
- 사랑에 빠지면 虛飢허기도 잊는다.　　　　　　　　虛 4Ⅱ 빌 허 | 飢 3 주릴 기
- 사랑에는 國境국경이 없다.　　　　　　　　　　　　境 4Ⅱ 지경 경
- 사랑에 있어 年齡연령은 숫자에 不過불과하다.　　　齡 1 나이 령(영)
- 사랑은 相對方상대방을 理解이해하는 것이라고 생각한다.　解 4Ⅱ 풀 해
- 나는 永遠영원한 사랑을 追求추구한다　　　　　　　追 3Ⅱ 쫓을·따를 추
- 제 눈에 眼鏡안경이다.　　　　　　　　　　　　　　眼 4Ⅱ 눈 안 | 鏡 4 거울 경
- 사랑이란 무엇이라고 規定규정된 正義정의는 없다.　義 4Ⅱ 옳을 의
- 사랑은 奇跡기적도 일으킨다.　　　　　　　　　　　奇 4 기특할 기 | 跡 3Ⅱ 발자취 적
- 사랑은 獻身헌신이다.　　　　　　　　　　　　　　獻 3Ⅱ 드릴 헌
- 사랑은 無限무한하다.　　　　　　　　　　　　　　限 4Ⅱ 한할 한

첫사랑 · 짝사랑

- 첫사랑은 失敗실패하기 쉽다고 한다.
- 내 첫사랑을 失戀실연하고 싶지 않다.
- 내 첫사랑에게 戀慕之情연모지정을 느낀다.　　　　戀 3Ⅱ 그리워할·그릴 연(련) |
　　　　　　　　　　　　　　　　　　　　　　　　　慕 3Ⅱ 그릴 모
- 내 사랑은 隻愛척애이다.　　　　　　　　　　　　　隻 2 외짝 척

- 그는 나의 存在존재를 모르지만 난 그를 欽慕흠모한다.　　　　　存 4 있을 존 | 欽 2 공경할 흠
- 그로 인해 相思病상사병이 났다.
- 혼자 하는 사랑은 孤獨고독하고 悲慘비참하다.　　　　　　　　孤 4 외로울 고 | 悲 4Ⅱ 슬플 비 | 慘 3 참혹할 참
- 來世내세에는 絶對절대 짝사랑은 하지 않을 것이다.　　　　　絶 4Ⅱ 끊을 절
- 그 앞에서 泰然自若태연자약했지만 가슴은 두근거렸다.　　　泰 3Ⅱ 클 태 | 若 3Ⅱ 같을 약, 반야 야
- 내 사랑을 몰라주는 그 앞에서 哀而不悲애이불비했다.　　　哀 3Ⅱ 슬플 애 | 而 3 말이을 이
- 來世내세에는 絶對절대 짝사랑은 하지 않을 것이다.

> **참고** 隻愛척애 ⇨ 짝사랑
> 哀而不悲애이불비 ⇨ 슬프지만 겉으로는 슬픔을 나타내지 아니함

사랑에 빠지다

- 첫눈에 激情격정적인 사랑에 빠졌다.　　　　　　　　　　　激 4 격할 격
- 내가 꿈에 그리던 女人여인이다.
- 내가 그를 思慕사모하게 되다니 정말 웃기는 일이다.
- 慕戀모련하던 그와 서로 사랑하게 되었다.
- 友情우정에서 사랑으로 發展발전했다.
- 그녀의 사랑을 爭取쟁취해서 정말 幸福행복하다.　　　　　　取 4Ⅱ 가질 취
- 난 그녀와 사랑에 빠져 溺死익사할 地境지경이다.　　　　　　溺 2 빠질 익(닉)
- 나는 그에게 中毒중독되었다.　　　　　　　　　　　　　　　毒 4Ⅱ 독 독
- 우리는 지금 같은 方向방향을 바라보고 있다.
- 그녀에게 빠져 精神정신이 朦朧몽롱하다.　　　　　　　　　　精 4Ⅱ 정할 정 | 朦 특Ⅱ 몽롱할 몽 | 朧 특Ⅱ 몽롱할 롱
- 그의 缺點결점에도 不拘불구하고 나는 如前여전히 그를 사랑한다.　缺 4Ⅱ 이지러질 결 | 點 4 점 점 | 拘 3Ⅱ 잡을 구 | 如 4Ⅱ 같을 여
- 그의 背景배경이 아니라 그 모습 自體자체를 사랑한다.　　　　背 4Ⅱ 등 배
- 그녀와 餘生여생을 함께하고 싶다.　　　　　　　　　　　　餘 4Ⅱ 남을 여
- 사랑의 熱病열병을 앓았다.
- 平生평생 그 사람만을 사랑할 것이라고 誓約서약했다.　　　　誓 3 맹세할 서

사랑에 눈이 멀다

- 사랑은 사람을 昏迷혼미하게 만든다.   昏 3 어두울 혼 | 迷 3 미혹할 미
- 사랑에 눈이 멀어 그의 短點단점이 보이지 않는다.
- 그는 나의 全部전부다.
- 이 世上세상 어떠한 일도 사랑만 있으면 克復극복할 수 있다.   克 3Ⅱ 이길 극 |
  復 4Ⅱ 회복할 복, 다시 부
- 우리는 天生緣分천생연분인 것 같다.   緣 4 인연 연
- 나의 熱烈열렬한 사랑을 告白고백했다.   烈 4 매울 렬(열)
- 우리의 사랑이 百年偕老백년해로하길 바란다.   偕 1 함께 해
- 그녀를 永遠無窮영원무궁토록 사랑할 것이다.   窮 4 다할·궁할 궁

03 연애

연애

- 나는 멋진 男性남성과 交際교제 중이다.   際 4Ⅱ 즈음·가 제
- 每日매일 그와 蜜語밀어를 나눈다.   蜜 3 꿀 밀
- 우리는 恒常항상 相思不忘상사불망하고 있다.   恒 3Ⅱ 항상 항 | 常 4Ⅱ 떳떳할 상 |
  忘 3 잊을 망
- 그와 있으면 萬物만물이 意味의미 있어 보인다.   味 4Ⅱ 맛 미
- 그와 함께 있을 때면 마음이 平溫평온하다.
- 데이트할 때 恒常항상 그가 돈 計算계산을 한다.
- 그녀는 愛嬌애교를 잘 부린다.   嬌 1 아리따울 교
- 그녀의 姿態자태는 女神여신이 따로 없다.   姿 4 모양 자 | 態 4Ⅱ 모습 태
- 그녀는 눈이 湖水호수보다 깊다.
- 그녀에게는 薔薇장미꽃 香氣향기가 隱隱은은하게 난다.   薔 1 장미 장 | 薇 1 장미 미 |
  香 4Ⅱ 향기 향 | 隱 4 숨을 은
- 晝夜주야를 가리지 않고 그와 함께 있고 싶다.

- 그와 함께 있을 때면 世上세상을 支配지배하는 느낌이다.
- 그 亦是역시 나에게만 一片丹心일편단심이길 바란다.

支 4Ⅱ 지탱할 지 | 配 4Ⅱ 나눌·짝 배
亦 3Ⅱ 또 역 | 是 4Ⅱ 이·옳을 시 |
片 3Ⅱ 조각 편 | 丹 3Ⅱ 붉을 단

참고 相思不忘상사불망 ⇨ 서로 그리워하여 잊지 못함

헤어짐

- 歸家귀가해야 할 時間시간이 되었다.
- 그가 집까지 同行동행해 주었다.
- 그의 自家用자가용으로 나를 집까지 安全안전하게 데려다 주었다.
- 그는 公主공주를 지키는 騎士기사 같다.
- 車費차비 대신 그의 뺨에 키스를 해 주었다.
- 그가 抱擁포옹해 주었다.
- 그와 헤어지고 나면 寂寞적막한 氣分기분에 憂鬱우울해진다.

歸 4 돌아갈 귀

騎 3Ⅱ 말탈 기

抱 3 안을 포 | 擁 3 낄 옹
寂 3Ⅱ 고요할 적 | 寞 1 고요할 막 |
憂 3Ⅱ 근심 우 | 鬱 2 답답할 울

04 이별

사랑이 식다

- 우린 對話대화가 안 통한다.
- 關係관계를 回復회복할 생각이 없다.

係 4Ⅱ 맬 계 | 回 4Ⅱ 돌아올 회 |
復 4Ⅱ 회복할 복, 다시 부

- 그녀는 나를 單番단번에 拒絶거절했다.

單 4Ⅱ 홀 단 | 拒 4 막을 거 |
絶 4Ⅱ 끊을 절

- 그녀의 마음이 突變돌변했다.

突 3Ⅱ 갑자기 돌

- 그녀에게 哀願애원했지만 虛事허사였다.

哀 3Ⅱ 슬플 애 | 虛 4Ⅱ 빌 허

- 그녀가 나를 背信배신했다.

背 4Ⅱ 등 배

- 그녀의 辨明변명이 늘어갔다.

辨 3 분별할 변

355

- 더 이상 서로를 信賴신뢰하지 않는다.   賴 3Ⅱ 의뢰할 뢰
- 그녀는 나를 疑心의심하기 始作시작했다.   疑 4 의심할 의
- 그녀를 만나도 별 感興감흥이 없다.   興 4Ⅱ 일 흥
- 그와의 接觸접촉조차도 不快불쾌해졌다.   接 4Ⅱ 이을 접 | 觸 3Ⅱ 닿을 촉 | 快 4Ⅱ 쾌할 쾌
- 그는 나를 두 時間시간 동안 기다리게 하고 未安미안한 氣色기색도 없었다.   未 4Ⅱ 아닐 미
- 이제야 그에 대한 幻想환상이 깨졌다.   幻 2 헛보일 환 | 想 4Ⅱ 생각 상

이별

- 그와 離別이별했다.   離 4 떠날 이(리)
- 그와 性格성격 差異차이를 克復극복하지 못하고 헤어졌다.   差 4 다를 차 | 異 4 다를 이(리) | 克 3Ⅱ 이길 극
- 그와의 만남을 持續지속할지 與否여부에 대해 생각해 봐야겠다.   持 4 가질 지 | 續 4Ⅱ 이을 속 | 與 4 더불·줄 여 | 否 4 아닐 부
- 그가 왜 갑자기 離別이별을 宣言선언했는지 모르겠다.   宣 4 베풀 선
- 우리는 關係관계를 整理정리했다.   整 4 가지런할 정
- 우리는 戀人연인 關係관계를 淸算청산했다.   戀 3Ⅱ 그리워할·그릴 연(련)
- 우리는 破鏡파경에 이르렀다.   破 4Ⅱ 깨뜨릴 파 | 鏡 4 거울 경
- 나는 一方的일방적으로 離別이별을 通報통보받았다.   報 4Ⅱ 갚을·알릴 보
- 離別이별의 말에 虛脫허탈했다.   虛 4Ⅱ 빌 허 | 脫 4 벗을 탈
- 뜻밖의 離別이별로 衝擊충격을 받았다.   衝 3Ⅱ 찌를 충 | 擊 4 칠 격
- 父母부모님의 反對반대로 헤어질 수밖에 없었다.
- 우리의 離別이별은 宿命숙명일지도 모른다.

이별 후

- 그가 없으니 空虛공허함뿐이다.
- 寤寐不忘오매불망 그 사람 생각뿐이다.   寤 1 잠 깰 오 | 寐 1 잘 매 | 忘 3 잊을 망
- 밤새 뒤척이며 輾轉反側전전반측했다.   輾 1 돌아누울 전 | 轉 4 구를 전 | 側 3Ⅱ 곁 측
- 그녀 생각에 살아갈 意慾의욕이 없다.   慾 3Ⅱ 욕심 욕

- 그가 보고 싶어 斷腸단장의 苦痛고통을 느낀다. 　　　斷 4Ⅱ 끊을 단 | 腸 4 창자 장 |
　　　　　　　　　　　　　　　　　　　　　　　　　痛 4 아플 통
- 그의 幻影환영이 아른거린다.　　　　　　　　　　影 3Ⅱ 그림자 영
- 作別작별 人事인사도 없이 떠난 그가 怨望원망스럽다.　怨 4 원망할 원
- 記憶기억 喪失상실이라도 걸렸으면 좋겠다.　　　　憶 3Ⅱ 생각할 억 | 喪 3Ⅱ 잃을 상
- 아직도 離別이별이 實感실감 나지 않는다.
- 그녀의 溫氣온기가 아직도 느껴진다.
- 그와 再會재회하고 싶다.
- 그녀로 인해 내 모든 것이 疲弊피폐해 졌다.　　　疲 4 피곤할 피 | 弊 1 죽을 폐
- 離別이별에 관한 歌謠가요만 들어도 눈물이 난다.　謠 4Ⅱ 노래 요
- 面刀면도를 안 한 지 一週日일주일이 다 되어 간다.
- 無意識中무의식중에 그녀의 携帶휴대 電話전화 番號번호를 눌렀다.　携 3 이끌 휴 | 帶 4Ⅱ 띠 대
- 理性이성은 理解이해를 하는데 마음이 同意동의하지 않는다.　解 4Ⅱ 풀 해
- 去者日疏거자일소라는 말이 있다.　　　　　　　疏 1 성길 소

참고 去者日疏거자일소 ⇨ 서로 멀리 떨어져 있으면 감정 사이가 멀어짐

05 결혼

약혼

- 나는 可能가능한 한 빨리 그와 約婚式약혼식을 하겠다고 發表발표했다.　婚 4 혼인할 혼
- 父母부모님은 그와의 約婚약혼을 許諾허락하지 않으셨다.　諾 3Ⅱ 허락할 락(낙)
- 그가 至極精誠지극정성으로 父母부모님을 感動감동시켰다.　精 4Ⅱ 정할 정 | 誠 4Ⅱ 정성 성
- 約婚式약혼식 때 粉紅色분홍색 드레스를 입었다.　粉 4 가루 분 | 紅 4 붉을 홍
- 約婚式약혼식은 가까운 親舊친구와 親知친지들 사이에서 儉素검소하게 치렀다.　儉 4 검소할 검 | 素 4Ⅱ 본디·흴 소
- 우리는 約婚약혼 斑指반지를 끼워 주며 誓約서약했다.　斑 1 아롱질 반 | 指 4Ⅱ 가리킬 지 |
　　　　　　　　　　　　　　　　　　　　　　　　　誓 3 맹세할 서
- 그는 나와 定婚정혼한 사람이다.

- 些少사소한 誤解오해로 婚約혼약이 깨졌다. 些 1 적을 사 | 誤 4Ⅱ 그르칠 오 | 解 4Ⅱ 풀 해

- 破婚파혼은 내게 큰 試鍊시련이었다. 破 4Ⅱ 깨뜨릴 파 | 試 4Ⅱ 시험 시 | 鍊 3Ⅱ 쇠불릴·단련할 련(연)

청혼

- 그가 내게 請婚청혼했다. 請 4Ⅱ 청할 청

- 수많은 人波인파 속에서 公開공개 프러포즈를 했다. 波 4Ⅱ 물결 파

- 그는 懸垂幕현수막을 걸어 사랑한다는 文句문구와 함께 請婚청혼했다. 懸 3Ⅱ 달 현 | 垂 3Ⅱ 드리울 수 | 幕 3Ⅱ 장막 막

- 그가 카페에서 心襟심금을 울리는 피아노 演奏연주를 하며 나에게 請婚청혼했다. 襟 1 옷깃 금 | 演 4Ⅱ 펼 연 | 奏 3Ⅱ 아뢸 주

- 그는 道路도로 한복판에 있는 電光板전광판으로 사랑을 告白고백하며 프러포즈를 했다.

- 音癡음치인 그녀가 사랑 노래 全曲전곡을 부르며 感動감동의 프러포즈를 했다. 癡 1 어리석을 치

- 瞬間순간 唐慌당황해서 曖昧애매한 對答대답을 했다. 瞬 3Ⅱ 눈깜짝일 순 | 唐 3Ⅱ 당나라·당황할 당 | 慌 1 어리둥절할 황 | 曖 1 희미할 애 | 昧 1 어두울 매

- 그의 請婚청혼을 欣快흔쾌히 받아들였다. 欣 1 기쁠 흔 | 快 4Ⅱ 쾌할 쾌

결혼 승낙

- 豫想예상대로 請婚청혼을 承諾승낙했다. 豫 4 미리 예 | 想 4Ⅱ 생각 상 | 承 4Ⅱ 이을 승 | 諾 3Ⅱ 허락할 낙(락)

- 請婚청혼에 대한 對答대답을 一旦일단 保留보류했다. 旦 3Ⅱ 아침 단 | 保 4Ⅱ 지킬 보 | 留 4Ⅱ 머무를 류(유)

- 나는 사랑의 結實결실이 結婚결혼이라고 생각한다.

- 重要중요한 것은 그의 人品인품이지 財産재산이 아니다.

- 父母부모님은 우리의 結婚결혼을 認定인정하지 않으신다. 認 4Ⅱ 알 인

- 父母부모님은 내가 現實현실적으로 생각하길 바라신다.

- 父母부모님과의 冷戰냉전이 너무 괴롭다.

- 結局결국 父母부모님이 降伏항복을 하시고 承諾승낙해 주셨다. 降 4 항복할 항, 내릴 강 | 伏 4 엎드릴 복

- 그와의 結婚결혼이 成事성사되었다.
- 우리는 結婚결혼 날짜를 擇日택일하였다.   擇 4 가릴 택
- 結婚式결혼식을 위해 請牒狀청첩장을 만들었다.   牒 1 편지 첩 | 狀 4Ⅱ 문서 장, 형상 상
- 내가 結婚결혼을 한다니 이것이 꿈이냐 生時생시냐?

결혼식

- 다음 달 初旬초순에 그와 結婚결혼할 것이다.   旬 3Ⅱ 열흘 순
- 結婚결혼 準備준비가 複雜복잡했다.   準 4Ⅱ 준할 준 | 備 4Ⅱ 갖출 비 | 複 4 겹칠 복 | 雜 4 섞일 잡
- 드레스 숍에 가서 結婚式결혼식 때 입을 드레스를 골랐다.
- 드디어 來日내일이 決戰결전의 날이다.
- 來日내일이면 우리는 夫婦부부가 된다.   婦 4Ⅱ 며느리 부
- 來日내일은 우리 生涯생애 단 한 번뿐인 結婚式결혼식이다.   涯 3 물가 애
- 新郞신랑 新婦신부가 同時동시에 入場입장했다.   郞 3Ⅱ 사내 랑
- 新婦신부의 얼굴은 純白순백의 面紗布면사포로 가려 있었다.   純 4Ⅱ 순수할 순 | 紗 1 비단 사 | 布 4Ⅱ 베·펼 포, 보시 보
- 新郞신랑 新婦신부가 婚姻혼인 誓約서약을 했다.   姻 3 혼인 인
- 新郞신랑의 大學대학 教授교수님이 主禮주례를 해 주셨다.
- 그는 黑髮흑발이 파뿌리가 될 때까지 百年偕老백년해로하라고 하셨다.   髮 4 터럭 발 | 偕 1 함께 해
- 結婚式결혼식 司會者사회자가 新郞신랑에게 萬歲만세 三唱삼창을 외치도록 했다.   司 3Ⅱ 맡을 사
- 父母부모님께 큰절을 올릴 때 新婦신부의 눈이 充血충혈되었다.   血 4Ⅱ 피 혈
- 新婦신부가 던진 부케를 어떤 老處女노처녀가 받았다.   處 4Ⅱ 곳 처
- 結婚式결혼식은 速戰速決속전속결로 끝났다.
- 賀客하객이 북적였다.   賀 3Ⅱ 하례할 하
- 賀客하객들이 芳名錄방명록에 이름을 남겼다.   芳 3Ⅱ 꽃다울 방 | 錄 4Ⅱ 기록할 록(녹)
- 結婚결혼 披露宴피로연에 가서 親舊친구들과 즐거운 時間시간을 보냈다.   披 1 헤칠 피 | 露 3Ⅱ 이슬 로(노) | 宴 3Ⅱ 잔치 연
- 우리는 琴瑟금실이 좋은 夫婦부부가 될 것이다.   琴 3Ⅱ 거문고 금 | 瑟 2 큰거문고 슬
- 우리는 結婚결혼 25週年주년이 되면 銀婚式은혼식을 올릴 것이다.
- 結婚결혼 50週年주년에는 金婚式금혼식도 생각하고 있다.

Diary

첫사랑

12월 15일

일요일 아침 대학생들의 미팅을 소재로 한 예능 프로그램을 보았다. 보고 있노라니 나에게도 저런 풋풋했던 시절이 있었던가 하는 생각이 들었다. 주부로 살아 온 지 17년. 남편도 내 이름 대신 '원주 엄마', 또는 '이거 봐'라고 부른다. 보긴 뭘 보라는 건지. 내 이름을 잊고 산 지 17년이라고 하는 게 맞겠다. 나도 대학생 때는 한 미모했었는데……. 대학교에 입학하자마자 미팅이라는 것을 하게 되었는데 그때 내가 꿈꾸던 이상형을 만났었다. 첫눈에 전기가 통하는 느낌과 이성이 마비되는 느낌! 여중, 여고를 나온 나는 이상형으로 항상 우리 아버지 같은 사람을 꿈꿨었는데 정말 아버지처럼 후덕한 인상에 자상한 말투까지 모든 것이 마음에 들었다. 특히 지금도 생각나는 그 사람의 다정다감함은 지금 남편과는 비교도 안 된다. 흥! 그는 후덕한 외모였지만 이목구비가 뚜렷하고 자상했지만 박력이 있었다. 유머 감각도 풍부해서 늘 나를 즐겁게 해 줬었다. 그로 인해 대학교 1학년 때는 정말 낭만이 가득한 캠퍼스 생활을 한 것 같다. 그가 군에 입대를 하면서 자연스럽게 이별을 하게 되었고, 지금은 추억 속의 첫사랑으로 남아 있지만 대학 생활을 떠올리게 하는 텔레비전 프로그램을 볼 때마다 지금은 어떻게 살고 있을까? 하는 생각을 하기도 한다. 아~ 순수한 사랑의 열병을 앓았던 내 청춘을 돌리도~.

■ 알맞은 한자로 써 보세요.

1. 일요일 _____
2. 대학생 _____
3. 소재 _____
4. 예능 _____
5. 시절 _____
6. 주부 _____
7. 남편 _____
8. 대신 _____
9. 미모 _____
10. 대학교 _____
11. 입학 _____
12. 이상형 _____
13. 전기 _____
14. 이성 _____
15. 마비 _____
16. 여중 _____
17. 여고 _____
18. 항상 _____
19. 후덕 _____
20. 인상 _____
21. 자상 _____
22. 다정다감 _____
23. 비교 _____
24. 외모 _____
25. 이목구비 _____
26. 박력 _____
27. 감각 _____
28. 풍부 _____
29. 1학년 _____
30. 낭만 _____
31. 생활 _____
32. 입대 _____
33. 자연 _____
34. 이별 _____
35. 추억 _____
36. 대학 _____
37. 순수 _____
38. 열병 _____
39. 청춘 _____

16. 사랑

첫사랑

十二月 十五日

　日曜日 아침 大學生들의 미팅을 素材로 한 藝能 프로그램을 보았다. 보고 있노라니 나에게도 저런 풋풋했던 時節이 있었던가 하는 생각이 들었다. 主婦로 살아 온 지 17년. 男便도 내 이름 代身 '원주 엄마', 또는 '이거 봐'라고 부른다. 보긴 뭘 보라는 건지. 내 이름을 잊고 산 지 17년이라고 하는 게 맞겠다. 나도 大學生 때는 한 美貌 했었는데…… 大學校에 入學하자마자 미팅이라는 것을 하게 되었는데 그때 내가 꿈꾸던 理想型을 만났었다. 첫눈에 電氣가 통하는 느낌과 理性이 痲痺되는 느낌! 女中, 女高를 나온 나는 理想型으로 恒常 우리 아버지 같은 사람을 꿈꿨었는데 정말 아버지처럼 厚德한 印象에 仔詳한 말투까지 모든 것이 마음에 들었다. 특히 지금도 생각나는 그 사람의 多情多感함은 지금 男便과는 比較도 안 된다. 흥! 그는 厚德한 外貌였지만 耳目口鼻가 뚜렷하고 仔詳했지만 迫力이 있었다. 유머 感覺도 豊富해서 늘 나를 즐겁게 해 줬었다. 그로 인해 大學校 一學年 때는 정말 浪漫이 가득한 캠퍼스 生活을 한 것 같다. 그가 군에 入隊를 하면서 自然스럽게 離別을 하게 되었고, 지금은 追憶 속의 첫사랑으로 남아 있지만 大學 生活을 떠올리게 하는 텔레비전 프로그램을 볼 때마다 지금은 어떻게 살고 있을까? 하는 생각을 하기도 한다. 아~ 純粹한 사랑의 熱病을 앓았던 내 靑春을 돌리도~

CHAPTER 17

취미 활동

- 01. 취미
- 02. 등산
- 03. 독서
- 04. 음악
- 05. 악기
- 06. 노래
- 07. 춤
- 08. 그림
- 09. 사진
- 10. 애완동물
- 11. 연예
- 12. 수집
- 13. 재봉·자수
+ Diary

01 취미

취미

- 趣味취미를 時間시간 浪費낭비라고 생각하는 사람도 있지만, 나는 그렇게 생각하지 않는다.
- 趣味취미는 但只단지 時間시간 죽이기를 위한 것만은 아니다.
- 趣味취미는 우리의 感情감정을 安靖안정시키고 肯定긍정적인 思考사고를 키워 준다.
- 親舊친구가 나와 똑같은 趣味취미가 있다는 것에 同質感동질감을 느꼈다.
- 우리 두 사람은 趣味취미에 있어 趣向취향이 비슷하다.

趣 4 뜻 취 | 味 4Ⅱ 맛 미 |
浪 3Ⅱ 물결 낭(랑)

但 3Ⅱ 다만 단 | 只 3 다만 지

靖 1 편안할 정 | 肯 3 즐길 긍

내 취미

- 나는 多樣다양한 趣味취미 活動활동을 한다.
- 그중 貨幣화폐 蒐集수집을 가장 좋아한다.
- 내 趣味취미는 音樂음악 感想감상이다.
- 나는 奧地오지 旅行여행을 좋아한다.
- 나는 十字繡십자수 놓기를 좋아한다.
- 나는 靜寂정적이 흐르는 곳에서의 밤낚시를 즐긴다.
- 내 趣味취미는 料理요리하기다.
- 나는 被寫體피사체 찍기를 좋아한다.
- 나는 손재주가 卓越탁월하다.
- 나는 집 안의 室內실내 裝飾장식을 철마다 바꾸는 趣味취미가 있다.
- 나는 趣味취미로 實用실용 音樂음악을 배운다.

樣 4 모양 양

貨 4Ⅱ 재물 화 | 幣 3 화폐 폐 |
蒐 1 모을 수

想 4Ⅱ 생각 상

奧 1 깊을 오

繡 1 수놓을 수

靜 4 고요할 정 | 寂 3Ⅱ 고요할 적

被 3Ⅱ 입을 피

越 3Ⅱ 넘을 월

裝 4 꾸밀 장 | 飾 3Ⅱ 꾸밀 식

취미 개발

- 나는 趣味취미를 즐길 餘力여력이 없다.
- 蒐集수집에는 門外漢문외한이다.

餘 4Ⅱ 남을 여

364

- 나는 音癡음치에 拍癡박치이다.   癡 1 어리석을 치 | 拍 4 칠 박
- 나는 運動운동에도 素質소질이 없다.   素 4Ⅱ 본디·흴 소
- 나는 撞球당구를 배우고 싶다.   撞 1 칠 당
- 나는 書藝서예와 체스, 그리고 기타를 演奏연주하는 법을 배우고 싶다.   藝 4Ⅱ 재주 예 | 演 4Ⅱ 펼 연 | 奏 3Ⅱ 아뢸 주
- 나는 趣味취미로 愛玩犬애완견을 기르고 싶다.   玩 1 즐길 완

02 등산

등산을 가다

- 나는 어렸을 때부터 登山등산을 즐겼다.
- 나는 거의 모든 登山등산 裝備장비를 具備구비하고 있다.   裝 4 꾸밀 장 | 備 4Ⅱ 갖출 비
- 나는 爽快상쾌한 空氣공기를 마시러 親舊친구들과 登山등산을 다닌다.   爽 1 시원할 상 | 快 4Ⅱ 쾌할 쾌
- 休日휴일에는 山岳會산악회 會員회원들과 산에 오른다.   岳 3 큰산 악 | 員 4Ⅱ 인원 원
- 그 산은 登山등산하기에 너무 險峻험준했다.
- 그는 能熟능숙하고 재빠르게 산에 올랐다.   熟 3Ⅱ 익을 숙
- 그를 따라잡기란 不可能불가능했다.
- 海拔해발 1950미터인 한라산에는 올라가 본 적이 없다.   拔 3Ⅱ 뽑을 발
- 巖壁암벽 登攀등반을 했다.   巖 3Ⅱ 바위 암 | 攀 1 더위잡을 반
- 巖壁암벽 登攀등반을 하다가 작은 安全事故안전사고가 있었다.   故 4Ⅱ 연고 고
- 夜間야간 山行산행은 徹底철저한 準備준비가 必要필요하다.   徹 3Ⅱ 통할 철 | 底 4 밑 저

정상에서

- 頂上정상에 到着도착하니 가슴이 확 트이는 氣分기분이었다.   頂 3Ⅱ 정수리 정
- 展望臺전망대에서 아래 風景풍경을 내려다볼 수 있었다.   臺 3Ⅱ 대 대
- 頂上정상에서 땀을 식히며 同僚동료들과 冷水냉수를 마셨다.   僚 3 동료 료(요)

- 頂上정상에서는 마을이 小人國소인국처럼 보인다.
- 산을 登攀등반하고 난 후 산이 우리에게 주는 惠澤혜택에 感謝감사하는 마음을 가졌다. 惠 4Ⅱ 은혜 혜 | 澤 3Ⅱ 못 택 | 謝 4Ⅱ 사례할 사
- 頂上정상에서 보는 日沒일몰은 壯觀장관이었다. 沒 3Ⅱ 빠질 몰 | 壯 4 장할 장
- 眩氣症현기증이 날 程度정도로 멋진 景致경치였다. 眩 1 어지러울 현 | 症 3Ⅱ 증세 증
- 말로 表現표현하기에는 不足부족할 程度정도다. 程 4Ⅱ 한도·길 정
- 사람들도 景致경치를 보며 感歎감탄해 마지않았다. 歎 4 탄식할 탄

03 독서

독서

- 나는 讀書독서를 좋아한다.
- 나는 讀書狂독서광이다. 狂 3Ⅱ 미칠 광
- 讀書독서가 내 唯一유일한 趣味취미다. 唯 3 오직 유 | 趣 4 뜻 취 | 味 4Ⅱ 맛 미
- 나는 先生선생님이 勸獎권장하시는 圖書도서는 다 읽었다. 獎 4 장려할 장
- 가을은 天高馬肥천고마비의 季節계절이다.
- 日曜日일요일에는 大部分대부분의 餘暇여가 時間시간을 讀書독서로 보낸다. 餘 4Ⅱ 남을 여 | 暇 4 틈·겨를 가
- 한 달에 平均평균 小說소설 한 권은 읽는다. 均 4 고를 균
- 가을은 燈火可親등화가친의 季節계절이다. 燈 4Ⅱ 등 등 | 季 4 계절 계
- 나는 就寢취침 전에 꼭 讀書독서하는 習慣습관이 있다. 就 4 나아갈 취 | 寢 4 잘 침 | 慣 3Ⅱ 익숙할 관
- 恒常항상 새로운 分野분야의 冊책을 읽으려고 努力노력한다. 恒 3Ⅱ 항상 항 | 常 4Ⅱ 떳떳할 상 | 努 4Ⅱ 힘쓸 노
- 나는 讀書독서에는 興味흥미가 없다. 興 4Ⅱ 일 흥
- 冊책을 읽을 處地처지가 아니었다. 處 4Ⅱ 곳 처
- 모두가 내게 讀書독서를 慫慂종용하지만 나는 讀書독서가 재미없다. 慫 1 권할 종 | 慂 특Ⅱ 권할 용

- 나는 恒常항상 인터넷 書店서점에서 冊책을 購入구입한다. 購 2 살 구
- 自己자기 開發개발 書籍서적을 한 권 注文주문했다. 籍 4 문서 적
- 讀書독서와 精神정신의 關係관계는 飮食음식과 肉體육체의 關係관계와 같다. 精 4Ⅱ 정할 정 | 係 4Ⅱ 맬 계 | 肉 4Ⅱ 고기 육

독서에 빠지다

- 나는 讀書독서 三昧境삼매경에 빠졌다. 昧 1 어두울 매 | 境 4Ⅱ 지경 경
- 나는 장르를 不問불문하고 모든 책을 涉獵섭렵한다. 涉 3 건널 섭 | 獵 3 사냥 렵(엽)
- 나는 汗牛充棟한우충동할 만큼 讀書독서에 빠져 있다. 汗 3Ⅱ 땀 한 | 棟 2 마룻대 동
- 나는 五車書오거서를 涉獵섭렵할 작정으로 讀書독서에 빠져들었다.
- 난 恒常항상 冊책을 携帶휴대하고 다닌다. 携 3 이끌 휴 | 帶 4Ⅱ 띠 대
- 讀書독서는 마음의 糧食양식이기 때문에 하루도 멀리해서는 안 된다. 糧 4 양식 양(량)
- 나는 多讀다독하는 편이다.
- 나는 글에 內包내포되어 있는 意味의미를 理解이해하려고 努力노력한다. 包 4Ⅱ 쌀 포 | 解 4Ⅱ 풀 해
- 나는 全校전교에서 讀書量독서량이 가장 많은 學生학생으로 所聞소문났다.

참고 汗牛充棟한우충동 ⇨ 가지고 있는 책이 많음

독서 취향

- 나는 歷史역사 이야기에 關心관심이 많다.
- 지금 아주 재미있는 探偵탐정 小說소설을 읽고 있다.
- 나는 漫畫冊만화책이라면 四足사족을 못 쓴다.
- 漫畫冊만화책은 재미도 있고 敎育의교육적 效果효과도 볼 수 있다.
- 漫畫冊만화책으로는 어려운 經濟學경제학도 쉽게 工夫공부할 수 있다. 經 4Ⅱ 지날·글 경 | 濟 4Ⅱ 건널 제
- 나는 聖經冊성경책을 즐겨 읽는다. 聖 4Ⅱ 성인 성 | 冊 4 책 책
- 나는 入門書입문서를 즐겨 본다.
- 나는 世界세계의 有名유명한 文學문학 作品작품들을 읽는 것을 좋아한다.
- 나는 外國외국 小說소설의 飜譯書번역서도 자주 본다. 飜 3 번역할 번 | 譯 3Ⅱ 번역할 역
- 나는 小說소설뿐 아니라 詩시와 隨筆수필에도 興味흥미가 있다. 隨 3Ⅱ 따를 수
- 나는 速讀속독에 능하다.
- 나는 廣範圍광범위한 分野분야의 冊책을 읽는다. 範 4 법 범 | 圍 4 에워쌀 위

도서관에서

- 책을 貸與대여하기 위해 圖書館도서관에 갔다. 貸 3Ⅱ 빌릴·꿀 대 | 與 4 더불·줄 여 | 館 3Ⅱ 집 관

- 圖書館도서관에서 책을 貸與대여하기 위해서는 會員證회원증이 있어야 한다. 員 4Ⅱ 인원 원 | 證 4 증거 증

- 한 번에 빌릴 수 있는 卷數권수가 制限제한되어 있다. 卷 4 책 권 | 制 4Ⅱ 절제할 제 | 限 4Ⅱ 한할 한

- 내가 貸與대여하고 싶은 책은 參考참고 書籍서적이라 貸出대출이 不可불가하다.

- 나는 그 책을 閱覽室열람실에서 읽어야 했다. 閱 3 볼 열 | 覽 4 볼 람

- 必要필요한 部分부분만 複寫복사하는 것은 可能가능했다. 複 4 겹칠 복

- 내가 찾는 책은 貸出대출되어 延滯연체 중이었다. 延 4 늘일 연 | 滯 3Ⅱ 막힐 체

- 그 책의 返納반납 期限기한이 지났다. 返 3 돌이킬 반 | 納 4 들일 납 | 限 4Ⅱ 한할 한

- 그 책을 더 보고 싶어 司書사서에게 期限기한 延長연장 申請신청을 했다. 司 3Ⅱ 맡을 사 | 請 4Ⅱ 청할 청

독후감

- 책을 읽고 난 후 讀後感독후감을 썼다.

- 그 책은 睡眠劑수면제 같았다. 睡 3 졸음 수 | 眠 3Ⅱ 잘 면 | 劑 2 약제 제

- 그 책은 劇的극적이다. 劇 4 심할 극

- 그 책은 웃음 核爆彈핵폭탄이 가득하다. 核 4 씨 핵 | 爆 4 불터질 폭 | 彈 4 탄알 탄

- 그 책은 怪奇괴기스러운 場面장면 天地천지다. 怪 3Ⅱ 괴이할 괴 | 奇 4 기특할 기

- 그 책은 難解난해하다. 難 4Ⅱ 어려울 난(란) | 解 4Ⅱ 풀 해

- 그 책은 接近접근하기가 매우 쉽다. 接 4Ⅱ 이을 접

- 책이 너무 재미있어서 中斷중단할 수가 없었다. 斷 4Ⅱ 끊을 단

- 나는 그 책을 읽고 意識의식이 變化변화되었다.

- 책을 통해서 新奇신기한 事實사실을 알게 되었다.

- 우리는 책을 통해 間接간접 經驗경험을 할 수 있다. 經 4Ⅱ 지날·글 경 | 驗 4Ⅱ 시험 험

- 그 책은 나에게 有益유익한 情報정보를 알려 주었다. 益 4Ⅱ 더할 익

- 그 책으로 인해 내 價値觀가치관이 確立확립되었다. 値 3Ⅱ 값 치 | 確 4Ⅱ 굳을 확

- 그 책은 올해의 人氣인기 商品상품으로 登極등극했다. 極 4Ⅱ 다할·극진할 극

- 나는 그 책을 읽고 書評서평을 썼다.　　　　　　　　　　　　評 4 평할 평
- 그 책을 親舊친구에게 推薦추천했다.　　　　　　　　　　　推 4 밀 추 | 薦 3 천거할 천

📖 책의 종류

童畵	동화		自己 開發書	자기 개발서	
小說	소설		詩	시	詩 4Ⅱ 시 시
偉人傳	위인전		雜誌	잡지	雜 4 섞일 잡	誌 4 기록할 지
推理 小說	추리 소설	推 4 밀 추	定期 刊行物	정기 간행물	刊 3Ⅱ 새길 간
探偵 小說	탐정 소설	探 4 찾을 탐 | 偵 2 염탐할 정	自敍傳	자서전	敍 3 펼 서
空想 小說	공상 소설	想 4Ⅱ 생각 상	手筆	수필	
冒險 小說	모험 소설	冒 3 무릅쓸 모 | 險 4 험할 험	漫畵冊	만화책	漫 3 흩어질 만
英雄 小說	영웅 소설		百科事典	백과사전	

04 음악

나와 음악

- 나는 音樂음악에 趣味취미가 있다.　　　　　　　　　　　趣 4 뜻 취 | 味 4Ⅱ 맛 미
- 우리 父母부모님은 내가 어릴 때부터 音樂음악에 才能재능이 있었다고 하신다.
- 나는 放課방과 후 音樂음악 授業수업을 한다.　　　　　　　授 4Ⅱ 줄 수
- 나는 그 音樂음악을 클라리넷용으로 編曲편곡했다.　　　　編 3Ⅱ 엮을 편
- 피아노를 위한 甘味감미로운 音樂음악을 作曲작곡했다.　　甘 4 달 감
- 내 趣味취미는 音樂음악을 錄音녹음하는 것이다.
- 내가 좋아하는 장르의 CD를 蒐集수집한다.　　　　　　　　蒐 1 모을 수
- 나는 인터넷 사이트에서 音源음원이 確實확실한 것만 다운 받는다.　源 4 근원 원 | 確 4Ⅱ 굳을 확

369

- 場所장소에 拘礙구애 받지 않고 音樂음악을 듣기 위해 恒常항상 MP3 플레이어를 가지고 다닌다. 　　拘 3Ⅱ 잡을 구 | 礙 2 거리낄 애 | 恒 3Ⅱ 항상 항 | 常 4Ⅱ 떳떳할 상
- 音樂음악은 내 關心事관심사 중 하나이기 때문에 나는 音樂會음악회에 가는 것을 좋아한다.
- 나는 그 音樂음악의 拍子박자와 어울리는 若干약간의 律動율동도 즐기는 편이다. 　　拍 4 칠 박 | 若 3Ⅱ 같을 약, 반야 야 | 干 4 방패 간 | 律 4Ⅱ 법칙 율(률)
- 나는 音樂음악 愛好家애호가다. 　　好 4Ⅱ 좋을 호

내가 좋아하는 음악

- 나는 美國미국의 팝송을 좋아한다.
- 나는 速射砲속사포로 말하는 랩을 좋아한다. 　　射 4 쏠 사 | 砲 4Ⅱ 대포 포
- 나는 뉴욕 貧民街빈민가에서 始作시작된 힙합을 좋아한다. 　　貧 4Ⅱ 가난할 빈 | 街 4Ⅱ 거리 가
- 나는 그룹 復活부활이 追求추구하는 록을 좋아한다. 　　復 4Ⅱ 다시 부, 회복할 복 | 追 3Ⅱ 쫓을·따를 추
- 나는 古典고전 音樂음악을 좋아한다.
- 나는 특히 모차르트의 作品작품을 좋아한다.
- 베토벤은 내가 가장 尊敬존경하는 音樂家음악가이다. 　　尊 4Ⅱ 높을 존

음악 감상

- 나는 雰圍氣분위기를 잡으며 音樂음악을 즐긴다. 　　雰 1 눈날릴 분 | 圍 4 에워쌀 위
- 나는 피아노와 바이올린의 二重奏이중주를 좋아한다. 　　奏 3Ⅱ 아뢸 주
- 그 音樂음악은 過去과거를 回想회상하게 만든다. 　　回 4Ⅱ 돌아올 회 | 想 4Ⅱ 생각 상
- 그 음악을 들으면 少時소시적 생각이 난다.
- 音樂음악은 나에게 삶의 指標지표를 세워 주었다. 　　指 4Ⅱ 가리킬 지 | 標 4 표할 표
- 그 音樂음악에 感化감화되었다.
- 그 音樂음악은 정말 印象인상적이었다. 　　印 4Ⅱ 도장 인 | 象 4 코끼리 상
- 그 音樂음악을 들으니 머리가 聰明총명해지는 氣分기분이다. 　　聰 3 귀밝을 총
- 音樂음악은 아픔을 治癒치유해 준다. 　　治 4Ⅱ 다스릴 치 | 癒 1 병나을 유
- 나는 絕對절대 音感음감의 所有者소유자이다.

05 악기

- 나는 絃樂器현악기인 바이올린을 배웠다. 　　絃 3 줄 현 | 器 4Ⅱ 그릇 기
- 나는 打樂器타악기인 피아노 演奏연주를 잘한다. 　　演 4Ⅱ 펼 연 | 奏 3Ⅱ 아뢸 주
- 피아노는 男女老少남녀노소 負擔부담 없이 演奏연주하기에 좋은 樂器악기인 것 같다. 　　負 4 질 부 | 擔 4Ⅱ 멜 담
- 오늘은 學校학교에서 短簫단소 부는 법을 배웠다. 　　簫 1 쓸쓸할 소
- 나는 주로 木管목관 樂器악기를 좋아한다. 　　管 4 대롱·주관할 관
- 나는 가끔 거문고와 伽倻琴가야금이 헷갈린다. 　　伽 2 절 가 | 倻 2 가야 야
　琴 3Ⅱ 거문고 금
- 나는 獨奏독주 樂器악기로 자주 쓰이는 거문고가 더 좋다.
- 클라리넷을 불기 전에 먼저 調律조율을 했다. 　　律 4Ⅱ 법칙 율(률)
- 나는 金管금관 樂器악기인 트럼펫으로 入試입시 準備준비를 했다. 　　試 4Ⅱ 시험 시 | 準 4Ⅱ 준할 준 |
　備 4Ⅱ 갖출 비

06 노래

나와 노래

- 나는 歌唱力가창력이 있다는 소리를 가끔 듣는다.
- 나는 無伴奏무반주에도 노래를 잘 부른다. 　　伴 3 짝 반
- 나는 아주 熱情열정적으로 노래를 부른다.
- 나는 노래를 잘해서 어딜 가나 歡迎환영받는다. 　　歡 4 기쁠 환 | 迎 4 맞을 영
- 나는 하루의 疲勞피로를 신나는 노래로 解消해소한다. 　　疲 4 피곤할 피 | 解 4Ⅱ 풀 해
- 나의 타고난 聲帶성대 덕분에 그들은 나를 좋아한다. 　　聲 4Ⅱ 소리 성 | 帶 4Ⅱ 띠 대
- 나는 좀 暗鬱암울한 노래를 좋아한다. 　　暗 4Ⅱ 어두울 암 | 鬱 2 답답할 울

- 나는 音癡음치다.
- 나는 舞臺무대 恐怖症공포증이 있다.

癡 1 어리석을 치

舞 4 춤출 무 | 臺 3Ⅱ 대 대 |
恐 3Ⅱ 두려울 공 | 怖 2 두려워할 포 |
症 3Ⅱ 증세 증

노래방에서

- 가끔 親舊친구들과 노래방에서 氣分기분 轉換전환을 한다.
- 于先우선 選曲선곡을 했다.
- 노래를 부르기 전 高音고음 部分부분의 음을 맞춰 보았다.
- 元曲원곡 뺨칠 程度정도로 멋지게 한 곡 불렀다.
- 親舊친구들은 拍子박자에 맞추어 效果音효과음도 넣어 주었다.
- 우리는 交代교대로 노래를 불렀다.
- 우리는 齊唱제창을 했다.
- 音樂음악에 맞추어 拍手박수를 치고 高喊고함을 질렀다.
- 聲帶성대에 痛症통증이 올 程度정도로 오래 노래를 불렀다.

轉 4 구를 전 | 換 3Ⅱ 바꿀 환

于 3 어조사 우

程 4Ⅱ 한도·길 정

拍 4 칠 박

齊 3Ⅱ 가지런할 제

喊 1 소리칠 함

痛 4 아플 통

07 춤

나와 춤

- 나는 親舊친구들과 歌舞가무를 즐기는 것을 좋아한다.
- 나는 어렸을 때 댄스 神童신동이라는 소리를 자주 들었다.
- 예전엔 춤을 자주 추곤 했는데 이제는 體力체력의 限界한계 때문에 더 이상 추지 않는다.
- 나는 所謂소위 말하는 춤꾼이 되고 싶다.
- 나는 춤을 추고 싶은 熱情열정은 充滿충만한 데 반해 實力실력은 없다.
- 나는 專門家전문가처럼 잘 추진 못하지만 춤을 즐기는 眞正진정한 마니아다.

舞 4 춤출 무

限 4Ⅱ 한할 한

謂 3Ⅱ 이를 위

滿 4Ⅱ 찰 만

專 4 오로지 전 | 眞 4Ⅱ 참 진

춤을 추다

- 나에게 춤은 業務_{업무}에 지친 疲勞_{피로}를 날려 버릴 수 있는 原動力_{원동력}이다.   務 4Ⅱ 힘쓸 무 | 疲 4 피곤할 피
- 나는 學校_{학교} 舞踊_{무용} 練習室_{연습실}에서 種種_{종종} 춤을 춘다.   踊 1 뛸 용
- 모두 起立_{기립}하여 춤을 추기 始作_{시작}했다.   起 4Ⅱ 일어날 기
- 내가 춤을 先導_{선도}했다.   導 4Ⅱ 인도할 도
- 나는 한때 춤에 미쳐 學業_{학업}도 抛棄_{포기}했었다.   抛 2 던질 포 | 棄 3 버릴 기
- 그는 專門_{전문} 댄서 募集_{모집}에 願書_{원서}를 낼 만큼 춤을 잘 추었다.   專 4 오로지 전 | 募 3 모을·뽑을 모
- 우리는 社交_{사교}춤을 배웠다.
- 우리는 各自_{각자}의 相對方_{상대방}과 춤을 추었다.
- 하와이 傳統_{전통} 춤인 훌라 댄스를 배웠다.   統 4Ⅱ 거느릴 통
- 南美_{남미} 춤인 룸바 댄스를 좋아한다.

08 그림

나와 그림

- 나는 하얀 圖畫紙_{도화지}에 그림 그리는 것을 좋아한다.
- 나는 그림에 天賦的_{천부적} 素質_{소질}이 있다.   賦 3Ⅱ 부세 부 | 素 4Ⅱ 본디·흴 소
- 나는 揷畫家_{삽화가}가 되고 싶다.   揷 2 꽂을 삽
- 내 꿈은 畫家_{화가}다.
- 그림에 素質_{소질}은 없지만 그림 그리기에는 愛着_{애착}이 강하다.
- 心的_{심적}인 安靜_{안정}이 必要_{필요}할 때에는 그림을 그린다.   靜 4 고요할 정
- 그림을 그릴 때는 暫時_{잠시}나마 日常_{일상}을 잊을 수 있다.   暫 3Ⅱ 잠깐 잠 | 常 4Ⅱ 떳떳할 상
- 내가 좋아하는 畫家_{화가}의 그림을 보며 表現_{표현} 技法_{기법}을 배운다.

그림을 그리다

- 日曜日_{일요일}에는 親舊_{친구}들과 스케치하러 郊外_{교외}로 갔다. 　　　郊 3 들 교
- 油畫_{유화} 물감으로 風景畫_{풍경화}를 그렸다.
- 水彩畫_{수채화} 물감으로 靜物畫_{정물화}를 그렸다. 　　　彩 3Ⅱ 채색 채
- 木炭_{목탄}으로 그의 肖像畫_{초상화}를 그렸다. 　　　肖 3Ⅱ 닮을·같을 초 | 像 3Ⅱ 모양 상
- 나는 自畫像_{자화상} 그리기를 좋아한다.
- 나는 꽃을 精密_{정밀}하게 觀察_{관찰}한 후 멋지게 그려 냈다. 　　　密 4Ⅱ 빽빽할 밀 | 察 4Ⅱ 살필 찰
- 나는 半裸_{반라}의 누드를 그렸다. 　　　裸 2 벗을 라(나)
- 가끔 抽象畫_{추상화}도 그린다. 　　　抽 3 뽑을 추 | 象 4 코끼리 상
- 나의 그림을 凌駕_{능가}할 사람이 없다고 自信_{자신}한다. 　　　凌 1 업신여길 능(릉) | 駕 1 멍에 가
- 내 그림은 遠近感_{원근감}이 잘 表現_{표현}되어 있다.

09 사진

카메라

- 나는 外出_{외출}할 때마다 카메라와 同行_{동행}한다.
- 내 카메라는 自動_{자동}이어서 焦點_{초점}을 맞출 必要_{필요}가 없다. 　　　焦 2 탈 초 | 點 4 점 점
- 디지털카메라는 寫眞_{사진}의 修整_{수정}, 補完_{보완}이 可能_{가능}해서 좋다. 　　　眞 4Ⅱ 참 진 | 修 4Ⅱ 닦을 수 | 整 4 가지런할 정 | 補 3Ⅱ 기울 보
- 내 카메라는 바디와 렌즈가 分離_{분리}되어 렌즈만 따로 交替_{교체}할 수 있는 것이다. 　　　離 4 떠날 리(이) | 替 3 바꿀 체
- 나는 寫眞師_{사진사}이기 때문에 出場_{출장} 撮影_{촬영}을 자주 간다. 　　　師 4Ⅱ 스승 사 | 撮 1 모을·사진찍을 촬 | 影 3Ⅱ 그림자 영
- 얼마 전에 高價_{고가}의 렌즈가 破損_{파손}되어 큰 損害_{손해}를 입었다. 　　　破 4Ⅱ 깨뜨릴 파 | 損 4 덜 손
- 카메라를 샀더니 景品_{경품}으로 三脚臺_{삼각대}를 주었다. 　　　脚 3Ⅱ 다리 각 | 臺 3Ⅱ 대 대

사진 촬영

- 나는 風景풍경 寫眞사진을 찍는 것을 좋아한다.
- 나는 人物인물 寫眞사진보다는 景致경치를 찍는 것에 더 關心관심이 있다.
- 디지털카메라로 薔薇장미꽃을 찍었다. 薔 1 장미 장 | 薇 1 장미 미
- 첫돌 紀念기념으로 스냅 寫眞사진을 찍었다. 紀 4 벼리 기
- 내가 하는 行動행동을 連續연속 寫眞사진으로 찍었다. 連 4Ⅱ 이을 연(련) | 續 4Ⅱ 이을 속
- 폴라로이드 寫眞機사진기로 卽席즉석 寫眞사진을 찍었다. 機 4 틀 기 | 卽 3Ⅱ 곧 즉
- 寫眞사진을 찍기 위해 포즈를 잡았는데 너무 不自然부자연스러웠다.
- 나는 그녀를 盜撮도촬했다. 盜 4 도둑 도
- 찍은 結果物결과물을 빨리 보고 싶었다.
- 나는 寫眞사진 콘테스트에서 入賞입상했다.
- 나는 셀카의 達人달인이다. 達 4Ⅱ 통달할 달
- 그녀는 귀여운 表情표정의 高手고수이다.
- 寫眞사진을 찍을 땐 늘 硬直경직된다. 硬 3Ⅱ 굳을 경

현상 · 인화

- 디지털카메라로 찍은 寫眞사진을 印畫인화했다. 印 4Ⅱ 도장 인
- 寫眞館사진관에서 證明寫眞증명사진을 찍고 現像현상했다. 館 3Ⅱ 집 관 | 證 4 증거 증 | 像 3Ⅱ 모양 상
- 寫眞사진의 焦點초점이 흔들렸다.
- 證明寫眞증명사진을 擴大확대했다. 擴 3 넓힐 확
- 그녀는 暗室암실에서 直接직접 寫眞사진 現像현상 作業작업을 한다. 暗 4Ⅱ 어두울 암 | 接 4Ⅱ 이을 접

사진

- 나는 實物실물보다 寫眞사진이 낫다.
- 寫眞사진이 鮮明선명하게 잘 나온 것 같다.
- 寫眞사진에서는 體軀체구가 커 보인다. 軀 1 몸 구

10 애완동물

나의 애완동물

- 나는 愛玩動物애완동물을 기르고 싶었다.   玩 1 즐길 완
- 오늘 愛玩動物애완동물과 첫 對面대면을 했다.
- 내 愛玩動物애완동물은 忠直충직한 것 같다.
- 내 愛玩動物애완동물은 큰 소리에 敏感민감하다.   敏 3 민첩할 민
- 내 愛玩動物애완동물은 主人주인 앞에서만 愛嬌애교를 부린다.   嬌 1 아리따울 교
- 愛玩動物애완동물도 사람처럼 愛情애정으로 키워야 한다.
- 그곳은 愛玩動物애완동물 入場입장이 許容허용되지 않는다.   容 4II 얼굴 용
- 내 愛玩動物애완동물은 純種순종이다.   純 4II 순수할 순
- 내 愛玩動物애완동물은 雜種잡종이다.   雜 4 섞일 잡
- 나는 愛玩動物애완동물을 放牧방목한다.
- 愛玩動物애완동물에게 大小便대소변 가리는 訓練훈련을 시켰다.
- 내 愛玩動物애완동물은 사람들과 함께 있는 것에 拒否感거부감을 느끼지 않는다.   拒 4 막을 거 | 否 4 아닐 부

애완견

- 내 愛玩犬애완견은 忠犬충견이다.
- 개들도 사람과 마찬가지로 사랑과 尊重존중이 必要필요하다.   尊 4II 높을 존
- 내 愛玩犬애완견은 우리나라가 월드컵에서 4강 神話신화를 이룩한 날 誕生탄생해서 이름이 '사강'이다.   誕 3 낳을·거짓 탄
- 나는 개를 散策산책시켰다.   散 4 흩을 산 | 策 4 꾀 책
- 나는 밥을 먹고 消化소화를 시키려고 愛玩犬애완견과 運動운동을 나갔다.
- 愛玩犬애완견의 털을 자주 빗어 주면 光澤광택이 난다.   澤 3II 못 택
- 每日매일 아침, 愛玩犬애완견의 도움으로 起牀기상한다.   起 4II 일어날 기 | 牀 특II 평상 상
- 내 愛玩犬애완견은 모르는 사람이 오면 심하게 警戒경계한다.   警 4II 깨우칠 경 | 戒 4 경계할 계
- 내 愛玩犬애완견은 내가 呼名호명하면 곧장 나에게 달려온다.   呼 4II 부를 호

- 내 愛玩犬애완견은 定期的정기적으로 動物동물 病院병원에 가서 檢診검진을 받는다.   檢 4Ⅱ 검사할 검 | 診 2 진찰할 진
- 나는 愛犬애견 美容미용에도 關心관심이 많다.
- 내 愛玩犬애완견은 早晚間조만간 交配교배를 할 것이다.   早 4Ⅱ 이를 조 | 晚 3Ⅱ 늦을 만 | 配 4Ⅱ 나눌·짝 배
- 내 愛玩犬애완견은 飼料사료를 먹는다.   飼 2 기를 사
- 只今지금 키우는 愛玩犬애완견 말고 한 마리 더 分讓분양받고 싶다.   只 3 다만 지 | 讓 3Ⅱ 사양할 양

애완 고양이

- 내 愛玩애완 고양이는 宏壯굉장히 鈍感둔감하다.   宏 1 클 굉 | 壯 4 장할 장 | 鈍 3 둔할 둔
- 고양이 洗手세수를 直接직접 目擊목격했다.   接 4Ⅱ 이을 접 | 擊 4 칠 격
- 내 고양이는 털이 灰白色회백색이다.   灰 4 재 회
- 내 고양이는 生鮮생선을 싫어한다.
- 愛玩애완 고양이의 食性식성이 너무 좋아 粉乳분유가 今方금방 없어진다.   粉 4 가루 분 | 乳 4 젖 유
- 愛玩애완 고양이가 아파서 病院병원에 갔는데 獸醫師수의사는 별 問題문제 없다고 했다.   獸 3Ⅱ 짐승 수 | 師 4Ⅱ 스승 사
- 나는 每日매일 愛玩애완 고양이와 交感교감을 나눈다.
- 들고양이는 野生性야생성이 있어 사납지만 내 愛玩애완 고양이는 溫純온순하다.   純 4Ⅱ 순수할 순
- 고양이의 天敵천적은 개라고 한다.   敵 4Ⅱ 대적할 적

11 연예

내가 좋아하는 가수

- 나는 그 歌手가수가 多才多能다재다능해서 좋다.
- 그는 天性천성이 演藝人연예인이다.   演 4Ⅱ 펼 연 | 藝 4Ⅱ 재주 예
- 이 노래에서 그의 魅力매력은 無限大무한대로 發散발산된다.   魅 2 매혹할 매 | 限 4Ⅱ 한할 한 | 散 4 흩을 산
- 그는 노래, 演技연기 등 多方面다방면에서 탤런트 氣質기질이 多分다분하다.
- 그는 彗星혜성처럼 나타난 新人신인 歌手가수다.   彗 1 살별 혜 | 星 4Ⅱ 별 성
- 그는 從前종전에 볼 수 없었던 音樂性음악성을 가지고 있다.   從 4 좇을 종
- 그가 부른 노래는 無條件무조건 國民歌謠국민가요가 된다.   條 4 가지 조 | 謠 4Ⅱ 노래 요
- 그 歌手가수가 藝能예능 프로에 나왔다.
- 그의 노래를 듣자마자 感情감정 移入이입이 되었다.   移 4Ⅱ 옮길 이
- 그는 生放送생방송 라이브만을 固執고집한다.   送 4Ⅱ 보낼 송 | 執 3Ⅱ 잡을 집
- 그 歌手가수는 립싱크는 止揚지양한다.   揚 3Ⅱ 날릴 양
- 그는 激烈격렬한 댄스를 추면서도 라이브를 훌륭히 消化소화했다.   激 4 격할 격 | 烈 4 매울 렬(열)
- 그는 豊富풍부한 感情감정 演技연기로 더욱 노래에 빠져들게 한다.   豊 4Ⅱ 풍년 풍 | 富 4Ⅱ 부자 부

연예계 이야기

- 내 親舊친구는 演藝界연예계에 從事종사하고 있다.
- 한 新聞신문 記者기자가 그의 스캔들을 暴露폭로하는 記事기사를 썼다.   暴 4Ⅱ 사나울 폭, 모질 포 | 露 3Ⅱ 이슬 로(노)
- 나는 演藝人연예인의 舞臺무대 뒤 裏面이면을 다루는 스포츠 新聞신문을 즐겨 본다.   臺 3Ⅱ 대 대 | 裏 3Ⅱ 속 이(리)
- 惡性악성 루머로 인해 그녀의 人氣인기가 墜落추락하고 있다.   墜 1 떨어질 추
- 그녀는 요즘 怪所聞괴소문으로 苦戰고전하고 있다.   怪 3Ⅱ 괴이할 괴
- 그녀는 堂堂당당하게 演藝연예 活動활동을 하고 있다.
- 그녀의 外貌외모가 예쁘긴 하지만 그녀의 演技力연기력은 늘 論難논란이 되고 있다.   貌 3Ⅱ 모양 모 | 論 4Ⅱ 논할 논(론) | 難 4Ⅱ 어려울 란(난)
- 그는 私生活사생활 問題문제로 物議물의를 일으켰다.   私 4 사사 사 | 議 4Ⅱ 의논할 의

378

- 演藝界연예계에서 退出퇴출되었다.   退 4Ⅱ 물러날 퇴
- 有夫女유부녀와의 艶聞說염문설로 演藝界연예계 復歸복귀는 어려울 것 같다.   艶 1 고울 염 | 復 4Ⅱ 회복할 복, 다시 부 | 歸 4 돌아갈 귀

12 수집

- 나는 稀貴희귀한 것을 蒐集수집한다.   稀 3Ⅱ 드물 희 | 蒐 1 모을 수
- 내 趣味취미는 全世界전세계의 郵票우표를 모으는 것이다.   趣 4 뜻 취 | 味 4Ⅱ 맛 미 | 郵 4 우편 우 | 票 4Ⅱ 표 표
- 새로운 郵票우표가 나올 때마다 郵遞局우체국에 간다.   遞 3 갈릴 체
- 나는 海外旅行해외여행을 하면서 각 나라의 銅錢동전을 모은다.   銅 4Ⅱ 구리 동 | 錢 4 돈 전
- 나는 내가 訪問방문하는 곳에서 紀念品기념품을 사들이기도 한다.   紀 4 벼리 기
- 나는 작은 蜜蠟밀랍 人形인형을 모은다.   蜜 3 꿀 밀 | 蠟 1 밀 랍
- 사람들에게 蒐集狂수집광이라는 소리를 듣는다.   狂 3Ⅱ 미칠 광
- 나는 骨董品골동품을 모으는 趣味취미가 있다.   骨 4 뼈 골 | 董 2 바를 동
- 나는 각 나라에서 發行발행하는 紀念기념 鑄貨주화는 모두 蒐集수집한다.   鑄 3Ⅱ 쇠불릴 주 | 貨 4Ⅱ 재물 화
- 나는 趣味취미로 古書고서를 蒐集수집한다.
- 어떤 사람들은 蒐集品수집품의 價値가치가 높아져서 생기는 利益이익을 企待기대하고 物件물건을 蒐集品수집품하기도 한다.   値 3Ⅱ 값 치 | 益 4Ⅱ 더할 익 | 企 3Ⅱ 꾀할 기

13 재봉 · 자수

재봉

- 裁縫재봉틀로 드레스를 만들었다.
- 바느질을 할 때 꼭 指貫지관을 낀다.
- 초크와 줄자를 利用이용해 옷감을 裁斷재단했다.
- 裁縫재봉하기 전 正確정확한 사이즈를 맞추기 위해 입어 보았다.
- 食卓褓식탁보, 앞치마 같은 廚房주방 用品용품을 만들었다.
- 요즘 新婦신부 授業수업 중이라 裁縫재봉을 熱心열심히 배우고 있다.

  참고 指貫지관 ⇨ 골무

裁 3Ⅱ 옷마를 재 | 縫 2 꿰맬 봉
指 4Ⅱ 가리킬 지 | 貫 3Ⅱ 꿸 관
斷 4Ⅱ 끊을 단
確 4Ⅱ 굳을 확
褓 특Ⅱ 포대기 보 | 廚 1 부엌 주 | 房 4Ⅱ 방 방
婦 4Ⅱ 며느리 부 | 授 4Ⅱ 줄 수

뜨개질

- 그를 위한 掌匣장갑을 만들었다.
- 未熟미숙한 탓에 한 코를 빠뜨렸다.
- 스웨터를 짰는데 너무 커서 大工事대공사를 했다.
- 스웨터가 한 치의 誤差오차도 없이 꼭 맞았다.
- 스웨터를 짤 때에는 부드러운 纖維섬유를 使用사용해야 한다.

掌 3Ⅱ 손바닥 장 | 匣 1 갑 갑
未 4Ⅱ 아닐 미 | 熟 3Ⅱ 익을 숙

誤 4Ⅱ 그르칠 오 | 差 4 다를 차
纖 2 가늘 섬 | 維 3Ⅱ 벼리 유

자수

- 冷藏庫냉장고 커버에 繡수를 놓았다.
- 多彩다채로운 실로 食卓褓식탁보를 繡수놓았다.
- 父母부모님의 寢具침구에 꽃무늬 繡수를 놓아 드렸다.
- 요즘은 傳統전통 刺繡자수를 배우고 있다.
- 나는 어떤 천에도 能手能爛능수능란하게 繡수를 놓을 수 있다.

藏 3Ⅱ 감출 장 | 庫 4 곳집 고 | 繡 1 수놓을 수
彩 3Ⅱ 채색 채
寢 4 잘 침
統 4Ⅱ 거느릴 통 | 刺 3Ⅱ 찌를 자, 찌를 척
爛 2 빛날 란(난)

십자수

- 나는 틈만 나면 十字繡십자수를 한다.
- 나는 十字繡십자수 熱風열풍이 불기 전부터 十字繡십자수를 하고 있었다.
- 端雅단아한 모습을 보이기 위해 十字繡십자수를 한다.   端 4Ⅱ 끝 단 | 雅 3Ⅱ 맑을 아
- 圖案도안에 따라 十字繡십자수를 했다.
- 十字繡십자수 用品용품을 大量대량으로 購買구매했다.   購 2 살 구
- 初步者초보자들은 完成완성 時間시간이 千差萬別천차만별이다.
- 한 作品작품을 끝내는 데 많은 忍耐心인내심이 要求요구된다.   忍 3Ⅱ 참을 인 | 耐 3Ⅱ 견딜 내
- 나의 處女作처녀작은 열쇠고리였다.   處 4Ⅱ 곳 처
- 十字繡십자수로 卓上탁상 時計시계를 만들었다.
- 趣味취미로 始作시작한 十字繡십자수를 지금은 生業생업으로 하고 있다.
- 長長장장 6個月개월이 걸려 完成완성한 作品작품을 額子액자에 넣어 벽에 걸었다.   額 4 이마 액

Diary

독서광

9월 21일

나는 독서를 좋아한다. 그래서 사람들이 붙여 준 별명이 독서광이다. 자세히 말하자면 글로 된 것은 다 좋아한다. 예를 들어 광고지의 카피 문구라든지, 전화번호부의 인명, 상호명 등을 읽는 것도 좋아한다. 이런 글 읽기가 나의 유일한 취미이기 때문이다. 나의 이런 다독하는 습관을 아는 사람들은 내가 공부도 잘 할 것이라고 생각한다. 난 그저 독서광일 뿐이다. 선생님이 권장해 주신 도서는 물론, 권장하지 않으신 것까지 모두 섭렵했다. 부모님은 나의 독서 습관을 칭찬하시다가도 비권장 도서까지 모조리 읽는 나의 잡식성을 핀잔하시기도 한다. 내가 특히 좋아하는 책의 종류는 만화책과 공상 소설, 영웅 소설 순으로 순위를 정할 수 있다. 내가 생각하기에 만화책은 정말 위대한 물건이다. 그림과 스토리가 절묘하게 어우러진 초대형 스팩타클 무비와 다를 바가 없다. 만화책 같은 교과서가 만들어진다면 전교 일등은 떼 놓은 당상일 텐데 말이다. 사람들이 독서를 꺼리는 이유가 바로 접근하기 어려운 도서만이 양서라고 오해하기 때문이다. 내가 읽기 편안한 책, 내가 읽을 때 즐거운 책이 바로 유익한 책이다. 내가 좋아하는 책부터 읽기 시작한다면 강요하는 독서는 사라지게 될 것이다.

● 알맞은 한자로 써 보세요.

1. 독서광 _____
2. 독서 _____
3. 별명 _____
4. 자세 _____
5. 광고지 _____
6. 문구 _____
7. 전화번호부 _____
8. 인명 _____
9. 상호명 _____
10. 유일 _____
11. 취미 _____
12. 다독 _____
13. 습관 _____
14. 공부 _____
15. 선생 _____
16. 권장 _____
17. 도서 _____
18. 물론 _____
19. 섭렵 _____
20. 부모 _____
21. 칭찬 _____
22. 비권장 _____
23. 잡식성 _____
24. 종류 _____
25. 만화책 _____
26. 공상 _____
27. 소설 _____
28. 영웅 _____
29. 순위 _____
30. 위대 _____
31. 물건 _____
32. 절묘 _____
33. 초대형 _____
34. 교과서 _____
35. 전교 _____
36. 일등 _____
37. 당상 _____
38. 이유 _____
39. 접근 _____
40. 양서 _____
41. 오해 _____
42. 편안 _____
43. 유익 _____
44. 시작 _____
45. 강요 _____

# 17. 취미 활동

讀書狂

九月 二十一日

나는 讀書를 좋아한다. 그래서 사람들이 붙여 준 別名이 讀書狂이다. 仔細히 말하자면 글로 된 것은 다 좋아한다. 예를 들어 廣告紙의 카피 文句라든지, 電話番號簿의 人名, 商號名 등을 읽는 것도 좋아한다. 이런 글 읽기가 나의 唯一한 趣味이기 때문이다. 나의 이런 多讀하는 習慣을 아는 사람들은 내가 工夫도 잘할 것이라고 생각한다. 난 그저 讀書狂일 뿐이다. 先生님이 勸裝해 주신 圖書는 勿論, 勸裝하지 않으신 것까지 모두 涉獵했다. 父母님은 나의 讀書 習慣을 稱讚하시다가도 非勸裝 圖書까지 모조리 읽는 나의 雜食性을 핀잔하시기도 한다. 내가 특히 좋아하는 책의 種類는 漫畫冊과 空想 小說, 英雄 小說 순으로 順位를 정할 수 있다. 내가 생각하기에 漫畫冊은 정말 偉大한 物件이다. 그림과 스토리가 絶妙하게 어우러진 超大型 스팩타클 무비와 다를 바가 없다. 漫畫冊 같은 敎科書가 만들어진다면 全校 一等은 떼 놓은 堂上일 텐데 말이다. 사람들이 讀書를 꺼리는 理由가 바로 接近하기 어려운 圖書만이 良書라고 誤解하기 때문이다. 내가 읽기 便安한 책, 내가 읽을 때 즐거운 책이 바로 有益한 책이다. 내가 좋아하는 책부터 읽기 始作한다면 强要하는 讀書는 사라지게 될 것이다.

CHAPTER 18

운동

- 01. 운동
- 02. 축구
- 03. 야구
- 04. 수영
- 05. 탁구
- 06. 테니스
- 07. 승패
+ Diary

01 운동

운동

- 運動운동을 生活化생활화해야 한다.
- 運動운동 不足부족으로 健康건강이 憂慮우려된다.   康 4Ⅱ 편안 강 | 憂 3Ⅱ 근심 우 | 慮 4 생각할 려(여)
- 一般的일반적으로 運動운동을 하는 사람들이 運動운동을 하지 않는 사람들보다 長壽장수한다.   般 3Ⅱ 가지·일반 반 | 壽 3Ⅱ 목숨 수
- 運動운동을 하지 않는 사람들은 運動운동 神經신경이 없어서 쉽게 다친다.   經 4Ⅱ 지날·글 경
- 걷기는 效率的효율적인 運動운동 중 하나이다.   率 3Ⅱ 비율 율(률), 거느릴 솔
- 規則的규칙적으로 걷기만 해도 健康건강하고 活氣활기찬 生活생활을 할 수 있다.
- 運動운동을 하니까 食慾식욕이 좋아졌다.   慾 3Ⅱ 욕심 욕
- 過猶不及과유불급이라고 運動운동은 適當적당히 해야 한다.   猶 3Ⅱ 오히려 유 | 適 4 맞을 적
- 꾸준한 運動운동을 했더니 血液혈액 循環순환이 잘 된다.   液 4Ⅱ 진액 액 | 循 3 돌 순 | 環 4 고리 환
- 適切적절한 運動운동으로 血色혈색이 좋아졌다.
- 規則적규칙적인 스트레칭으로 몸이 柔軟유연해졌다.   柔 3Ⅱ 부드러울 유 | 軟 3Ⅱ 연할 연
- 過度과도한 運動운동은 오히려 毒독이 될 수도 있다.   毒 4Ⅱ 독 독
- 準備준비 運動운동은 負傷부상을 豫防예방하는 데 도움이 된다.   準 4Ⅱ 준할 준 | 備 4Ⅱ 갖출 비 | 負 4 질 부 | 傷 4 다칠 상 | 豫 4 미리 예 | 防 4Ⅱ 막을 방

나와 운동

- 나는 萬能만능 스포츠맨이다.
- 나는 反射반사 神經신경이 빠르다.   射 4 쏠 사
- 나는 敏捷性민첩성이 좋다.   敏 3 민첩할 민 | 捷 1 빠를 첩
- 나는 運動운동 中毒중독이다.
- 나는 스포츠에 素質소질이 없다.   素 4Ⅱ 본디·흴 소
- 나는 스포츠에 天賦的천부적인 才能재능이 있다.   賦 3Ⅱ 부세 부

- 나는 스포츠를 못하지만 觀覽관람은 좋아한다.   覽 4 볼 람
- 내 主特技주특기는 달리기다.
- 나는 乘馬승마를 잘한다.   乘 3Ⅱ 탈 승
- 나는 籠球농구나 排球배구 등의 球技구기 種目종목을 좋아한다.   籠 2 대바구니 농(롱) | 排 3Ⅱ 밀칠 배
- 나는 水泳수영을 자주 한다.   泳 3 헤엄칠 영
- 나는 每日매일 아침 運動운동하러 體育館체육관에 다닌다.   館 3Ⅱ 집 관
- 그 體育館체육관은 快適쾌적하게 運動운동할 수 있는 環境환경을 提供제공한다.   快 4Ⅱ 쾌할 쾌 | 境 4Ⅱ 지경 경 | 提 4Ⅱ 끌 제 | 供 3Ⅱ 이바지할 공
- 나는 가끔 卓球탁구를 친다.
- 運動운동을 지나치게 하려는 過慾과욕은 禁物금물이다.   禁 4Ⅱ 금할 금

헬스

- 나는 우리 동네 헬스클럽의 定期정기 會員회원이다.   員 4Ⅱ 인원 원
- 헬스클럽에 登錄등록했다.   錄 4Ⅱ 기록할 록
- 體力체력 鍛鍊단련을 해야겠다.   鍛 2 쇠불릴 단 | 鍊 3Ⅱ 쇠불릴·단련할 련(연)
- 나는 一週日일주일에 三日삼일 以上이상 固定的고정적으로 運動운동을 한다.
- 그 헬스장에는 헬스 器具기구가 많다.   器 4Ⅱ 그릇 기
- 運動운동을 하기 전에 워밍업을 充分충분히 해야 한다.
- 筋肉量근육량을 늘리고 싶다.   筋 4 힘줄 근 | 肉 4Ⅱ 고기 육
- 筋肉근육의 發達발달을 위해 筋力근력 運動운동을 했다.
- 나는 筋肉근육을 키우고 持久力지구력을 增進증진시키기 위한 運動운동을 한다.   持 4 가질 지 | 增 4Ⅱ 더할 증 | 進 4Ⅱ 나아갈 진
- 나는 헬스장에서 個人개인 指導지도를 받는다.   個 4Ⅱ 낱 개 | 指 4Ⅱ 가리킬 지 | 導 4Ⅱ 인도할 도
- 매일 꾸준히 力器역기를 든다.
- 나는 매일 팔 굽혀 펴기를 百會백회씩 實施실시한다.   施 4Ⅱ 베풀 시
- 나는 러닝머신, 自轉車자전거 등 有酸素유산소 運動운동을 주로 한다.   轉 4 구를 전 | 酸 2 실 산 | 素 4Ⅱ 본디·흴 소

운동의 효과

- 每日매일 運動운동으로 體力체력을 補強보강하고 있다.　　　　　補 3Ⅱ 기울 보
- 나는 공부의 重壓感중압감을 運動운동으로 解消해소한다.　　　壓 4Ⅱ 누를 압 | 解 4Ⅱ 풀 해
- 나는 運動운동 不足부족으로 慢性만성 疾患질환이 생겼다.　　　慢 3 거만할 만 | 疾 3Ⅱ 병 질
- 나는 스트레스 解消해소를 飮酒음주 대신 健全건전한 運動운동으로 한다.　　酒 4 술 주
- 運動운동을 하고 나면 熟眠숙면을 취할 수 있다.　　　　　熟 3Ⅱ 익을 숙 | 眠 3Ⅱ 잘 면
- 運動운동은 건강한 精神정신을 만들어 준다.　　　　　　精 4Ⅱ 정할 정
- 運動운동으로 體型체형의 屈曲굴곡을 살릴 것이다.　　　型 2 모형 형 | 屈 4 굽힐 굴
- 精神的정신적인 修練수련을 위해 요가를 배우고 있다.　　　修 4Ⅱ 닦을 수
- 요가는 集中力집중력과 均衡균형 感覺감각을 必要필요로 한다.　　均 4 고를 균 | 衡 3Ⅱ 저울대 형 | 覺 4 깨달을 각
- 運動운동은 칼로리가 消耗소모되므로 다이어트에 效果효과적이다.　　耗 1 소모할 모

02 축구

나와 축구

- 나는 熱狂的열광적인 蹴球축구 팬이다.　　　　　　　　　蹴 2 찰 축 | 狂 3Ⅱ 미칠 광
- 先生선생님께서 蹴球部축구부 加入가입을 勸誘권유하셨다.　　誘 3Ⅱ 꾈 유
- 나는 蹴球축구 選手선수로 選拔선발되었다.　　　　　　　　拔 3Ⅱ 뽑을 발
- 競技경기 規則규칙에 대해 說明설명을 들었다.
- 지금은 候補후보 選手선수다.　　　　　　　　　　　　　候 4 기후 후 | 補 3Ⅱ 기울 보
- 蹴球축구 試合시합을 하기 전 緊張긴장을 풀기 위해 워밍업을 했다.　　試 4Ⅱ 시험 시 | 緊 3Ⅱ 긴할 긴 | 張 4 베풀 장
- 나는 放課방과 후 運動場운동장으로 달려가 蹴球축구 練習연습을 했다.
- 어두워서 街路燈가로등을 켜야만 練習연습할 수 있었다.　　街 4Ⅱ 거리 가 | 燈 4Ⅱ 등 등
- 나는 死力사력을 다해 세게 공을 찼다.

- 비 때문에 競技경기가 取消취소되었다. 取 4Ⅱ 가질 취
- 學校학교 對抗대항 蹴球축구 競技경기를 했다. 抗 4 겨룰 항
- 우리 팀이 準決勝준결승에 올랐다. 準 4Ⅱ 준할 준
- 우리 팀이 決勝戰결승전까지 올라갔다.
- 나는 오늘 決勝戰결승전에서 最多최다 得點득점을 올렸다. 點 4 점 점
- 나는 失手실수로 自責자책골을 許容허용했다. 容 4Ⅱ 얼굴 용
- 나는 負傷부상이 深刻심각해서 競技경기에 뛰지 못했다. 負 4 질 부 | 傷 4 다칠 상 | 深 4Ⅱ 깊을 심 | 刻 4 새길 각
- 한 選手선수의 反則반칙으로 우리 팀이 패널티킥을 얻었다.
- 審判심판의 호루라기 소리와 함께 競技경기는 끝났다. 審 3Ⅱ 살필 심 | 判 4 판단할 판
- 우리 팀이 져서 沈鬱침울했다. 沈 3Ⅱ 잠길 침, 성 심 | 鬱 2 답답할 울
- 우리는 正正堂堂정정당당히 競技경기했다.
- 우리 팀을 應援응원했다. 應 4Ⅱ 응할 응 | 援 4 도울 원
- 그는 우리의 熱烈열렬한 應援응원에 報答보답이라도 하듯이 決定的결정적인 得點득점을 했다. 烈 4 매울 렬(열) | 報 4Ⅱ 갚을·알릴 보
- 나는 蹴球축구의 본고장에 가서 蹴球축구를 배울 것이다.

축구 중계

- 그는 競技경기 中繼중계를 보러 집에 일찍 왔다. 繼 4 이을 계
- 그 競技경기는 現地현지 生中繼생중계로 放送방송되었다. 送 4Ⅱ 보낼 송
- 나는 朴智星박지성 選手선수를 가장 좋아한다. 智 4 슬기·지혜 지 | 星 4Ⅱ 별 성
- 그는 攻擊공격과 골 決定力결정력이 뛰어나다.
- 朴智星박지성의 特技특기 중 하나는 空間공간 突破돌파이다. 突 3Ⅱ 갑자기 돌 | 破 4Ⅱ 깨뜨릴 파
- 그는 得點득점할 좋은 機會기회를 놓치지 않는다. 機 4 틀 기
- 朴智星박지성 選手선수의 競技경기 實況실황을 텔레비전으로 보았다. 況 4 상황 황
- 우리 팀이 競技경기 後半部후반부에 골을 넣어 同點동점이 되었다.
- 우리 팀의 勝利승리를 위해 應援歌응원가를 불렀다.
- 정말 迫進感박진감이 넘치는 競技경기였다. 迫 3Ⅱ 핍박할 박 | 進 4Ⅱ 나아갈 진
- 그 選手선수는 많은 돈을 받고 다른 팀으로 移籍이적했다. 移 4Ⅱ 옮길 이 | 籍 4 문서 적
- 그 選手선수는 올해의 最優秀최우수 選手선수로 뽑혔다. 優 4 넉넉할 우 | 秀 4 빼어날 수

03 야구

나와 야구

- 나는 野球야구를 狂的광적으로 좋아하는 一人일인이다.   狂 3Ⅱ 미칠 광
- 나는 野球야구 同好會동호회를 結成결성해서 活動활동 중이다.
- 大部分대부분 아마추어 野球團야구단과 試合시합을 한다.   試 4Ⅱ 시험 시
- 우리 팀은 그 팀과의 5전 全勝전승의 戰績전적이 있다.   績 4 길쌈 적
- 나의 포지션은 左翼手좌익수다.   翼 3Ⅱ 날개 익
- 나는 팀에서 外野手외야수였다.
- 나는 强打者강타자라서 우리 팀의 4번 打者타자였다.   强 특Ⅱ 강할[强] 강
- 오늘 無失點무실점을 記錄기록하며 勝利승리했다.   點 4 점 점 | 錄 4Ⅱ 기록할 록

야구 경기 관람

- 野球야구 競技경기를 觀覽관람했다.   覽 4 볼 람
- 暴雨폭우가 내리는데도 競技경기는 繼續계속 進行진행되었다.   暴 4Ⅱ 사나울 폭, 모질 포 | 繼 4 이을 계 | 續 4Ⅱ 이을 속 | 進 4Ⅱ 나아갈 진
- 쏟아지는 비 때문에 競技경기는 取消취소되었고 雨天우천 交換券교환권을 받았다.   取 4Ⅱ 가질 취 | 換 3Ⅱ 바꿀 환 | 券 4 문서 권
- 親舊친구들과 蠶室잠실 野球場야구장에 갔다.   蠶 2 누에 잠
- 特別특별 觀覽席관람석 티켓을 샀다.
- 모든 표가 賣盡매진되었다.   盡 4 다할 진
- 벌써부터 熱氣열기로 달아오르기 始作시작했다.
- 정말 興味津津흥미진진한 게임이었다.   興 4Ⅱ 일 흥 | 味 4Ⅱ 맛 미 | 津 2 나루 진
- 競技경기가 갈수록 漸入佳境점입가경이었다.   漸 3Ⅱ 점점 점 | 佳 3Ⅱ 아름다울 가 | 境 4Ⅱ 지경 경
- 그 投手투수의 공은 變化球변화구였기 때문에 똑바로 가지 않았다.
- 그는 急傾斜급경사가 있는 變化球변화구를 던졌다.   傾 4 기울 경 | 斜 3Ⅱ 비낄 사
- 그의 빠른 直球직구로 三振삼진 아웃 시켰다.

- 그는 5打手타수 3安打안타를 쳤다.
- 그의 打率타율은 3할 4푼 5리였다. 率 3Ⅱ 비율 율(률), 거느릴 솔
- 그는 外野외야에서 공을 잘 잡았다.
- 그는 內野내야 外野외야 모두 능하다.
- 그 팀은 內野내야 守備수비가 강하다. 守 4Ⅱ 지킬 수 | 備 4Ⅱ 갖출 비
- 그 팀의 1루수가 9회 말에 큰 失策실책을 하고 말았다. 策 4 꾀 책
- 捕手포수의 失策실책으로 공이 빠진 사이 1루 走者주자가 2루로 盜壘도루를 했다. 捕 3Ⅱ 잡을 포 | 走 4Ⅱ 달릴 주 | 壘 1 보루 루(누)
- 그는 盜壘王도루왕이다.
- 그가 左側좌측 牆外장외를 넘기는 홈런을 쳤다. 側 3Ⅱ 곁 측 | 牆 특Ⅱ 담 장
- 그는 이번 홈런으로 自身자신의 記錄기록을 更新갱신했다. 更 4 다시 갱, 고칠 경
- 그 팀은 滿壘만루 狀態상태였다. 滿 4Ⅱ 찰 만 | 狀 4Ⅱ 형상 상, 문서 장 | 態 4Ⅱ 모습 태
- 走者주자는 2루에 있었다.
- 그 팀에 질까 봐 우리 팀은 한층 더 奮發분발했다. 奮 3Ⅱ 떨칠 분
- 安打안타 한 개로 逆轉역전을 했다. 逆 4Ⅱ 거스릴 역 | 轉 4 구를 전
- 그 競技경기는 延長戰연장전까지 갔다. 延 4 늘일 연
- 오늘의 勝利승리에는 그의 功勞공로가 컸다.
- 電光板전광판에 觀衆席관중석이 비춰졌다. 衆 4Ⅱ 무리 중
- 野球場야구장 應援席응원석은 千態萬象천태만상이다. 應 4Ⅱ 응할 응 | 援 4 도울 원 | 象 4 코끼리 상

야구 용어

投手	투수	投 4 던질 투	審判	심판	審 3Ⅱ 살필 심	判 4 판단할 판
捕手	포수	捕 3Ⅱ 잡을 포	壘審	누심	
打者	타자		監督	감독	監 4Ⅱ 볼 감	督 4Ⅱ 감독할 독
走者	주자	走 4Ⅱ 달릴 주	死球	사구(데드 볼)	
遊擊手	유격수	遊 4 놀 유	擊 4 칠 격	安打	안타	
左翼手	좌익수		直球	직구	
右翼手	우익수		變化球	변화구	
內野	내야		盜壘	도루	盜 4 도둑 도	壘 1 보루 루(누)
外野	외야		三振	삼진	振 3Ⅱ 떨칠 진

04 수영

수영

- 水泳수영은 어린이들뿐만 아니라 成人성인에게도 좋은 運動운동이다.
- 水泳수영은 緊張긴장을 풀어 주고 關節炎관절염에도 좋다.
- 水泳수영은 筋肉근육을 强化강화시키는 데 도움이 된다.
- 水泳수영을 할 때 安全안전 規則규칙을 잘 지켜야 한다.
- 水泳수영을 할 때 水泳帽수영모를 꼭 着用착용해야 한다.
- 水泳수영을 할 때 安全안전 裝備장비를 갖춰야 한다.
- 水泳수영은 뭉친 筋肉근육을 弛緩이완시켜 준다.

泳 3 헤엄칠 영

緊 3Ⅱ 긴할 긴 | 張 4 베풀 장 |
炎 3Ⅱ 불꽃 염

筋 4 힘줄 근 | 肉 4Ⅱ 고기 육 |
强 특Ⅱ 강할[强] 강

帽 2 모자 모

裝 4 꾸밀 장 | 備 4Ⅱ 갖출 비

弛 1 늦출 이 | 緩 3Ⅱ 느릴 완

수영을 하다

- 親舊친구와 水泳場수영장에 갔다.
- 우리 동네에 室內실내 水泳場수영장이 있다.
- 水泳服수영복과 水泳帽수영모, 물眼鏡안경을 가지고 갔다.
- 나는 물 恐怖症공포증 때문에 水泳수영을 못한다.
- 나는 麥酒瓶맥주병이다.
- 水泳수영 講習강습을 받고 싶다.
- 나는 平泳평영으로 水泳수영할 수 있다.
- 背泳배영은 어렵지만 재미있다.
- 나는 주로 蝶泳접영으로 水泳수영을 한다.
- 나는 自由泳자유영을 좋아한다.
- 내 特技특기는 背泳배영이다.
- 올 여름엔 東海동해 바다에 가서 水泳수영할 것이다.
- 바다에서 스노클링을 하기 위해서는 酸素桶산소통과 潛水服잠수복, 물眼鏡안경 등이 必要필요하다.
- 지난 여름에 스노클링 資格證자격증을 取得취득했다.

眼 4Ⅱ 눈 안 | 鏡 4 거울 경

恐 3Ⅱ 두려울 공 | 怖 2 두려워할 포 |
症 3Ⅱ 증세 증

麥 3Ⅱ 보리 맥 | 酒 4 술 주 |
瓶 1 병 병

講 4Ⅱ 욀 강

背 4Ⅱ 등 배

蝶 3 나비 접

酸 2 실 산 | 素 4Ⅱ 본디·흴 소 |
桶 1 통 통 | 潛 3Ⅱ 잠길 잠

資 4 재물 자 | 證 4 증거 증 |
取 4Ⅱ 가질 취 | 得 4Ⅱ 얻을 득

05 탁구

- 그는 卓球탁구 國家代表국가대표다.
- 親舊친구들과 卓球場탁구장에 갔다.
- 卓球탁구 用語용어와 룰이 너무 複雜복잡했다.   複 4 겹칠 복 | 雜 4 섞일 잡
- 먼저 높은 볼을 강하게 때려 넣는 强打法강타법으로 스매싱을 날렸다.   强 특Ⅱ 강할[强] 강
- 卓球臺탁구대 가까이에 있다가 공이 튀어 오르자마자 치는 쇼트 技術기술도 선보였다.   臺 3Ⅱ 대 대
- 相對便상대편과의 點數점수가 同點동점으로 듀스가 되었다.   點 4 점 점
- 結局결국 敗北패배했다.
- 卓球탁구는 생각보다 運動量운동량이 많다.

06 테니스

- 테니스를 치기 위해 코트 中央중앙에 네트를 設置설치했다.   央 3Ⅱ 가운데 앙 | 設 4Ⅱ 베풀 설 | 置 4Ⅱ 둘 치
- 그와 單式단식 競技경기를 했다.   單 4Ⅱ 홑 단
- 親舊친구들과 混合혼합 複式복식으로 테니스를 쳤다.   混 4 섞을 혼 | 複 4 겹칠 복
- 나의 포핸드 스트로크는 一品일품이다.
- 나는 백핸드에 能熟능숙하지 못하다.   熟 3Ⅱ 익을 숙
- 나는 더블 백핸드를 칠 때는 공을 쉽게 操縱조종할 수 있다.   縱 3Ⅱ 세로 종
- 그의 서브가 너무 强力강력해서 對應대응하지 못했다.   强 특Ⅱ 강할[强] 강 | 應 4Ⅱ 응할 응
- 이번 試合시합에서 그가 優勝우승했다.   試 4Ⅱ 시험 시 | 優 4 넉넉할 우
- 〈윔블던〉이라는 映畫영화는 테니스를 素材소재로 한 作品작품이다.   映 4 비칠 영 | 素 4Ⅱ 본디·흴 소

07 승패

승리하다

- 勝算승산이 있는 競技경기였다.
- 우리 팀은 棄權勝기권승을 얻었다.   棄 3 버릴 기 | 權 4Ⅱ 권세 권
- 우리 팀의 完勝완승이었다.
- 우리 팀이 全勝전승을 했다.
- 우리는 세 競技경기를 連續연속해서 이기는 新記錄신기록을 세웠다.   連 4Ⅱ 이을 연(련) | 續 4Ⅱ 이을 속 | 錄 4Ⅱ 기록할 록
- 우리 팀이 壓倒압도적으로 勝利승리했다.   壓 4Ⅱ 누를 압 | 倒 3Ⅱ 넘어질 도
- 우리는 競爭경쟁 팀을 쉽게 이겼다.
- 모든 逆境역경을 克復극복하고 競技경기에서 이겼다.   逆 4Ⅱ 거스릴 역 | 境 4Ⅱ 지경 경 | 克 3Ⅱ 이길 극 | 復 4Ⅱ 회복할 복, 다시 부
- 敗北패배 直前직전 天佑神助천우신조로 이겼다.   佑 2 도울 우 | 助 4Ⅱ 도울 조
- 僅少근소한 차이로 이겼다.   僅 3 겨우 근
- 逆轉勝역전승을 했다.   轉 4 구를 전
- 野鄙야비한 術數술수로 이겼다.   鄙 1 더러울 비
- 나는 아직 競技경기에서 苦杯고배를 맛본 적이 없다.   杯 3 잔 배
- 나는 勝利승리를 讓步양보할 생각이 秋毫추호도 없다.   讓 3Ⅱ 사양할 양 | 步 4Ⅱ 걸음 보 | 毫 3 터럭 호
- 間髮간발의 차로 그 競技경기에서 이겼다.   髮 4 터럭 발
- 漁父之利어부지리로 競技경기에서 이겼다.
- 마지막 瞬間순간에 劇극적으로 이겼다.   瞬 3Ⅱ 눈깜짝일 순 | 劇 4 심할 극
- 우리는 勝利승리 祝賀宴축하연에 主人公주인공으로 登場등장했다.   賀 3Ⅱ 하례할 하 | 宴 3Ⅱ 잔치 연

비기다

- 莫上莫下막상막하의 競技경기였다.   莫 3Ⅱ 없을 막
- 그 競技경기는 無勝負무승부로 끝났다.
- 그들의 競技경기는 五十步百步오십보백보였다.

- 同點동점으로 끝난 그 競技경기는 龍虎相搏용호상박이었다.   點 4 점 점 | 龍 4 용 용(룡) |
  虎 3Ⅱ 범 호 | 搏 1 두드릴 박

- 두 選手선수가 難兄難弟난형난제한 實力실력을 갖추고 있었다.   難 4Ⅱ 어려울 난(란)

  참고 龍虎相搏용호상박 ⇨ 용과 범이 서로 싸운다는 뜻으로, 강자끼리 서로 싸움을 이르는 말

지다

- 이길 可望가망이 없는 競技경기였다.
- 우리는 完敗완패했다.
- 우리 팀은 慘敗참패했다.   慘 3 참혹할 참
- 結局결국 棄權기권을 宣言선언했다.   宣 4 베풀 선
- 그는 敗北패배한 것이 못내 哀惜애석한 表情표정이었다.   哀 3Ⅱ 슬플 애 | 惜 3Ⅱ 아낄 석
- 우리는 敗北패배를 받아들이고 雪辱설욕을 다짐했다.   辱 3Ⅱ 욕될 욕
- 그 競技경기는 우리가 豫測예측했던 것과 正反對정반대였다.   豫 4 미리 예 | 測 4Ⅱ 헤아릴 측
- 이번 敗北패배를 跳躍도약의 발판으로 삼겠다.   跳 3 뛸 도 | 躍 3 뛸 약

Diary

축구 신동

6월 3일

초등학교 때 나는 축구 신동이었다. 선생님의 권유로 축구부에 가입했고 나로 인해 항상 결승전까지 올라갔다. 초등학교 때부터 나는 이미 열광적인 팬들을 확보하고 있었고 그들의 응원에 나는 항상 보답했다. 중학교 때도 자연스럽게 축구부 활동을 했고 학교 대항 경기에는 꼭 출전해서 최다 득점을 올리곤 했다. 그러다가 부상을 입어서 경기에 뛰지 못하는 날들이 많아졌다. 회복이 되면 괜찮겠지 했는데 부상의 후유증 때문에 슬럼프까지 겹쳐서 축구를 포기할까 고민을 하기도 했다. 하지만 주위 사람들의 도움으로 어렵게 슬럼프를 극복하고 그라운드로 돌아오게 되었다. 고등학교에 입학한 후에도 축구부 활동은 계속했지만 축구 신동이라는 타이틀이 무색할 정도로 부진이 이어졌다. 반칙을 해서 우리 팀이 패널티킥을 얻기도 하고, 내 실수로 자책골을 허용하기도 했다. 그리고 오늘, 심판의 판정에 이의를 제기하다가 퇴장을 당하는 수모를 겪었다. 아마도 내일부터 난 후보 선수로 벤치를 지키게 될 것이다. 또다시 사람들의 우려와 위로를 받을 생각을 하니 우울해진다. 어디서부터 잘못된 것일까? 축구 신동이라는 타이틀이 부담이 되었던 것일까? 그러한 타이틀만 믿고 연습을 게을리하거나 우쭐댄 적은 없었다. 혼란스러운 마음을 다잡기가 힘들다. 그라운드에 서기가 점점 더 두려워진다.

● 알맞은 한자로 써 보세요.

1. 축구
2. 신동
3. 초등학교
4. 선생
5. 권유
6. 축구부
7. 가입
8. 항상
9. 결승전
10. 열광적
11. 확보
12. 응원
13. 보답
14. 중학교
15. 활동
16. 학교
17. 대항
18. 경기
19. 출전
20. 최다
21. 득점
22. 부상
23. 회복
24. 후유증
25. 포기
26. 고민
27. 주위
28. 극복
29. 고등학교
30. 입학
31. 계속
32. 무색
33. 정도
34. 부진
35. 반칙
36. 실수
37. 자책
38. 허용
39. 심판
40. 판정
41. 이의
42. 제기
43. 퇴장
44. 수모
45. 내일
46. 후보
47. 선수
48. 우려
49. 위로
50. 우울
51. 부담
52. 연습
53. 혼란
54. 점점

18. 운동

蹴球 神童

六月 三日

　初等學校 때 나는 蹴球 神童이었다. 先生님의 勸誘으로 蹴球部에 加入했고 나로 인해 恒常 決勝戰까지 올라갔다. 初等學校 때부터 나는 이미 熱狂的인 팬들을 確保하고 있었고 그들의 應援에 나는 恒常 報答했다. 中學校 때도 자연스럽게 蹴球部 活動을 했고 學校 對抗 競技에는 꼭 出戰해서 最多 得點을 올리곤 했다. 그러다가 負傷을 입어서 競技에 뛰지 못하는 날들이 많았었다. 回復이 되면 괜찮겠지 했는데 負傷의 後遺症 때문에 슬럼프까지 겹쳐서 蹴球를 抛棄할까 苦悶을 하기도 했다. 하지만 周圍 사람들의 도움으로 어렵게 슬럼프를 克復하고 그라운드로 돌아오게 되었다. 高等學校에 入學한 후에도 蹴球部 活動은 繼續했지만 蹴球 神童이라는 타이틀이 無色할 程度로 不振이 이어졌다. 反則을 해서 우리 팀이 패널티킥을 얻기도 하고, 내 失手로 自責골을 許容하기도 했다. 그리고 오늘, 審判의 判定에 異意을 提起하다가 退場을 당하는 受侮를 겪었다. 아마도 來日부터 난 候補 選手로 벤치를 지키게 될 것이다. 또다시 사람들의 憂慮와 慰勞를 받을 생각을 하니 憂鬱해진다. 어디서부터 잘못된 것일까? 蹴球 神童이라는 타이틀이 負擔이 되었던 것일까? 그러한 타이틀만 믿고 練習을 게을리하거나 우쭐댄 적은 없었다. 混亂스러운 마음을 다잡기가 힘들다. 그라운드에 서기가 漸漸 더 두려워진다.

CHAPTER 19

쇼핑

- 01. 쇼핑
- 02. 장보기
- 03. 가격
- Diary

01 쇼핑

쇼핑

- 그에게 答禮답례로 膳物선물을 해야겠다고 생각했다.   膳 1 선물·반찬 선
- 親舊친구들과 三三五五삼삼오오 모여서 쇼핑을 했다.
- 쇼핑을 하기 위해 百貨店백화점에서 親舊친구들과 만났다.   貨 4Ⅱ 재물 화
- 百貨店백화점은 超滿員초만원을 이루고 있었다.   超 3Ⅱ 뛰어넘을 초 | 滿 4Ⅱ 찰 만 | 員 4Ⅱ 인원 원
- 나는 東大門동대문 都賣도매 市場시장에 가면 더 싸게 살 수 있을 것이라고 생각했다.
- 나는 衝動購買충동구매를 잘한다.   衝 3Ⅱ 찌를 충 | 購 2 살 구
- 나는 쇼핑 中毒중독 水準수준은 아니다.   毒 4Ⅱ 독 독 | 準 4Ⅱ 준할 준
- 아침 조깅을 위해 運動靴운동화를 사러 百貨店백화점에 갔다.   靴 2 신 화

아이쇼핑

- 가게 안의 商品상품들을 그저 感想감상만 했다.   想 4Ⅱ 생각 상
- 아이쇼핑만의 妙味묘미가 있다.   妙 4 묘할 묘 | 味 4Ⅱ 맛 미
- 氣分기분 轉換전환을 위해서 아이쇼핑을 했다.   轉 4 구를 전 | 換 3Ⅱ 바꿀 환
- 購買구매하고 싶은 商品상품들이 너무 많았다.
- 家電製品가전제품 코너에서 新商品신상품이 나왔는지 둘러보았다.
- 아이쇼핑을 하면 時間시간이 瞬息間순식간에 지나간다.   瞬 3Ⅱ 눈깜짝일 순 | 息 4Ⅱ 쉴 식
- 사고 싶은 慾求욕구를 抑制억제하고 貯蓄저축하려고 努力노력하고 있다.   慾 3Ⅱ 욕심 욕 | 求 4Ⅱ 구할 구 | 抑 3Ⅱ 누를 억 | 制 4Ⅱ 절제할 제 | 蓄 4Ⅱ 모을 축 | 努 4Ⅱ 힘쓸 노
- 나는 奢侈品사치품은 거의 사지 않는다.   奢 1 사치할 사 | 侈 1 사치할 치
- 駐車券주차권을 받아 오는 것도 잊지 않았다.   駐 2 머무를 주 | 券 4 문서 권

세일

- 百貨店백화점 割引할인 중이었다. 割 3Ⅱ 벨 할 | 引 4Ⅱ 끌 인
- 그 가게는 在庫재고 整理정리 세일 중이었다. 庫 4 곳집 고 | 整 4 가지런할 정
- 破格파격 세일 중이었다. 破 4Ⅱ 깨뜨릴 파
- 그것은 날개 돋친 듯 販賣판매되고 있었다.
- 移越이월 商品상품 세일 중이었다. 移 4Ⅱ 옮길 이 | 越 3Ⅱ 넘을 월
- 그 商品상품은 品切품절되어서 다음 주에 入庫입고된다고 했다.
- 類似品유사품에 속았다. 似 3 닮을 사
- 그것을 사느라 非常金비상금을 다 써 버려서 殘高잔고가 바닥났다. 非 4Ⅱ 아닐 비 | 常 4Ⅱ 떳떳할 상 | 殘 4 남을 잔
- 無分別무분별한 購買구매를 하지 말아야 한다.
- 터무니없이 低廉저렴한 物件물건은 그 品質품질을 잘 살펴야 한다. 低 4Ⅱ 낮을 저 | 廉 3 청렴할 렴(염)

물건을 고르다

- 女性服여성복 코너에는 여러 種類종류의 바지가 있었다.
- 親舊친구가 着用착용하고 있는 것과 같은 商品상품이었다.
- 兩者擇一양자택일하기가 어려웠다. 兩 4Ⅱ 두 양(량) | 擇 4 가릴 택
- 다른 製品제품도 보고 싶었다.
- 나는 옷에 대한 眼目안목이 없는 것 같다. 眼 4Ⅱ 눈 안
- 店員점원이 나에게 어울릴 만한 것들을 推薦추천해 주었다. 推 4 밀 추 | 薦 3 천거할 천
- 때때로 店員점원의 豪客호객 行爲행위가 거북할 때가 있다. 豪 3Ⅱ 호걸 호 | 爲 4Ⅱ 하·할 위
- 바지를 사는 데 1時間시간假量가량 걸렸다. 假 4Ⅱ 거짓 가
- 먼저 그것의 價格가격이 얼마인지 물어보았다.
- 옷을 입어 보기 위해 店員점원에게 脫衣室탈의실이 어디 있는지 물었다. 脫 4 벗을 탈
- 마음에 드는 것을 發見발견하고는 脫衣室탈의실로 直行직행했다.
- 豚皮돈피로 된 자켓을 사고 싶었다. 豚 3 돼지 돈 | 皮 3Ⅱ 가죽 피
- 瑕疵하자가 있는지 仔細자세히 살펴보았다. 瑕 1 허물 하 | 疵 1 허물 자 | 仔 1 자세할 자 | 細 4Ⅱ 가늘 세
- 내가 企待기대했던 것만큼 最上級최상급은 아니었다. 企 3Ⅱ 꾀할 기
- 同價紅裳동가홍상이다. 紅 4 붉을 홍 | 裳 3Ⅱ 치마 상

  참고 同價紅裳동가홍상 ⇨ 같은 값이면 좋은 물건을 가짐

맘에 드는 물건

- 어떤 店鋪점포에서 所藏소장하고 싶은 製品제품을 發見발견했다.   藏 3Ⅱ 감출 장
- 그것은 陳列欌진열장에 展示전시된 物件물건 중에 있었다.   陳 3Ⅱ 베풀·묵을 진 | 列 4Ⅱ 벌릴 열(렬)
- 그것은 今週금주의 最新최신 商品상품이었다.
- 限定版한정판이다.   限 4Ⅱ 한할 한 | 版 3Ⅱ 판목 판
- 그것은 中國産중국산이었다.
- 그것은 프랑스에서 直輸入직수입된 것이었다.   輸 3Ⅱ 보낼 수
- 나는 좋은 素材소재의 옷을 사고 싶었다.   素 4Ⅱ 본디·흴 소
- 맘에 드는 것이 있었는데 價格가격이 未定미정이었다.   未 4Ⅱ 아닐 미
- 그 옷은 名品명품이었다.
- 그 옷은 어떤 女俳優여배우의 所藏品소장품이었다.   俳 2 배우 배 | 優 4 넉넉할 우 |
- 옷의 색 配合배합이 마음에 들지 않았다.   配 4Ⅱ 나눌·짝 배
- 옷은 예뻤는데 着用感착용감이 不滿足불만족스러웠다.
- 나에게는 華麗화려한 색보다는 無彩色무채색 系列계열이 더 잘 어울린다.   華 4 빛날 화 | 麗 4Ⅱ 고울 려(여)) | 彩 3Ⅱ 채색 채 | 系 4 이어맬 계
- 나는 純綿순면으로 된 內衣내의를 원했다.   純 4Ⅱ 순수할 순 | 綿 3Ⅱ 솜 면
- 아무리 高價고가여도 꼭 그것을 살 作定작정이다.
- 드디어 내가 원하던 것을 入手입수했다.

옷을 사다

- 그 옷은 맞춤 製作제작한 것처럼 꼭 맞았다.
- 그 옷은 伸縮性신축성이 좋아서 한 치수 작게 입어야 한다.   伸 3 펼 신 | 縮 4 줄일 축
- 나에게 맞는 사이즈를 찾으려면 全國전국 各地각지를 돌아야 한다.
- 나는 躊躇주저 없이 그것을 샀다.   躊 1 머뭇거릴 주 | 躇 1 머뭇거릴 저
- 치마에 어울릴 만한 블라우스를 注文주문했다.
- 洗濯機세탁기로 빨 수 있는 옷을 샀다.
- 그것은 高級고급 素材소재의 옷이다.
- 品質품질 保證보증이 되는 製品제품이다.   保 4Ⅱ 지킬 보 | 證 4 증거 증
- 賢明현명한 選擇선택인 것 같다.   賢 4Ⅱ 어질 현
- 내 不察불찰이었다.   察 4Ⅱ 살필 찰

기타 쇼핑

- 홈 쇼핑 프로그램을 視聽시청하다가 物件물건을 購入구입하기도 한다.   視 4Ⅱ 볼 시 | 聽 4 들을 청
- 現金현금으로 決濟결제하면 追加추가로 割引할인이 된다.   濟 4Ⅱ 건널 제 | 追 3Ⅱ 쫓을·따를 추
- 登山靴등산화를 購入구입하기로 決定결정하고 自動자동 注文주문 電話전화를 連結연결했다.   連 4Ⅱ 이을 연(련)
- 注文주문을 하면서 先金선금 決濟결제 方法방법을 選擇선택했다.
- 物件물건을 體驗체험한 후에 後拂후불로 決濟결제하는 것을 원했다.   驗 4Ⅱ 시험 험 | 拂 3Ⅱ 떨칠 불
- 現金현금 計座계좌 移替이체를 選擇선택했다.   座 4 자리 좌 | 替 3 바꿀 체
- 인터넷 쇼핑은 時間시간, 場所장소에 拘礙구애 받지 않아 容易용이하다.   拘 3Ⅱ 잡을 구 | 礙 2 거리낄 애 | 容 4Ⅱ 얼굴 용
- 價格가격에 配送料배송료가 包含포함되어 있다고 했다.   送 4Ⅱ 보낼 송 | 包 4Ⅱ 쌀 포 | 含 3Ⅱ 머금을 함
- 配送料배송료는 着拂착불이었다.
- 商品상품의 配達배달 費用비용은 業體업체에서 負擔부담했다.   達 4Ⅱ 통달할 달 | 負 4 질 부 | 擔 4Ⅱ 멜 담
- 注文주문한 物件물건을 受領수령했다.   受 4Ⅱ 받을 수
- 物件물건에 흠이 있어서 返品반품했다.   返 3 돌이킬 반
- 나는 交換교환을 원하지 않았기 때문에 全額전액을 還拂환불 받았다.   額 4 이마 액 | 還 3Ⅱ 돌아올 환
- 單純단순한 顧客고객 變心변심으로 物件물건을 交換교환할 때는 配送料배송료는 有料유료이다.   單 4Ⅱ 홑 단 | 顧 3 돌아볼 고

상점의 종류

都賣 市場	도매 시장		精肉店	정육점	精 4Ⅱ 정할 정 | 肉 4Ⅱ 고기 육
小賣 市場	소매 시장		食料品店	식료품점	
百貨店	백화점		紀念品店	기념품점	紀 4 벼리 기
書店	서점		鐵物店	철물점	
貴金屬店	귀금속점	屬 4 붙일 속	化粧品 가게	화장품 가게	粧 3Ⅱ 단장할 장
家電製品店	가전제품점	製 4Ⅱ 지을 제	免稅店	면세점	免 3Ⅱ 면할 면 | 稅 4Ⅱ 세금 세
典當鋪	전당포	鋪 2 펼·가게 포	文具店	문구점	
旅行社	여행사		登山 用品店	등산 용품점	
便宜店	편의점	宜 3 마땅 의	洗濯所	세탁소	濯 3 씻을 탁

菜蔬 가게	채소 가게	菜 3Ⅱ 나물 채 | 蔬 3 나물 소	製菓店	제과점	菓 2 과자·실과 과
家具店	가구점		寫眞館	사진관	眞 4Ⅱ 참 진 | 館 3Ⅱ 집 관

02 장 보기

장을 보다

- 食料品店식료품점에 갔다.
- 장을 보기 전 品目품목을 적었다.
- 不必要불필요한 物件물건들은 品目품목에서 除外제외시켰다. 　　　　　　　　　　除 4Ⅱ 덜 제
- 무엇을 사야 할지 쇼핑 品目품목을 다시 點檢점검했다.　　　　　　　　點 4 점 점 \| 檢 4Ⅱ 검사할 검
- 쇼핑용 장바구니를 챙기는 것으로 節約절약은 始作시작된다.
- 사야 할 物件물건이 少量소량일 境遇경우 카트 代身대신 바구니를 使用사용 境 4Ⅱ 지경 경 \| 遇 4 만날 우
  한다.
- 고기를 사러 精肉店정육점에 갔다.　　　　　　　　　　　　　　　　精 4Ⅱ 정할 정 \| 肉 4Ⅱ 고기 육
- 찌개용 豚肉돈육을 반 근 샀다.　　　　　　　　　　　　　　　　　　豚 3 돼지 돈
- 生活用品생활용품도 몇 가지 사야 했다.
- 化粧紙화장지도 샀다.　　　　　　　　　　　　　　　　　　　　　　粧 3Ⅱ 단장할 장
- 주스가 必要필요할 때는 無加糖무가당으로 산다.　　　　　　　　　　糖 3Ⅱ 엿·사탕 당
- 그 집 菜蔬채소는 恒常항상 淸潔청결하고 新鮮신선하다.　　　　　　菜 3Ⅱ 나물 채 \| 蔬 3 나물 소 \|
  　　　　　　　　　　　　　　　　　　　　　　　　　　　　　　　　恒 3Ⅱ 항상 항 \| 常 4Ⅱ 떳떳할 상 \|
  　　　　　　　　　　　　　　　　　　　　　　　　　　　　　　　　潔 4Ⅱ 깨끗할 결
- 沙果사과가 제철이라 糖度당도가 높다.　　　　　　　　　　　　　　沙 3Ⅱ 모래 사
- 가게 主人주인은 그것들이 農場농장에서 直去來직거래하는 物件물건이라
  고 했다.
- 有機農유기농 菜蔬채소를 샀다.　　　　　　　　　　　　　　　　　　機 4 틀 기
- 그 菜蔬채소에는 벌레의 痕迹흔적이 있었다.　　　　　　　　　　　　痕 1 흔적 흔 \| 迹 1 자취 적
- 一部일부는 이미 상해 있었다.

- 流通유통 期限기한을 確認확인했다.   限 4Ⅱ 한할 한 | 確 4Ⅱ 굳을 확 | 認 4Ⅱ 알 인

- 流通유통 期限기한이 滿了만료되었다.   滿 4Ⅱ 찰 만 | 了 3 마칠 료(요)

- 在來市場재래시장에 가면 더 싼 價格가격에 더 싱싱한 野菜야채를 살 수 있다.

덤 · 떨이 · 쿠폰

- 하나를 사면 덤으로 하나를 더 주는 行事행사 期間기간이 있다.

- 價格가격 標示표시가 없었다.   標 4 표할 표

- 떨이 飮料음료를 超特價초특가 割引할인 價格가격으로 팔고 있었다.   超 3Ⅱ 뛰어넘을 초 | 割 3Ⅱ 벨 할 | 引 4Ⅱ 끌 인

- 가게에서 試飮用시음용 飮料음료를 나누어 주었다.   試 4Ⅱ 시험 시

- 가게 主人주인이 넉넉한 人心인심을 發揮발휘했다.   揮 4 휘두를 휘

- 그 가게는 쿠폰을 支給지급해 준다.   支 4Ⅱ 지탱할 지

- 쿠폰을 使用사용하면 돈을 조금 節約절약할 수 있었다.

- 그 쿠폰은 그날 하루 동안만 有效유효했다.

- 쿠폰을 두 장 쓰는 重複중복 割引할인은 안 된다.   複 4 겹칠 복

- 쿠폰을 모아서 景品경품을 받았다.

배달

- 그 마트는 配達배달 서비스 體系체계가 잘 되어 있다.   配 4Ⅱ 나눌·짝 배 | 達 4Ⅱ 통달할 달 | 系 4 이어맬 계

- 그 마트는 迅速신속한 配達배달로 顧客고객들이 좋아한다.   迅 1 빠를 신 | 顧 3 돌아볼 고

- 어느 限度한도 以上이상부터 配達배달이 可能가능하다고 한다.

- 내가 勘當감당하지 못할 分量분량일 때에만 配達배달을 要請요청한다.   勘 1 헤아릴 감 | 請 4Ⅱ 청할 청

- 配達배달할 때 物件물건이 破損파손될까 憂慮우려된다.   破 4Ⅱ 깨뜨릴 파 | 損 4 덜 손 | 憂 3Ⅱ 근심 우 | 慮 4 생각할 려

- 박스에 取扱취급 注意주의 標示표시를 붙여 놓았다.   取 4Ⅱ 가질 취 | 扱 1 거둘 급, 꽂을 삽 | 標 4 표할 표

- 配達배달 物品물품을 無事무사히 받았다.

03 가격

흥정

- 價格가격이 千差萬別천차만별이었다.   差 4 다를 차
- 正札정찰 價格가격으로만 販賣판매가 可能가능했다.   札 2 편지 찰 | 販 3 팔 판
- 原價원가는 ○○원이었다.
- 展示전시된 옷을 살 테니 싸게 해 달라고 흥정했다.
- 適切적절한 價格가격에 購入구입한 것 같다.   適 4 맞을 적 | 購 2 살 구
- 價格가격 對比대비 物件물건이 좋았다.
- 適正線적정선에서 샀다.
- 時勢시세를 몰라서 그런지 바가지를 썼다.   勢 4Ⅱ 형세 세
- 時價시가보다 低廉저렴하게 샀다.   低 4Ⅱ 낮을 저 | 廉 3 청렴할 렴(염)

비싸다

- 높은 價格가격 때문에 苦心고심했다.
- 터무니없는 價格가격에 驚愕경악했다.   驚 4 놀랄 경 | 愕 1 놀랄 악
- 百貨店백화점 物件물건은 手數料수수료 때문에 더욱 비싸다.   貨 4Ⅱ 재물 화
- 價格가격을 談合담합했는지 物件물건 값이 더욱 비싸졌다.
- 나는 그것을 살 만큼 經濟力경제력이 있지 않다.   經 4Ⅱ 지날·글 경 | 濟 4Ⅱ 건널 제
- 그것을 살 形便형편이 못 된다.
- 좀 더 싸고 實用的실용적인 것을 원했다.

싸다

- 特別특별 割引할인 行事행사로 싸게 샀다.   割 3Ⅱ 벨 할 | 引 4Ⅱ 끌 인
- 정말 싸게 構成구성된 製品제품이었다.   構 4 얽을 구 | 製 4Ⅱ 지을 제
- 異例的이례적으로 싼 價格가격에 샀다.   異 4 다를 이(리)
- 在庫재고 商品상품을 原價원가 以下이하로 팔았다.   庫 4 곳집 고

- 땡 處分처분으로 매우 싸게 샀다.   處 4Ⅱ 곳 처
- 너무 싼 價格가격이라 사기만 하면 利得이득이었다.   得 4Ⅱ 얻을 득

계산

- 내가 산 物件물건들을 計算계산하기 위해 計算臺계산대로 갔다.   臺 3Ⅱ 대 대
- 計算臺계산대에서 順序순서를 기다렸다.
- 그 商店상점은 어느 形態형태로든 支拂지불이 可能가능하다.   態 4Ⅱ 모습 태 | 支 4Ⅱ 지탱할 지 | 拂 3Ⅱ 떨칠 불
- 手票수표로 支拂지불했다.   票 4Ⅱ 표 표
- 카드로 一時拂일시불로 냈다.
- 카드 無利子무이자 割賦할부로 냈다.   賦 3Ⅱ 부세 부
- 카드 去來거래 停止정지로 計算계산하지 못했다.
- 現金현금으로 計算계산하고 現金현금 領收證영수증 카드를 提示제시했다.   收 4Ⅱ 거둘 수 | 證 4 증거 증 | 提 4Ⅱ 끌 제
- 積立적립 카드에 있던 포인트로 計算계산했다.   積 4 쌓을 적
- 거스름돈과 領收證영수증을 받았다.
- 내가 산 것보다 더 많은 金額금액이 請求청구되었다.   額 4 이마 액 | 請 4Ⅱ 청할 청
- 店員점원이 失手실수를 한 것 같았다.
- 그 商店상점은 店員점원이 顧客고객에게 잘못된 金額금액을 請求청구할 境遇경우 失手실수에 대한 報償보상으로 10만 원을 준다.   員 4Ⅱ 인원 원 | 顧 3 돌아볼 고
境 4Ⅱ 지경 경 | 遇 4 만날 우
報 4Ⅱ 갚을·알릴 보 | 償 3Ⅱ 갚을 상

환불

- 마음에 들지 않아 還拂환불했다.   還 3Ⅱ 돌아올 환
- 다른 商品상품으로 交替교체했다.   替 3 바꿀 체
- 特價특가 商品상품은 還拂환불이 不可불가했다.
- 還拂환불 問題문제로 店員점원과 작은 騷亂소란이 있었다.   騷 3 떠들 소 | 亂 4 어지러울 란(난)
- 내가 還拂환불을 要求요구하자 領收證영수증을 提示제시하라고 했다.
- 領收證영수증을 再次재차 確認확인하고 나서야 還拂환불 處理처리를 해 주었다.   次 4Ⅱ 버금 차 | 確 4Ⅱ 굳을 확
認 4Ⅱ 알 인 | 處 4Ⅱ 곳 처
- 나는 카드 承認승인을 取消취소해 달라고 했다.   承 4Ⅱ 이을 승 | 取 4Ⅱ 가질 취
- 商品券상품권으로 計算계산한 것은 다시 商品券상품권으로 돌려 받았다.

Diary

장보기 노하우

11월 8일

　주부로 살면서 가장 자신 있는 것을 뽑으라면 '장보기'라고 당당하게 말할 수 있다. 오늘 옆집에 사는 홍선이 엄마와 장을 보러 갔다가 나의 알뜰함에 무릎을 꿇은 사연이 있다. 오늘도 어김없이 마트에 가기 전 필요한 물건의 품목을 적었다. 여기에 쇼핑용 장바구니를 챙기는 것은 '절약 장보기'의 시작이나 다름없다. 마트에 도착하자, 홍선이 엄마는 대뜸 카트를 가져온다. 오우 노! 사야 할 물건이 소량일 경우 카트 대신 바구니를 이용한다. 불필요한 물건을 사지 않도록 미리 방지하는 것이다. 품목도 적지 않고 무작정 카트를 가져온 홍선이 엄마와 장보기를 시작했다. 홍선이 엄마는 정육 코너가 나타나자 갑자기 고기를 사야겠다며 돈육을 샀다. 생활용품 코너를 지나다가도 몇 가지를 샀다. 제철이 아닌 귤은 당도가 높지 않지만 홍선이가 좋아하기 때문에 사야 한다며 비싼 값에 샀다. 유제품 코너에서는 유통 기한을 확인하지도 않고 우유를 덥석 집어 카트에 넣었다. 이것은 바로 장보기의 나쁜 예다. 나는 품목에 고기가 없기 때문에 정육 코너는 패스, 생활용품 코너에서 화장지를 사야 하는데 원 플러스 원 행사를 하는 화장지를 골랐다. 우리 집에서 항상 쓰던 화장지를 행사하다니 이건 행운이 아닐 수 없다. 사과가 제철이라 당도가 높고 가격도 저렴해서 푸짐하게 샀다. 내 딸도 귤을 좋아하긴 하지만, 제철도 아니고 가격도 비싸기 때문에 그냥 사과로 만족시킬 작정이었다. 유제품 코너에서는 우유의 유통 기한뿐 아니라 제조 일자도 꼼꼼히 살펴서 구입했다. 이것은 바로 장보기의 좋은 예! 계산을 할 때도 우리 둘의 차이는 확연하게 드러났다. 난 마트를 다니면서 항상 쿠폰을 잘 모아 두었고, 할인 카드만을 쓰기 때문에 할인에 경품까지 챙길 수 있었다. 쿠폰도 할인 카드도 없는 홍선이 엄마는 씁쓸한(?) 계산을 해야만 했다. 내일부터 홍선이 엄마에게 장보기 노하우를 전수할 예정이다.

● 알맞은 한자로 써 보세요.

1. 주부
2. 자신
3. 당당
4. 사연
5. 필요
6. 물건
7. 품목
8. 절약
9. 시작
10. 도착
11. 소량
12. 대신
13. 이용
14. 불필요
15. 방지
16. 무작정
17. 정육
18. 돈육
19. 생활용품
20. 당도
21. 유제품
22. 유통
23. 기한
24. 확인
25. 우유
26. 화장지
27. 행사
28. 항상
29. 행운
30. 사과
31. 가격
32. 저렴
33. 만족
34. 작정
35. 제조
36. 일자
37. 구입
38. 계산
39. 차이
40. 확연
41. 할인
42. 경품
43. 내일
44. 전수
45. 예정

장보기 노하우

十一月 八日

主婦로 살면서 가장 自信 있는 것을 뽑으라면 장보기라고 堂堂하게 말할 수 있다. 오늘 옆집에 사는 홍선이 엄마와 장을 보러 갔다가 나의 알뜰함에 무릎을 꿇은 事緣이 있다. 오늘도 어김없이 마트에 가기 전 必要한 物件의 品目을 적었다. 여기에 쇼핑용 장바구니를 챙기는 것은 '節約 장보기'의 始作이나 다름없다. 마트에 到着하자, 홍선이 엄마는 대뜸 카트를 가져온다. 오우 노! 사야 할 物件이 少量일 경우 카트 代身 바구니를 利用한다. 不必要한 物件을 사지 않도록 미리 防止하는 것이다. 品目도 적지 않고 無酌定 카트를 가져온 홍선이 엄마와 장보기를 始作했다. 홍선이 엄마는 精肉 코너가 나타나자 갑자기 고기를 사야겠다며 豚肉을 샀다. 生活用品 코너를 지나다가도 몇 가지를 샀다. 제철이 아닌 귤은 糖度가 높지 않지만 홍선이가 좋아하기 때문에 사야 한다며 비싼 값에 샀다. 乳製品 코너에서는 流通 期限을 確認하지도 않고 牛乳를 덥석 집어 카트에 넣었다. 이것은 바로 장보기의 나쁜 예다. 나는 品目에 고기가 없기 때문에 精肉 코너는 패스, 生活用品 코너에서 化粧紙를 사야 하는데 원 플러스 원 行事를 하는 化粧紙를 골랐다. 우리 집에서 恒常 쓰던 化粧紙를 行事하다니 이건 幸運이 아닐 수 없다. 沙果가 제철이라 糖度가 높고 價格도 低廉해서 푸짐하게 샀다. 내 딸도 귤을 좋아하긴 하지만, 제철도 아니고 價格도 비싸기 때문에 그냥 沙果로 滿足시킬 作定이었다. 乳製品 코너에서는 牛乳의 流通 期限뿐 아니라 製造 日子도 꼼꼼히 살펴서 購入했다. 이것은 바로 장보기의 좋은 예! 計算을 할 때도 우리 둘의 差異는 確然하게 드러났다. 난 마트를 다니면서 恒常 쿠폰을 잘 모아 두었고, 割引 카드만을 쓰기 때문에 割引에 景品까지 챙길 수 있었다. 쿠폰도 割引 카드도 없는 홍선이 엄마는 씁쓸한(?) 計算을 해야만 했다. 來日부터 홍선이 엄마에게 장보기 노하우를 傳授할 豫定이다.

CHAPTER 20
여가 활동

- 01. 문화생활
- 02. 음악회
- 03. 연극
- 04. 영화
- 05. 공원
- 06. 동물원
- 07. 식물원
- 08. 여행
- 09. 해외여행
+ Diary

01 문화생활

문화

- 나는 他國타국의 文化문화를 經驗경험하고 싶다.　　　　　　經 4Ⅱ 지날·글 경 | 驗 4Ⅱ 시험 험
- 나는 文化문화 水準수준을 向上향상시키고 싶다.　　　　　　準 4Ⅱ 준할 준
- 文化문화는 生活생활을 營爲영위할 수 있게 해 준다.　　　　營 4 경영할 영 | 爲 4Ⅱ 하·할 위
- 多樣다양한 文化문화를 경험한 사람은 모든 것에 該博해박하다.　　樣 4 모양 양 | 該 3 갖출·마땅 해 | 博 4Ⅱ 넓을 박
- 여러 文化문화를 經驗경험하면 多方面다방면으로 博識박식해진다.
- 經驗경험이 最高최고의 師授사수다.　　　　　　　　　　　師 4Ⅱ 스승 사 | 授 4Ⅱ 줄 수
- 經驗경험은 白痴백치도 智慧지혜롭게 만든다.　　　　　　痴 특Ⅱ 어리석을 치 | 智 4 슬기·지혜 지 | 慧 3Ⅱ 슬기로울 혜

전시회

- 나는 美術미술 展示會전시회에 자주 간다.
- 가을이면 나는 展示會전시회를 보러 畫廊화랑에 간다.　　　　廊 3Ⅱ 사랑채·행랑 랑(낭)
- 우리 家族가족 모두 仁寺洞인사동에 있는 美術館미술관에 갔다.　　仁 4 어질 인 | 寺 4Ⅱ 절 사 | 館 3Ⅱ 집 관
- 그 美術館미술관은 年中연중 開放개방되어 있다.
- 그 展示館전시관은 無料무료다.
- 그 展示會전시회는 親舊친구의 趣向취향이 아니어서 혼자 갔다.　　趣 4 뜻 취
- 그 展示會전시회에는 有名유명 畫家화가들의 作品작품이 많이 있었다.
- 그곳은 畫廊화랑과 갤러리가 密集밀집되어 있는 곳이었다.　　密 4Ⅱ 빽빽할 밀
- 大學대학 先輩선배의 個人展개인전에 招待초대 받았다.　　　　輩 3Ⅱ 무리 배 | 個 4Ⅱ 낱 개 | 招 4 부를 초
- 그 그림들은 藝術的예술적 創意力창의력을 나타내고 있었다.　　藝 4Ⅱ 재주 예 | 創 4Ⅱ 비롯할 창
- 그 展示館전시관에서는 展示品전시품의 競賣경매가 進行진행되고 있었다.　　進 4Ⅱ 나아갈 진
- 나는 그림에 대한 識見식견이 높다.
- 그 그림은 原本원본이었다.

412

- 그림들이 模寫品모사품인 것 같았다. 模 4 본뜰 모
- 여러 그림들 중 하나가 感動감동으로 다가왔다.

02 음악회

연주회

- 나는 音樂會음악회에 잘 가지 않는다.
- 나는 音樂會음악회에 直接직접 가서 音樂음악을 感想감상하는 것을 좋아한다. 接 4Ⅱ 이을 접
- 音樂會음악회 티켓을 豫買예매했다. 豫 4 미리 예
- 나는 招待券초대권이 두 장 있었다. 招 4 부를 초 | 券 4 문서 권
- 오늘 밤에 市內시내에서 野外야외 音樂會음악회가 있었다.
- 音樂會음악회에 온 觀客관객은 놀라울 정도로 많았다.
- 音樂會음악회가 事情사정상 遲延지연되었다. 遲 3 더딜·늦을 지 | 延 4 늘일 연
- 公演공연 遲延지연에 대한 謝過사과 放送방송이 나왔다. 謝 4Ⅱ 사례할 사 | 送 4Ⅱ 보낼 송
- 그는 훌륭한 演奏者연주자처럼 피아노를 잘 쳤다. 演 4Ⅱ 펼 연 | 奏 3Ⅱ 아뢸 주
- 音樂會음악회에서 바이올리니스트가 매우 熱情的열정적으로 演奏연주했다.
- 그는 交響樂團교향악단과 協演협연했다. 響 3Ⅱ 울릴 향 | 協 4Ⅱ 화할 협
- 나는 未完成미완성 交響曲교향곡이 第一제일 좋았다. 未 4Ⅱ 아닐 미
- 樂團악단 指揮者지휘자의 指揮지휘가 매우 훌륭했다. 指 4Ⅱ 가리킬 지 | 揮 4 휘두를 휘
- 그는 한창 株價주가를 올리고 있는 音樂家음악가 중 한 사람이다. 株 3Ⅱ 그루 주
- 그는 音樂음악에 天賦的천부적 才能재능을 타고난 것 같다. 賦 3Ⅱ 부세 부
- 그의 音樂음악은 나의 心琴심금을 울렸다. 琴 3Ⅱ 거문고 금
- 그의 音樂음악에 感情감정 移入이입이 되어 나도 모르게 눈물이 났다. 移 4Ⅱ 옮길 이
- 演奏연주가 끝나자 모두 起立기립 拍手박수를 쳤다. 起 4Ⅱ 일어날 기 | 拍 4 칠 박

콘서트

- 내가 좋아하는 歌手가수가 콘서트를 開催개최한다.   催 3Ⅱ 재촉할 최
- 그것은 젊은 觀衆관중들을 위한 콘서트였다.   衆 4Ⅱ 무리 중
- 그의 콘서트 티켓이 인터넷에서 1時間시간 만에 賣盡매진되었다.   盡 4 다할 진
- 나는 舞臺무대가 잘 보이는 中央중앙 앞자리 티켓을 구했다.   舞 4 춤출 무 | 臺 3Ⅱ 대 대 | 央 3Ⅱ 가운데 앙
- 콘서트 場장의 熱氣열기가 정말 뜨거웠다.
- 콘서트 場장에는 팬들이 櫛比즐비했다.   櫛 1 빗 즐
- 많은 팬들이 夜光야광 봉과 懸垂幕현수막을 準備준비했다.   懸 3Ⅱ 달 현 | 垂 3Ⅱ 드리울 수 | 幕 3Ⅱ 장막 막
- 우리는 그 歌手가수를 歡呼환호와 큰 拍手박수로 맞이했다.   歡 4 기쁠 환 | 呼 4Ⅱ 부를 호
- 그는 라이브로 熱唱열창했다.
- 그의 목소리는 매우 甘味감미로웠다.   甘 4 달 감 | 味 4Ⅱ 맛 미
- 그는 젊은이들에게 強力강력한 支持지지를 받는다.   強 특Ⅱ 강할[强] 강 | 支 4Ⅱ 지탱할 지 | 持 4 가질 지
- 그는 相當상당히 많은 熱誠열성 팬을 確保확보하고 있다.   誠 4Ⅱ 정성 성 | 確 4Ⅱ 굳을 확 | 保 4Ⅱ 지킬 보
- 一部일부 學生학생들은 聽衆席청중석에서 羞恥수치스러운 行動행동을 했다.   聽 4 들을 청 | 羞 1 부끄러울 수 | 恥 3Ⅱ 부끄러울 치
- 客席객석에서 어떤 사람은 揶揄야유하는 소리를 냈다.   揶 1 야유할 야 | 揄 1 야유할 유
- 그 歌手가수가 팬을 위한 노래를 불렀을 때 우리는 손을 흔들며 喊聲함성을 질렀다.   喊 1 소리칠 함 | 聲 4Ⅱ 소리 성
- 그들의 노래를 들으면서 춤을 추고 싶은 衝動충동이 들었다.   衝 3Ⅱ 찌를 충
- 그의 公演공연은 始終一貫시종일관 멋있었다.   貫 3Ⅱ 꿸 관
- 콘서트는 다른 歌手가수들의 祝賀축하 公演공연으로 繼續계속되었다.   賀 3Ⅱ 하례할 하 | 繼 4 이을 계 | 續 4Ⅱ 이을 속
- 마지막 노래가 끝나고 舞臺무대의 照明조명이 꺼지자 섭섭한 마음이 들었다.   舞 4 춤출 무 | 臺 3Ⅱ 대 대 | 照 3Ⅱ 비칠 조
- 나는 콘서트가 끝난 후 그의 公演공연 實況실황이 담긴 CD를 샀다.   況 4 상황 황

03 연극

연극 공연

- 나는 演劇연극을 보러 가는 것을 좋아한다. 　　　演 4Ⅱ 펼 연 | 劇 4 심할 극
- 곧 훌륭한 演劇연극이 上演상연될 豫定예정이다. 　　　豫 4 미리 예
- 나는 大學대학에서 演劇연극을 專攻전공하고 싶다. 　　　專 4 오로지 전
- 그 演劇연극의 入場料입장료는 ○○원이었다.
- 나는 내가 좋아하는 演劇연극 俳優배우의 公演공연을 보았다. 　　　俳 2 배우 배 | 優 4 넉넉할 우
- 公演공연 途中도중 火災화재가 發生발생했다. 　　　途 3Ⅱ 길 도
- 公演공연 取消취소로 入場料입장료를 還拂환불 받았다. 　　　取 4Ⅱ 가질 취 | 還 3Ⅱ 돌아올 환 | 拂 3Ⅱ 떨칠 불
- 이 演劇연극은 巡廻公演순회공연 중이다. 　　　巡 3Ⅱ 돌·순행할 순 | 廻 2 돌 회
- 演劇연극은 公演공연 첫날부터 盛況성황을 이루었다. 　　　盛 4Ⅱ 성할 성 | 況 4 상황 황
- 그것은 一幕일막짜리 單幕劇단막극이었다. 　　　幕 3Ⅱ 장막 막
- 그 演劇연극은 事實사실을 再構成재구성하여 만든 것이다. 　　　構 4 얽을 구
- 그 演劇연극은 大團圓대단원의 幕막을 내렸다. 　　　圓 4Ⅱ 둥글 원

훌륭한 연극

- 舞臺무대 裝置장치가 實際실제처럼 꾸며졌다. 　　　舞 4 춤출 무 | 臺 3Ⅱ 대 대 | 裝 4 꾸밀 장 | 置 4Ⅱ 둘 치 | 際 4Ⅱ 즈음·가 제
- 俳優배우들의 衣裳의상도 매우 멋졌다. 　　　裳 3Ⅱ 치마 상
- 俳優배우들의 演技연기는 모두가 極讚극찬할 만했다. 　　　極 4Ⅱ 다할·극진할 극 | 讚 4 기릴 찬
- 主人公주인공의 獨白독백 臺詞대사가 머릿속을 떠나지 않는다. 　　　詞 3Ⅱ 말·글 사
- 演技者연기자들의 呼吸호흡이 척척 맞아서 演技연기가 매우 自然자연스러웠다. 　　　呼 4Ⅱ 부를 호 | 吸 4Ⅱ 마실 흡
- 그 演劇연극은 評判평판이 좋다. 　　　評 4 평할 평 | 判 4 판단할 판
- 新聞신문에서도 그 演劇연극에 대해 激讚격찬을 했다. 　　　激 4 격할 격
- 곳곳에서 演劇연극의 好評호평이 쏟아졌다. 　　　好 4Ⅱ 좋을 호

- 그 演劇연극은 愉快유쾌했다. 愉 1 즐거울 유 | 快 4Ⅱ 쾌할 쾌
- 그 演劇연극은 참으로 眞率진솔했다. 眞 4Ⅱ 참 진 | 率 3Ⅱ 거느릴 솔, 비율 률(율)
- 나는 俳優배우들의 勞苦노고와 熱情열정에 拍手박수를 보냈다. 拍 4 칠 박
- 觀客관객들의 拍手喝采박수갈채가 멈추지 않았다. 喝 1 꾸짖을 갈 | 采 2 풍채 채
- 나는 演劇연극이 끝난 후에도 客席객석에 남아 그 餘韻여운을 느꼈다. 餘 4Ⅱ 남을 여 | 韻 3Ⅱ 운 운
- 그 演劇연극은 엄청난 興行흥행을 거두었다. 興 4Ⅱ 일 흥
- 내 平生평생 가장 재미있게 본 演劇연극 중 하나로 記憶기억될 것이다. 憶 3Ⅱ 생각할 억
- 그 演劇연극은 人氣인기가 많아서 延長연장 公演공연을 하게 되었다. 延 4 늘일 연

지루한 연극

- 그 演劇연극은 低質저질이었다. 低 4Ⅱ 낮을 저
- 演劇연극의 構成구성이 엉망이었다.
- 演技者연기자들의 演技연기가 誇張과장되었다. 誇 3Ⅱ 자랑할 과 | 張 4 베풀 장
- 한 演技者연기자의 발演技연기가 論難논란이 되었다. 論 4Ⅱ 논할 논(론) | 難 4Ⅱ 어려울 란(난)
- 그 演劇연극은 극의 最高潮최고조가 없었다. 潮 4 밀물·조수 조
- 전혀 感興감흥이 없었다.
- 그 演劇연극은 呼訴力호소력이 없었다. 訴 3Ⅱ 호소할 소
- 演劇연극이 너무 單調단조로웠다. 單 4Ⅱ 홑 단
- 演劇연극에서 商業的상업적인 냄새가 났다.
- 한 助演조연의 傍白방백 演技연기는 정말 손발이 오그라들 程度정도로 語塞어색했다. 助 4Ⅱ 도울 조 | 傍 3 곁 방 | 程 4Ⅱ 한도·길 정 | 塞 3Ⅱ 막힐 색, 변방 새
- 甚至於심지어 俳優배우가 臺詞대사를 까먹는 初有초유의 事態사태가 發生발생했다. 甚 3Ⅱ 심할 심 | 至 4Ⅱ 이를 지 | 於 3 어조사 어, 탄식할 오 | 態 4Ⅱ 모습 태
- 이 演劇연극은 早期조기에 閉幕폐막될 것 같다. 早 4Ⅱ 이를 조 | 閉 4 닫을 폐

04 영화

나와 영화

- 映畫영화를 보면 他人타인의 삶이 보이는 것 같다.　　映 4 비칠 영
- 나는 映畫狂영화광이다.　　狂 3Ⅱ 미칠 광
- 나는 映畫영화 愛好家애호가다.　　好 4Ⅱ 좋을 호
- 난 西部서부 映畫영화를 좋아한다.
- 내가 가장 좋아하는 映畫영화 장르는 恐怖공포 스릴러다.　　恐 3Ⅱ 두려울 공 | 怖 2 두려워할 포
- 나는 옛날 無聲무성 映畫영화를 즐겨 본다.　　聲 4Ⅱ 소리 성
- 映畫영화를 통해 無知무지했던 部分부분에 대한 情報정보를 얻을 수 있다.　　報 4Ⅱ 갚을·알릴 보
- 나는 週末주말이나 年休연휴 때 親舊친구들과 映畫영화를 보러 간다.
- 나는 정말 映畫영화 보기를 渴望갈망했다.　　渴 3 목마를 갈
- 요즘 한창 興行흥행 중인 諜報첩보 映畫영화가 보고 싶었다.　　興 4Ⅱ 일 흥 | 諜 2 염탐할 첩
- 나는 工夫공부로 인한 스트레스나 疲勞피로를 映畫영화를 보며 푼다.　　疲 4 피곤할 피
- 나는 映畫영화 同好會동호회에 들어서 會員회원들과 映畫영화를 보러 가곤 한다.　　員 4Ⅱ 인원 원
- 나는 映畫영화를 볼 때 上映상영 時間시간 10분 전부터 待期대기한다.
- 나는 映畫영화라면 窒塞질색이다.　　窒 2 막힐 질 | 塞 3Ⅱ 막힐 색, 변방 새
- 나는 非現實的비현실적인 空想공상 映畫영화는 정말 싫어한다.　　非 4Ⅱ 아닐 비 | 想 4Ⅱ 생각 상
- 나는 映畫영화를 보면서 字幕자막을 읽어야 하는 것도 귀찮다.　　幕 3Ⅱ 장막 막
- 나는 同時동시 錄音녹음이 아닌 映畫영화는 좋아하지 않는다.

영화표

- 나는 無料무료 映畫영화 招待券초대권이 있다.
- 映畫票영화표를 사기 위해 사람들이 賣票所매표소 앞에 줄지어 서 있었다.　　票 4Ⅱ 표 표
- 豫買예매한 內譯내역을 보여 주고 票표를 받았다.　　豫 4 미리 예 | 譯 3Ⅱ 번역할 역

- 나는 靑少年청소년 割引할인이 適用적용되었다. 割 3Ⅱ 벨 할 | 引 4Ⅱ 끌 인 | 適 4 맞을 적

- 映畫票영화표를 사면서 無料무료 飮料음료 쿠폰에 當籤당첨되었다. 籤 1 제비(점대) 첨

- 내 映畫영화 클럽 카드는 모든 映畫영화가 20% 割引할인된다.

- 移動이동 通信社통신사 카드는 積立적립 포인트가 差減차감되면서 15%씩 割引할인된다. 移 4Ⅱ 옮길 이 | 積 4 쌓을 적 | 差 4 다를 차 | 減 4Ⅱ 덜 감

- 모든 티켓이 賣盡매진되었다. 盡 4 다할 진

극장에 가다

- 그 映畫영화의 上映상영 情報정보를 搜所聞수소문했다. 搜 3 찾을 수

- 映畫영화 試寫會시사회에 갔다. 試 4Ⅱ 시험 시

- 나는 自動車자동차 劇場극장에서 映畫영화를 봤다. 劇 4 심할 극

- 나는 最近최근 新作신작을 보았다.

- 簡易賣店간이매점에서 팝콘을 샀다. 簡 4 대쪽·간략할 간

- 나는 大型대형 스크린 바로 앞쪽 자리였다. 型 2 모형 형

- 앞에 앉은 사람이 내 視野시야를 가렸다. 視 4Ⅱ 볼 시

- 그의 頭狀두상은 정말 컸다. 狀 4Ⅱ 형상 상, 문서 장

- 그에게 諒解양해를 구하여 한 座席좌석을 옮겨 달라고 했다. 諒 3 살펴알·믿을 양(량) | 解 4Ⅱ 풀 해 | 座 4 자리 좌

- 映畫영화 始作시작 전 携帶휴대 電話전화 電源전원을 껐다. 携 3 이끌 휴 | 帶 4Ⅱ 띠 대 | 源 4 근원 원

영화를 보다

- 映畫영화의 러닝 타임은 長長장장 2時間시간이었다.

- 그 映畫영화는 原作원작에 充實충실한 映畫영화였다.

- 그 映畫영화는 特殊특수 效果효과를 많이 使用사용했다. 殊 3Ⅱ 다를 수

- 直接직접 撮影촬영하기 어려운 어려운 것들을 컴퓨터 그래픽으로 處理처리한 것 같았다. 接 4Ⅱ 이을 접 | 撮 1 모을·사진찍을 촬 | 影 3Ⅱ 그림자 영

- 이 映畫영화는 莫大막대한 興行흥행 記錄기록을 세울 것 같다. 莫 3Ⅱ 없을 막

- 그 映畫영화는 우리말로 錄音녹음되어 있었다.

- 내가 좋아하는 俳優배우가 그 映畵영화의 主演주연이다. 俳 2 배우 배 | 優 4 넉넉할 우 | 演 4Ⅱ 펼 연

- 그는 助演조연으로 出演출연했다. 助 4Ⅱ 도울 조

- 端役단역이었지만 꽤 比重비중 있는 役割역할이었다. 端 4Ⅱ 끝 단 | 役 3Ⅱ 부릴 역

- 俳優배우들이 魂神혼신의 演技연기 鬪魂투혼을 보여 주었다. 魂 3Ⅱ 넋 혼 | 鬪 4 싸움 투

- 그 監督감독은 정말 有能유능한 것 같았다. 監 4Ⅱ 볼 감 | 督 4Ⅱ 감독할 독

- 그 映畵영화의 主題曲주제곡이 甘味감미로웠다. 甘 4 달 감 | 味 4Ⅱ 맛 미

- 그 映畵영화가 終映종영될 무렵 잠이 들었다.

- 映畵館영화관의 照明조명이 켜지고 사람들이 非常口비상구로 몰렸다. 照 3Ⅱ 비칠 조 | 常 4Ⅱ 떳떳할 상

영화평

- 그 映畵영화는 催淚性최루성 멜로였다. 催 3Ⅱ 재촉할 최 | 淚 3 눈물 루(누)

- 나는 그 映畵영화의 마지막 場面장면에서 깊은 感動감동을 느꼈다.

- 그 映畵영화는 마지막까지 緊迫感긴박감에 손에 땀을 쥐게 했다. 緊 3Ⅱ 긴할 긴 | 迫 3Ⅱ 핍박할 박

- 映畵영화에서 人肉인육을 먹는 場面장면은 정말 무서웠다. 肉 4Ⅱ 고기 육

- 그 映畵영화는 정말 怪奇괴기스러웠다. 怪 3Ⅱ 괴이할 괴 | 奇 4 기특할 기

- 그 映畵영화는 꼭 恐怖공포 體驗체험을 한 것처럼 實感실감 났다. 驗 4Ⅱ 시험 험

- 恐怖공포 映畵영화를 보고 난 후 그 殘像잔상이 남아 며칠 동안 혼이 났다. 殘 4 남을 잔 | 像 3Ⅱ 모양 상

- 그 映畵영화는 暴力폭력과 辱說욕설이 亂舞난무했다. 暴 4Ⅱ 사나울 폭, 모질 포 | 辱 3Ⅱ 욕될 욕 | 亂 4 어지러울 난(란) | 舞 4 춤출 무

- 그 映畵영화는 亂暴난폭한 場面장면이 大多數대다수였다.

- 많은 犯罪者범죄자들이 暴力的폭력적인 映畵영화들로부터 影響영향을 받았다고 한다. 犯 4 범할 범 | 響 3Ⅱ 울릴 향

- 映畵영화에서 暴力的폭력적인 場面장면은 未成年者미성년자들에게 否定的부정적인 影響영향을 끼칠 수 있다. 未 4Ⅱ 아닐 미 | 否 4 아닐 부

- 그 映畵영화는 요즘 世態세태를 諷刺풍자하고 있었다. 態 4Ⅱ 모습 태 | 諷 1 풍자할 풍 | 刺 3Ⅱ 찌를 자, 찌를 척

- 그 映畵영화는 우리에게 歷史的역사적인 敎訓교훈을 준다.

- 그 場面장면이 강하게 刻印각인되었다. 刻 4 새길 각 | 印 4Ⅱ 도장 인

- 그 映畵영화에 깊은 感銘감명을 받았다. 銘 3Ⅱ 새길 명

- 그 映畫영화는 觀客관객들에게 酷評혹평을 받았다. 　　酷 2 심할 혹 | 評 4 평할 평
- 그 映畫영화는 作品작품, 監督감독, 俳優배우의 三拍子삼박자가 잘 어우러 　　拍 4 칠 박
졌다.
- 정말 그 映畫영화를 强推강추한다. 　　强 특Ⅱ 강할[強] 강 | 推 4 밀 추
- 그 映畫영화는 低質저질 三流삼류였다. 　　低 4Ⅱ 낮을 저
- 映畫영화가 너무 難解난해해서 보기 힘들었다. 　　難 4Ⅱ 어려울 난(란)

영화 등급

- 未成年者미성년자는 그 映畫영화를 볼 수 없었다.
- 그 映畫영화는 兒童아동을 對象대상으로 만들어졌다. 　　象 4 코끼리 상
- 18세 未滿미만은 그 映畫영화를 볼 수 없었다. 　　滿 4Ⅱ 찰 만
- 그 映畫영화는 成人用성인용이었다.
- 그 映畫영화는 未成年者미성년자가 보기엔 水位수위가 높았다.
- 그 映畫영화는 上映상영 禁止금지 處分처분을 받았다. 　　禁 4Ⅱ 금할 금 | 處 4Ⅱ 곳 처
- 그 映畫영화는 年少者연소자 觀覽可관람가다. 　　覽 4 볼 람
- 그 映畫영화는 父母부모가 同伴동반할 경우 入場입장이 可能가능했다. 　　伴 3 짝 반
- 그 映畫영화는 等級등급 判定판정 保留보류 狀態상태이다. 　　判 4 판단할 판 | 保 4Ⅱ 지킬 보
　　留 4Ⅱ 머무를 류(유)

05 공원

공원

- 週末주말이면 우리 家族가족은 집 近處근처 公園공원에 자주 간다. 　　處 4Ⅱ 곳 처
- 나는 一山일산의 郊外교외에 살고 있어서 갈 만한 公園공원이 많다. 　　郊 3 들 교

- 親舊친구들과 公園공원으로 逍風소풍을 갔다.   逍 1 노닐 소
- 自轉車자전거 專用전용 道路도로에서 自轉車자전거를 탔다.   轉 4 구를 전 | 專 4 오로지 전
- 公園공원에서 飮食음식을 配達배달시켜 먹었다.   配 4Ⅱ 나눌·짝 배 | 達 4Ⅱ 통달할 달
- 公園공원에서 愛玩犬애완견과 마음껏 뛰어 놀았다.   玩 1 즐길 완 | 犬 4 개 견
- 公園공원에서 꽃 博覽會박람회가 열렸다.   博 4Ⅱ 넓을 박 | 覽 4 볼 람
- 많은 學生학생들이 見學견학을 왔다.
- 公園공원 噴水臺분수대에 사람들이 가득 몰려 있었다.   噴 1 뿜을 분 | 臺 3Ⅱ 대 대
- 시원한 나무 그늘 밑 벤치에서 午睡오수를 즐기는 사람도 있었다.   睡 3 졸음 수
- 公園공원에서 進行진행하는 이벤트도 應募응모했다.   進 4Ⅱ 나아갈 진 | 應 4Ⅱ 응할 응 | 募 3 모을·뽑을 모
- 밤에는 수많은 街路燈가로등이 公園공원을 밝혀 준다.   街 4Ⅱ 거리 가 | 燈 4Ⅱ 등 등

놀이공원

- 놀이公園공원에 가서 自由자유 利用券이용권을 샀다.   券 4 문서 권
- 놀이公園공원의 人波인파가 어마어마했다.   波 4Ⅱ 물결 파
- 사람이 너무 많아 줄을 서서 遲滯지체하는 時間시간이 大部分대부분이었다.   遲 3 더딜·늦을 지 | 滯 3Ⅱ 막힐 체
- 놀이公園공원에는 多樣다양한 볼거리와 行事행사가 있었다.   樣 4 모양 양
- 아이들을 위한 人形劇인형극이 있었다.   劇 4 심할 극
- 점심 먹기 전에 童話동화의 집을 구경했다.
- 그곳은 神祕신비롭고 幻想환상적이고, 冒險모험으로 가득했다.   祕 4 숨길 비 | 幻 2 헛보일 환 | 想 4Ⅱ 생각 상 | 冒 3 무릅쓸 모 | 險 4 험할 험
- 우리는 幽靈유령의 집에 들어갔다.   幽 3Ⅱ 그윽할 유 | 靈 3Ⅱ 신령 령
- 안에는 깜깜하고 凶家흉가에나 있을 법한 것들로 가득했다.
- 凶物흉물스러운 鬼神귀신이 나를 때리기도 했다.   鬼 3Ⅱ 귀신 귀
- 나는 悲鳴비명을 지르며 逃亡도망갔다.   悲 4Ⅱ 슬플 비 | 鳴 4 울 명 | 逃 4 도망할 도
- 놀이公園공원의 職員직원들이 幽靈유령 役割역할을 擔當담당하고 있었다.   職 4Ⅱ 직분 직 | 員 4Ⅱ 인원 원 | 役 3Ⅱ 부릴 역 | 割 3Ⅱ 벨 할 | 擔 4Ⅱ 멜 담
- 나는 오히려 幽靈유령에게 獵奇엽기적인 表情표정을 지어 놀라게 했다.   獵 3 사냥 엽(렵) | 奇 4 기특할 기
- 假裝行列가장행렬은 정말 幻想환상적이었다.   假 4Ⅱ 거짓 가 | 裝 4 꾸밀 장 | 列 4Ⅱ 벌릴 렬(열)

- 萬國旗만국기를 손에 들고 多樣다양한 行事행사에 參加참가했다.
- 밤에는 華麗화려한 불꽃놀이를 感想감상할 수 있다.
- 놀이公園공원의 薔薇장미 祝祭축제 마당에 들렀다.

華 4 빛날 화 | 麗 4Ⅱ 고울 려(여)
薔 1 장미 장 | 薇 1 장미 미
祭 4Ⅱ 제사 제

놀이 기구

- 우리는 먼저 回轉木馬회전목마를 탔다.
- 롤러코스터 入口입구에 사람들이 櫛比즐비했다.
- 동생은 그 놀이 機構기구를 타는 身長신장 制限제한 對象대상이었다.
- 우리는 洞窟동굴을 探險탐험하는 배를 탔다.
- 키가 작은 동생은 幻想的환상적인 特級특급 列車열차를 탔다.
- 롤러코스터에서 내리니 眩氣症현기증이 심했다.
- 범퍼카는 直接직접 運轉운전을 해 볼 수 있어 너무 재밌었다.
- 그것은 내가 타기에 너무 過激과격해서 抛棄포기했다.
- 바이킹에 오르자마자 四肢사지가 떨렸다.
- 내 親舊친구는 바이킹에서 내리자마자 嘔吐구토를 했다.
- 너무 疲困피곤해서 大觀覽車대관람차를 타고 公園공원 全景전경을 보았다.
- 밤이 돼서야 入場券입장권을 返納반납하고 집으로 돌아왔다.

櫛 1 빗 즐
機 4 틀 기 | 構 4 얽을 구 |
制 4Ⅱ 절제할 제 | 限 4Ⅱ 한할 한 |
象 4 코끼리 상
窟 2 굴 굴 | 探 4 찾을 탐

眩 1 어지러울 현 | 症 3Ⅱ 증세 증

接 4Ⅱ 이을 접
激 4 격할 격 | 抛 2 던질 포 |
棄 3 버릴 기 |
肢 1 팔다리 지
嘔 1 게울 구 | 吐 3Ⅱ 토할 토
疲 4 피곤할 피 | 困 4 곤할 곤
返 3 돌이킬 반 | 納 4 들일 납

06 동물원

- 어린이날 우리 家族가족은 動物園동물원에 갔다.
- 各種각종 動物동물 天地천지였다.
- 나는 動物동물에게 菓子과자를 주고 싶었다.

菓 2 과자·실과 과

- 사슴을 除外제외하고는 動物동물에게 먹이를 주는 것이 禁止금지되어 있었다. 　　除 4Ⅱ 덜 제 | 禁 4Ⅱ 금할 금
- 호랑이와 獅子사자는 우리 안에서 잠을 자고 있었다. 　　獅 1 사자 사
- 원숭이는 정말 사람과 恰似흡사했다. 　　恰 1 흡사할 흡 | 似 3 닮을 사
- 원숭이가 긴 팔을 自由自在자유자재로 움직이고 있었다.
- 여러 나라의 鳥類조류 이름을 외우느라 진땀을 흘렸다. 　　鳥 4Ⅱ 새 조
- 白鳥백조는 내가 想像상상했던 것만큼 優雅우아해 보이지 않았다. 　　想 4Ⅱ 생각 상 | 像 3Ⅱ 모양 상 | 優 4 넉넉할 우 | 雅 3Ⅱ 맑을 아
- 독수리의 눈빛이 모든 사람의 視線시선을 壓倒압도했다. 　　視 4Ⅱ 볼 시 | 壓 4Ⅱ 누를 압 | 倒 3Ⅱ 넘어질 도
- 나는 鸚鵡앵무새를 내 어깨에 앉히기도 했다. 　　鸚 특Ⅱ 앵무새 앵 | 鵡 특Ⅱ 앵무새 무
- 사람의 體軀체구와 비슷한 원숭이와 寫眞사진도 찍었다. 　　軀 1 몸 구 | 眞 4Ⅱ 참 진
- 좀처럼 볼 수 없는 駱駝낙타를 탈 機會기회가 있었다. 　　駱 1 낙타 낙(락) | 駝 1 낙타 타 | 機 4 틀 기
- 野生야생 動物동물이 있는 사파리 體驗체험도 했다. 　　驗 4Ⅱ 시험 험
- 먹이를 주는 操鍊師조련사가 危殆위태로워 보였다. 　　鍊 3Ⅱ 쇠불릴·단련할 련 | 師 4Ⅱ 스승 사 | 危 4 위태할 위 | 殆 3Ⅱ 거의 태
- 猛獸맹수의 攻擊공격을 처음 본 나는 머리가 쭈뼛 섰다. 　　猛 3Ⅱ 사나울 맹 | 獸 3Ⅱ 짐승 수 | 擊 4 칠 격
- 剝製박제된 動物동물들도 있었다. 　　剝 1 벗길 박 | 製 4Ⅱ 지을 제
- 動物園동물원에서는 恐龍공룡 展示會전시회도 하고 있었다. 　　恐 3Ⅱ 두려울 공 | 龍 4 용 룡(용)

07　식물원

- 植物식물에 관한 報告書보고서를 쓰기 위해 植物園식물원을 찾았다. 　　報 4Ⅱ 갚을·알릴 보
- 그 植物園식물원에는 稀貴희귀한 植物식물이 많았다. 　　稀 3Ⅱ 드물 희
- 그 植物園식물원에는 昆蟲곤충 展示場전시장도 있었다. 　　昆 1 맏 곤 | 蟲 4Ⅱ 벌레 충
- 滅種멸종 危機위기에 처한 植物식물들의 標本표본도 볼 수 있었다. 　　滅 3Ⅱ 꺼질·멸할 멸 | 危 4 위태할 위 | 機 4 틀 기 | 標 4 표할 표

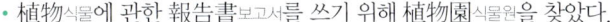

- 巨大거대한 溫室온실 안에는 여러 種類종류의 熱帶열대 植物식물이 있었다.   巨 4 클 거 | 帶 4Ⅱ 띠 대
- 一部일부 꽃들은 매우 華麗화려해서 내 視線시선을 끌었다.   華 4 빛날 화 | 麗 4Ⅱ 고울 려(여) | 視 4Ⅱ 볼 시
- 어떤 꽃은 매우 素朴소박했으나 좋은 香氣향기가 났다.   素 4Ⅱ 본디·흴 소 | 香 4Ⅱ 향기 향
- 꽃이 핀 仙人掌선인장들이 매우 아름다웠다.   掌 3Ⅱ 손바닥 장
- 食蟲식충 植物식물이 昆蟲곤충을 잡아먹는 것을 보니 興味흥미로웠다.   興 4Ⅱ 일 흥 | 味 4Ⅱ 맛 미
- 生疎생소한 植物식물들이 매우 많았다.   疎 1 성길 소
- 나는 허브 庭園정원이 第一제일 좋았다.
- 植物園식물원에서 樹木園수목원으로 통하는 길이 있었다.
- 樹木園수목원에는 처음 보는 나무들이 栽培재배되고 있었다.   栽 3Ⅱ 심을 재 | 培 3Ⅱ 북돋울 배

08 여행

여행을 꿈꾸다

- 旅行여행의 目的목적은 視野시야를 넓히는 데 있다.   視 4Ⅱ 볼 시
- 나는 徒步도보 旅行여행을 하고 싶다.   徒 4 무리 도 | 步 4Ⅱ 걸음 보
- 나는 定處정처 없이 여기저기를 다니고 싶다.   處 4Ⅱ 곳 처
- 나는 自由자유롭게 全國전국 一周일주를 하고 싶다.   周 4 두루 주
- 나는 日常일상에서 脫出탈출하고 싶다.   常 4Ⅱ 떳떳할 상 | 脫 4 벗을 탈
- 憂鬱우울할 때면 旅行여행이 懇切간절해진다.   憂 3Ⅱ 근심 우 | 鬱 2 답답할 울 | 懇 3Ⅱ 간절할 간
- 旅行여행 計劃계획을 세우는 것은 언제나 氣分기분 좋다.   劃 3Ⅱ 그을 획
- 이제 放學방학이 되었으니 어디든 闊步활보할 수 있다.   闊 1 넓을 활 | 步 4Ⅱ 걸음 보
- 가방을 싸는 卽時즉시 그곳으로 出發출발한다.   卽 3Ⅱ 곧 즉
- 우리는 來日내일 佛蘭西불란서로 떠난다.   佛 4Ⅱ 부처 불 | 蘭 3Ⅱ 난초 란(난)

여행 계획

- 나는 週末旅行주말여행을 計劃계획했다.
- 旅行여행 날짜를 擇日택일하였다.   擇 4 가릴 택
- 旅行여행에 必要필요한 것들의 目錄목록을 적었다.
- 旅行여행 地圖지도와 冊子책자는 必需品필수품이다.   冊 4 책 책 | 需 3Ⅱ 쓰일·쓸 수
- 鬱陵島울릉도 旅行여행을 計劃계획했다.   陵 3Ⅱ 언덕 릉(능)
- 旅行여행을 위한 모든 것이 完備완비되었다.   備 4Ⅱ 갖출 비
- 旅行여행을 떠나기 전에 整備所정비소에서 自動車자동차 點檢점검을 받았다.   整 4 가지런할 정 | 點 4 점 점 | 檢 4Ⅱ 검사할 검
- 이번 旅行여행을 鶴首苦待학수고대하고 있다.   鶴 3Ⅱ 학 학
- 나는 이번 旅行여행이 自我자아를 돌아보는 再充電재충전의 時間시간이 되었으면 한다.   我 3Ⅱ 나 아

여정

- 여름 休暇휴가가 始作시작되자마자 濟州道제주도로 旅行여행을 떠났다.   暇 4 틈·겨를 가 | 濟 4Ⅱ 건널 제
- 우리는 많은 遺跡地유적지를 訪問방문했다.   遺 4 남길 유 | 跡 3Ⅱ 발자취 적 | 訪 4Ⅱ 찾을 방
- 우리 家族가족은 閑寂한적한 길을 따라 드라이브를 했다.   閑 4 한가할 한 | 寂 3Ⅱ 고요할 적
- 우리 家族가족은 休暇휴가 때 溫泉온천을 갔다.   泉 4 샘 천
- 나는 홀로 떠나는 旅行여행을 決心결심했다.
- 홀가분하고 편한 反面반면 孤獨고독한 면도 있었다.   孤 4 외로울 고
- 짧은 旅情여정이었지만 느낀 점이 많았다.
- 百聞백문이 不如一見불여일견이다.   如 4Ⅱ 같을 여

자전거 하이킹

- 나는 親舊친구들에게 自轉車자전거 旅行여행을 提案제안했다.   轉 4 구를 전 | 提 4Ⅱ 끌 제
- 모두가 내 提案제안에 同意동의했다.
- 于先우선 父母부모님의 許諾허락을 얻어야 했다.   于 3 어조사 우 | 諾 3Ⅱ 허락할 락(낙)
- 우리는 함께 모여 自轉車자전거 旅行여행을 謀議모의했다.   謀 3Ⅱ 꾀 모 | 議 4Ⅱ 의논할 의
- 그는 自轉車자전거를 잘 못 타서 이번 旅行여행은 不參불참하기로 했다.

- 自轉車자전거가 없는 사람은 貸與대여하기로 했다. 　　　貸 3Ⅱ 빌릴·꿀 대 | 與 4 더불·줄 여
- 自轉車자전거를 탈 때는 꼭 安全帽안전모를 써야 한다. 　　　帽 2 모자 모
- 不意불의 事故사고가 났을 경우 머리를 保護보호해 줄 것이다. 　　故 4Ⅱ 연고 고 | 保 4Ⅱ 지킬 보 |
護 4Ⅱ 도울 호
- 自轉車자전거 하이킹을 하기에 安城안성맞춤인 날씨였다. 　　　城 4Ⅱ 재 성
- 自轉車자전거 專用전용 道路도로 惠澤혜택을 톡톡히 봤다. 　　專 4 오로지 전 | 惠 4Ⅱ 은혜 혜 |
澤 3Ⅱ 못 택
- 넘어지기도 하고 危險위험한 狀況상황이 演出연출되기도 했지만 深刻심각하진 않았다. 　　危 4 위태할 위 | 險 4 험할 험 |
狀 4Ⅱ 형상 상, 문서 장 | 況 4 상황 황 |
演 4Ⅱ 펼 연 | 深 4Ⅱ 깊을 심 |
刻 4 새길 각
- 다른 自轉車자전거와 부딪쳐 輕微경미한 傷處상처를 입었다. 　　微 3Ⅱ 작을 미 | 傷 4 다칠 상 |
處 4Ⅱ 곳 처
- 安全帽안전모 德分덕분에 致命치명적인 負傷부상은 면할 수 있었다. 　　負 4 질 부
- 그림 같은 周邊주변 景觀경관을 즐기며 달렸다. 　　邊 4Ⅱ 가 변
- 景致경치에 魅了매료되어 運行운행을 멈추고 風景풍경을 滿喫만끽했다. 　　魅 2 매혹할 매 | 滿 4Ⅱ 찰 만 |
喫 1 먹을 끽
- 運行운행 途中도중 自轉車자전거가 故障고장 나서 걷기도 했다. 　　途 3Ⅱ 길 도 | 故 4Ⅱ 연고 고 |
障 4Ⅱ 막을 장
- 貸與대여한 自轉車자전거는 修理수리 節次절차도 複雜복잡했다. 　　修 4Ⅱ 닦을 수 | 次 4Ⅱ 버금 차 |
複 4 겹칠 복 | 雜 4 섞일 잡

09 해외여행

여행과 문화

- 다른 特異특이한 文化문화를 배우는 것은 매우 興味흥미로운 일이다. 　　異 4 다를 이(리) | 興 4Ⅱ 일 흥 |
味 4Ⅱ 맛 미
- 旅行여행은 다른 文化문화를 直接직접 經驗경험해 볼 수 있는 現場현장 工夫공부인 셈이다. 　　接 4Ⅱ 이을 접 | 經 4Ⅱ 지날·글 경 |
驗 4Ⅱ 시험 험
- 나는 與件여건이 되면 꼭 世界세계 旅行여행을 할 것이다.
- 나는 世界세계 旅行여행을 통해 다른 나라의 文化문화와 慣習관습을 배울 것이다. 　　與 4 더불·줄 여 | 慣 3Ⅱ 익숙할 관

426

- 나는 다른 나라의 民族민족과 아프리카의 部族부족들을 만나 보고 싶다.
- 다른 나라를 旅行여행하기 전에 미리 그 나라의 特性특성과 氣候기후 등을 알아 두면 좋다.

候 4 기후 후

여행 준비

- 우리는 海外旅行해외여행 商品상품을 알아보았다.
- 베이징 觀光관광 旅行여행이 有力유력하다.
- 나는 유럽 旅行여행을 構想구상 중이나.   構 4 얽을 구 | 想 4Ⅱ 생각 상
- 나는 船舶선박을 利用이용해 旅行여행을 갈 것이다.   舶 2 배 박
- 나는 이번에는 團體단체 旅行여행을 갈 것이다.
- 旅行여행을 위해 準備준비할 것들이 無數무수히 많다.   準 4Ⅱ 준할 준 | 備 4Ⅱ 갖출 비
- 나는 旅券여권과 비자를 申請신청했다.   券 4 문서 권 | 申 4Ⅱ 납 신 | 請 4Ⅱ 청할 청
- 비자를 받는 데 오랜 時間시간이 所要소요됐다.
- 旅行社여행사에 豫約金예약금을 걸었다.   豫 4 미리 예
- 5월 5일에 出發출발하는 飛行機비행기 座席좌석을 두 개 豫約예약했다.   飛 4Ⅱ 날 비 | 機 4 틀 기 | 座 4 자리 좌
- ○○까지의 飛行機비행기 往復왕복 料金요금이 꽤 비쌌다.   復 4Ⅱ 회복할 복, 다시 부
- 低價저가 割引할인 航空항공을 利用이용했다.   低 4Ⅱ 낮을 저 | 割 3Ⅱ 벨 할 | 引 4Ⅱ 끌 인 | 航 4Ⅱ 배 항
- 五星級오성급 호텔을 豫約예약했다.   星 4Ⅱ 별 성
- 더블 룸이 있는 客室객실은 없었다.
- 旅行用여행용 가방에 짐을 꾸렸다.

공항에서

- 出國출국 手續수속을 밟기 위해 서둘러야 했다.   續 4Ⅱ 이을 속
- 飛行機비행기가 한 時間시간 延着연착되었다.   延 4 늘일 연
- 天災地變천재지변으로 飛行機비행기가 뜰 수 없었다.
- 搭乘탑승 手續수속을 했다.   搭 1 탈 탑 | 乘 3Ⅱ 탈 승
- 航空便名항공편명과 時間시간을 確認확인했다.   確 4Ⅱ 굳을 확 | 認 4Ⅱ 알 인
- 나는 一般席일반석에 앉는다.

- 나는 비즈니스 一等席일등석에 앉는다.
- 通路통로 쪽만 座席좌석이 남았다.
- 液體類액체류는 機內기내에 搬入반입되지 않기 때문에 手荷物수하물로 부쳐야 한다. 　　液 4Ⅱ 진 액 | 搬 2 옮길 반 | 荷 3 3Ⅱ 멜 하
- 搭乘탑승 전에 免稅點면세점에서 物件물건 몇 개를 샀다. 　　免 3Ⅱ 면할 면 | 稅 4Ⅱ 세금 세
- 내가 搭乘탑승하게 될 航空便항공편의 出發출발을 알리는 案內안내 放送방송이 나왔다. 　　送 4Ⅱ 보낼 송
- 35번 搭乘口탑승구에서 飛行機비행기를 탔다.

기내에서

- 乘務員승무원에게 搭乘券탑승권을 보여 주었다.
- 座席좌석이 너무 不便불편해서 다른 사람에게 諒解양해를 구해 자리를 바꿨다. 　　諒 3 살펴알·믿을 양(량) | 解 4Ⅱ 풀 해
- 나는 生涯생애 最初최초로 飛行機비행기에 탔다.
- 내 가방을 物品물품 保管보관 선반에 올려놓았다. 　　保 4Ⅱ 지킬 보 | 管 4 대롱·주관할 관
- 安全안전띠를 着用착용했다.
- 飛行機비행기가 離陸이륙하기 始作시작하자 속이 울렁거렸다.
- 嘔吐用구토용 封套봉투가 必要필요했다. 　　嘔 1 게울 구 | 吐 3Ⅱ 토할 토 | 封 3Ⅱ 봉할 봉 | 套 1 씌울 투
- 심한 氣壓기압 變化변화로 귀가 아팠다. 　　壓 4Ⅱ 누를 압
- 機內食기내식을 먹었다.
- 커피와 麥酒맥주도 마셨다. 　　麥 3Ⅱ 보리 맥 | 酒 4 술 주
- 睡眠수면 眼帶안대를 끼고 잠을 청했다. 　　睡 3 졸음 수 | 眠 3Ⅱ 잘 면 | 眼 4Ⅱ 눈 안 | 帶 4Ⅱ 띠 대

입국 수속

- 豫定예정대로 到着도착했다. 　　倒 3Ⅱ 넘어질 도
- 到着도착해서 入國입국 申告書신고서를 作成작성했다.
- 稅關세관 申告書신고서를 作成작성했다.
- 稅關세관 檢査所검사소를 通過통과해야 한다. 　　檢 4Ⅱ 검사할 검
- 그 物件물건에 대한 關稅관세를 내야 한다.

428

- 三寸삼촌께 空港공항으로 픽업을 要請요청했다.
- 나는 時差시차 適應적응을 잘했다.

港 4Ⅱ 항구 항
差 4 다를 차 | 適 4 맞을 적 |
應 4Ⅱ 응할 응

관광

- 우리는 最高級최고급 觀光관광 호텔에 머물렀다.
- 호텔의 施設시설은 斷然단연 으뜸이었다.

施 4Ⅱ 베풀 시 | 設 4Ⅱ 베풀 설 |
斷 4Ⅱ 끊을 단

- 施設시설이 좋은 민큼 宿泊料숙박료가 비쌌다.

泊 3 머무를·배댈 박

- 우리의 호텔 방은 바다가 보이는 展望전망 좋은 곳이었다.
- 호텔에서 朝食조식은 無料무료였다.
- 觀光관광버스로 市內시내 투어를 했다.
- 旅行여행 日程일정이 相當상당히 빡빡했다.

程 4Ⅱ 한도·길 정

- 가려고 하는 곳의 길을 몰라 行人행인에게 물어보았다.
- 初行초행이라 매우 헷갈렸다.
- 그는 내게 略圖약도를 그려 주었다.

略 4 간략할·악할 약(략)

- 그가 길을 仔細자세히 알려 주어 今方금방 찾았다.

仔 1 자세할 자 | 細 4Ⅱ 가늘 세

- 觀光관광 案內所안내소에서 地圖지도와 팸플릿을 구했다.
- 地圖지도에서 그곳의 位置위치를 確認확인했다.

置 4Ⅱ 둘 치

- 有名유명한 觀光관광 名所명소를 찾아보았다.
- 世界세계에서 第一제일 큰 博物館박물관에 다녀왔다.

博 4Ⅱ 넓을 박 | 館 3Ⅱ 집 관

- 觀光客관광객들이 꼭 찾는 곳은 나 亦是역시 놓치지 않고 가 보았다.

亦 3Ⅱ 또 역 | 是 4Ⅱ 이·옳을 시

- 길거리 商人상인들이 파는 그 地域지역의 特産특산 料理요리도 맛보았다.

域 4 지경 역

- 獨特독특하고 奧妙오묘한 맛이었다.

奧 1 깊을 오 | 妙 4 묘할 묘

- 배를 타고 섬을 一周일주하는 船上선상 旅行여행을 했다.

周 4 두루 주

- 景致경치가 그야말로 壯觀장관이었다.

壯 4 장할 장

- 너무 멋진 風景풍경에 내 눈을 疑心의심할 程度정도였다.

疑 4 의심할 의

- 家族가족들에게 줄 紀念品기념품을 샀다.

紀 4 벼리 기

- 膳物선물 가게에서 手工藝수공예 紀念品기념품을 몇 개 샀다.

膳 1 선물·반찬 선 | 藝 4Ⅱ 재주 예

- 文化的문화적 差異차이를 直接직접 느낄 수 있었다.

差 4 다를 차

- 나는 生前생전에 꼭 世界세계 奧地오지 探險탐험을 할 것이다.

探 4 찾을 탐 | 險 4 험할 험

Diary

배낭여행

12월 30일

대학생이 되면 제일 먼저 해 보고 싶은 것이 배낭여행이다. 여행은 시야를 넓혀 주고 많은 것을 배울 수 있기 때문이다. 가끔 교실에서만 보내는 일상이 지겨워 탈출하고 싶은 생각이 들 때면 정처 없이 떠나고 싶을 때가 많다. 가슴이 답답하고 우울할 때면 여행 계획을 짜면서 기분 전환을 한다. 비록 당장 갈 수 있는 것은 아니지만 가상으로라도 여행할 장소를 고르고, 날짜를 택일한다. 여행에 필요한 것들의 목록을 적고 여행 지도와 책자를 준비하면서 단꿈에 젖는다. 난 해외로 배낭여행을 갈 것이다. 다른 문화를 접해 보고 직접 경험해 볼 수 있는 기회이기 때문이다. 특히 아프리카 오지 체험을 하고 싶다. 현지에 살고 있는 부족들을 만나서 그들의 문화와 전통을 경험해 보고 그 부족만의 특성, 기후 등을 체험해 보고 싶다. 관광객들이 많은 곳이나 휴양지보다는 이런 오지 탐험이 더 끌린다. 대학생이 되면 배낭여행 경비부터 모아야겠다. 여건이 되면 세계 여행도 할 것이다. 벌써부터 오지에 있는 듯 설레고 짜릿한 기분이다.

■ 알맞은 한자로 써 보세요.

1. 배낭여행 _____
2. 대학생 _____
3. 제일 _____
4. 여행 _____
5. 시야 _____
6. 교실 _____
7. 일상 _____
8. 탈출 _____
9. 정처 _____
10. 우울 _____
11. 계획 _____
12. 기분 _____
13. 전환 _____
14. 당장 _____
15. 가상 _____
16. 장소 _____
17. 택일 _____
18. 필요 _____
19. 목록 _____
20. 지도 _____
21. 책자 _____
22. 준비 _____
23. 해외 _____
24. 문화 _____
25. 직접 _____
26. 경험 _____
27. 기회 _____
28. 오지 _____
29. 체험 _____
30. 현지 _____
31. 부족 _____
32. 전통 _____
33. 특성 _____
34. 기후 _____
35. 관광객 _____
36. 휴양지 _____
37. 탐험 _____
38. 경비 _____
39. 여건 _____
40. 세계 _____

背囊旅行

十二月 三十日

　　大學生이 되면 第一 먼저 해 보고 싶은 것이 背囊旅行이다. 旅行은 視野를 넓혀 주고 많은 것을 배울 수 있기 때문이다. 가끔 敎室에서만 보내는 日常이 지겨워 脫出하고 싶은 생각이 들 때면 定處 없이 떠나고 싶을 때가 많다. 가슴이 답답하고 憂鬱할 때면 旅行 計劃을 짜면서 氣分 轉換을 한다. 비록 當場 갈 수 있는 것은 아니지만 假想으로라도 旅行할 場所를 고르고, 날짜를 擇日한다. 旅行에 必要한 것들의 目錄을 적고 旅行 地圖와 冊子를 準備하면서 단꿈에 젖는다. 난 海外로 背囊旅行을 갈 것이다. 다른 文化를 접해보고 直接 經驗해 볼 수 있는 機會이기 때문이다. 특히 아프리카 奧地 體驗을 하고 싶다. 現地에 살고 있는 部族들을 만나서 그들의 文化와 傳統을 經驗해 보고 그 部族만의 特性, 氣候 등을 體驗해 보고 싶다. 觀光客들이 많은 곳이나 休養地보다는 이런 奧地 探險이 더 끌린다. 大學生이 되면 背囊旅行 經費부터 모아야겠다. 與件이 되면 世界 旅行도 할 것이다. 벌써부터 奧地에 있는 듯 설레고 짜릿한 氣分이다.

CHAPTER 21

직장 생활

- 01. 직업
- 02. 취업
- 03. 직장 생활
- 04. 사업
+ Diary

01 직업

직업 선택

- 職業직업을 잘 選擇선택해야 後悔후회하지 않는다.   職 4Ⅱ 직분 직 | 擇 4 가릴 택 | 悔 3Ⅱ 뉘우칠 회

- 좋은 職業직업을 갖기 위해선 그만한 代價대가가 必要필요하다.

- 老後노후가 保障보장된 職業직업이 있다는 것은 幸運행운이다.   保 4Ⅱ 지킬 보 | 障 4Ⅱ 막을 장

- 좋은 職業직업을 찾기 원하는 사람은 사람들과의 關係관계가 좋아야 하고, 적어도 하나 以上이상의 外國語외국어를 流暢유창하게 할 수 있어야 한다.   係 4Ⅱ 맬 계 | 暢 3 화창할 창

- 내게 맞는 職業직업을 찾기 위해 職業직업 適性적성 檢査검사를 해 보았다.   適 4 맞을 적 | 檢 4Ⅱ 검사할 검

- 나는 앞으로 展望전망 있는 職業직업을 찾을 것이다.

- 나는 우리 科學과학 先生선생님처럼 完璧완벽한 先生선생님이 되고 싶다.   璧 1 구슬 벽

- 나는 公務員공무원이 되고 싶다.   務 4Ⅱ 힘쓸 무 | 員 4Ⅱ 인원 원

- 나는 將來장래가 囑望촉망되는 中小企業중소기업에 들어가고 싶다.   將 4Ⅱ 장수 장 | 囑 1 부탁할 촉 | 企 3Ⅱ 꾀할 기

- 나는 報酬보수가 많은 職業직업을 갖고 싶다.   酬 1 갚을 수

- 나는 勤務근무 時間시간을 彈力的탄력적으로 調節조절할 수 있는 職場직장에 다니고 싶다.   勤 4 부지런할 근 | 彈 4 탄알 탄

- 나는 職業직업을 갖기보다 알뜰한 家庭主婦가정주부가 되고 싶다.   婦 4Ⅱ 며느리 부

- 나는 年俸연봉이 많은 職業직업이 무엇인지 궁금하다.   俸 2 녹 봉

- 나는 國內국내 屈指굴지의 有望유망한 企業기업에 들어가고 싶다.   屈 4 굽힐 굴 | 指 4Ⅱ 가리킬 지

- 나는 停年정년까지 다닐 수 있는 職場직장을 원한다.

나에게 맞는 일

- 내가 그 일에 適任者적임자라고 생각한다.

- 나는 그 일을 天職천직으로 여기고 있다.

- 나는 그 業務업무에 必要필요한 모든 資質자질을 다 갖추고 있다.   資 4 재물 자

- 내 適性적성에 잘 맞는 職業직업이다.

- 나는 그 일에 今方금방 適應적응할 수 있다.   應 4Ⅱ 응할 응

- 그 자리는 날 念頭염두해 두고 만든 자리일 것이다.

- 그 자리는 가시方席방석이다.
- 그 일을 하기엔 能力능력과 技術기술이 不足부족하다.
- 어떤 系統계통의 職場직장을 구할 것인지 아직도 決定결정하지 못했다. 系 4 이어맬 계 | 統 4 거느릴 통
- 나에게 適合적합한 일을 찾는 것이 急先務급선무다.

02 취업

구직

- 나는 요즘 求職구직 중이다. 職 4Ⅱ 직분 직
- 요즘 景氣경기 不況불황으로 일자리 구하기가 매우 어렵다. 況 4 상황 황
- 요즘은 極甚극심한 就業難취업난으로 求職구직이 不可能불가능하다. 極 4Ⅱ 다할·극진할 극 | 甚 3Ⅱ 심할 심 | 就 4 나아갈 취 | 難 4Ⅱ 어려울 난(란)
- 나는 高等學校고등학교 卒業졸업과 同時동시에 就業취업 前線전선에 뛰어들 것이다.
- 나는 就業취업 博覽會박람회에 가 보았다. 博 4Ⅱ 넓을 박 | 覽 4 볼 람
- 내가 志願지원한 그 일에 5年間년간의 實務실무 經驗경험이 있다. 志 4Ⅱ 뜻 지 | 務 4Ⅱ 힘쓸 무 | 經 4Ⅱ 지날·글 경 | 驗 4Ⅱ 시험 험
- 그 會社회사는 經歷職경력직을 원했다.
- 그 會社회사에서 일하려면 公認공인 英語영어 點數점수가 높아야 한다. 認 4Ⅱ 알 인 | 點 4 점 점
- 나는 國際국제 貿易무역 會社회사에서 勤務근무했었다. 際 4Ⅱ 즈음·가 제 | 易 4 바꿀 역, 쉬울 이 | 勤 4 부지런할 근
- 나는 新聞신문 求人구인 廣告광고에 있는 會社회사에 電話전화를 했다.
- 그 會社회사는 志願지원 競爭率경쟁률이 높다. 率 3Ⅱ 비율 률(율), 거느릴 솔
- 엔지니어를 구하는 廣告광고를 보고 電話전화했더니 아직도 空席공석이라고 해서 반가웠다.
- 나는 그 會社회사의 進取的진취적인 면을 보고 志願지원했다. 進 4Ⅱ 나아갈 진 | 取 4Ⅱ 가질 취
- 나는 컴퓨터에 關聯관련된 職種직종에 應試응시했다. 聯 3Ⅱ 연이을 련(연) | 應 4Ⅱ 응할 응

입사 시험

- 오늘 會社회사 入社입사 試驗시험이 있었다. 試 4Ⅱ 시험 시 | 驗 4Ⅱ 시험 험
- 歷代역대 史上사상 最高최고의 競爭率경쟁률이었다.
- 熾烈치열한 競爭率경쟁률을 뚫고 合格합격했다. 熾 1 성할 치 | 烈 4 매울 열(렬)
- 面接면접 時間시간과 場所장소가 잡혔다. 接 4Ⅱ 이을 접
- 오늘은 深層심층 面接면접이 있었다. 深 4Ⅱ 깊을 심 | 層 4 층 층
- 面接면접을 위해 容貌용모를 端正단정하게 했다. 容 4Ⅱ 얼굴 용 | 貌 3Ⅱ 모양 모 | 端 4Ⅱ 끝 단
- 面接면접 豫想예상 質問紙질문지를 만들었다. 豫 4 미리 예 | 想 4Ⅱ 생각 상
- 會社회사 人事인사 擔當담당 職員직원이 내게 몇 가지 質問질문을 했다. 擔 4Ⅱ 멜 담 | 員 4Ⅱ 인원 원
- 나는 面接官면접관들의 質問질문을 주의 깊게 듣고 鄭重정중하게 對答대답했다. 鄭 2 나라 정
- 특히 志願지원 動機동기에 대한 抱負포부를 強調강조했다. 機 4 틀 기 | 抱 3 안을 포 | 負 4 질 부 | 強 특Ⅱ 강할[强] 강
- 合格합격 與否여부는 會社회사 홈페이지를 통해 推後추후 公知공지될 것이다. 與 4 더불·줄 여 | 否 4 아닐 부 | 推 4 밀 추

취업

- 나는 最終최종 面接면접까지 合格합격했다.
- 靑年청년 失業실업 50만 時代시대에 드디어 職場직장을 구했다.
- 나는 大企業대기업에 入社입사하게 되었다. 企 3Ⅱ 꾀할 기
- 나는 드디어 白手백수 脫出탈출에 成功성공했다. 脫 4 벗을 탈
- 三寸삼촌의 幹旋알선으로 일자리를 얻게 되었다. 幹 1 돌 알 | 旋 3Ⅱ 돌 선
- 그 紹介소개 德分덕분에 就業취업할 수 있었다. 紹 2 이을 소 | 介 3Ⅱ 낄 개
- 그가 나에게 일자리를 周旋주선해 주었다. 周 4 두루 주
- 就業취업 準備生준비생 3년 만에 이룬 快擧쾌거였다. 準 4Ⅱ 준할 준 | 備 4Ⅱ 갖출 비 | 快 4Ⅱ 쾌할 쾌

03 직장 생활

내 직장

- 나는 新入신입 社員사원이다.   員 4Ⅱ 인원 원
- 나는 就業취업이 되어 本格的본격적으로 일하고 있다.   就 4 나아갈 취
- 나는 事務職사무직 勤勞者근로자다.   務 4Ⅱ 힘쓸 무 | 職 4Ⅱ 직분 직 | 勤 4 부지런할 근
- 지금 나는 出版출판 職種직종에 勤務근무한다.   版 3Ⅱ 판목 판
- 나는 海外해외 輸出入수출입을 하는 貿易무역에 從事종사하고 있다.   輸 3 보낼 수 | 貿 3Ⅱ 무역할 무 | 易 4 바꿀 역, 쉬울 이 | 從 4 좇을 종
- 나는 管理者관리자의 職責직책을 맡고 있다.   管 4 대롱·주관할 관
- 나는 내 職業직업에 滿足만족하며 使命感사명감을 가지고 있다.   滿 4Ⅱ 찰 만
- 나는 職業的직업적인 스트레스를 많이 받지만 스스로 慰安위안을 하며 잘 버티고 있다.   慰 4 위로할 위
- 요즘 우리 會社회사 賣出額매출액이 昨年작년에 비해 많아졌다.   額 4 이마 액
- 그 會社회사에는 社員사원 福祉복지가 잘 되어 있다.   祉 1 복 지
- 나는 高速고속 昇進승진을 할 것이다.   昇 3Ⅱ 오를 승 | 進 4Ⅱ 나아갈 진
- 나는 部長부장으로 昇進승진했다.
- 나는 生産職생산직에서 管理職관리직으로 發令발령을 받았다.
- 가끔 職場직장에서 後輩후배들의 下剋上하극상을 보기도 한다.   輩 3Ⅱ 무리 배 | 剋 1 이길 극
- 나는 내 職業직업에 自負心자부심을 가지고 있다.   負 4 질 부
- 나는 다른 자리로 左遷좌천되었다.   遷 3Ⅱ 옮길 천

근무 시간

- 우리 會社회사는 週五日勤務制주오일근무제를 實施실시한다.   制 4Ⅱ 절제할 제 | 施 4Ⅱ 베풀 시
- 우리 會社회사는 午前오전 9시 出勤출근에 午後오후 6시 退勤퇴근이다.   退 4Ⅱ 물러날 퇴
- 勤勞者근로자 勞動法노동법에 의해 8時間시간을 勤務근무한다.
- 오늘은 午前오전 勤務組근무조에 編成편성되었다.   組 4 짤 조 | 編 3Ⅱ 엮을 편
- 우리 會社회사는 6시 退勤퇴근이지만 一名일명 칼퇴근을 止揚지양한다.   揚 3Ⅱ 날릴 양

- 우리는 三交代삼교대로 勤務근무한다.
- 나는 8時間시간 單位단위로 交代교대 勤務근무를 한다.　　　　　　單 4Ⅱ 홑 단
- 나는 夜間組야간조 勤務근무를 한다.
- 나는 晝間組주간조 勤務근무를 한다.
- 오늘은 夜勤야근에 徹夜철야까지 겹쳤다.　　　　　　　　　　徹 3Ⅱ 통할 철
- 오늘의 割當量할당량을 達成달성하기 위해선 夜勤야근을 해야 한다.　　割 3Ⅱ 벨 할
- 요즘은 夜勤야근에 休日휴일 特勤특근까지 하고 있다.
- 오늘은 年次연차 休暇휴가를 받은 날이다.　　　　　　　　次 4Ⅱ 버금 차 | 暇 4 틈·겨를 가
- 나는 來日내일 出場출장을 갈 것이다.
- 힘들게 하루 일을 마치고 疲勞피로 回復회복 飮料음료를 마셨다.　疲 4 피곤할 피 | 回 4Ⅱ 돌아올 회 |
　　　　　　　　　　　　　　　　　　　　　　　　　　　　　復 4Ⅱ 회복할 복, 다시 부
- 來日내일은 病暇병가를 내고 쉴 것이다.
- 나는 隔日격일 勤務근무를 한다.　　　　　　　　　　　　　　隔 3Ⅱ 사이뜰 격
- 나는 會社회사 일을 하면서 다른 일도 竝行병행하는 이른바 투잡族족이다.　竝 3 나란히 병

출근

- 새벽이면 出勤출근 準備준비로 景況경황이 없다.　　　　　準 4Ⅱ 준할 준 | 備 4Ⅱ 갖출 비 |
　　　　　　　　　　　　　　　　　　　　　　　　　　況 4 상황 황
- 나는 地下鐵지하철 첫차로 通勤통근한다.
- 집에서 事務室사무실까지 大衆交通대중교통으로 한 時間시간 남짓 걸린다.　衆 4Ⅱ 무리 중
- 러시아워에서는 地下鐵지하철에 몰려든 人波인파로 북새통을 이룬다.　波 4Ⅱ 물결 파
- 나는 通行통행 費用비용 節減절감을 위해 同僚동료와 카풀을 한다.　減 4Ⅱ 덜 감 | 僚 3 동료 료
- 아파서 一旦일단 出勤출근을 保留보류했다.　　　　　　　旦 3Ⅱ 아침 단 | 保 4Ⅱ 지킬 보 |
　　　　　　　　　　　　　　　　　　　　　　　　　　留 4Ⅱ 머무를 류(유)
- 나는 아파서 오늘 缺勤결근했다.　　　　　　　　　　　缺 4Ⅱ 이지러질 결

바쁜 직장 생활

- 나는 일이 손에 익기 전까지 驅迫구박도 많이 받았다.　驅 3 몰 구 | 迫 3Ⅱ 핍박할 박
- 점점 達人달인이 되어 가고 있다.　　　　　　　　　　達 4Ⅱ 통달할 달
- 요즘은 일에 壓死압사될 程度정도로 일이 많다.　　　　壓 4Ⅱ 누를 압 | 程 4Ⅱ 한도·길 정

- 한 가지 일을 채 끝마치기도 전에 連鎖的연쇄적으로 일이 밀려온다.   連 4Ⅱ 이을 연(련) | 鎖 3Ⅱ 쇠사슬 쇄
- 일이 산더미라 私生活사생활을 返納반납한 지 오래다.   返 3 돌이킬 반 | 納 4 들일 납

업무 진행

- 내가 맡은 일을 매우 잘 遂行수행하고 있다.   遂 3 드디어 수
- 나 自身자신을 犧牲희생하며 業務업무를 進行진행했다.   犧 1 희생 희 | 牲 1 희생 생
- 나는 晝夜주야로 열심히 일했다.
- 나는 獻身的헌신적으로 일을 했다.   獻 3Ⅱ 드릴 헌
- 나는 일中毒중독이 된 것 같다.   毒 4Ⅱ 독 독
- 新鮮신선한 空氣공기를 마시며 한숨 돌리기 위해 野外야외 屋上옥상으로 나갔다.
- 나는 祕藏비장한 覺悟각오로 業務업무에 임했다.   祕 4 숨길 비 | 藏 3Ⅱ 감출 장 | 覺 4 깨달을 각 | 悟 3Ⅱ 깨달을 오
- 그 일은 혼자 勘當감당하기에는 너무 버거운 것이었다.   勘 1 헤아릴 감
- 나는 그 일을 할 수 있는 資格자격 要件요건을 갖추지 못했다.   資 4 재물 자
- 나는 다른 사람들보다 먼저 出世출세하기 위해 늘 배우고 挑戰도전한다.   挑 3 돋울 도

월급날

- 오늘은 月給월급날이다.
- 오늘 給與급여 通帳통장을 만들었다.   與 4 더불·줄 여 | 帳 4 장막 장
- 初俸초봉은 그리 많지 않았다.   俸 2 녹 봉
- 月給월급 明細票명세표를 받았다.   細 4Ⅱ 가늘 세 | 票 4Ⅱ 표 표
- 내 報酬보수는 同年輩동년배들에 비해 많은 편이다.   報 4Ⅱ 갚을·알릴 보 | 酬 1 갚을 수
- 月給월급이 引上인상되어 기쁘다.   引 4Ⅱ 끌 인
- 나는 이번에 賞與金상여금을 받았다.
- 月給월급이 削減삭감되었다.   削 3Ⅱ 깎을 삭
- 月給월급이 減俸감봉되었다.
- 業務업무 過重과중에 비해 月給월급은 쥐꼬리만 하다.
- 月給월급에서 甲勤稅갑근세를 빼면 남는 것도 없다.   甲 4 갑옷 갑 | 稅 4Ⅱ 세금 세

- 月給월급이 너무 적어서 다시 協商협상을 試圖시도했다.　　　　協 4Ⅱ 화할 협 | 試 4Ⅱ 시험 시
- 나는 年俸연봉 引上인상을 要求요구했다.
- 나는 企待기대 以下이하의 年俸연봉 提示제시로 再契約재계약을 抛棄포기　　提 4Ⅱ 끌 제 | 契 3Ⅱ 맺을 계 | 抛 2
  했다.　　　　　　　　　　　　　　　　　　　　　　　　　　　　　　던질 포 | 棄 3 버릴 기

근무 조건

- 우리 會社회사 勤務근무 環境환경은 他社타사에 비해 아주 좋다.　　　環 4 고리 환 | 境 4Ⅱ 지경 경
- 우리 會社회사 勤務근무 條件조건은 劣惡열악하다.　　　　　　　　　　條 4 가지 조 | 劣 3 못할 열(렬)
- 나는 社長사장과 意思疏通의사소통이 잘 되는 편이다.　　　　　　　疏 3Ⅱ 소통할 소
- 社長사장은 職員직원들의 意思의사를 無視무시하기 일쑤다.　　　　　視 4Ⅱ 볼 시
- 社長사장은 參見참견하기 좋아하는 사람이라 恒常항상 이래라저래라 한다.　恒 3Ⅱ 항상 항 | 常 4Ⅱ 떳떳할 상
- 나는 社長사장에게 叱責질책을 받았다.　　　　　　　　　　　　　　叱 1 꾸짖을 질
- 社長사장님은 나의 處身처신에 不滿불만이 많았다.　　　　　　　　　處 4Ⅱ 곳 처
- 많은 同僚동료들이 處遇처우에 대해 滿足만족하지 못하고 있다.
- 다른 同僚동료들도 問題문제를 提起제기하며 社長사장과 面談면담하기를　起 4Ⅱ 일어날 기
  원했다.
- 아무도 猫頭縣鈴묘두현령은 하지 않으려고 했다.　　　　　　　　　猫 1 고양이 묘 | 縣 3 고을 현 |
　　　　　　　　　　　　　　　　　　　　　　　　　　　　　　　鈴 1 방울 령
- 社長사장님 없는 자리에서 不平不滿불평불만을 吐露토로하기만 하는 것은　吐 3Ⅱ 토할 토 | 露 3Ⅱ 이슬 로(노) |
  卓上空論탁상공론일 뿐이었다.　　　　　　　　　　　　　　　　　論 4Ⅱ 논할 론(논)
- 너무나 오랫동안 年俸연봉이 凍結동결되어서 移職이직을 決心결심했다.　凍 3Ⅱ 얼 동 | 移 4Ⅱ 옮길 이
- 나는 다음 주에 서울 支社지사로 轉勤전근을 갈 것이다.　　　　　　支 4Ⅱ 지탱할 지 | 轉 4 구를 전

　참고　猫頭縣鈴묘두현령 ⇨ 실행할 수 없는 헛된 논의

실직

- 會社회사 去來거래를 하다가 큰 失手실수를 저질러 停職정직을 당했다.
- 나는 그 일을 해내기엔 너무 未洽미흡하다.　　　　　　　　　　　未 4Ⅱ 아닐 미 | 洽 1 흡족할 흡
- 會社회사가 罷業파업 중이다.　　　　　　　　　　　　　　　　　罷 3 마칠 파
- 나는 會社회사에 辭表사표를 낼 것이다.　　　　　　　　　　　　　辭 4 말씀 사
- 마침내 辭任사임 意思의사를 밝혔다.

- 나는 社長사장에게 辭職書사직서를 냈다.
- 多血質다혈질인 나는 衝動的충동적으로 辭表사표를 던졌다.   血 4Ⅱ 피 혈 | 衝 3Ⅱ 찌를 충
- 會社회사가 人員인원 削減삭감을 했다.
- 會社회사에서 構造구조 調整조정을 始作시작했다.   構 4 얽을 구 | 造 4Ⅱ 지을 조 | 整 4 가지런할 정
- 나는 解雇해고당했다.   解 4Ⅱ 풀 해 | 雇 2 품팔 고
- 나는 名譽退職명예퇴직을 했다.   譽 3Ⅱ 기릴·명예 예
- 나는 勸告辭職권고사직을 당했다.
- 나는 勤怠근태가 좋지 않아 職場직장을 잃었다.   怠 3 게으를 태
- 나는 留學유학을 가려고 일을 抛棄포기했다.
- 나는 아파서 일을 쉰 채 療養요양 중이다.   療 2 병고칠 요(료)
- 나는 지금 失業者실업자다.
- 나는 失業실업 給與급여를 받고 있다.
- 移職이직이 頻繁빈번한 사람은 어디에서도 採用채용을 꺼린다.   頻 3 자주 빈 | 繁 3Ⅱ 번성할 번 | 採 4 캘 채
- 나는 一定일정한 職業직업 없이 日用職일용직을 轉轉전전하고 있다.
- 職業직업이 없다는 喪失感상실감 때문인지 스스로 懦弱나약하게 느껴진다.   喪 3Ⅱ 잃을 상 | 懦 1 나약할 나
- 나는 職場직장을 잃었을 때 無力感무력감을 느꼈다.
- 白手백수로 지내는 것도 이젠 限界한계에 다다랐다.   限 4Ⅱ 한할 한
- 職業직업이 없어진 지 오래라 끼니를 거르는 일도 茶飯事다반사다.   茶 3Ⅱ 차 다, 차 차 | 飯 3Ⅱ 밥 반

04 사업

개인 사업

- 卒業졸업 후 나는 나만의 事業사업을 始作시작할 計劃계획이다.   劃 3Ⅱ 그을 획
- 나는 작은 店鋪점포를 運營운영하고 싶다.   鋪 2 펼·가게 포 | 營 4 경영할 영
- 나는 家業가업을 이어받을 것이다.

- 아버지의 事業사업을 물려받아 直接직접 經營경영할 생각이다.   接 4Ⅱ 이을 접 | 經 4Ⅱ 지날·글 경
- 우리 父母부모님은 나의 事業사업 手腕수완을 믿으신다.   腕 1 팔뚝 완
- 나는 아버지의 食堂식당을 引繼인계받았다.   引 4Ⅱ 끌 인 | 繼 4 이을 계
- 家業가업을 이어받기보다 내 會社회사를 創業창업하고 싶다.   創 4Ⅱ 비롯할 창
- 나는 自動車자동차에 關心관심이 많아서 整備所정비소를 開業개업하고 싶다.   整 4 가지런할 정 | 備 4Ⅱ 갖출 비
- 아버지는 나에게 事業사업에 關聯관련된 모든 것을 넘기시고 經營경영 一線일선에서 물러나셨다.   聯 3Ⅱ 연이을 련(연)

사업 준비

- 事業사업에 着手착수하려면 資金자금이 必要필요하다.   資 4 재물 자
- 그 事業사업을 始作시작하려면 巨額거액이 必要필요하다.   巨 4 클 거 | 額 4 이마 액
- 그는 全財産전재산을 모두 事業사업에 投資투자했다.   投 4 던질 투
- 銀行은행에서 若干약간의 돈을 貸出대출 받아야 했다.   若 3Ⅱ 같을 약, 반야 야 | 干 4 방패 간 | 貸 3Ⅱ 빌릴·꿀 대
- 事務室사무실을 賃貸임대했다.   務 4Ⅱ 힘쓸 무 | 賃 3Ⅱ 품삯 임
- 집을 擔保담보로 融資융자를 받았다.   擔 4Ⅱ 멜 담 | 保 4Ⅱ 지킬 보 | 融 2 녹을 융
- 나는 都心도심에 있는 事務室사무실을 찾을 수 있었다.
- 나는 地域지역 新聞신문과 無價紙무가지에 事業사업을 始作시작한다는 公告공고를 냈다.   域 4 지경 역
- 내 事業사업은 配偶者배우자를 찾아 주는 結婚결혼 情報정보 會社회사다.   配 4Ⅱ 나눌·짝 배 | 偶 3Ⅱ 짝 우 | 婚 4 혼인할 혼 | 報 4Ⅱ 갚을·알릴 보
- 그 事業사업을 始作시작하기 전에 그 分野분야에 대해 細密세밀한 調査조사를 했다.   細 4Ⅱ 가늘 세 | 密 4Ⅱ 빽빽할 밀
- 그 事業사업을 위한 事前사전 調査조사로 競爭경쟁 業體업체의 分析분석이 必要필요했다.   析 3 쪼갤 석
- 有能유능한 커플 매니저를 雇用고용하여 會員회원 確保확보에 注力주력했다.   雇 2 품팔 고 | 員 4Ⅱ 인원 원 | 確 4Ⅱ 굳을 확
- 本格的본격적인 事業사업을 하기 전에 몇 가지 이벤트를 實施실시했다.   施 4Ⅱ 베풀 시

사업 시작

- 開業式개업식에 親舊친구들과 知人지인들을 招待초대했다.   招 4 부를 초
- 事務室사무실 앞에서 感激감격의 테이프 컷팅식이 있었다.   激 4 격할 격
- 職員직원들에게 親切친절 敎育교육과 社訓사훈에 대해 說明설명했다.   職 4Ⅱ 직분 직
- 職員직원들에게 主人주인 意識의식을 갖고 現場현장에서 뛰어 줄 것을 當付당부했다.   付 3Ⅱ 부칠 부
- 첫 會員회원의 만남이 成事성사되었다.
- 이번 달은 黑字흑자다.
- 賣出매출이 上昇상승했다.   昇 3Ⅱ 오를 승
- 乘勝長驅승승장구로 事業사업이 잘돼서 事業사업 擴張확장을 決心결심했다.   乘 3Ⅱ 탈 승ㅣ驅 3 몰 구ㅣ擴 3 넓힐 확ㅣ張 4 베풀 장
- 事業사업이 繼續계속 繁昌번창하고 있다.   續 4Ⅱ 이을 속ㅣ繁 3Ⅱ 번성할 번ㅣ昌 3Ⅱ 창성할 창
- 企待기대 以上이상으로 많은 所得소득을 얻었다.   得 4Ⅱ 얻을 득
- 職員직원들을 管理관리하고 統制통제하는 것이 가장 어려운 일이다.   管 4 대롱·주관할 관ㅣ統 4Ⅱ 거느릴 통ㅣ制 4Ⅱ 절제할 제
- 내 成功성공에 安住안주하기보다 低首下心저수하심하는 마음으로 더욱 拍車박차를 가할 것이다.   低 4Ⅱ 낮을 저ㅣ拍 4 칠 박

참고 低首下心저수하심 ⇨ 머리를 낮추고 마음을 아래로 향하게 한다는 뜻으로, 머리를 숙여 복종함을 이름

불경기

- 요즘 不景氣불경기로 모두가 어렵다.
- 우리 가게는 不景氣불경기의 餘波여파로 打擊타격이 컸다.   餘 4Ⅱ 남을 여ㅣ波 4Ⅱ 물결 파ㅣ擊 4 칠 격
- 不景氣불경기로 廢業폐업하는 店鋪점포들이 續出속출하고 있다.   廢 3Ⅱ 폐할·버릴 폐
- 不景氣불경기로 賃貸料임대료도 延滯연체되었다.   延 4 늘일 연ㅣ滯 3Ⅱ 막힐 체
- 不景氣불경기로 모든 經濟경제 活動활동이 沈滯침체되어 있다.   濟 4Ⅱ 건널 제
- 消費소비가 큰 폭으로 줄었다.
- 景氣경기 回復회복을 위해 措置조치를 취해야겠다.   回 4Ⅱ 돌아올 회ㅣ復 4Ⅱ 회복할 복·다시 부ㅣ措 2 둘 조ㅣ置 4Ⅱ 둘 치
- 會社회사가 破散파산 直前직전이다.   破 4Ⅱ 깨뜨릴 파ㅣ散 4 흩을 산
- 及其也급기야 會社회사가 不渡부도를 맞았다.   也 3 이끼·어조사 야ㅣ渡 3Ⅱ 건널 도

Diary

승진

3월 21일

아이들 말로, 오늘은 기분이 째진다! 신입 사원으로 입사해서 이 업무에 종사한 지 벌써 18년이 되었다. 드디어 부장으로 승진을 했다. 고속 승진은 아니지만, 자부심을 가지고 열심히 노력한 결과로 이루어진 성과라 만족스럽다. 처음부터 사명감을 가지고 일을 한 것은 아니었다. 취업이 되고 본격적으로 회사 생활을 하게 되면서 상사와의 마찰도 있었고, 내가 하는 일에 대한 의무감도 적었다. 취업과 동시에 결혼을 했던 터라 가장으로서의 책임감 때문에 무작정 일을 시작했어야 했다. 초반에는 직업적인 스트레스로 인해서 일 자체를 싫어했던 것 같다. 그러다 서서히 자연스럽게 일에 대한 욕심이 생기게 되고 더 잘하고 싶은 욕망이 생기게 되었다. 철이 들었던 것일까? 내 일이 아니라고만 생각했었는데 어느새 일에 대한 욕심으로 가득했다. 문득 가장으로서의 부담감도 사라지고 일을 즐기고 있는 나를 발견했다. 야근도 모자라서 휴일 특근까지 하면서 업무를 진행했다. 누가 강요한 것도 아니고 스스로 선택한 것이다. 심지어 일중독이라는 소리까지 들었다. 그렇게 지내온 그동안의 노고를 보상이라도 받듯이 부장 승진이라는 쾌거를 얻었다. 가장 중요한 것은 일을 일로써만 생각하지 말고 나를 발전시킬 수 있는 원동력이라고 생각하는 것이다. 피할 수 없으면 즐겨라!

■ 알맞은 한자로 써 보세요.

1. 승진
2. 기분
3. 신입
4. 사원
5. 입사
6. 업무
7. 종사
8. 18년
9. 부장
10. 승진
11. 고속
12. 자부심
13. 열심
14. 노력
15. 결과
16. 성과
17. 만족
18. 사명감
19. 취업
20. 본격적
21. 회사
22. 생활
23. 상사
24. 마찰
25. 의무감
26. 동시
27. 결혼
28. 가장
29. 책임감
30. 무작정
31. 시작
32. 초반
33. 직업적
34. 자체
35. 자연
36. 욕심
37. 욕망
38. 부담감
39. 발견
40. 야근
41. 휴일
42. 특근
43. 진행
44. 강요
45. 선택
46. 심지어
47. 중독
48. 노고
49. 보상
50. 쾌거
51. 중요
52. 발전
53. 원동력

21. 직장 생활

昇進

三月 二十一日

아이들 말로, 오늘은 氣分이 째진다! 新入 社員으로 入社해서 이 職業에 從事한 지 벌써 十八年이 되었다. 드디어 部長으로 昇進을 했다. 高速 昇進은 아니지만, 自負心을 가지고 熱心히 努力한 結果로 이루어진 成果라 滿足스럽다. 처음부터 使命感을 가지고 일을 한 것은 아니었다. 就業이 되고 本格的으로 會社 生活을 하게 되면서 上司와의 摩擦도 있었고, 내가 하는 일에 대한 懷疑感도 적었다. 就業과 同時에 結婚을 했던 터라 家長으로서의 責任感 때문에 無酌定 일을 始作했어야 했다. 初盤에는 職業的인 스트레스로 인해서 일 自體를 싫어했던 것 같다. 그러다 서서히 自然스럽게 일에 대한 慾心이 생기게 되고 더 잘하고 싶은 慾望이 생기게 되었다. 철이 들었던 것일까? 내 일이 아니라고만 생각했었는데 어느새 일에 대한 慾心으로 가득했다. 문득 家長으로서의 負擔感도 사라지고 일을 즐기고 있는 나를 發見했다. 夜勤도 모자라서 休日 特勤까지 하면서 業務를 進行했다. 누가 강요한 것도 아니고 스스로 選擇한 것이다. 甚至於 일中毒이라는 소리까지 들었다. 그렇게 지내온 그동안의 勞苦를 報償이라도 받듯이 部長 昇進이라는 快擧를 얻었다. 가장 重要한 것은 일을 일로써만 생각하지 말고 나를 發展시킬 수 있는 原動力이라고 생각하는 것이다. 피할 수 없으면 즐겨라!